알기쉬운

생활법률

제3판

권오현 · 박규용 · 양형우 · 이재목

정독
DEEP READING

제3판 머리말

『알기쉬운 생활법률』이 어느덧 제3판에 이른다. 이는 독자 여러분과 이 책으로 강의하신 교수님들의 덕분에 가능한 일이다. 머리 숙여 감사드린다.

『알기쉬운 생활법률』의 주된 목적은 학생들이 대학생활을 마치고 시민사회의 일원으로서 삶을 영위하면서 겪게 되는 법률문제를 스스로 해결할 수 있도록 하는 것이라는 점 등을 고려하여, 그 내용을 충실히 하기 위해 원고의 처음부터 끝까지 전부를 다시 검토하였다.

이 책이 제3판에서 두드러지게 달라진 점은 다음과 같다.

첫째, 숭의여자대학교 세무회계과 권오현 교수가 집필진에 참여하여 세법관련 부분 전반에 대해 수정·보완하였다.

둘째, 내용을 정비하였다. 관련법률의 법리에 대한 정확한 이해를 위하여 필요한 범위 내에서 충분한 설명이 불가피하여 20군데 이상 내용을 수정·보완하였다. 그 내용을 밝히면, 먼저 전면 개고한 부분은 2024년 최저시급 9,860원, 비정규 근로자인 기간제근로자, 단시간근로자, 상속승인과 포기, 상속세 납부의무의 완화 등이며, 수정·보완한 주요 부분은 근로시간 합의연장, 부당해고의 구제, 근로소득세 일반, 비과세근로소득, 퇴직소득에 대한 소득세, 계약갱신요구권, 보증금 중 일정액의 보호, 권리금, 부동산 증여세, 신고세액공제, 제사용 재산의 특별승계 등이다.

셋째, 강의 등을 통하여 읽는 사람이 내용을 정확히 이해하는 데 부족함이 없는지, 문법상으로나 가독성에서 매끈한지 거듭 살펴보고 다듬었다.

넷째, 예년과 같이 지난 2년간 개정된 법률뿐만 아니라 대통령령 등에 이르기까지 법령의 개정사항을 철저히 반영하였다.

다섯째, 공간된 최신 판례를 소개하려고 노력하였다. 그 가운데 ① 1주간 12시간의 연장근로한도를 위반하였는지 여부를 판단하는 방법에 관한 대법원 2023. 12. 7. 선고 2020도15393 판결, ② 임대인의 지위를 승계한 임차주택의 양수인이 그 주택에 실제 거주하려고 한다는 사유를 들어 임차인의 계약갱신 요구를 거절할 수 있는지 여부에 관한 대법원 2022. 12. 1. 선고 2021다266631 판결, ③ 상가건물임대차보호법의 적용을 받는 상가건물의 임대차기간 중 어느 때라도 차임이 3기분에 달하도록 연체된 사실이 있는 경우, 임대인이 임차인의 계약갱신 요구를 거부할 수 있는지 여부에 관한 대법원 2021. 5. 13. 선고 2020다255429 판결, ④ 피상속인의 배우자와 자녀 중 자녀 전부가 상속을 포기한 경우, 배우자가 단독상속인이 되는지 여부에 관한 대법원 2023. 3. 23.자 2020그42 전원합의체 결정 등이 주목된다.

끝으로 어려운 여건에서 제3판의 출간을 흔쾌히 허락해 주신 김중용 사장님, 출간을 위하여 정성껏 작업에 임해주신 심성보 편집이사님, 김인숙 과장님을 비롯한 드서출판 정독 관계자 여러분에게 감사의 뜻을 전한다.

2024. 2.

홍문관 연구실에서

양 형 우

제2판 머리말

2017년 7월에 초판을 낸 후 4년 만에 다시 피앤씨미디어의 자회사인 '도서출판 정독'에서 개정판을 내게 되었다. 초판을 낸 이후 근로기준법, 남녀고용평등법, 주택임대차보호법, 상가건물임대차보호법, 상속세 및 증여세법, 부동산 거래신고 등에 관한 법률, 이자제한법, 지방세법, 소득세법 등의 개정이 잇달았다. 이러한 개정이 빠른 속도로 이루어진다는 것은 한편으로는 고무적이나 다른 한편으로는 반드시 반가운 일만은 아니다. 국민을 위한 사법제도의 측면에서 더욱 신중한 검토가 요구되는 경우도 적지 않기 때문이다. 이 책의 주된 목적은 학생들이 대학생활을 마치고 시민사회의 일원으로서 삶을 영위하면서 겪게 되는 법률문제를 스스로 해결할 수 있도록 하는 것이어서, 개정된 법령을 충실히 반영할 필요성을 느꼈다.

이 책이 개정판에서 두드러지게 달라진 점을 다음과 같다.

첫째, 법률뿐만 아니라 대통령령 등에 이르기까지 법령의 개정사항을 철저하게 반영하였다. 때로 법령이 개정되어 책에 소개된 기존의 사례가 부적절하게 된 경우에는 사례를 수정하기도 하였다.

둘째, 내용을 정비하였다. 독자 여러분이 내용을 정확히 이해하는 데 부족함이 없는지, 문법상으로나 가독성에서 매끈한지 거듭 살펴보고 다듬었다. 이해도를 높이기 위해 설명할 곳의 위치를 변경하기도 하였다.

셋째, 사례를 추가하였다. 사례를 통해 법령의 내용에 대한 이해를 높이고, 법률문제에 대한 해결능력을 키울 수 있도록 하였다. 법학을 전공하지 않는 학생이나 일반인에게 일상생활에 바로 적용할 수 있는 능력을 길러주기 위해서는 사례교육보다 우수한 교육방법은 없기 때문이다.

끝으로 개정판이 나오기까지 도움을 준 사람에게 감사의 말씀을 전하고 싶다. 먼저 독자 여러분의 과분한 사랑에 무한한 감사의 말씀을 드린다. 이 책의 출간을 위해 수고와 지원을 아끼지 않으신 도서출판 정독의 김중용 대표님, 피앤씨미디어의 박노일 대표님, 심성보 편집이사님을 비롯한 출판사 관계자 여러분께 머리 숙여 감사드린다.

2021년 8월

박규용 · 양형우 · 이재목

머리말

“사회가 있는 곳에 법이 있다”(ubi societas ibi ius)는 말이 있다. 이는 어떤 의미인가? 우리는 다른 사람과의 만남을 통하여 삶을 살아간다. 삶의 과정에서 다른 사람과의 이해가 충돌하여 갈등이 생기게 마련이다. 그 갈등을 바르고 타당하게 해결하기 위한 잣대로서 법이 기능을 발휘한다는 것이다. 사람은 어머니 뱃속에 잉태할 때부터 죽음에 이를 때까지 법의 지배를 받으면서 살아간다. 이런 의미에서 착하고 선한 사람을 ‘법 없이 살 수 있는 사람이다’라고 하는 말은 옳은 말이 아니다. 그래서 “법에 대한 무지는 용서받지 못한다”(Ignorance of the law is no excuse). 가혹한 표현으로 비춰질 수 있지만, 현대사회를 살아가다 보면 엄연한 사실로 다가온다. 우리는 법의 무지를 변호사의 조력이나 각종 인터넷상의 정보를 통해 보완하려고 한다. 양자는 분쟁해결능력과 비용의 측면에서 각기 장단점이 있다.

그동안 법학자들은 건강한 시민이 법률분쟁에 휘말리는 일을 예방하고 법률전문가의 도움 없이 자신의 법률문제를 손쉽게 해결할 수 있는 지침서를 만들어 왔다. 하지만 지금까지의 교양법학서와 법학입문서는 법학에 대한 전반적인 내용을 다루고 있고, 이론적으로 접근하여 일반인이 일상생활에서 흔히 만나게 되는 법률문제를 해결하는 데 별로 도움을 주지 못한 것이 현실이다. 이러한 현실을 감안하여, 저자들은 학생들이 대학생활을 마치고 시민사회의 일원으로서 삶을 영위하면서 겪게 되는 법률문제를 스스로 해결하고, 아울러 일반인이 머리맡에 놓아두고 언제든지 궁금한 사항을 찾아볼 수 있는 ‘알기 쉬운 생활법률’을 집필하기로 마음먹었다. 책 제목에서 알 수 있듯이 쉬운 생활법률이 되도록 하기 위해, 이 책은 다음과 같은 서술방식을 따르고 있다.

첫째, 사람은 경제활동을 하면서 사랑하는 사람을 만나 혼인하여 가정을 꾸미고, 이를 위해 주택을 임차하거나 구입할 것이고 금전거래 등을 하게 되는데, 이러한 과정에서 발생하는 민사와 세금문제를 중심으로 서술하였다. 즉 취업과 동시에 맞게 될 근로관계·근로소득세, 가정생활에서 접하게 될 혼인·이혼·부양·상속·유언·상속세, 부동산과 금전의 거래에서 발생하는 부동산등기·임대차·매매·담보·이자·취득세·증여세·양도소득세 등을 다루었으며, 건전한 시민의 일상생활과 거리가 먼 형사문제 등은 기술하지 않았다.

둘째, 일상생활에서 비교적 빈번하게 일어나는 민사·세금문제를 구체적인 사례를 중심으로 설명함으로써 법의 내용을 친근하고 알기 쉽게 이해할 수 있도록 하였다. 법학을 전공하지 않는 학생이나 일반인에게 실생활에 바로 적용할 수 있는 능력을 길러주기 위해서는 사례교육보다 우수한 교육방법은 없으며, 이는 법학을 이해하는데 가장 중요한 방법이기 때문이다.

셋째, 법학을 전공하지 않는 학생과 일반인도 쉽게 이해할 수 있도록 전문적인 법률용어를 피하고 가능한 일상생활 용어를 사용하였다.

넷째, 교양법학서의 성격상 판례를 제외하고 다른 문헌을 인용하지 않았다. 문헌을 인용하지 않았다는 것이 집필과정에서 다른 문헌을 전혀 참조하지 않았다는 것을 의미하지 않는다. 주지하다피시 저술은 문학작품과 달리 상상만으로는 할 수 없고, 항상 다른 저서나 연구업적을 참고하지 않고는 불가능하다. 저자들도 '알기 쉬운 생활법률'을 집필하면서 가능한 많은 문헌을 참조하였다. 다만 일반인이나 학생들의 민사나 세금문제와 유사한 사건을 참조할 수 있도록 하기 위해 판례만을 인용하여 미주로 처리하였다.

아무튼 '알기 쉬운 생활법률'이 생활 속의 법률노트로서 독자들의 법률지식 확대는 물론이고 법률분쟁 해결에 미력하나마 도움이 되었으면 하는 것이 저자들의 소박한 심정이다. 끝으로 이 책이 나오기까지는 많은 분의 격려와 도움을 받았다. 점점 열악해지는 출판환경으로 인하여 교과서를 출간하기가 저자들의 연구열정과 부지런함과는 무관하게 더욱 어려워진 것이 우리나라 현실이다. 흔쾌히 이 책이 독자들을 만날 수 있도록 해 주신 피앤씨미디어 박노일 대표님과 김중용 부사장님께 감사의 말씀을 드리며, 편집과 실무적인 지원을 아끼지 않은 심성보 이사님과 김인숙 과장님께 고마움을 전한다. 또한 우수한 성적으로 변호사시험에 합격하여 실무연수 중에 귀중한 시간을 내어 꼼꼼한 교정으로 고생한 최신아 변호사의 고마움을 잊을 수 없다. 국가사회에 봉사하는 법조인으로 대성하기를 바라는 마음 간절하다.

2017년 6월

박규용 · 양형우 · 이재목

차 례

Chapter 01 근로관계와 법

제1절 서설 3

Ⅰ. 의의 3

Ⅱ. 근로기준법의 적용범위 4

1. 원칙 · 4
2. 예외 · 6

Ⅲ. 근로자와 사용자 7

Ⅳ. 근로계약에 대한 효력 9

제2절 근로관계의 성립 9

Ⅰ. 근로계약의 체결 9

Ⅱ. 근로계약 체결시의 행위규제 10

1. 미성년자와의 계약체결 방식 · 10
2. 근로조건의 명시 · 11
3. 위약금 예정의 금지 · 12
4. 전차금 상계의 금지 · 14
5. 강제저축의 금지 및 임의저축의 관리제한 · 15

Ⅲ. 채용내정과 시용 15

1. 채용내정 · 15
2. 시용 · 16

제3절 취업규칙 17

Ⅰ. 서설 17

Ⅱ. 취업규칙의 작성·변경 17

1. 작성의무 · 17

2. 의견청취 · 18
3. 불이익변경시 근로자의 동의 · 18
Ⅲ. 법령·단체협약 준수 20
제4절 근로관계의 내용 21
Ⅰ. 근로자와 사용자의 의무 21
1. 근로자의 의무 · 21
2. 사용자의 의무 · 23
Ⅱ. 임금 24
1. 서설 · 24
2. 임금수준의 보호 · 28
3. 임금지급방법 · 30
4. 임금채권의 보호 및 시효 · 32
Ⅲ. 근로시간 34
1. 의의 · 34
2. 법정근로시간과 휴게시간 · 35
3. 연장근로 · 36
4. 연장근로에 대한 가산임금과 보상휴가 · 38
5. 변형근로시간제 · 43
Ⅳ. 휴일 및 휴가 46
1. 휴일 · 46
2. 휴가－연차유급휴가 · 47
Ⅴ. 연소자와 여성의 특별보호 50
1. 여성과 연소자에 대한 공통적 보호 · 50
2. 연소자에 대한 특별보호 · 51
3. 여성에 대한 특별보호 · 51
4. 일과 가정의 양립지원 · 54
Ⅵ. 재해보상 56
1. 서설 · 56
2. 업무상 재해 · 57

3. 재해보상의 종류와 내용 · 59
4. 보상받을 권리의 보호와 소멸시효 · 63
5. 재해보상과 민법상의 손해배상 · 64
Ⅶ. 직장 내 성희롱의 예방과 방지 ······ 66
1. 서설 · 66
2. 직장 내 성희롱 성립요건 · 66
3. 성희롱의 방지 · 67
4. 성희롱 피해자에 대한 보호 · 67
제5절 인사와 징계 ······ 68
Ⅰ. 서설 ······ 68
Ⅱ. 인사이동 ······ 68
1. 전직(전보) · 68
2. 휴직명령 · 70
Ⅲ. 징계처분 ······ 71
1. 의의 · 71
2. 징계의 종류 · 71
Ⅳ. 부당한 인사명령·징계처분에 대한 구제 ······ 73
제6절 근로관계의 종료 ······ 74
Ⅰ. 해고 ······ 74
1. 의의 · 74
2. 정당한 이유 없는 해고 금지 · 74
3. 정리해고의 제한 · 76
4. 해고시기의 제한 · 77
5. 해고의 예고와 해고사유 등의 서면통지 · 78
6. 부당해고의 구제 · 80
Ⅱ. 해고 이외의 근로관계의 종료 ······ 81
1. 사직·합의해지·명예퇴직 · 81
2. 계약기간 만료 또는 정년도달 · 83
3. 당사자의 소멸 · 85

Ⅲ. 근로관계종료 후의 근로자의 청구권 ········ 85

1. 서설 • 85

2. 금품청산 • 85

3. 퇴직금·퇴직연금 • 86

4. 귀향여비 • 91

5. 사용증명서와 취업방해금지 • 92

제7절 비정규 근로자 ········ 92

Ⅰ. 기간제근로자 ········ 92

1. 의의 • 92

2. 기간제근로자의 사용기간 • 93

3. 차별의 금지 • 94

4. 그 밖의 보호 • 95

5. 기간제 근로계약의 종료 • 96

Ⅱ. 단시간근로자 ········ 97

1. 의의 • 97

2. 근로기준법 적용의 특례 • 98

3. 기간제법에 따른 특별보호 • 101

제8절 근로소득·퇴직소득과 과세 ········ 102

Ⅰ. 소득세 일반 ········ 102

Ⅱ. 근로소득과 과세 ········ 104

1. 근로소득 • 104

2. 근로소득의 종류 • 105

3. 근로소득에 대한 소득세 • 106

4. 비과세근로소득 • 107

Ⅲ. 퇴직소득과 과세 ········ 108

1. 퇴직소득 • 108

2. 퇴직소득에 대한 소득세 • 108

3. 퇴직소득의 과세방법 • 110

Chapter 02 혼인생활과 법

제1절 혼 인 ········· 115

Ⅰ. 서설 ········· 115

Ⅱ. 혼인의 성립 ········· 116

1. 혼인의사의 합치 · 116
2. 당사자의 나이 · 117
3. 중혼의 금지 · 118
4. 근친혼의 금지 · 119
5. 혼인의 신고 · 120

Ⅲ. 혼인의 무효와 취소 ········· 121

1. 일반 · 121
2. 혼인의 무효 · 121
3. 혼인의 취소 · 123

Ⅳ. 혼인의 효과 ········· 125

1. 혼인의 일반적 효과 · 125
2. 혼인의 재산적 효과 — 부부재산제 · 126

제2절 이 혼 ········· 130

Ⅰ. 일반 ········· 130

Ⅱ. 협의이혼 ········· 130

1. 의의 · 130
2. 성립요건 · 131
3. 협의이혼의 무효와 취소 · 132

Ⅲ. 재판상 이혼 ········· 133

1. 의의 · 133
2. 재판상 이혼원인 · 133
3. 유책배우자의 이혼청구권 · 137
4. 재판상 이혼의 절차 · 138

Ⅳ. 이혼의 효과 ········· 139

1. 일반적 효과 • 139
2. 자녀에 대한 효과 • 139
3. 재산적 효과 • 142

제3절 사실혼 ········· 145

제4절 부모와 자녀 ········· 147

Ⅰ. 친자녀관계 ········· 147

1. 의의 • 147
2. 자녀의 성과 본 • 147

Ⅱ. 친권 ········· 149

1. 서설 • 149
2. 친권자 • 150
3. 친권의 내용 • 153
4. 친권의 상실·일시정지·일부제한과 회복 • 156

제5절 양자녀 ········· 159

Ⅰ. 서설 ········· 159

Ⅱ. 보통(일반)양자녀 ········· 160

1. 입양의 성립 • 160
2. 입양의 무효와 취소 • 161
3. 입양의 효과 • 163
4. 파양 • 164

Ⅲ. 친양자녀 ········· 165

1. 서설 • 165
2. 친양자녀 입양의 요건 • 166
3. 친양자녀 입양의 효력 • 166
4. 친양자녀의 파양 • 167

제6절 부 양 ········· 168

Ⅰ. 서설 ········· 168

Ⅱ. 부양당사자 ············ 168

1. 부양당사자의 범위 · 168

2. 부양당사자가 여럿인 경우의 순위 · 170

Ⅲ. 부양료의 구상청구 ············ 171

1. 과거의 부양료청구 · 171

2. 부양의무자 사이의 구상청구 · 171

Chapter 03 주택·상가건물 임대차와 법

제1절 서 설 ············ 175

Ⅰ. 의의 ············ 175

Ⅱ. 임대인의 의무 ············ 176

1. 목적물인도 및 방해제거의무 · 176

2. 사용·수익에 필요한 상태유지의무 — 수선의무 · 176

Ⅲ. 임차인의 권리 ············ 177

1. 임차목적물의 사용·수익권 — 임차권 · 177

2. 비용상환청구권 — 필요비·유익비의 상환청구권 · 178

3. 건물임차인의 부속물매수청구권 · 180

4. 토지임차인의 지상물매수청구권 · 181

Ⅳ. 보증금 ············ 182

1. 의의 · 182

2. 보증금의 효력 · 183

제2절 주택의 임대차 — 주택임대차보호법 ············ 185

Ⅰ. 일반 ············ 185

Ⅱ. 주택임대차의 대항력 ············ 186

1. 요건 · 186

2. 대항력의 내용 · 188

Ⅲ. 주택임대차의 존속보장 ············ 190

1. 임대차기간 · 190

2. 계약갱신요구권 • 190
3. 계약의 묵시적 갱신 • 192
Ⅳ. 차임·보증금의 증감청구권 ······ 193
Ⅴ. 보증금반환의 확보 ······ 193
1. 보증금의 우선변제 • 193
2. 임차권등기명령 • 195
3. 보증금 중 일정액의 보호 • 196
Ⅵ. 주택임대차계약의 신고 ······ 197
제3절 상가건물의 임대차 — 상가건물임대차보호법 ······ 198
Ⅰ. 일반 ······ 198
Ⅱ. 제3자에 대한 대항력 ······ 199
Ⅲ. 보증금반환의 확보 ······ 200
1. 보증금의 회수 • 200
2. 임차권등기명령 • 201
3. 보증금 우선변제권의 승계 • 201
4. 경매에 의한 임차권의 소멸과 보증금의 확보 • 202
5. 소액보증금 중 일정액의 우선변제권 • 202
Ⅳ. 상가건물임대차의 존속보장 ······ 203
1. 임대차기간 • 203
2. 계약갱신요구권 • 203
3. 묵시적 갱신 • 204
Ⅴ. 권리금 ······ 205
1. 의의 • 205
2. 권리금반환청구의 인정 여부 • 205
3. 권리금 회수기회 보호 등 • 206
Ⅵ. 차임연체와 계약해지 ······ 207
Ⅶ. 차임·보증금의 증감청구권 ······ 208

Chapter 04 부동산거래와 법

제1절 증 여 ······ 213

Ⅰ. 의의 ······ 213

Ⅱ. 증여자의 의무 ······ 214

1. 급부의무 · 214
2. 증여자의 담보책임 · 214

Ⅲ. 증여계약의 종료 ······ 214

1. 증여자의 이행 · 214
2. 증여계약의 해제 · 215

Ⅳ. 특수한 증여 ······ 217

1. 부담부 증여 · 217
2. 정기증여 · 217
3. 사인증여 · 217

제2절 매 매 ······ 218

Ⅰ. 서설 ······ 218

1. 의의 · 218
2. 매매계약의 성립 · 218
3. 계약금 · 219

Ⅱ. 매도인의 의무 ······ 222

1. 매도인의 재산권이전의무 · 222
2. 매도인의 담보책임 · 223

Ⅲ. 매수인의 의무 — 매매대금지급의무 ······ 232

Ⅳ. 부동산거래신고 등 ······ 233

1. 부동산거래 유의사항 · 233
2. 부동산거래의 신고 · 234

Ⅴ. 특수한 매매 ······ 235

1. 할부거래 · 235
2. 방문판매 등 · 237

제3절 부동산소유권의 변동과 등기 ········ 238
Ⅰ. 서설 ········ 238
Ⅱ. 부동산에 대한 권리취득과 등기 ········ 239
1. 일반 · 239
2. 부동산소유권을 취득하기 위한 등기의 유효요건 · 241
Ⅲ. 부동산물권의 공시방법 — 부동산등기 ········ 245
1. 등기의 의의 · 245
2. 등기의 종류 · 245
3. 등기한 권리의 순위 · 247
4. 등기공부 및 등기의 절차 · 248
5. 등기청구권 · 251
6. 등기의 효력 · 252
7. 부동산등기부를 볼 때 유의사항 · 256
제4절 부동산거래와 과세 ········ 258
Ⅰ. 부동산 증여세 ········ 258
1. 일반 · 258
2. 증여세 과세대상 · 260
3. 증여재산의 취득시기 · 265
4. 증여예시·증여의제 및 추정 · 265
5. 증여세 과세가액 · 270
6. 증여세 과세표준과 산출세액 · 272
7. 신고와 납부 · 276
Ⅱ. 부동산 취득세 ········ 276
1. 일반 · 276
2. 지방세법상 취득의 의미 · 276
3. 부동산취득의 시기 · 278
4. 취득세의 과세표준 · 278
5. 부동산취득의 세율 · 279
6. 취득세의 신고 및 납부 · 283

7. 부동산등록세 · 283

Ⅲ. 부동산 양도소득세 ············ 284

1. 일반 · 284

2. 양도소득금액의 계산 · 286

3. 양도소득에 대한 세액의 계산 — 양도소득 산출세액 · 290

4. 양도소득과세표준의 예정신고와 납부 · 292

5. 비과세소득 — 1세대 1주택의 양도 · 293

Chapter 05 금전거래와 법

제1절 금전소비대차 ············ 301

Ⅰ. 의의 ············ 301

Ⅱ. 차용인의 의무 ············ 302

1. 목적물반환의무 · 302

2. 이자지급의무 · 302

3. 담보제공의무 · 304

Ⅲ. 이자의 제한 ············ 304

1. 이자제한법에 의한 제한 · 304

2. 대부업법에 의한 제한 · 306

Ⅳ. 금전채무의 이행지체로 인한 지연손해금 ············ 306

Ⅴ. 금전거래시 유의사항 ············ 306

1. 거래는 명확히 할 것 · 306

2. 상대방을 잘 확인할 것 · 307

3. 돈을 빌려줄 때 유의할 점 · 307

4. 돈을 빌릴 때 유의할 점 · 308

5. 그 밖의 사항 · 309

제2절 보 증 ············ 309

Ⅰ. 의의 ············ 309

Ⅱ. 보증채무의 성립과 범위 ············ 310

Ⅲ. 보증기간 ··· 311
Ⅳ. 보증채무의 효력 ··· 311
1. 채권자의 권리와 보증인에 대한 통지의무 • 311
2. 보증인의 권리 • 312
3. 주채무자 또는 보증인에 생긴 사유의 효력 • 314
4. 보증인과 주채무자 사이의 구상관계 • 315
Ⅴ. 연대보증 ··· 318
제3절 담보물권 — 저당권 ··· 319
Ⅰ. 서설 ··· 319
Ⅱ. 저당권의 성립 ··· 320
1. 법률행위에 의한 저당권 • 320
2. 토지임대인의 법정저당권 • 322
Ⅲ. 저당권의 효력 ··· 323
1. 저당권의 효력이 미치는 범위 • 323
2. 우선변제적 효력 • 326
3. 저당권과 용익권의 관계 • 328
4. 저당권침해에 대한 구제 • 332
Ⅳ. 저당권의 처분 및 소멸 ··· 333
1. 저당권의 처분 • 333
2. 저당권의 소멸 • 333
Ⅴ. 특수한 저당권 ··· 334
1. 공동저당 • 334
2. 근저당 • 336
제4절 책임재산의 보전 ··· 341
Ⅰ. 서설 ··· 341
Ⅱ. 채권자대위권 ··· 341
1. 의의 • 341
2. 요건 • 342

3. 채권자대위권의 행사 · 344
4. 채권자대위권 행사의 효과 · 345
Ⅲ. 채권자취소권 ······ 346
1. 의의 · 346
2. 요건 · 346
3. 채권자취소권의 행사 · 350
4. 채권자취소권 행사의 효과 · 350
5. 채권자취소권의 소멸 · 352

Chapter 06 재산상속·유언과 법

제1절 재산상속 ······ 355
Ⅰ. 서설 ······ 355
1. 상속의 의의 · 355
2. 상속의 개시 · 356
Ⅱ. 상속인과 상속순위 ······ 356
1. 상속인 · 356
2. 상속순위 · 357
3. 대습상속 · 360
4. 상속결격 · 362
5. 상속인의 부존재 · 364
Ⅲ. 상속재산 ······ 364
1. 상속재산의 포괄적 승계 · 364
2. 제사용 재산의 특별승계 · 365
Ⅳ. 상속분 ······ 366
1. 의의 · 366
2. 법정상속분 · 366
3. 특별수익자의 상속분 · 367
4. 기여상속인의 상속분 — 기여분 · 369

Ⅴ. 상속의 승인과 포기 ······ 371
1. 일반 · 371
2. 단순승인 · 373
3. 한정승인 · 374
4. 상속의 포기 · 375
Ⅵ. 상속재산의 분할 ······ 377
1. 의의 · 377
2. 요건 · 377
3. 분할의 방법 · 378
4. 상속재산분할의 효과 · 379
Ⅶ. 상속회복청구권 ······ 380
1. 의의 · 380
2. 요건 · 381
3. 상속회복청구권의 행사 · 381
4. 상속회복청구권의 소멸 · 382
제2절 유 언 ······ 383
Ⅰ. 서설 ······ 383
1. 의의 · 383
2. 유언사항 · 384
3. 유언의 능력 · 384
Ⅱ. 유언의 성립 ······ 385
1. 유언의 요식성 · 385
2. 유언의 방식 · 385
3. 유언의 검인 · 388
4. 유언증인의 결격 · 389
Ⅲ. 유언의 효력 ······ 389
1. 유언의 효력발생시기 · 389
2. 유언의 무효 · 389
3. 유언의 철회 · 390

Ⅳ. 유증 ········ 391

1. 서설 · 391
2. 포괄적 유증 · 392
3. 특정적 유증 · 393
4. 부담 있는 유증 — 부담부 유증 · 394

Ⅴ. 유언의 집행 ········ 396

1. 의의 · 396
2. 유언집행의 준비절차 — 유언서의 검인·개봉 · 396
3. 유언집행자 · 397

제3절 유류분 ········ 398

Ⅰ. 일반 ········ 398

1. 의의 · 398
2. 유류분권의 포기 · 398
3. 유류분 권리자 · 399

Ⅱ. 유류분의 범위 ········ 400

1. 유류분 권리자의 유류분 · 400
2. 유류분의 산정 · 400

Ⅲ. 유류분의 보전 — 유류분반환청구권 ········ 402

1. 의의 · 402
2. 유류분 침해액의 산정 · 402
3. 유류분반환청구권의 행사 · 403
4. 유류분반환청구권 행사의 효과 · 404
5. 유류분반환청구권의 행사기간 · 405

제4절 상속세 ········ 405

Ⅰ. 서설 ········ 405

1. 의의 · 405
2. 상속세 납부의무와 납세지 · 406

Ⅱ. 상속세 과세대상 ········ 408

1. 상속재산 · 408

2. 의제상속재산 • 408
3. 비과세재산 • 409
Ⅲ. 상속세 과세표준과 세액의 계산 ········ 409
1. 일반 • 409
2. 과세가액 • 410
3. 상속세 과세표준 • 412
4. 상속세액 • 417
Ⅳ. 신고와 납부 ········ 419
1. 신고와 신고세액공제 • 419
2. 납부의무의 완화 • 419

참조 판례 ········ 421
찾아보기 ········ 427

Chapter 01

근로관계와 법

LAW & LIFE

제1절 서설

제2절 근로관계의 성립

제3절 취업규칙

제4절 근로관계의 내용

제5절 인사와 징계

제6절 근로관계의 종료

제7절 비정규 근로자

제8절 근로소득·퇴직소득과 과세

Chapter 01

근로관계와 법

제1절 서설

Ⅰ. 의의

노동법은 근로관계, 즉 근로자의 노동력 제공과 관련된 법률관계(권리·의무관계)를 규율하는 법이다. 근로관계는 근로자가 사용자에게 근로를 제공하고, 사용자는 이에 대하여 임금을 지급함을 목적으로 체결된 계약에 의하여 성립하는 근로자와 사용자 사이의 법률관계이며, 정년퇴직·해고·합의해지·계약기간의 만료 등의 사유에 의하여 종료하게 된다. 따라서 근로관계의 당사자가 아닌 사람(예: 실업자 등)은 노동법의 규율대상이 되지 않는다. 노동법은 근로계약관계의 당사자인 근로자를 그 보호의 대상으로 한다. 근로기준법, 노동조합 및 노동관계조정법, 남녀고용평등법, 최저임금법, 산업재해보상보험법 등이 여기에 해당한다. 아래에서는 근로조건의 기준을 정하여 근로자 지위의 유지·개선을 목적으로 하는 근로기준법을 중심으로 살펴본다.

참고로 법률관계는 법에 의하여 규율되는 생활관계를 말한다. 법률관계는 물건을 팔고 사는 관계에서 매도인과 매수인, 다른 사람에게 손해를 끼치는 행위를 한 경우에는 피해자와 가해자 등과 같이 사람과 사람과의 관계로 나타나게 되는데, 법에 의하여 보호되는 사람을 권리자라고 하며, 법에 의하여 일정한 의무를 지는 사람을 의무자라고 한다. 따라서 법률관계란 권리자가 의무자에 대하여 자신의 권리를 행사하고, 의무자가 권리자에 대하여 그에 따른 의무를 이행하는 관계를 말한다고 할 수 있다.

Ⅱ. 근로기준법의 적용범위

1. 원칙

(1) 근로기준법은 '상시 5명 이상'의 근로자를 사용하는 모든 사업 또는 사업장에 적용한다(제11조 1항 본문). 여기서 '상시 5명 이상의 근로자를 사용'한다는 것은 근로자 수가 상시(상태적으로) 5명 이상이라는 뜻이므로, 일시적으로 5명 미만이 되더라도 상태적으로 5명 이상이면 이에 해당하고, 이 경우 근로자에는 계속 근무하는 근로자뿐만 아니라 그때그때의 필요에 따라 사용하는 일용근로자도 포함된다.[1] '상시 사용하는 근로자 수'는 해당 사업 또는 사업장에서 휴업수당 지급·근로시간 등의 적용 여부를 판단해야 하는 사유 발생일 전 1개월(사업이 성립한 날부터 1개월 미만인 경우에는 그 사업이 성립한 날 이후의 기간을 말한다) 동안 사용한 근로자의 연인원을 같은 기간 중의 가동 일수로 나누어 산정한다(시행령 제7조의2 제1항). 다만 취업규칙에 관한 근로기준법 제93조의 적용 여부를 판단하는 경우에는 10명을 기준으로 한다(시행령 제7조의2 제2항). 상시 사용하는 근로자에는 통상(계속)근로자는 물론이고 기간제근로자, 신청인근로자, 외국인근로자, 동거하는 친족인 근로자 등 하나의 사업 또는 사업장에서 근로하는 모든 근로자가 포함된다. 다만 파견근로자나 사내도급근로자는 제외된다(시행령 제7조의2 제4항).

'사업장'은 사업의 목적을 가지고 계속적으로 추구하는 시설로서, 본사·공장·지점 등이 이에 해당한다. 그 사업의 업종·형태·영리추구 여부 및 국내외의 장소를 불문한다. 따라서 근로자를 고용하여 지속적으로 사업을 수행하고 있는 한 기업과 같은 영리단체는 물론 비영리 또는 공익의 사업(예: 정당, 사회사업단체나 종교단체, 교육·연구기관 등)에도 근로기준법은 적용되고, 법령상의 허가를 받지 않았거나 금지된 경우에도 적용된다.

참고로 일상적으로 사용되는 법령(法令)이라는 용어는 '법률'과 '명령'을 합쳐서 부르는 말이다. 법률은 헌법이 정하는 절차에 따라 제정·공포된 법을 말한다. 국회가 제정하는 법률에 우리의 일상생활에 관한 구체적인 사항을 모두 담을 수 없으므로, 법률에 규정하기에 적당하지 않은 사항이나 법률을 시행하기 위하여 필요한 사항에 관하여는 명령이라는 것이 만들어진다. 명령에는 대통령에 의하여 만들어지는 대통령령과 국무총리에 의하여 만들어지는 총리령과 각부의 장관에 의하여 만들어지는 부령이 있는데, 이 가운데 대통령령을 법률에 대한 관계에서 '시행령'이라고 부르며, 총리령과 부령을 '시행규칙'이라고 부른다.

(2) 근로기준법은 국가나 지방자치단체, 그 밖에 이에 준하는 것에 대하여도 적용된다(제12조). 즉 국가나 지방자치단체 등이 공무원이 아닌 근로자를 사용하는 경우에는 그 인원수를 불문하고 적용된다. 판례는 국가기관(철도역) 소속 일용잡부가 1인뿐이라 하더라도 근로기준법의 적용이 배제되지 않는다고 한다.[2)]

(3) 상시 4명 이하의 근로자를 사용하는 사업 또는 사업장에 대하여는 대통령령으로 정하는 바에 따라 근로기준법의 일부 규정이 적용된다(제11조 2항, 시행령 별표1). 상시 4명 이하의 근로자를 사용하는 사업 또는 사업장에 적용되지 않는 규정은, 부당해고 등의 제한(제23조 1항), 부당해고 등의 구제(제28조~제33조), 휴업수당(제46조), 법정근로시간(제50조), 가산임금(제56조), 유급연차휴가(제60조), 생리휴가(제73조), 취업규칙(제93조~제97조) 등이다. 이러한 규정을 준수하는 것은 영세사업자에게 부담이 될 수 있기 때문이라는 것이 입법의 취지이지만, 근로자의 복리후생

차원에서 개정 필요성이 제기되고 있다.

2. 예외

근로기준법은 상시 5인 이상의 근로자를 사용하는 경우라도 '동거의 친족만을 사용하는 사업 또는 사업장' 및 '가사사용인'에게는 적용되지 않는다(제11조 1항 단서). '동거의 친족'은 해당 사업 또는 사업장의 근로자가 모두 사용자와 친족관계에 있으면서 동시에 사용자와 동거하는 것을 말하며, 동거하는 친족만을 사용하는 관계에까지 국가가 개입하여 근로조건을 강행적으로 정한다는 것은 동양적인 윤리관에 비추어 온당하지 않기 때문이다. 다만 동거친족과 동거친족 아닌 자가 함께 노무를 제공하는 사업장의 경우에는 동거친족도 상시 근로자의 수에 포함된다. 가사사용인(가정부, 파출부, 운전기사 등)에 대하여는 그 관계가 주로 사생활과 관련되어 있고 또한 감독행정이 미치기 어렵기 때문에 적용을 배제한 것이다.

한편 선원의 근로조건에 대하여는 선원법이, 공무원의 근무조건에 대하여는 공무원법이 별도로 규정하고 있기 때문에 그 범위 안에서 근로기준법의 적용은 배제된다. 그러나 사립학교 교원에 대해서는 사립학교법상 자격·임면·복무·신분보장·징계에 관하여 규정된 것을 제외하고는 근로기준법이 적용된다.[3)]

사례) 甲과 乙은 함께 비용을 마련하여 '누리다 카페'를 차린 다음 현재 공동으로 운영하고 있다. 영업시간은 오전 10시부터 오후 12시까지이며, 오후 5시부터 오후 12시에는 아르바이트생을 2명을 쓰고 있다. 아르바이트생이 오후 10시를 넘어 일을 하면 야간수당을 지급해야 하는가? 그리고 주휴수당의 지급은 어떻게 되는가?

➡ 근로기준법 제56조에 따르면 야간근로(오후 10시부터 오전6시까지의 근로)에 대하여는 통상임금의 100분의 50 이상을 가산하여 지급해야 한다. 하지만 제56조는 상시 5인 이상 근로자를 사용하는 사업 또는 사업장의 경우에 적용된다. 따라서 누리다 카페는 상시 근로자가 4인 이하인 사업장으로 근로기준법 제56조가 적용되지 않으므로 오후 10시가 넘더라도 사용자 甲과 乙은 아르바이트생에게 야간수당

을 지급하지 않아도 된다. 반면에 상시 4인 이하 근로자를 사용하는 카페에서 아르바이트를 한 사람에게 근로기준법상의 휴게시간, 주휴수당 등에 관한 규정은 적용된다(제11조 2항, 시행령 제7조). 즉 사용자는 4주 동안(4주 미만으로 근로하는 경우에는 그 기간)을 평균하여 1주 동안의 소정근로시간이 15시간 이상인 근로자에게 1주일에 평균 1회 이상의 유급휴일을 주어야 한다(제18조 3항, 제55조). 따라서 아르바이트생이 1주일에 15시간 이상 근로하는 경우에는 甲과 乙은 아르바이트생에게 주휴수당을 지급해야 한다.

Ⅲ. 근로자와 사용자

1. 근로기준법의 적용을 받는 '근로자'란 직업의 종류와 관계없이 임금을 목적으로 사업이나 사업장에 근로를 제공하는 사람을 말한다(제2조 1항 1호). 이때 사용자와 근로자가 체결한 근로계약이 적법·유효할 것을 요하지 않는다. 근로기준법상 근로자에 해당하는지는 계약의 형식이 고용계약인지 도급계약인지 위임계약인지보다 근로제공 관계의 실질이 근로제공자가 사업 또는 사업장에 임금을 목적으로 종속적인 관계에서 사용자에게 근로를 제공하였는지 여부에 따라 판단해야 한다.[4] 따라서 근로계약서를 작성하지 않고 근로를 제공하는 자, 시용근로자도 근로자에 해당한다. 근로자성의 인정 여부는 퇴직금청구, 해고 관련 구제절차, 산업재해로 인한 보상청구와 직접적인 관련이 있다. 근로기준법의 적용을 받는 '사용자'란 사업주 또는 사업 경영 담당자, 그 밖에 근로자에 관한 사항에 대하여 사업주를 위하여 행위하는 자를 말한다(제2조 1항 2호). 개인경영의 경우에는 기업주, 법인경영의 경우에는 법인이 사업주에 해당한다. '사업경영담당자'는 사업경영 일반에 관하여 책임을 지는 자로서 사업주로부터 사업경영의 전부 또는 일부에 대하여 포괄적인 위임을 받고 대외적으로 사업을 대표하거나 대리하는 자를 말한다.[5] 가령 민법상 법인의 이사, 주식회사의 대표이사, 합명회사 및 합자회사의 업무집행사원 등이 이에 해당한다.

2. 근로기준법상 근로자에 해당하는지는 근로자가 사업 또는 사업장에 임금을 목적으로 종속적인 관계에서 사용자에게 근로를 제공하였는지에 따라 판단해야 하고, 종속적인 관계가 있는지는 업무 내용을 사용자가 정하고 취업규칙 또는 복무(인사)규정 등의 적용을 받으며 업무수행과정에서 사용자가 상당한 지휘·감독을 하는지, 사용자가 근무시간과 근무장소를 지정하고 근로자가 이에 구속을 받는지, 노무제공자가 스스로 비품·원자재나 작업도구 등을 소유하거나 제3자를 고용하여 업무를 대행케 하는 등 독립하여 자신의 계산으로 사업을 영위할 수 있는지, 노무제공을 통한 이윤의 창출과 손실의 초래 등 위험을 스스로 안고 있는지와 보수의 성격이 근로 자체의 대상적 성격인지, 기본급이나 고정급이 정하여졌는지 및 근로소득세의 원천징수 여부 등 보수에 관한 사항, 근로제공관계의 계속성과 사용자에 대한 전속성의 유무와 정도, 사회보장제도에 관한 법령에서 근로자로서 지위를 인정받는지 등의 경제적·사회적 여러 조건을 종합하여 판단해야 한다.[6] 판례는 보험모집인,[7] 학습지 상담교사,[8] 학원의 단과반 강사,[9] 골프장 캐디,[10] 유흥업소의 접대부,[11] 레미콘운송차주[12] 등에 대해서는 실질적 종속관계에서 임금을 목적으로 사용자에게 근로를 제공하지 않는다는 이유로 근로기준법상 근로자로 볼 수 없다고 한다. 이와 달리 대학병원의 수련의,[13] 고교졸업예정자인 실습생,[14] 고정업무를 수행한 지입차주겸 운전기사,[15] 안마시술소에 고용된 맹인안마사,[16] 방송사소속 TV 관현악단,[17] 대학시간강사, 대학입시학원 종합반 강사, 전기검침원, 백화점 위탁판매원 등에 대해서는 임금을 목적으로 '종속적 관계에서 사용자에게 근로를 제공한다'는 이유로 근로기준법상 근로자에 해당한다고 한다.

사례) 甲은 乙대학병원에서 전공의 과정을 밟고 있는 레지던트이다. 그런데 몇 달 전부터 甲에 대한 임금이 지급되지 않고 있어 乙에게 그 지급을 요구하였으나, 乙은 레지던트 과정도 교육의 과정이므로 임금을 지급하지 않아도 되며 그 전에 얼마씩 지급한 것도 장학금 내지 생활비조로 병원측에서 호의적으로 지급한 것이었다고 한다. 甲은 근로기준법상 근로자에 해당하는가?

➡ 인턴 또는 레지던트 등 '수련의', '전공의'가 비록 전문의시험 자격취득을 위한 필수적인 수련과정에서 수련병원에 근로를 제공하였더라도 수련의, 전공의의 지위는 교과과정에서 정한 환자진료 등 피교육자적인 지위와 함께 병원에서 정한 진료계획에 따라 근로를 제공하고 그 대가로 임금을 지급받는 근로자의 지위를 아울러 가지고 있으며, 또한 병원측의 지휘·감독 아래 근로를 제공함으로써 실질적인 사용·종속관계에 있다고 할 것이므로 전공의는 병원경영자에 대한 관계에서 근로기준법상의 근로자에 해당한다.[18] 따라서 甲은 근로기준법상의 보호를 받을 수 있으므로 임금 등의 지급을 청구할 권리가 있고, 만일 이로 인해 어떠한 불이익한 처우를 받게 된 경우에는 역시 근로자의 지위에서 권리구제를 받을 수 있을 것이다.

Ⅳ. 근로계약에 대한 효력

근로기준법에서 규정한 기준에 미치지 못하는 근로조건을 정한 근로계약은 그 부분에 한하여 무효이며, 무효로 된 부분은 근로기준법에서 정한 기준에 따른다(제15조). 이 규정의 강행적·보충적 효력은 취업규칙이나 단체협약에도 미치고, 보충적 효력은 근로계약이나 취업규칙으로 정하지 않은 사항에도 미친다고 보아야 한다. 그러나 근로자 보호를 기본이념으로 하는 노동법에 특유한 '유리한 조건 우선의 원칙'에 의하여 근로기준법에서 정한 근로조건보다 근로자에게 유리한 근로조건을 정한 근로계약은 근로기준법보다 우선적으로 적용된다.

제2절 근로관계의 성립

Ⅰ. 근로계약의 체결

(1) 근로계약이란 근로자가 사용자에게 근로를 제공하고 사용자는 이에 대하

여 임금을 지급하는 것을 목적으로 체결된 계약을 말한다(근로기준법 제2조 1항 4호). 즉 근로관계는 사용자와 근로자 사이의 계약의 체결, 즉 합의에 의하여 성립하고 특별한 방식을 요하지 않는다. 일반적으로 근로자는 계약체결할 때에 계약기간·임금·직종·근로시간·근무장소 등의 중요한 사항에 대하여 합의하는 것에 그치고 세부적인 내용은 사용자가 작성한 취업규칙에 정한 바에 따르는 것이 보통이다(제93조).

(2) 사용자는 근로계약의 체결할 때에 근로강제, 여자 및 소년의 사용제한이나 그 밖의 근로기준법 등의 법령에 정한 제한규정에 위반하지 않는 한, 어떤 근로자를 채용할 것인지는 그 자유에 속한다.

Ⅱ. 근로계약 체결시의 행위규제

사용자의 근로계약체결의 자유에는 일정한 제한이 있다.

1. 미성년자와의 계약체결 방식

(1) 미성년자(19세 미만자)의 채용 자체에 대하여는 연소자와 달리 특별한 제한은 없으나 그 계약체결의 방식에 관하여는 근로기준법상 규제가 있다. 즉 친권자나 후견인은 미성년자의 근로계약을 대리할 수 없다(근로기준법 제67조 1항). '미성년자의 근로계약을 대리할 수 없다'는 것은 미성년자를 대신하여 근로계약을 체결할 수 없다는 의미이다. 물론 미성년자가 근로계약을 체결하기 위해서는 법정대리인(친권자, 후견인)의 동의를 얻어야 하며(민법 제5조 1항), 이를 위반한 경우에 미성년자나 법정대리인은 근로계약을 취소할 수 있다(제5조 2항). 한편 법정대리인 또는 고용노동부장관은 근로계약이 미성년자에게 불리하다고 인정하는 경우에는 이를 해지할 수 있다(근로기준법 제67조 2항). 근로계약을 체결한 이상 근로자 자신에게 불리하

다는 이유로 계약을 해지할 수 없는 것이 원칙이지만, 예외적으로 미성년자를 보호하기 위하여 법정대리인 또는 고용노동부장관이 근로계약을 해지할 수 있도록 한 것이다.

(2) 15세 미만인 사람(초·중등교육법에 따른 중학교에 재학 중인 18세 미만인 사람을 포함한다)은 근로자로 사용하지 못한다. 다만 대통령령으로 정하는 기준에 따라 고용노동부장관이 발급한 취직인허증을 지닌 사람은 근로자로 사용할 수 있다(근로기준법 제64조 1항).

2. 근로조건의 명시

(1) 사용자는 근로계약을 체결할 때에 근로자에게 임금·근로시간·휴일·연차 유급휴가·그 밖의 근로조건을 명시하여야 하며, 임금의 구성항목·계산방법 및 지불방법은 대통령령으로 정하는 방법에 따라 명시해야 한다(근로기준법 제17조). 명시할 '그 밖의 근로조건'이란 취업의 장소와 종사하여야 할 업무에 관한 사항, 취업규칙의 필요적 기재사항(제93조), 사업장의 부속 기숙사에 근로자를 기숙하게 하는 경우에 기숙사 규칙에 관한 사항을 말한다(시행령 제8조). 특히 사용자는 임금의 구성항목·계산방법·지급방법, 근로시간, 휴일, 연차 유급휴가의 사항이 명시된 서면을 근로자에게 교부하여야 한다(제17조 2항).

(2) 명시된 근로조건이 사실과 다른 경우에 근로자는 근로조건 위반을 이유로 노동위원회에 손해배상청구를 신청할 수 있고, 즉시 근로계약을 해제할 수 있다(근로기준법 제19조). 손해배상의 내용은 일반적으로 사용자가 명시된 근로조건을 이행하였더라면 근로자가 받게 될 이익과 그 조건을 사용자가 이행하지 않음으로써 발생된 상태의 차액이다. 그러나 노동위원회에 대한 손해배상신청은 명시한 근로조건 위반의 사유로 한정된다. 따라서 부당해고 등으로 인하여 발생한 손해배상에 관하여는 노동위원회에 신청할 수 없고,[19] 민사재판을 통해 구제받을 수 있을 뿐이다.

3. 위약금 예정의 금지

(1) 사용자는 근로자와 근로계약의 불이행에 대한 위약금 또는 손해배상액을 예정하는 계약을 체결하지 못한다(근로기준법 제20조). 여기에서 위약금이란 채무불이행의 경우에 채무자가 채권자에게 지불할 것을 미리 약정하는 금액으로서, 이러한 위약금에 관한 약정은 채무불이행에 대한 사실만 증명되면 손해배상 유무와는 관계없이 약정된 금액의 지급을 약정하는 것을 말한다. 손해배상의 예정이란 채무불이행의 경우에 배상해야 할 손해액을 실손해와는 관계없이 미리 그 액을 정하는 것을 말한다.

근로기준법 제20조는 근로자가 퇴직의 자유를 제한받아 부당하게 근로의 계속을 강요당하는 것을 방지하고, 근로계약 체결시 근로자의 직장선택의 자유를 보장하며 불리한 근로계약의 해지를 가능케 하려는 것이다. 따라서 사외연수 후 일정기간 재직하지 않으면 연수기간 중에 지급받은 임금상당액을 반환한다는 약정[20] 또는 해외회사에 파견근무 후 일정기간 재직하지 않으면 파견회사로부터 지급받은 임금을 반환하기로 한 약정[21] 등은 위 규정에 위반되어 무효이다.

(2) 기업체에서 비용을 부담 지출하여 직원에 대하여 위탁교육훈련을 시키면서 일정 임금을 지급하고 이를 이수한 직원이 교육 수료일부터 일정한 의무재직기간 이상 근무하지 아니할 때에는, 기업체가 지급한 임금이나 해당 교육비용의 전부 또는 일부를 상환해야 하지만 의무재직기간 동안 근무하면 이를 면제하기로 약정한 경우, ① 교육비용의 전부 또는 일부를 근로자로 하여금 상환하도록 한 부분은 유효하다. 하지만 ② 임금 반환을 약정한 부분은 기업체가 근로자에게 근로의 대상으로 지급한 임금을 채무불이행을 이유로 반환하기로 하는 약정으로서 실질적으로는 위약금 또는 손해배상을 예정하는 계약이므로 근로기준법 제20조에 위반되어 무효이다.[22] ③ 직원의 해외파견근무의 주된 실질이 연수나 교육훈련이 아니라 기업체의 업무상 명령에 따른 근로장소의 변경에 불과한 경우, 이러한 해외근무기간

동안 임금 이외에 지급 또는 지출한 금품은 장기간 해외근무라는 특수한 근로에 대한 대가이거나 또는 업무수행에 있어서의 필요불가결하게 지출할 것이 예정되어 있는 경비에 해당하여 재직기간 의무근무 위반을 이유로 이를 반환하기로 하는 약정도 마찬가지로 무효이다.[23] 이때 비용상환채무의 면제기간으로서 의무재직기간 및 상환해야 할 비용은 합리적이고 타당한 범위 내에서 이루어져야 한다. 가령 해외 연수기간이 1개월에 지나지 않는데 의무재직기간을 3년으로 한다든지, 연수기간 중에 회사가 지출한 비용의 3배를 반환상환금으로 약정하는 것은 실질적으로 근로기준법 제20조에 위반하여 무효이다.[24]

(3) 한편 근로기준법 제20조는 근로자의 업무수행 중 근로자의 과실로 사용자에게 현실적으로 발생한 손해에 대해서 사용자의 배상청구를 금지하는 것은 아니다. 이러한 경우에 대비하여 사용자가 신원보증인과 신원보증계약을 체결하는 것은 제20조와 아무런 관련이 없다. 여기에서 신원보증계약이란 채무의 인수·보증 기타 명칭의 여하를 불문하고 근로자의 행위로 인하여 사용자가 받은 손해의 배상을 약정하는 계약을 말한다. 참고로 근로자에 대한 퇴직금지급 후에는 신원보증계약은 당연히 해지된다.[25]

사례) 甲은 乙회사로부터 대학 전 학년 장학금을 지급받는 대신 졸업 후 4년간 乙회사에 근무하기로 하는 계약을 체결하면서 丙이 신원보증을 하였다. 근로계약서에는 회사입사 포기시 또는 실근무 4년 이내에 퇴사할 경우 이미 지급된 장학금을 반환하며, 실근무 1년 이내에 퇴사하는 경우에는 장학금의 60%를 추가로 손해배상해야 한다는 내용이 있다. 그러나 甲은 회사에 입사한 지 6개월 만에 해외유학을 가기 위해 퇴사하였다. 이 경우 이미 지급받은 장학금과 1년 이내 퇴사하는 경우 추가 부담하는 60%의 손해배상액은 어떻게 되며 신원보증인 丙은 어떤 책임이 있는가?

➡ 사용자는 근로자와 근로계약의 불이행에 대한 위약금 또는 손해배상액을 예정하는 계약을 체결하지 못한다(근로기준법 제20조). 위약예정의 금지는 근로자가 직장을 얻기 위하여 어쩔 수 없이 불리한 근로계약을 체결하고도 위약금 또는 손해배상액

등의 부담으로 퇴직을 하지 못하고 강제근로를 당하게 됨을 방지함이 목적이므로, 사용자는 근로자의 불법행위로 인한 실제 손해액의 배상청구는 가능하다. 신원보증법에 의한 신원보증계약은 현실적으로 발생한 손해에 대한 책임담보를 전제로 하는 것이기 때문에 위약예정계약으로 볼 수 없으므로, 근로기준법 제20조에 위배되지 않는다.[26] 따라서 甲이 乙회사의 입사를 포기할 때 또는 입사 후 실근무 4년 이내에 퇴사할 때에는 지급된 장학금의 전액을 반환한다는 계약은 위약금 또는 손해배상액 예정의 성격이 아니라, 乙회사가 甲에게 장학금을 대여해 주었다가 4년 근속하면 상환을 면제해 주되 4년 이내에 퇴사할 경우에는 상환을 면제하지 않는다는 취지로 약정한 경우이므로, 근로기준법 제20조에 위배되지 않아 甲은 장학금을 반환해야 한다. 다만 나머지 부분, 즉 실근무 1년 이내에 퇴사하는 경우에는 장학금의 60%를 손해배상하여야 한다는 부분은 강행규정인 근로기준법 제20조에 반하므로 무효이다.[27] 그리고 신원보증인 丙은 甲이 회사에 현실적으로 발생시킨 손해에 대해서는 책임이 있다.

4. 전차금 상계의 금지

(1) 사용자는 전차금(前借金)이나 그 밖에 근로할 것을 조건으로 하는 전대(前貸)채권과 임금을 상계하지 못한다(근로기준법 제21조). 퇴직의 자유가 부당하게 구속되는 것을 방지하기 위한 것이다. 여기에서 상계는 채권자와 채무자가 서로 같은 종류의 채권·채무를 가지는 경우에 그 채권·채무를 대등액에서 소멸시키는 당사자 한쪽의 일방적 의사표시를 말한다(민법 제492조 1항). 예컨대 A가 B에 대하여 5,000만원의 금전채권을 가지고 있고, 반대로 B도 A에 대해 3,000만원의 매매대금채권을 가지는 경우, 양 채무의 이행기가 도래하면 A 또는 B가 상대방에 대하여 상계의 의사표시를 함으로써 대등액인 3,000만원의 한도에서 서로의 채무가 소멸하게 되고, 그 결과 A의 B에 대한 2,000만원의 채권만이 남게 된다. 또한 '전차금이나 그 밖에 근로할 것을 조건으로 하는 전대채권'은 장래 근로를 하여 그 임금으로 변제할 것을 조건으로 근로자가 사용자로부터 받는 대여금 일체를 말하는 것이 아니라 그중에서 퇴직의 자유를 구속하여 강제근로의 위험성이 있는 것을 의미한

다. 예컨대 근로자가 사용자로부터 목돈을 빌리고 추후 상당기간에 걸쳐 임금으로 분할 변제하되 도중에 퇴직·도망하는 경우에는 이자와 위약금을 일시변제하기로 하는 약정 등이 이에 해당한다. 따라서 종업원에게 주택전세자금 또는 구입자금을 대부하는 경우에 그와 같은 대출이 근로자의 요구와 편의를 위한 것이고, 융자액과 융자기간·이율·반환방법이 합리적이며 반환 전에 회사퇴직을 금지하는 조건이 붙어 있지 않다면 제21조는 적용되지 않는다.

(2) 제21조가 금지하고 있는 것은 사용자가 그의 전대채권을 자동채권으로 하면서 근로자의 임금채권을 수동채권으로 하는 경우이다. 따라서 근로자가 그의 임금채권을 자동채권으로 하고 사용자의 전대채권을 수동채권으로 하는 상계는 금지대상이 되지 않는다.

5. 강제저축의 금지 및 임의저축의 관리제한

사용자는 근로계약에 덧붙여 강제 저축 또는 저축금의 관리를 규정하는 계약을 체결하지 못한다(근로기준법 제22조 1항). 근로자의 퇴직의 자유를 부당하게 구속하는 것을 방지함과 동시에 근로자의 재산을 보전하기 위한 것이다.

한편 사용자가 '근로자의 위탁으로' 저축을 관리하는 경우에는 ① 저축의 종류·기간 및 금융기관을 근로자가 결정하고, 근로자 본인의 이름으로 저축하여야 하며, ② 근로자가 저축증서 등 관련 자료의 열람 또는 반환을 요구할 때에는 즉시 이에 따라야 한다(제22조 2항).

Ⅲ. 채용내정과 시용

1. 채용내정

(1) 신규 채용 응모자(특히 대학졸업예정자)에게 회사가 합격통지를 하면 그 응

모자가 정식으로 임명장을 받고 근무를 할 때까지는 상당한 기간의 경과를 거치는 것이 보통이며, 이처럼 정식채용 상당한 기간 전에 채용할 자를 미리 결정하여 두는 것을 채용내정이라고 한다. 채용내정에 의해 근로계약이 성립한다. 즉 기업에서의 모집(청약의 유인)에 대하여 근로자가 응모·응시한 것은 근로계약의 청약이고, 이에 대한 사용자의 채용내정(결정)의 통지는 그 청약에 대한 승낙이며, 이로써 사용자와 내정자 사이에 해약권을 유보한 근로계약이 성립한다. 따라서 채용내정 통지서나 서약서에 기재된 채용내정 취소사유가 생긴 경우에 채용내정은 취소될 수 있고, 대학졸업예정자에게 졸업을 조건으로 채용을 내정(결정)한 경우에 합격자가 졸업을 하지 못하게 되면 채용내정은 효력을 잃게 된다.

(2) 근로기준법은 근로계약이 체결된 때, 즉 채용내정이 확정된 때부터 적용된다. 따라서 사용자는 근로자에게 정당한 이유 없이 해고를 하지 못한다(제23조). 가령 대학졸업 후 회사 근무를 조건으로 산학장학생을 모집한 회사가 그 최종합격 통지를 하고 입사관계 서류를 교부받은 상태에서 일방적으로 채용내정을 취소하였다면 그 취소는 실질적으로 부당한 해고에 해당하여 무효가 된다. 다만 근로자가 실제로 노무제공을 시작하는 때부터 적용되는 규정(예: 근로시간 및 휴식, 재해보상 등에 관한 규정 등)은 채용내정기간 중에는 적용되지 않는다.

2. 시용

시용(수습)이란 정식채용 직전의 일정기간 동안 정규(상용직)종업원으로서의 적격성 및 정식채용 가부를 판정하기 위한 시험적 사용을 말한다. 즉 입사 후 일정기간을 시용 또는 수습기간으로 정하고, 그 사이에 업무수행능력을 양성·견습함과 동시에 해당 근로자의 자질·성격·능력 등을 평가하여 정식사원으로 할 것인가를 결정하는 제도를 말한다. 시용(수습)계약의 목적과 이에 관련된 일반적인 취업규칙의 규정 또는 일반적 관행에 비추어 시용계약은 사용자의 해약권이 유보된 근로계약이다. 따라서 해약권에 기한 해고는 통상의 해고보다 광범위하게 인정될 수 있지만, 시용기간 중 근무태도·능력 등의 조사·관찰에 의한 업무에의 적격성 판단에 기초하여 객관적으로 합리적인 이유가 존재하여 사회통념상 상당하다고 인정되어야 가능하다.[28)]

제3절 취업규칙

Ⅰ. 서설

취업규칙이란 사업장 내에서 근로자가 준수하여야 하는 복무규율과 근로조건에 관한 구체적인 사항들을 사용자가 문서로 정한 규칙(예: 사규·인사규정·복무규정 등)을 말한다. 취업규칙은 사용자가 다수의 근로자와 일일이 계약내용을 약정하는 번잡함을 피하기 위하여 근로계약을 체결하면서 사업장 내에서 근로조건을 집단적·통일적으로 처리하여 기업의 경영을 원활하게 운영하기 위해 작성된다. 취업규칙에서 정한 기준에 미달하는 근로조건을 정한 근로계약은 그 부분에 관하여는 무효이며, 이 경우 무효로 된 부분은 취업규칙에서 정한 기준에 따른다(근로기준법 제97조).

Ⅱ. 취업규칙의 작성·변경

1. 작성의무

상시 10인 이상의 근로자를 사용하는 사용자는 소정의 사항에 관한 취업규칙을 작성해야 하며, 이를 고용노동부장관에게 신고해야 한다(근로기준법 제93조).

2. 의견청취

사용자는 취업규칙의 작성 또는 변경에 관하여 해당 사업 또는 사업장에 근로자의 과반수로 조직된 노동조합이 있는 경우에는 그 노동조합, 근로자의 과반수로 조직된 노동조합이 없는 경우에는 근로자의 과반수의 의견을 들어야 한다(제94조 1항 본문). 여기에서 근로자의 과반수로 조직된 노동조합이란 원칙적으로 단위노동조합을 의미하며, 노동조합의 의견을 들어야 한다는 것은 노동조합 대표자의 의견을 듣는 것을 말하고 조합원들의 의견을 들어야 하는 것은 아니다.[29] 또한 의견을 듣는다는 것은 취업규칙의 작성·변경에 관하여 솔직한 의견과 자문을 듣는 것을 말하고, 동의를 얻거나 합의를 구하는 것은 아니기 때문에 사용자의 일방적 작성·변경 권한이 이로써 영향을 받지는 않는다.

3. 불이익변경시 근로자의 동의

(1) 취업규칙의 작성·변경에 관한 권한은 원칙적으로 사용자에게 있으므로 사용자는 그 의사에 따라서 취업규칙을 작성·변경할 수 있고, 다만 취업규칙의 변경에 의하여 기존 근로조건의 내용을 일방적으로 근로자에게 불이익하게 변경하려면 종전 취업규칙의 적용을 받고 있던 근로자 집단의 집단적 의사결정방법에 의한 동의를 받아야 한다(제94조 1항 단서). 이는 이미 정한 근로조건을 사용자가 일방적으로 저하시키는 것을 방지하려는 취지이다. 그 동의방법은 근로자 과반수로 조직된 노동조합이 있는 경우에는 그 노동조합, 그와 같은 노동조합이 없는 경우에는 근로자들의 회의방식에 의한 과반수의 동의가 있어야 하고, 여기서 말하는 근로자의 과반수란 기존 취업규칙의 적용을 받는 근로자 집단의 과반수를 뜻한다.[30]

(2) 취업규칙의 불이익변경이란 사용자가 종래의 취업규칙을 개정하거나 새로운 취업규칙을 만들어 근로조건이나 복무규정에 관하여 근로자의 기득권 또는 기

득이익을 침해하거나, 근로자에게 저하된 근로조건이나 강화된 복무규정을 일방적으로 부과하는 것을 말한다.[31] 근로자에게 불리한 변경에 해당하는지 여부는 근로자 전체에 대하여 획일적으로 결정되어야 할 것이고, 그 변경이 일부 근로자에게는 유리하지만 다른 일부 근로자에게는 불리할 수 있어서 근로자에게 전체적으로 유리한지 불리한지를 단정적으로 평가하기가 어려운 경우에는 근로자에게 불이익한 것으로 취급하여 근로자들 전체의 의사에 따라 결정하게 하는 것이 타당하다.[32]

사례1) 甲회사는 근로자의 동의 없이 취업규칙을 변경하면서 퇴직금의 지급률에 관하여 근로자들에게 불리하게 규정하였다. 이 경우 변경된 취업규칙이 유효한가? 취업규칙 변경 이후 변경된 취업규칙에 따른 근로조건을 수용하고 근로관계를 갖게 된 근로자에 대한 관계에서는 변경된 취업규칙이 적용되는가?

➡ 사용자가 취업규칙에서 정한 근로조건을 근로자에게 불리하게 변경하면서 근로자의 동의를 얻지 않은 경우에 그 변경으로 이익이 침해되는 기존의 근로자에 대한 관계에서는 변경의 효력이 미치지 않아 종전 취업규칙의 효력이 그대로 유지되므로, 종전의 퇴직금 지급률이 그대로 적용된다. 반면에 ① 변경된 취업규칙에 따른 근로조건을 수용하고 근로관계를 갖게 된 신규 근로자에 대한 관계에서는 당연히 변경된 취업규칙이 적용되므로, 변경된 퇴직금 지급률이 적용된다.[33] ② 변경 후에 근로자의 과반수를 대표하는 노동조합이 사용자측과 사이에 변경된 퇴직금 지급률을 따르기로 하는 내용의 단체협약을 체결한 경우에는 원칙적으로 그 협약의 적용을 받게 되는 '기존의 근로자'에 대해서도 변경된 지급률이 적용된다.[34] 즉 근로자의 집단적 의사결정방법에 의한 동의가 없는 경우, 퇴직금규정의 개정이 이루어진 시점에서 판단하여 취업규칙이 근로자에게 불이익하게 변경되었더라도 그 변경 후에 채용된 근로자에 대하여는 변경된 취업규칙이 적용되고, 다만 기존의 근로자에 대하여는 기득이익의 보호를 위하여 종전의 취업규칙이 적용된다.

사례2) 甲회사는 급여규정을 개정하면서 퇴직금 산정의 기초인 임금의 범위에서 일부를 제외하는 방향으로 취업규칙을 개정하려고 하는데, 甲회사에는 근로자과반수로 조직된 노동조합이 있다. 이 경우 취업규칙을 개정하면서 반드시 노동조합소속 근로자의 과반수의 동의를 얻어야만 하는가?

사용자가 취업규칙의 변경에 의하여 기존의 근로조건을 근로자에게 불리하게 변경하려면 종전 근로조건 또는 취업규칙의 적용을 받고 있던 근로자의 집단적 의사결정방법에 의한 동의를 받아야 한다(근로기준법 제94조 1항 단서). 동의방법은 근로자 과반수로 조직된 노동조합이 있는 경우에는 그 노동조합, 그와 같은 노동조합이 없는 경우에는 근로자들의 회의방식에 의한 과반수의 동의가 있어야 한다.[35] 회의방식에 의한 동의에는 사업 또는 한 사업장의 기구별 또는 단위 부서별로 사용자측의 개입이나 간섭이 배제된 상태에서 근로자 간에 의견을 교환하여 찬반을 집약한 후 이를 전체적으로 취합하는 방식도 허용된다.[36] 따라서 보수규정을 불이익하게 변경하면서 집단적 의사결정방법에 의한 동의 대신에 이사회의 결의와 근로자대표의 동의만을 얻은 경우에는 취업규칙의 불이익변경에 대한 근로자측의 동의를 얻은 것으로 볼 수 없다.[37] 설문의 경우, 甲회사는 급여규정의 개정에 대하여 노동조합 조합장의 대표권이 제한되었다고 볼 만한 특별한 사정이 없는 한, 조합장이 노동조합을 대표하여 급여규정개정에 대한 동의를 하면 되고, 반드시 노동조합소속 근로자의 과반수의 동의를 얻어서 급여규정을 개정해야 하는 것은 아니다.

Ⅲ. 법령·단체협약 준수

취업규칙은 법령이나 해당 사업 또는 사업장에 대하여 적용되는 단체협약과 어긋나서는 안 되며, 고용노동부장관은 법령이나 단체협약에 어긋나는 취업규칙의 변경을 명할 수 있다(제96조 1항, 2항). 법령이란 법률·명령만이 아니라 지방자치단체가 정하는 조례·규칙도 포함하지만, 그중에서 강행법규에 한정된다. 취업규칙이 법령에 어긋난다는 것은 강행법규에 저촉되는 것을 말하고, 그 강행법규가 근로기준법처럼 근로조건의 최저기준을 정한 경우에는 그 기준에 미달하는 것을 말한다. 단체협약은 당사자인 노동조합과 사용자 측 사이에 단체교섭에서 합의된 내용을 문서화한 것을 말한다. 즉 근로자들은 노동조합의 단결력을 배경으로 사용자와 단체교섭을 행하고, 평화적인 교섭에 실패할 때에는 쟁의행위를 단행하여 그들의 임금이나 그 밖의 근로조건에 관한 주장의 관철을 도모하게 된다. 이와 같이 평화적인 교섭이나 투쟁적 쟁의행위를 거쳐서 얻어진 유리한 근로조건을 협약이라는 형태로 노동조합과 사용자가 서면화한 것이 단체협약이다. 노동조합법은 단체협약의 기준에 위반하는 취업규칙의 부분은 무효라고 규정하고 있다(제33조 1항).

제4절 근로관계의 내용

Ⅰ. 근로자와 사용자의 의무

근로관계는 근로자와 사용자 사이의 권리·의무관계를 말한다. 근로계약은 근로자가 사용자에게 근로를 제공하고 사용자는 이에 대하여 임금을 지급하는 것을 목적으로 체결된 계약이므로(근로기준법 제2조 1항 4호), 근로계약의 체결에 의하여 근로자는 당연히 근로제공의무를 지고 사용자는 임금지급의무를 진다(민법 제655조).

1. 근로자의 의무

(1) 근로제공의무

근로자는 사용자에게 자신의 근로(노동력)을 제공하여야 하며, 제3자의 노동력을 제공하여서는 안 된다(민법 제657조 2항). 근로제공의무는 단순히 기계적으로 근로를 제공할 의무에 그치지 않고 성실하게 근로할 의무를 포함한다. 근로자가 책임 있는 사유로 근로제공의무를 이행하지 않은 경우에는 민법상 채무불이행으로 되고, 사용자는 근로자에게 그 이행에 갈음하여 손해배상을 청구하거나 계약을 해지할 수도 있다. 근로자가 근로계약에 의하여 사용자에게 부담하는 근로제공의무를 이행하지 못하게 된 경우 이를 정당화하기 위하여는 사용자의 사전 또는 사후의 승인을 요하고 근로자의 일방적 통지에 의하여 근로제공의무의 불이행이 정당화될 수는 없다.[38] 사용자에 의한 근로계약의 임의해지(즉 해고)는 근로자에게 실직과 수입 상실을 의미하기 때문에 근로기준법은 '정당한 이유 없이는 근로자를 해고하지 못한다'고 규정하고 있다(제23조 1항). 여기서 정당한 이유란 사회통념상 근로계약을 계속시킬 수 없을 정도로 근로자에게 책임이 있는 사유가 있거나 부득이한 경영상의 필요가 있는 경우를 말한다.[39] 판례는 경영상의 필요에 의한 해고의 정당성 여부를 매우 엄격하게 판단한다.

(2) 부수적 의무

(가) 근로관계는 인적·계속적 관계로서 근로자는 사용자의 이익을 현저히 침해하는 행위를 하지 않고 그 이익을 보호할 신의칙상의 의무, 즉 성실의무를 진다. 근로자의 성실의무에는 경영비밀 유지의무·경업피지의무·사고대처의무 등이 있다. 여기서 '경영비밀 유지의무'란 근로자가 근로제공과 관련하여 알게 된 경영상의 비밀, 즉 불특정 다수인에게 알려져 있지 않은 정보로서 타인에게 알려지는 것이 사용자에게 불이익으로 되는 것을 타인에게 누설하지 않을 의무를 말한다. '경업피지의무'는 근로자가 사용자의 이익에 현저히 반하여 경쟁사업체에 취직하거나 경쟁사업체를 경영하지 않을 의무를 가리킨다. 그 밖에 '사고대처의무'는 근로자가 근로시간 내외를 불문하고 작업시설·설비·원료 등에 결함을 발견한 경우에 사용자가 적절한 대책을 강구할 수 있도록 이를 지체 없이 사용자에게 고지하되, 고지할 여유가 없을 정도로 사정이 급박한 경우에는 고장·사고 등을 방지하기 위한 응급조치를 취할 의무를 의미한다.

(나) 근로자가 책임 있는 사유로 성실의무를 위반한 경우에도 근로제공의무 위반의 경우처럼 사용자는 근로자에 대하여 손해배상을 청구하거나 계약을 해지할 수 있다(민법 제390조, 제543조, 제750조). 또 경영비밀 유지의무나 경업피지의무 위반에 대해서는 비밀누설 또는 경업행위의 금지(중지)를 청구할 수 있다. 성실의무

위반으로 근로자가 경영질서를 침해하는 경우에는 사용자는 취업규칙이 정하는 바에 따라 근로자를 징계할 수 있다.

2. 사용자의 의무

(1) 임금지급의무

사용자는 근로의 대가로 임금을 지급할 의무를 진다(민법 제655조). 임금의 금액·산출기초·산출방법·지급방법 등은 당사자 사이의 근로계약으로 정하지만, 그 대신 취업규칙에서 정한 바에 따르기로 약정하는 경우가 많다. 임금은 근로에 대한 대가이므로, 결근·조퇴 등 근로자의 책임 있는 사유로 근로제공을 하지 못한 부분에 대해서는 그에 상응하여 사용자의 임금지급의무는 발생하지 않는다. 또한 사용자는 쟁의행위에 참가하여 근로를 제공하지 아니한 근로자에 대하여는 그 기간 중의 임금을 지급할 의무가 없다(노동조합 및 노동관계조정법 제44조 1항). 반면에 근로자가 출근하여 현실적으로 노무제공 상태에 있음에도 일거리가 없어 작업을 하지 못하는 경우, 사용자가 노무제공의 수령을 거부하는 경우, 사용자의 책임 있는 사유로 노무제공이 불가능하게 된 경우(예: 사용자가 원료조달을 제때에 이행하지 않았거나, 부당해고로 근로자가 일을 할 수 없게 된 경우)에는 사용자는 근로자에게 임금(또는 휴업수당)을 지급해야 한다(민법 제538조, 근로기준법 제46조).

(2) 안전배려의무

(가) 근로관계는 인적·계속적 관계로서 사용자는 안전·건강 등 근로자의 이익을 보호할 신의칙상의 의무, 즉 안전배려의무(보호의무)를 진다. '안전배려의무'란 사용자가 사업시설·기계 등의 위험으로부터 근로자의 생명·신체의 안전과 건강을 보호할 의무를 말한다. 배려의무에는 근로자가 근로제공을 위하여 사업장에 가지고 들어오는 물건(예: 자전거·의류 등)에 대하여 도난·훼손 등을 방지하도록 배려할 의

무뿐만 아니라 근로제공의 과정에서 근로자의 인격·인권이 침해되지 않도록 배려할 의무도 포함된다.

(나) 사용자가 책임 있는 사유로 배려의무를 위반한 경우, 근로자는 사용자에 대하여 채무불이행으로 인한 손해배상을 청구할 수 있고(민법 제390조), 또 사용자에게 적절한 조치를 강구할 것을 청구하거나 배려의무에 위반되는 행위를 중지할 것을 청구할 수 있다.

Ⅱ. 임금

1. 서설

(1) 의의

(가) 임금이란 사용자가 근로의 대가로 근로자에게 임금·봉급, 그 밖에 어떠한 명칭으로든지 지급하는 일체의 금품을 말한다(근로기준법 제2조 1항 5호). 예컨대 일정한 요건을 갖춘 종업원에게 일률적으로 또 계속적으로 지급되는 이상 가족수당·통근수당·식사대·체력단련비·학비보조금·하계휴가비·차량유지비 등도 널리 임금에 포함된다.[40] 그러나 '사용자가 근로자에게 지급하는 것'이 임금이므로, 산재보험·국민연금 등 사회보험제도에 의하여 사용자부담의 보험료 및 근로자가 받은 보험급여는 임금이 아니다.[41]

(나) 임금이라고 할 수 있기 위해서는 '근로의 대가'로서 지급되어야 하며, 근로의 대가가 되기 위해서는 ① 근로자에게 계속적·정기적·일률적으로 지급되고, ② 근로제공과 관련하여 사용자에게 지급의무가 있어야 한다. 따라서 근로의 대가가 아닌 기업시설이나 그 보수비, 실비변상적인 경비(보안장비구입비, 작업복구입비, 판공비, 출장비, 해외근무수당, 연구용역비 등)는 임금이 아니다. 경조금·위로금·포상금과 같은 의례적·호의적 급여는 단체협약·취업규칙 또는 근로계약 등에 지급조

건이 명시되어 사용자에게 지급의무가 존재하고, 근로자에게 청구권이 있다고 하여도 근로의 대가가 아니므로 임금이 아니다. 반면에 정기상여금은 임금의 성질을 가지지만, 그 지급사유의 발생이 불확정적이고 일시적으로 지급되는 경우에는 임금으로 볼 수 없다.

(2) 평균임금과 통상임금

(가) 평균임금이란 이를 산정해야 할 사유가 발생한 날 이전 3개월 동안에 그 근로자에게 지급된 임금의 총액을 그 기간의 총일수로 나눈 금액을 말한다(제2조 1항 6호). 평균임금은 근로자에 대한 퇴직금, 휴업수당, 재해보상금 및 산재보험법에 의한 보험급여, 실업급여 등을 산출하는 기초가 된다. 통상임금이란 근로자에게 정기적이고 일률적으로 소정 근로(근로자가 소정근로시간에 통상적으로 제공하는 근로) 또는 총 근로에 대하여 지급하기로 정한 시간급·일급·주급·월급 또는 도급 금액을 말한다(시행령 제6조 1항). 이와 같이 통상임금은 '통상의 근로시간' 또는 '통상의 근로일'에 대하여 지급되는 임금을 가리킨다. 통상임금은 연장·야간 및 휴일근로에 대한 가산임금 산출을 위한 기초가 되거나 해고예고수당, 연차유급휴가수당, 출산전후휴가 등을 지급하기 위한 기준(단위)임금이다. 반면에 평균임금은 주로 근로자가 근로를 할 수 없을 때 적용되고 일반적으로 통상임금을 상회하므로 근로자가 재해를 당하거나 퇴직을 하는 경우와 같이 임금을 보다 많이 지급할 필요가 있을 때 평균임금을 산정기준으로 함으로써 근로자의 생활을 보장하기 위한 것이다.

(나) 어떠한 임금이 통상임금에 속하는지 여부는 그 임금이 소정근로의 대가로 근로자에게 지급되는 금품으로서 정기적·일률적·고정적으로 지급되는 것인지를 기준으로 객관적인 성질에 따라 판단해야 하고, 임금의 명칭이나 지급주기의 장단 등 형식적 기준에 의해 정할 것이 아니다. 여기서 '소정 근로의 대가'는 근로자가 소정근로시간에 통상적으로 제공하기로 정한 근로에 관하여 사용자와 근로자가 지급하기로 약정한 금품을 말한다. 근로자가 소정근로시간을 초과하여 근로를 제공

하거나 근로계약에서 제공하기로 정한 근로 외의 근로를 특별히 제공함으로써 사용자로부터 추가로 지급받는 임금이나 소정근로시간의 근로와는 관련 없이 지급받는 임금(예: 사택수당, 김장수당, 교육수당 등)은 소정 근로의 대가라 할 수 없으므로 통상임금에 속하지 아니한다.[42)]

(다) 평균임금 산정의 기초가 되는 임금총액에는 사용자가 근로의 대상으로 근로자에게 지급하는 일체의 금품으로서, 근로자에게 계속적·정기적으로 지급되고 그에 관하여 단체협약, 취업규칙 등에 의하여 사용자에게 지급의무가 지워져 있으면 명칭 여하를 불문하고 모두 포함된다. 한편 어떤 금품이 근로의 대상으로 지급된 것인지를 판단할 때에는 금품지급의무의 발생이 근로제공과 직접적으로 관련되거나 그것과 밀접하게 관련된 것으로 볼 수 있어야 하고, 이러한 관련 없이 지급의무의 발생이 개별 근로자의 특수하고 우연한 사정에 의하여 좌우되는 경우에는 금품의 지급이 단체협약·취업규칙·근로계약 등이나 사용자의 방침 등에 의하여 이루어진 것이더라도 그러한 금품은 근로의 대상으로 지급된 것으로 볼 수 없다.[43)]

사례1) 甲회사가 상여금지급규칙에 따라 상여금을 근속기간이 2개월을 초과한 근로자에게는 전액을, 2개월을 초과하지 않는 신규입사자나 2개월 이상 장기 휴직 후 복직한 자, 휴직자에게는 상여금 지급 대상기간 중 해당 구간에 따라 미리 정해 놓은 비율을 적용하여 산정한 금액을 각 지급하고, 상여금 지급 대상기간 중에 퇴직한 근로자에게는 근무일수에 따라 일할계산하여 지급하고 있다. 이 경우에 상여금은 통상임금에 해당하는가?

➡ 어떠한 임금이 통상임금에 속하는지 여부는 그 임금이 소정근로의 대가로 근로자에게 지급되는 금품으로서 정기적·일률적·고정적으로 지급되는 것인지를 기준으로 객관적인 성질에 따라 판단해야 한다. ① 어떤 임금이 통상임금에 속하기 위해서 정기성을 갖추어야 한다는 것은 임금이 일정한 간격을 두고 계속적으로 지급되어야 함을 의미한다. 통상임금에 속하기 위한 성질을 갖춘 임금이 1개월을 넘는 기간마다 정기적으로 지급되는 경우, 이는 노사 간의 합의 등에 따라 근로자가 소정근로시간에 통상적으로 제공하는 근로의 대가가 1개월을 넘는 기간마다 분할지급되고 있는 것일 뿐, 그러한 사정 때문에 갑자기 그 임금이 소정근로의

대가로서 성질을 상실하거나 정기성을 상실하게 되는 것은 아니다. 따라서 정기 상여금과 같이 일정한 주기로 지급되는 임금의 경우 단지 그 지급주기가 1개월을 넘는다는 사정만으로 그 임금이 통상임금에서 제외된다고 할 수는 없다. ② 어떤 임금이 통상임금에 속하기 위해서는 그것이 일률적으로 지급되는 성질을 갖추어야 한다. '일률적'으로 지급되는 것에는 '모든 근로자'에게 지급되는 것뿐만 아니라 '일정한 조건 또는 기준에 달한 모든 근로자'에게 지급되는 것도 포함된다. 여기서 '일정한 조건'이란 고정적이고 평균적인 임금을 산출하려는 통상임금의 개념에 비추어 볼 때 고정적인 조건이어야 한다. ③ 어떤 임금이 통상임금에 속하기 위해서는 그것이 고정적으로 지급되어야 한다. '고정성'이라 함은 '근로자가 제공한 근로에 대하여 업적, 성과 기타의 추가적인 조건과 관계없이 당연히 지급될 것이 확정되어 있는 성질'을 말하고, '고정적인 임금'은 '임금의 명칭 여하를 불문하고 임의의 날에 소정근로시간을 근무한 근로자가 그 다음 날 퇴직한다 하더라도 그 하루의 근로에 대한 대가로 당연하고도 확정적으로 지급받게 되는 최소한의 임금'이라고 정의할 수 있다. 고정성을 갖춘 임금은 근로자가 임의의 날에 소정근로를 제공하면 추가적인 조건의 충족 여부와 관계없이 당연히 지급될 것이 예정된 임금이므로, 지급 여부나 지급액이 사전에 확정된 것이라 할 수 있다. 이와 달리 근로자가 소정근로를 제공하더라도 추가적인 조건을 충족하여야 지급되는 임금이나 조건 충족 여부에 따라 지급액이 변동되는 임금 부분은 고정성을 갖춘 것이라고 할 수 없다.[44] 따라서 설문에서 상여금은 근속기간에 따라 지급액이 달라지기는 하나 일정 근속기간에 이른 근로자에게는 일정액의 상여금이 확정적으로 지급되는 것이므로, 위 상여금은 소정근로를 제공하기만 하면 지급이 확정된 것이라고 볼 수 있어 정기적·일률적으로 지급되는 고정적인 임금인 통상임금에 해당한다.

사례2) **乙은 甲회사에서 근무하고 있다. 甲회사는 실적이 좋은 해에는 김장보너스를 임직원들에게 주곤 한다. 이러한 김장보너스는 통상임금에 해당하는가?**

➡ 통상임금은 근로자가 소정근로시간에 통상적으로 제공하는 근로인 소정근로의 대가로 지급하기로 약정한 금품으로서 정기적·일률적·고정적으로 지급되는 임금을 말한다. 1개월을 초과하는 기간마다 지급되는 임금도 그것이 정기적·일률적·고정적으로 지급되는 것이면 통상임금에 포함될 수 있다.[45] 따라서 甲회사의 임직원들이 그동안 김장보너스를 정기적·일률적·고정적으로 받아왔다면 김장보너스는 통상임금에 해당하지만, 그렇지 않은 경우에는 통상임금에 해당하지 않는다.

설문의 경우, 甲회사는 실적이 좋은 해에 김장보너스를 지급한 점을 고려할 때, 정기적·일률적·고정적으로 지급되었던 것이 아니므로, 甲회사의 김장보너스는 통상임금에 속하지 않는다.

2. 임금수준의 보호

(1) 최저임금

최저임금제란 국가가 임금수준의 최저한도를 정하여 사용자에 대하여 그 준수를 법적으로 강제하는 제도를 말한다. 최저임금법은 근로자에 대하여 임금의 최저수준을 보장함으로써 근로자의 생활안정과 노동력의 질적 향상을 꾀함을 목적으로 한다(제1조). 최저임금법은 근로자를 사용하는 모든 사업 또는 사업장에 대하여 적용된다. 다만 동거하는 친족만을 사용하는 사업과 가사사용인에 대하여는 적용되지 않으며(제3조 1항), 또한 선원법의 적용을 받는 선원이나 선원을 사용하는 선박소유자에 대하여는 적용하지 않는다(제3조 2항).

최저임금은 최저임금위원회가 심의·의결한 최저임금안에 따라 고용노동부장관이 결정한다(최저임금법 제8조 1항). 최저임금액이 결정된 경우, 사용자는 해당 근로자에 대하여 최저임금액 이상의 임금을 지급해야 한다(제6조 1항). 최저임금액에 미달하는 근로계약의 내용은 그 부분에 한하여 무효이며, 무효로 된 부분은 최저임금액과 동일한 임금을 지급하기로 정한 것으로 본다(제6조 3항).

(2) 휴업수당

(가) 사용자의 귀책사유로 휴업하는 경우에 사용자는 휴업기간 동안 그 근로자에게 평균임금의 70% 이상의 수당(휴업수당)을 지급해야 한다. 다만 평균임금의 70%에 해당하는 금액이 통상임금을 초과하는 경우에는 통상임금을 휴업수당으로 지급할 수 있다(근로기준법 제46조 1항). 여기서 '사용자의 귀책사유'란 고의·과실

유무를 불문하고 사용자의 지배영역 내에서 발생한 경영 장애를 말한다. 예컨대 공장이전, 기계의 파손, 원자재 부족, 주문감소 내지 판매부진에 의한 조업정지를 비롯하여 자금난에 의한 휴업 등은 사용자의 지배영역 내에 속하는 경영장애에 속한다. 반면에 태풍·지진과 같은 천재지변에 의한 휴업, 국가의 법령에 따른 휴업 등은 불가항력에 의한 것으로 사용자의 귀책사유에 의한 것이 아니다.

(나) 사용자는 부득이한 사유로 사업을 계속하는 것이 불가능하여 노동위원회의 승인을 받은 경우에는 본래의 휴업수당 기준에 못 미치는 휴업수당을 지급할 수 있다(제46조 2항). 여기서 '부득이한 사유로 사업을 계속하는 것이 불가능'한 것이란 천재지변이나 그 밖에 사용자로서 불가항력적인 사유로 인하여 사용자가 최선의 노력을 다하여도 조업의 계속이 불가능한 경우를 말하며, '본래의 휴업수당 기준에 미달하는 휴업수당을 지급할 수 있다'는 것은 본래의 휴업수당 금액을 감액할 수 있다는 것을 의미한다.

(다) 한편 사용자는 노동조합이 쟁의행위를 개시한 이후에 직장폐쇄를 할 수 있다(노동조합 및 노동관계조정법 제46조 1항). 직장폐쇄가 노동조합 및 노동관계조정법에 의하여 정당성을 가지는 한, 정당한 직장폐쇄를 단행한 기간 중에 사용자는 임금지급의무나 휴업수당지급의무를 부담하지 않는다(제44조 1항).

(3) 성과급 근로자의 보장급

사용자는 도급이나 그 밖에 이에 준하는 제도로 사용되는 근로자에게 근로시간에 따라 일정액의 임금을 보장하여야 한다(근로기준법 제47조). 성과급근로자의 경우 근로자에게 책임 없는 사유로 실수임금이 현저히 저하되는 것을 방지하기 위한 것이다. '도급이나 그 밖에 이에 준하는 제도'란 임금의 전부 또는 일부분이 근로의 실적·성과·능률에 따라 결정되는 것으로 근로계약의 내용으로 하는 것을 말한다.

참고로 도급은 당사자 한쪽(수급인)이 어떤 일을 완성할 것을 약정하고, 상대방(도급인)은 그 일의 결과에 대하여 보수를 지급할 것을 약정함으로써 성립하는 계약이다(민법 제664조). 이와 같이 도급계약은 '일의 완성'을 본질적 내용으로 한다는 점에서, 일정한 일 그 자체의 수행을 내용으로 하는 고용계약과 구별되고, 타인의 사무를 처리한다는 활동 그 자체를 목적으로 하는 위임과 구별된다.

3. 임금지급방법

(1) 통화지급의 원칙

임금은 통화로 지급하여야 하며, 다만 법령 또는 단체협약에 특별한 규정이 있는 경우에는 통화 이외의 것으로 지급할 수 있다(근로기준법 제43조 1항). 가령 단체협약의 규정이 있으면 조합원 개개인의 동의가 없더라도 상여금 등의 임금을 현물·주식·상품교환권 등으로 지급할 수 있다.

(2) 직접지급의 원칙

임금은 근로자에게 직접 지급해야 한다(제43조 1항). 직접지급의 원칙은 제3자가 근로자의 임금을 가로채는 일 없이 근로자가 확실하게 수령하도록 하기 위한 것이다. 다만 민사집행법 또는 국세징수법 등의 규정에 의하여 임금이 압류된 경우에는 이 원칙이 적용되지 않으며, 압류는 임금의 50% 범위에서만 할 수 있다(민사집행법 제246조 1항).

주의할 것은 월급여가 185만원 이하인 경우에는 전액 압류할 수 없으며, 185만원을 초과하고 300만원까지는 185만원을 제외한 나머지 금액을 압류할 수 있다. 또한 월급여가 300만원을 초과하고 600만원까지는 월급여의 2분의 1을 초과하는 금액을 압류할 수 있으며, 600만원을 넘는 경우에는 "300만원+[((급여/2)−300만원)/2]"을 제외한 나머지 금액을 압류할 수 있다는 점이다(민사집행법 제195조 3호, 제246조 1항 4호, 시행령 제2조~제5조).

(3) 전액지급의 원칙

(가) 임금은 전액을 지급하여야 하며, 법령 또는 단체협약에 특별한 규정이 있는 경우에는 임금의 일부를 공제할 수 있다(제43조 1항). 전액지급의 원칙은 임금의 부당한 공제로 인하여 근로자의 생활불안이 초래되지 않도록 하기 위한 것이다. 공제란 이행기에 도래한 임금채권 중 그 일부를 떼어 지급하지 않는 것을 말한다. 법령에 의하여 공제가 인정되는 것에는 근로소득세, 방위세, 주민세, 국민연금기여금, 국민건강보험료 등이 있다.

(나) 사용자가 근로자의 임금채권의 채무자로서 근로자에 대한 사용자의 채권을 가지고 상계하는 것도 공제에 준하여 원칙적으로 금지된다. 따라서 근로자의 채무불이행 또는 불법행위를 이유로 하는 손해배상채권을 임금과 상계하는 것은 단체협약에 의하지 않는 이상 전액지급의 원칙에 반한다.[46] 다만 학자금·주택자금 등을 근로자 일방의 의사표시 또는 근로자와의 합의에 의하여 임금채권에서 상계하는 것은 그 의사표시 또는 합의가 근로자의 자유로운 의사에 기한 것임이 명백한 때에는 예외로 된다.

(다) 근로자는 임금채권을 포기할 수도 있다. 그러나 경영위기를 타개하기 위하여 상여금 지급을 중지한 것에 대하여 이의를 제기하지 않았다고 하여 임금채권을 포기한 것으로 볼 수 없고,[47] 퇴직금 지급사유가 발생하기 전에 퇴직금청구권을 사전에 포기하거나 퇴직금청구소송을 제기하지 않겠다는 특약도 임금채권 포기로서의 효력이 발생하지 않는다.[48]

(4) 정기일 지급의 원칙

임금은 매월 1회 이상 일정한 날짜를 정하여 지급해야 한다(제43조 2항 본문). 따라서 3월에는 5일, 4월에는 15일에 임금을 지급하는 것은 월정기지급의 원칙에 반한다. 주급 또는 월 2회 임금을 지급하는 것은 무방하다. 임금의 지급이 장기간에 걸치거나 부정기적으로 행하여지면 근로자의 생활이 불안정하게 되기 때문이다. 그러나 임시로 지급하는 임금·수당, 그 밖에 이에 준하는 것 또는 대통령령으로 정하는 임금에 대해서는 이 원칙이 적용되지 않는다(제43조 2항 단서). 대통령령으로 정하는 임금이란 1개월을 초과하는 기간에 걸친 여러 가지 사유에 따라 산정되는 정근수당, 근속수당, 장려금, 능률수당 또는 상여금 그 밖에 부정기적으로 지급되는 모든 수당을 말한다(근로기준법 시행령 제23조). 정기일지급의 원칙에 위반하여 소정의 지급기일에 임금을 지급하지 않으면 사용자가 임금체불을 방지할 수 없는 사정이 없는 한 벌칙이 적용된다(제109조).

(5) 비상시의 임금선불

사용자는 근로자가 출산·질병·재해, 그 밖에 통상적이지 않은 경우의 비용에 충당하기 위하여 임금 지급을 청구하면 지급기일 전이라도 이미 제공한 근로에 대한 임금을 지급해야 한다(제45조).

4. 임금채권의 보호 및 시효

(1) 도급사업에서의 임금채권의 보호

(가) 근로자의 임금지급에 관하여는 근로자를 고용한 사용자가 책임을 지며 타인에게 책임을 지울 수는 없다. 그러나 수급인 특히 하수급인은 대체로 자본이 영세하고 지불능력이 그 도급계약의 상대방(직상 수급인)에게 의존하기 때문에 직상 수급인의 도급금액 지급지연 등은 곧바로 근로자의 임금체불을 야기할 위험성이 있다. 이 점을 고려하여 근로기준법 제44조 1항은 “사업이 여러 차례의 도급에 따라 행하여지는 경우에 하수급인이 직상 수급인의 귀책사유로 근로자에게 임금을 지급하지 못한 경우에는 그 직상 수급인은 그 하수급인과 연대하여 책임을 진다. 다만 직상 수급인의 귀책사유가 그 상위 수급인의 귀책사유에 의하여 발생한 경우

에는 그 상위 수급인도 연대하여 책임을 진다"고 규정하고 있다. 여기서 '직상 수급인'이란 하수급인에게 어떤 일의 완성을 직접 의뢰한 도급인(하도급인)을 말한다. 직상 수급인의 연대책임이란 하수급인의 임금지급의무와 동일한 내용의 임금지급의무를 부담할 자기 책임을 뜻한다. 주의할 것은 직상 수급인은 자신의 귀책사유로 하수급인이 임금을 지급하지 못한 경우에만 연대책임을 진다는 점이다.

(나) 귀책사유가 있는 직상 수급인과 하수급인은 근로자의 임금에 대하여 연대채무를 지기 때문에 근로자는 임의로 그중 어느 한 사람에 대하여 임금채권의 전부 또는 일부의 이행을 청구할 수 있고, 또 두 사람에 대하여 동시에 또는 순차로 임금채권의 전부 또는 일부의 이행을 청구할 수 있다(민법 제414조).

(2) 임금채권의 우선변제

최종 3개월분의 임금, 최종 3년간의 퇴직금 및 재해보상금은 사용자의 총재산에 대하여 질권·저당권에 의하여 담보된 채권, 조세·공과금 및 다른 채권에 우선하여 변제되어야 한다(근로기준법 제38조 2항, 근로자퇴직급여보장법 제11조 2항). 이와 같이 근로자는 최종 3개월분의 임금과 최종 3년간의 퇴직금 및 재해보상금은 질권 또는 저당권에 의하여 담보된 채권, 조세·공과금 및 다른 채권에 우선하여 변제받을 수 있으며, 우선변제를 받기 위해서는 매각기일까지 배당요구를 해야 한다(민사집행법 제268조, 제88조). 따라서 근로자가 경매절차의 배당요구의 종기까지 배당요구를 하지 않으면 배당을 받지 못한다.

사례) 甲은 상시 근로자 수 45명인 乙회사에서 수년간 근무한 후 퇴직하였으나 최종 2개월분 임금 및 퇴직금의 합계금 3,000만원을 지급받지 못하였다. 그런데 최근 그 회사는 경영악화로 파산하였고, 丙은 乙의 유일한 재산인 부동산에 2년 전 설정한 근저당권(채권최고액 1억 6천만원)을 근거로 부동산에 대하여 경매를 신청하여 진행 중에 있다. 이 경우 甲은 임금채권을 우선변제 받을 수 있는가?

➡ 근로자는 최종 3개월분의 임금과 최종 3년간의 퇴직금 및 재해보상금은 질권 또는 저당권에 의하여 담보된 채권, 조세·공과금 및 다른 채권에 우선하여 변제받을 수 있으며(근로기준법 제38조 2항, 근로자퇴직급여보장법 제11조 2항), 우선변제를 받기 위해서는 매각기일까지 배당요구를 하여야 한다(민사집행법 제268조, 제88조). 따라서 甲은 배당요구의 종기까지 배당요구절차를 밟음으로써 권리를 확보할 수 있다. 그러나 甲이 우선변제권을 가지는 것은 乙의 재산에 한정되는 것이므로, 부동산의 소유권이 乙에게서 제3자에게로 이전된 경우에는 甲은 비록 우선변제권을 가지고 있을지라도 부동산의 경매절차에서 배당요구를 할 수 없으므로 가압류를 해두는 것이 좋을 것이다.

(3) 임금채권의 시효

근로기준법에 의한 임금채권은 3년간 행사하지 아니한 때에는 시효로 인하여 소멸한다(제49조). 임금채권의 범위에는 휴업수당청구권(제46조), 연차유급휴가에 의한 임금지급청구권(제60조), 퇴직금지급청구권 등은 물론, 임금의 성질을 가지고 있는 식비·월동수당·가족수당·상여금에 대한 청구권도 이에 포함된다. 임금채권의 시효기간은 그 채권을 행사할 수 있는 날로부터 진행하므로, 가령 상여금채권은 그 상여금에 관한 권리가 발생하는 때부터, 퇴직금에 관한 권리는 퇴직한 다음 날부터(민법 제157조) 진행한다.

Ⅲ. 근로시간

1. 의의

근로시간이란 근로자가 사용자의 지휘·감독하에 근로계약상의 근로를 제공하는 시간과 그 업무와 관련하여 대기하는 시간으로서 이에 대하여 임금이 지급되는 시간을 말한다. 즉 작업을 위하여 근로자가 사용자의 지휘·감독 아래에 있는 대기시간은 근로시간에 포함된다(근로기준법 제50조 3항).

2. 법정근로시간과 휴게시간

(1) 근로시간은 휴게시간을 제외하고 1주간 40시간을 초과할 수 없고, 1일 8시간을 초과할 수 없다(제50조 1항, 2항). 다만 15세 이상 18세 미만인 사람의 근로시간은 1일에 7시간, 1주에 35시간을 초과하지 못한다(제69조 본문). 또한 사업주는 유해하거나 위험한 작업으로서 높은 기압에서 하는 작업 등 대통령령으로 정하는 작업에 종사하는 근로자에게는 1일 6시간, 1주 34시간을 초과하여 근로하게 해서는 안 된다(산업안전보건법 제139조). 여기서 '유해 또는 위험한 작업'이란 잠함(潛函)·잠수작업 등 높은 기압에서 하는 작업을 말한다(시행령 제99조 1항). 이와 같은 법정근로시간의 범위에서 근로자와 사용자 사이에 정한 근로시간을 '소정근로시간'이라고 한다(근로기준법 제2조 1항 8호).

(2) 휴게시간은 근로시간 중에 근로자가 작업에 관한 사용자의 지휘·감독으로부터 벗어나서 자유로이 이용할 수 있는 시간을 말하며, 이 시간에는 임금이 지급되지 않는다. 사용자는 근로시간이 4시간인 경우에는 30분 이상, 8시간인 경우에는 1시간 이상의 휴게시간을 근로시간 도중에 주어야 한다(근로기준법 제54조 1항). 휴게시간과 관련하여, 판례는 작업 도중에 1시간의 식사시간을 부여하면 별도로 휴게시간을 주지 않아도 된다고 한다.[49] 이와 달리 대기시간은 사용자의 지시가 있으면 언제든지 작업에 종사할 준비가 되어 있는 시간으로, 사용자의 지휘·감독하에 있는 이러한 대기시간은 근로시간에 포함된다. 따라서 작업시간의 도중에 현실로 작업에 종사하지 않은 휴식·수면시간 등이더라도 근로자에게 자유로운 이용이 보장된 것이 아니면 근로시간에 포함된다.[50]

3. 연장근로

연장근로란 '법정근로시간'을 초과하는 근로를 말한다. 여기에는 시간외 근로와 야간근로(오후 10시부터 오전 6시까지 사이의 근로) 및 휴일근로가 있다.

(1) 합의연장

당사자 사이에 합의하면 1주간에 12시간을 한도로 법정근로시간을 연장할 수 있다(근로기준법 제53조 1항). 여기서 '당사자 사이의 합의'란 근로계약 당사자, 즉 근로자 개인과 사용자 사이의 합의를 말한다. 1주간의 연장근로가 12시간을 초과하였는지 여부는 근로시간이 1일 8시간을 초과하였는지를 고려하지 않고 '1주간의 근로시간 중 40시간을 초과하는 근로시간을 기준'으로 판단해야 한다.[51] 제53조 제1항은 연장근로시간의 한도를 1주간을 기준으로 설정하고 있을 뿐이고 1일을 기준으로 삼고 있지 않기 때문이다. 또한 상시 30명 미만의 근로자를 사용하는 사용자는 '연장된 근로시간을 초과할 필요가 있는 사유 및 그 기간, 대상 근로자의 범위'에 대하여 근로자대표와 서면으로 합의한 경우, 제1항에 따라 '연장된 근로시간에 더하여' 1주간에 8시간을 초과하지 않는 범위에서 근로시간을 연장할 수 있다(제53조 3항). 주의할 것은 제53조 3항은 15세 이상 18세 미만의 근로자에 대하여는 적용하지 아니한다(제53조 6항).

한편 사용자는 특별한 사정이 있으면 고용노동부장관의 인가와 근로자의 동의를 받아 근로시간을 연장할 수 있다. 다만 사태가 급박하여 고용노동부장관의 인가를 받을 시간이 없는 경우에는 사후에 지체 없이 승인을 받아야 한다(제53조 4항). 여기서 '특별한 사정이 있는 경우'란 사업 또는 사업장에서 자연재해, 재난관리법상의 재난 또는 이에 준하는 사고가 발생하여 이의 수습을 위하여 연장근로가 불가피한 경우를 말한다.

(2) 특례연장

사용자는 운수업 등 소정의 사업에 대하여 근로자대표와 서면으로 합의를 한 경우에는 법정근로시간에 대한 합의연장에 의한 주 12시간을 초과하여 연장근로를 하게 할 수 있다(제59조 1항). 이 경우 사용자는 근로일 종료 후 다음 근로일 개시 전까지 근로자에게 연속하여 11시간 이상의 휴식 시간을 주어야 한다(제59조 2항). 육상운송 및 파이프라인 운송업(여객자동차운수사업법 제3조 1항 1호에 따른 노선 여객자동차운송사업은 제외), 수상운송업, 항공운송업, 기타 운송관련 서비스업 및 보건업 등에서는 이용자·소비자인 공중의 편의를 위하여 특별히 1주 12시간 한도를 초과하는 연장근로를 허용한 것이다.

(3) 연소자·여성의 연장근로

연소자(15세 이상 18세 미만자)에 대하여는 당사자 사이의 합의에 따라 1일에 1시간, 1주일에 5시간을 한도로 연장근로를 하게 할 수 있다(제69조 단서). 그러나 사용자는 산후 1년이 지나지 아니한 여성에 대하여는 단체협약이 있는 경우라도 1일에 2시간, 1주일에 6시간, 1년에 150시간을 초과하는 연장근로를 시키지 못한다(제71조).

(4) 여성·연소자의 야간근로와 휴일근로의 제한

사용자는 18세 이상의 여성을 오후 10시부터 오전 6시까지의 시간 및 휴일에 근로시키려면 그 근로자의 동의를 받아야 한다(제70조 1항). 또한 사용자는 임산부와 18세 미만자를 오후 10시부터 오전 6시까지의 사이 및 휴일에 근로시키지 못한다. 다만 18세 미만자의 동의가 있는 경우, 산후 1년이 지나지 아니한 여성의 동의가 있는 경우 및 임신 중의 여성이 명시적으로 청구하는 경우에는 고용노동부장관의 인가를 받으면 근로시킬 수 있다(제70조 2항).

4. 연장근로에 대한 가산임금과 보상휴가

(1) 가산임금

(가) 사용자는 '연장근로'에 대하여는 통상임금의 100분의 50 이상을 가산하여 근로자에게 지급해야 한다(제56조 1항). 다만 사용자는 '휴일근로'에 대하여는 ① 8시간 이내의 휴일근로: 통상임금의 100분의 50, ② 8시간을 초과한 휴일근로: 통상임금의 100분의 100 이상을 가산하여 근로자에게 지급해야 한다(제56조 2항). 사용자는 '야간근로'(오후 10시부터 다음 날 오전 6시 사이의 근로를 말한다)에 대하여는 통상임금의 100분의 50 이상을 가산하여 근로자에게 지급해야 한다(제56조 3항). 즉 일반적인 연장근로시에는 통상시급의 1.5배로 계산되고, 휴일에 출근해서 일을 하게 된다면 8시간분에 대해서는 1.5배이고, 초과분만 2배가 된다.

- **평일 근무종료 후 2시간 연장 근무한 경우:**
  통상시급×1.5배(밤 10시 이후까지 일했더라도 1.5배－야간근로수당)
- **휴일 9시~20시까지 근무한 경우:**
  9시~18시(9시간－휴게 1시간＝8시간)은 통상시급×1.5배
  18시~20시(2시간)는 통상시급×2배

(나) 연장근로는 '법정근로시간'을 초과하는 근로를 말하므로, 소정근로시간이 법정근로시간(1일 8시간, 1주 40시간)보다 적게 약정되어 있는 경우(예: 1일 7시간, 1주 35시간)에 근로자를 1시간 더 근로하게 하더라도(1일 8시간 근로) 가산임금을 지급할 필요가 없다. 즉 근로시간이 주 40시간, 1일 8시간을 넘지 않은 근로자가 소정근로시간을 초과해서 근로를 하더라도 연장근로가 아니다. 휴일근로에는 유급휴일과 무급휴일이 있다. 여기서 유급휴일은 쉬더라도 급여가 지급되는 것이고, 무급휴일은 쉬게 도면 급여가 지급되지 않는 것을 말한다. 근로기준법 제55조의 법정유급휴일 이외의 공휴일·국경일 또는 회사창립기념일 등은 취업규칙이나 단체협약이 정하는 바에 따라 유급휴일 또는 무급휴일로 할 수 있다. 휴일근로를 하는 경우에

는 그 휴일이 유급휴일이건 무급휴일이건 가산임금을 지급해야 한다.[52)]

(다) 일반적으로 주 40시간 사업장이 많고 이러한 기준으로 최저임금도 산출되는데, 주 40시간에 대한 월평균 근로시간을 환산하면 209시간이 된다. 따라서 2024년 최저시급 9,860원×209시간=2,060,740원이다. 이것을 역으로 계산하면 2,060,740원(통상임금)/209시간=9,860원(통상시급)

한편 4인 이하(5인 미만) 사업장의 경우에는 시간외수당을 계산할 때에 수당이 가산되지 않는다(제11조, 시행령 제7조). 즉 휴일에 근무를 하면, 통상시급×근무시간=임금이 되고, 0.5배에 대한 가산수당이 없다.

- **통상임금 220만원/209시간 사업장에서 10시간 휴일근로를 한 경우:**
  220만원/209시간=10,526원(통상시급)
- **4인 이하 사업장:**
  10,526원×10시간=105,260원
- **5인 이상 사업장:**
  10,526원×8시간×1.5배=126,312원(A)
  10,526원×2시간×2배=42,104원(B)
  A+B=168,416원

(2) 통상시급을 계산하기 위한 통상임금 산정시간 - 209시간

통상임금이란 근로자에게 정기적이고 일률적으로 소정근로 또는 총 근로에 대하여 지급하기로 정한 시간급 금액, 일급 금액, 주급 금액, 월급 금액 또는 도급 금액을 말한다. 통상임금은 시간급으로 산정함이 원칙이다. 통상임금을 기초로 산정하는 수당이 시간단위로 계산되기 때문이다. 즉 해고예고수당, 연장/야간 및 휴일근로의 가산임금, 연차유급휴가수당의 산정기초가 된다. 따라서 임금 지급형태는 다양하기 때문에 시간급 이외의 임금은 시간급으로 환산하는 것이 필요하다. 가령 월급 금액으로 정한 임금은 그 금액을 월의 통상임금 산정기준시간 수(1주의 통상임금 산정기준시간 수에 1년 동안의 평균주의 수를 곱한 시간을 12로 나눈 시간)로 나눈 금액의 방법에 따라 시간급 금액으로 환산한다.

- 주 40시간 근무(월~금), 1일 8시간 근무, 매월 통상임금이 220만원인 경우, 시간급으로 환산을 한다면 220만원/209시간이 되어 시간당 통상임금은 10,526원이다.

  기준시간 수는 209시간이다.

  즉 1년 365일을 7일로 나누면 365일/7일=52.14주

  52.14주를 12개월로 나누면 52.14주/12개월=4.345주(즉 1개월은 4주가 아니라 4.345주)

  월 주휴시간은 8시간×4.345주=34.76시간(반올림하면 35시간)

  1일 8시간, 주 5일 일하면 174시간(8시간×5일×4.345주=173.8시간)+35시간(주휴시간)=209시간

사례) 甲은 乙회사(5인 이상의 사업장)에서 1주 6일, 1일 9시간 근무를 하면서 월급으로 2,560,000원을 받고 있다. 乙회사는 최저임금법과 근로기준법을 준수한 것으로 볼 수 있는가?(2024년 최저임금(시급)은 9,860원이다)

➡ 근로자는 근로기준법상 1주 법정근로시간은 40시간이므로, 1주 40시간을 초과하는 14시간에 대해서는 1.5배의 가산수당이 발생한다. 1개월은 365일/12개월/7일=4.345주이다. 따라서 월 연장근로시간은 1주 14시간×4.345주×1.5배=91.245시간이 되며, 기본급(월 주휴수당 포함)은 209시간(주 1일을 유급휴일로 정한 경우, 주 2일을 유급휴일로 정한 경우에는 243시간임)이므로 임금이 지급되는 총 월 근로시간은 300.245시간이다. 세전 월급 2,560,000원/300.245시간=시급은 8,526원이 되고, 이 금액은 2024년 최저시급 9,860원 미만이므로 최저임금법 및 근로기준법 위반에 해당한다.

(3) 주휴수당

사용자는 근로자에게 1주에 평균 1회 이상의 유급휴일을 보장하여야 한다(근로기준법 제55조 1항). 유급휴일은 1주 동안의 소정근로일을 개근한 자에게 주어야 한다(시행령 제30조 1항). 그러나 4주 동안(4주 미만으로 근로하는 경우에는 그 기간)을 평균하여 1주 동안의 소정근로시간이 15시간 미만인 근로자에 대하여는 주휴수당(제55조)과 연차휴가(제60조)에 관한 규정을 적용하지 않는다(제18조 3항). 따라서 주휴수당 지급기준을 충족하려면, ① 주 15시간 이상 근무해야 하며, ② 주 소정근로시간을 결근 없이 채워야 하고, ③ 다음 주에도 계속 근로가 유지되어야 한다. 이는 상시 4명 이하의 근로자를 사용하는 사업장에도 적용된다(제11조, 시행령 제7조).

사례1) 甲은 주 7일 3시간씩 乙식당에서 아르바이트를 하고 있다. 이 경우 甲은 주휴수당을 받을 수 있는가?

➡ 휴일이란 쉬는 날을 의미한다. 무급휴일은 급여를 받지 않고 쉬는 날이고, 유급휴일은 급여를 받으며 쉬는 날이다. 근로기준법상 근로자의 휴일(유급휴일)은 근로계약서에 명시된 주휴일과 근로자의 날로 한정하고 있다. 따라서 일요일 또는 당연히 쉬는 날이 아니라, 근로계약서에 명시된 주휴일이라면 당연 휴무일이 되는 것이고, 때에 따라 일요일이 아닌 토요일이나 평일 중 특정 요일이 될 수 있다. 즉 우리가 흔히 알고 있는 토요일과 일요일이라는 주말은 휴일이 아닐 수 있다. 한편 주휴수당은 1주 단위로 발생하는데 주 소정근로시간이 15시간 이상이고 사용자와 약정한 주 소정 근로일수를 개근해야 한다. 주휴수당은 일주일을 기준으로 일하기로 약속한 날에 결근 없이 근무를 한 경우, 지급되므로 하루라도 결근한 주에는 주휴수당이 발생하지 않는다. 지각이나 조퇴가 있는 경우라도 주휴수당은 지급해야 한다. 따라서 甲은 1주에 21시간을 근무하고 개근을 하였다면 주휴수당을 받을 수 있다.

사례2) 원래 휴일을 다른 날로 대체하면 휴일근로수당을 주지 않고 일을 시킬 수 있는가?

➡ 취업규칙 등에서 특정한 휴일을 근로일로 하고 대신 통상의 근로일을 휴일로 교체

할 수 있도록 하는 규정을 두거나, 그렇지 않더라도 근로자의 동의를 얻은 경우 미리 근로자에게 교체할 휴일을 특정하여 고지하면 다른 특별한 사정이 없는 한 이는 적법한 휴일대체가 된다. 따라서 원래의 휴일은 통상의 근로일이 되고, 그날의 근로는 휴일근로가 아닌 통상근로가 되므로 사용자는 근로자에게 휴일근로수당을 지급할 의무를 지지 않는다. 다만 근로자의 날은 다른 날로 대체할 수 없으므로, 다른 날로 대체했더라도 근로자의 날에 근로한 경우에는 근로기준법에 의한 휴일근로수당을 지급해야 한다.

(5) 보상휴가

사용자는 근로자대표와의 서면 합의에 따라 연장근로·야간근로 및 휴일근로에 대하여 임금을 지급하는 것을 갈음하여 휴가를 줄 수 있다(제57조). 보상휴가제는 가산임금의 지급으로 인하여 사용자가 받는 임금지급의 압박을 덜어주기 위한 것이다.

사례) **甲은 상시 종업원 수가 20명인 乙공장에 취직하여 공장에서 지시하는 대로 야간 및 휴일근로는 물론 평일에도 10시간 이상의 일을 한 경우가 많았다. 근로 당시에는 몰랐으나 나중에 알고 보니 이 경우 초과수당을 받을 수 있다고 하는데, 지금이라도 가능한가?**

➡ 근로자가 연장근로와 야간근로(하오 10시부터 상오 6시까지 사이의 근로) 또는 휴일근로를 할 경우, 사용자는 그 근로부분에 대하여 통상임금의 100분의 50 이상을 가산하여 지급해야 하며, 만일 휴일근로가 연장근로 및 야간근로와 중복되는 경우, 즉 휴일에 1일 8시간을 넘는 부분에 대해서는 휴일근로와 연장근로에 대한 가산수당을 모두 지급해야 한다.[53] 따라서 甲은 야간근로나 휴일근로를 예정하고 있는 근로관계의 특수성으로 인하여 연장근로수당, 야간근로수당, 휴일근로수당 등을 하나의 수당에 일괄하여 일정액을 급여에 추가하여 지급하는 포괄임금제에 의한 임금지급계약이 체결된 경우가 아니라면, 근로기준법에 규정된 부분을 초과하여 근로를 제공한 부분에 대하여는 3년의 소멸시효가 경과되지 않은 한 초과근무수당을 청구할 수 있다.

5. 변형근로시간제

변형근로시간제란 1일 8시간, 1주 40시간으로 정해진 법정근로시간제를 적용하기 어려운 사업이나 직무의 특수성을 고려하여 근로시간제를 탄력적으로 운용하는 제도를 말한다. 다만 15세 이상 18세 미만의 근로자와 임신 중인 여성근로자에 대하여는 탄력적 근로시간제가 적용되지 아니한다(근로기준법 제51조 3항, 제51조의2 제6항).

(1) 탄력적 근로시간제

탄력적 근로시간제란 일정한 기간 동안을 평균하여 1주간 근로시간이 법정근로시간을 초과하지 않는 범위 내에서 특정한 날 또는 특정한 주에 법정근로시간을 초과하여 근로할 수 있는 제도를 말한다. 이 제도는 일부 제조업이나 서비스산업에서 연속조업이나 장시간 조업을 위한 교대제 근무를 할 경우, 시기적으로 업무량의 차이가 심하여 근로시간을 달리 배분할 경우, 연간 근로시간을 줄이고 휴일을 늘이려는 경우 등에 유용하다.

(가) 3개월 이내의 탄력적 근로시간제

1) 사용자는 취업규칙에서 정하는 바에 따라 2주 이내의 일정한 단위기간을 평균하여 1주간의 근로시간이 기준근로시간(1주 40시간)을 초과하지 않는 범위에서 특정한 주에 40시간을, 특정한 날에 8시간을 초과하여 근로하게 할 수 있다(제51조 1항). 다만 특정한 주의 근로시간은 48시간을 초과할 수 없지만(제51조 1항 단서), 당사자 사이에 합의하면 1주간에 12시간을 한도로 근로시간을 연장할 수 있다(제53조 2항).

2) 사용자는 근로자대표와의 서면합의에 따라 ① 대상 근로자의 범위, ② 단위기간(3개월 이내의 일정한 기간으로 정하여야 한다), ③ 단위기간의 근로일과 그 근로일별 근로시간, ④ 서면합의의 유효기간의 사항을 정하면 3개월 이내의 단위기간

을 평균하여 1주간의 근로시간이 40시간을 초과하지 않는 범위에서 특정한 주에 40시간을, 특정한 날에 8시간을 초과하여 근로하게 할 수 있다(제51조 2항 본문, 시행령 제28조 1항). 다만 특정한 주의 근로시간은 52시간을, 특정한 날의 근로시간은 12시간을 초과할 수 없지만(제51조 2항 단서), 당사자 사이에 합의하면 1주간에 12시간을 한도로 근로시간을 연장할 수 있다(제53조 2항). 3개월 이내의 단위의 탄력적 근로시간제가 실시되기 위해서는 2주간 이내의 탄력적 근로시간제와 달리 근로자대표와 사용자 사이에 서면합의가 있어야 한다.

(나) 3개월을 초과하는 탄력적 근로시간제

1) 사용자는 근로자대표와의 서면합의에 따라 ① 대상 근로자의 범위, ② 단위기간(3개월을 초과하고 6개월 이내의 일정한 기간으로 정하여야 한다), ③ 단위기간의 주별 근로시간, ④ 서면합의의 유효기간의 사항을 정하면 3개월을 초과하고 6개월 이내의 단위기간을 평균하여 1주간의 근로시간이 40시간을 초과하지 않는 범위에서 특정한 주에 40시간을, 특정한 날에 8시간을 초과하여 근로하게 할 수 있다(제51조의2 제1항 본문, 시행령 제28조의2 제1항). 다만 특정한 주의 근로시간은 52시간을, 특정한 날의 근로시간은 12시간을 초과할 수 없지만(제51조의2 제1항 단서), 당사자 사이에 합의하면 1주간에 12시간을 한도로 근로시간을 연장할 수 있다(제53조 2항).

2) 사용자는 3개월을 초과하는 탄력적 근로기간제에 따라 근로자를 근로시킬 경우에는 근로일 종료 후 다음 근로일 개시 전까지 근로자에게 연속하여 11시간 이상의 휴식 시간을 주어야 한다(제51조의2 제2항 본문). 다만 천재지변 등 대통령령으로 정하는 불가피한 경우에는 근로자대표와의 서면합의가 있으면 이에 따른다(제51조의2 제2항 단서).

3) 사용자는 단위기간의 주별 근로시간에 따른 각 주의 근로일이 시작되기 2주 전까지 근로자에게 해당 주의 근로일별 근로시간을 통보해야 한다(제51조의2 제3항).

4) 사용자는 탄력적 근로시간제에 관하여 근로자대표와의 서면합의 당시에는

예측하지 못한 천재지변, 기계 고장, 업무량 급증 등 불가피한 사유가 발생한 때에는 단위기간 내에서 평균하여 1주간의 근로시간이 유지되는 범위에서 근로자대표와의 협의를 거쳐 '단위기간의 주별 근로시간'을 변경할 수 있다. 이 경우 해당 근로자에게 변경된 근로일이 개시되기 전에 변경된 근로일별 근로시간을 통보하여야 한다(제51조의2 제4항).

(다) 근로한 기간이 단위기간보다 짧은 경우의 임금 정산

사용자는 단위기간 중 근로자가 근로한 기간이 그 단위기간보다 짧은 경우에는 그 단위기간 중 해당 근로자가 근로한 기간을 평균하여 1주간에 40시간을 초과하여 근로한 시간 전부에 대하여 가산임금을 지급해야 한다(제51조의3).

(2) 선택적 근로시간제

선택적 근로시간제란 자유출퇴근제도(flex−time제)로서 노사합의로 일정한 기간 동안 근로해야 할 총 근로시간을 정하고, 각 근로일의 시업과 종업시각을 근로자가 자율적으로 선택하게 하는 것을 말한다(예: 근로자는 시업시간을 7:00~10:00, 종업시간을 15:00~19:00 사이에서 자유로 선택할 수 있다). 사용자는 취업규칙에 따라 업무의 시작 및 종료 시각을 근로자의 결정에 맡기기로 한 근로자에 대하여 근로자대표와의 서면합의에 따라 1개월(신상품 또는 신기술의 연구개발 업무의 경우에는 3개월) 이내의 정산기간을 평균하여 1주간의 근로시간이 법정근로시간을 초과하지 않는 범위에서 1주간에 40시간을, 1일에 8시간을 초과하여 근로하게 할 수 있다(제52조). 다만 당사자 간에 합의하면 정산기간을 평균하여 1주간에 12시간을 초과하지 않는 범위에서 근로시간을 연장할 수 있다(제53조 2항). 물론 연장근로에는 가산임금이 지급되어야 한다(제56조).

(3) 간주근로시간제

근로자(예: 취재기자 또는 외근 영업사원 등)가 출장이나 그 밖의 사유로 근로시간의 전부 또는 일부를 사업장 밖에서 근로하여 근로시간을 산정하기 어려운 경우에 근로시간 계산의 편리를 위하여 인정되는 제도로서, 원칙적으로 소정근로시간을 근로한 것으로 본다(제58조 1항 본문). 다만 그 업무를 수행하기 위하여 통상적으로 소정근로시간을 초과하여 근로할 필요가 있는 경우에는 그 업무의 수행에 통상 필요한 시간을 근로한 것으로 본다(제58조 1항 단서).

(4) 재량근로시간제

업무의 성질에 비추어 업무 수행 방법을 근로자의 재량에 위임할 필요가 있는 업무(예: 신상품 또는 신기술의 연구개발이나 인문사회과학 또는 자연과학분야의 연구업무, 정보처리시스템의 설계 또는 분석업무, 신문·방송 등에서의 기사의 취재·편성 또는 편집업무 등)는 사용자가 근로자대표와의 서면합의로 정한 시간을 근로한 것으로 본다(제58조 3항).

Ⅳ. 휴일 및 휴가

1. 휴일

(1) 휴일은 근로자가 사용자의 지휘·감독으로부터 완전히 벗어나는 날로서, 계약상 애초부터 근로의무가 없는 날이다. 휴일에는 주휴일과 법정휴일·약정휴일이 있다. 사용자는 1주 동안의 소정근로일을 개근한 근로자에게 1주일에 평균 1회 이상의 유급휴일을 주어야 한다(근로기준법 제55조, 시행령 제30조 1항). 여기서 '1주일에 평균 1회 이상 주휴일을 주어야 한다'는 것은 반드시 일요일에만 주휴일을 주어야 한다는 의미가 아니라 단체협약이나 취업규칙 등에 의하여 미리 정해진 어느 특정일에 주휴일을 주어야 한다는 것을 말한다. 참고로 관공서의 공휴일에 관한 규정은 일요일·국경일·1월 1일 등을 관공서의 '공휴일'로 정하고 있으나 관공서 이외의 사업 또는 사업장에는 적용되지 않는다.

(2) (유급)주휴일이나 다른 유급휴일(예: 근로자의 날)과 중첩되는 경우, 취업규칙이나 단체협약으로 다음날을 휴무하기로 하는 규정을 두고 있으면 이에 따라야 하지만, 특별히 정하는 바가 없으면 하루의 유급휴일만 인정된다. 반면에 연차유급휴가 기간 중에 주휴일이 있으면 주휴일 일수는 연차유급휴가가 기간에서 제외된다.

(3) 교대·격일제 근무나 신청인제 근로의 경우에도 소정근로일을 개근하면 유급휴가일이 부여되어야 한다.[54]

(4) 단체협약이나 취업규칙 또는 근로자와의 합의에 의하여 원래의 유급주휴일에 근무하고 통상의 다른 근로일을 휴일로 대체할 수 있는데, 이를 휴일대체라고 한다. 휴일대체는 갑작스러운 작업의 수주 또는 일시적인 업무상 필요에 대비하여 주휴일로 정해진 특정일을 근로일로 바꾸고 다른 날을 휴일로 대체 변경하는 것을 말한다. 따라서 원래의 휴일은 통상의 근로일이 되어 휴일근로로 인한 가산임금이 지급되지 않는다.[55]

2. 휴가 – 연차유급휴가

연차유급휴가는 1년간 계속 근로한 근로자가 유급으로 휴가를 받는 것을 말하며, 근로자의 육체적·정신적 휴양을 위하여 마련된 것이다.

(1) 사용자는 ① 1년간 80퍼센트 이상 출근한 근로자에게 15일의 유급휴가를 주어야 하며(제60조 1항), ② 계속하여 근로한 기간이 1년 미만인 근로자 또는 1년간 80퍼센트 미만 출근한 근로자에게 1개월 개근 시 1일의 유급휴가를 주어야 한다(제60조 2항). ③ 사용자는 3년 이상 계속하여 근로한 근로자에게 15일 휴가에 최초 1년을 초과하는 계속 근로 연수 매 2년에 대하여 1일을 가산한 유급휴가를 주어야 하며, 이 경우 가산휴가를 포함한 총 휴가 일수는 25일을 한도로 한다(제60조 4항). 제60조 4항의 가산휴가가 적용되기 위해서는 지난 1년 동안 80퍼센트 이상

출근하여야 한다.

가령 ① 8년 동안 근속한 근로자가 지난 1년 동안 80% 이상 출근한 경우, 연차 총 휴가일수는 기본적으로 받을 수 있는 연차휴가일수 15일에 3일의 가산휴가일수를 받게 되어 총 18일이 된다(제60조 1항, 4항). ② 10개월 전에 입사한 신입사원이 지난 휴가년도에 6개월 개근했거나, 3년 이상 근속한 근로자가 지난 휴가년도 1년간 80% 미만 출근하였고 그중 6개월을 개근한 경우에는 각각 6일의 연차휴가가 주어진다(제60조 2항).

(2) 휴가산정기간의 기산일은 근로자가 입사한 날이다. 근로자가 1년간 80% 이상 출근하였는지 여부는, 1년간의 총 역일(曆日)에서 법령·단체협약·취업규칙 등에 의하여 근로의무가 없는 것으로 정해진 날을 뺀 일수(즉 소정근로일수) 중 근로자가 현실적으로 근로를 제공한 출근일수의 비율, 즉 출근율을 기준으로 판단해야 한다.[56] 출근율을 계산할 때 ① 근로자가 업무상의 부상 또는 질병으로 휴업한 기간, ② 임신 중의 여성이 출산전후휴가(제74조 1항~3항)로 휴업한 기간, ③ '남녀고용평등과 일·가정 양립 지원에 관한 법률'에 따른 육아휴직으로 휴업한 기간은 출근한 것으로 본다(제60조 6항). 이는 근로자가 업무상 재해 등으로 인해 근로를 제공할 수 없었는데도 업무상 재해 등이 없었을 때보다 적은 연차휴가를 부여받는 불이익을 방지하려는 데에 그 취지가 있다. 그러므로 근로자가 업무상 재해로 휴업한 기간은 장단(長短)을 불문하고 소정근로일수와 출근일수에 모두 포함시켜 출근율을 계산해야 한다. 설령 그 기간이 1년 전체에 걸치거나 소정근로일수 전부를 차지한다고 하더라도, 이와 달리 볼 아무런 근거나 이유가 없다.[57]

(3) 사용자는 연차휴가를 근로자가 청구한 시기에 주어야 하고, 그 기간에 대하여는 취업규칙 등에서 정하는 통상임금 또는 평균임금을 지급하여야 한다(제60조 5항 본문). 다만 근로자가 청구한 시기에 휴가를 주는 것이 사업 운영에 막대한 지장이 있는 경우에는 그 시기를 변경할 수 있다(제60조 5항 단서).

(4) 사용자는 근로자대표와의 서면 합의에 따라 연차 유급휴가일을 갈음하여 특정한 근로일에 근로자를 휴무시킬 수 있다(제62조). 이를 유급휴가의 대체라고 하는데, 이는 명절 전후의 근로일을 연차휴가로 대체하거나 징검다리휴일에 몰아서 휴가를 주거나, 하계 또는 동계 휴가를 일정한 계획표에 따라 시행할 때 등에서 활용된다.

(5) 연가휴가는 1년간 행사하지 아니하면 소멸되지만, 사용자의 귀책사유로 사용하지 못한 경우에는 그렇지 않다(제60조 7항). 사용자의 귀책사유로 근로자가 유급휴가를 사용하지 못한 경우에는 1년 이후에도 유급휴가를 청구할 수 있다. 물론 연차유급휴가를 사용하지 않고 근로한 경우에는 유급휴가일의 근로에 대하여 지급된 소정의 통상임금 이외에 유급으로 당연히 지급되는 연차휴가수당이 주어져야 한다. 그러나 휴일근로의 경우처럼 가산임금을 지급해야 하는 것은 아니다.[58] 가령 근로자가 연차휴가에 관한 권리를 취득한 후 1년 이내에 연차휴가를 사용하지 아니하거나 1년이 지나기 전에 퇴직하는 등의 사유로 인하여 더 이상 연차휴가를 사용하지 못하게 될 경우에는 사용자에게 그 연차휴가일수에 상응하는 임금인 연차휴가수당을 청구할 수 있다.[59] 이러한 연차휴가수당청구권은 3년간 행사하지 않으면 시효로 소멸한다(제49조).

(6) 한편 연차휴가를 사용할 권리 혹은 연차휴가수당청구권은 근로자가 전년도에 출근율을 충족하면서 근로를 제공하면 당연히 발생하는 것으로서, 연차휴가를 사용할 해당연도가 아니라 그 전년도 1년간의 근로에 대한 대가에 해당한다.[60] 따라서 근로자가 업무상 재해 등의 사정으로 말미암아 연차휴가를 사용할 해당연도에 전혀 출근하지 못한 경우라 하더라도, 이미 부여받은 연차휴가를 사용하지 않은데 따른 연차휴가수당은 청구할 수 있다. 이러한 연차휴가수당의 청구를 제한하는 내용의 단체협약이나 취업규칙은 근로기준법에서 정하는 기준에 미치지 못하는 근로조건을 정한 것으로서 효력이 없다.[61]

V. 연소자와 여성의 특별보호

1. 여성과 연소자에 대한 공통적 보호

헌법은 여성과 연소자의 근로에 대하여 그들의 생존과 건강 및 모성보호 등을 위한 특별한 보호를 선언하고 있다(제32조 4항, 5항). 이에 따라 근로기준법은 연소자와 여성에 대한 보호 내용을 구체적으로 규정하고 있다.

(1) 야간·휴일근로의 제한

사용자는 18세 이상의 여성을 오후 10시부터 오전 6시까지의 시간 및 휴일에 근로시키려면 그 근로자의 동의를 받아야 한다(제70조 1항). 사용자는 임산부와 18세 미만자(남녀를 구별하지 않음)를 야간(오후 10시부터 오전 6시까지의 시간) 및 휴일에 근로시키지 못한다. 다만 ① 18세 미만자의 동의가 있는 경우, ② 산후 1년이 지나지 아니한 여성의 동의가 있는 경우, ③ 임신 중의 여성이 명시적으로 청구하는 경우에는 고용노동부장관의 인가를 받으면 야간 및 휴일근로를 하게 할 수 있다(제70조 2항).

(2) 위해·위험사업에의 사용금지

사용자는 임신 중이거나 산후 1년이 지나지 아니한 여성(이하 '임산부'라 한다)과 18세 미만자를 도덕상 또는 보건상 유해·위험한 사업에 사용하지 못한다(제65조 1항, 시행령 제40조). 또한 사용자는 임산부가 아닌 18세 이상의 여성을 보건상 유해·위험한 사업 중 임신 또는 출산에 관한 기능에 유해·위험한 사업에 사용하지 못한다(제65조 2항).

(3) 갱내근로의 금지

사용자는 여성과 18세 미만인 사람을 갱내(坑內)에서 근로시키지 못한다(제72

조 본문). 다만 보건·의료, 보도·취재 등 대통령령으로 정하는 업무를 수행하기 위하여 일시적으로 필요한 경우에는 그러하지 아니하다(제72조 단서).

(4) 탄력적 근로시간제의 적용제외

15세 이상 18세 미만의 근로자와 임신 중인 여성 근로자에 대하여는 탄력적 근로시간제를 적용하지 않는다(제51조 3항).

2. 연소자에 대한 특별보호

(1) 15세 미만인 사람(초·중등교육법에 따른 중학교에 재학 중인 18세 미만인 사람을 포함한다)은 근로자로 사용하지 못한다. 다만 대통령령으로 정하는 기준에 따라 고용노동부장관이 발급한 취직인허증을 지닌 사람은 근로자로 사용할 수 있다(제64조 1항).

(2) 15세 이상 18세 미만인 사람의 근로시간은 1일에 7시간, 1주일에 35시간을 초과하지 못한다. 다만 당사자 사이의 합의에 따라 1일에 1시간, 1주일에 5시간을 한도로 연장할 수 있다(제69조).

(3) 15세 이상 18세 미만의 근로자에게는 선택적 근로시간제를 적용하지 않는다(제52조 1호).

3. 여성에 대한 특별보호

(1) 생리휴가

사용자는 여성 근로자가 청구하면 월 1일의 생리휴가를 주어야 한다(제73조). 생리휴가는 그 성질이 여성의 생리를 전제로 하는 휴가이므로, 여성인 근로자라 하더라도 고령 등으로 생리가 없는 사람 또는 임신으로 인하여 생리가 일시 중단된 사람은 생리휴가를 청구할 수 없다. 생리휴가는 여성인 근로자가 청구하는 때에 부여하는 것이고, 무급휴가이므로 휴가일에 대하여 임금을 지급하지 않아도 된다.

(2) 난임치료휴가

사업주는 근로자가 인공수정 또는 체외수정 등 난임치료를 받기 위하여 휴가를 청구하는 경우에 연간 3일 이내의 휴가를 주어야 하며, 이 경우 최초 1일은 유급으로 한다. 다만 근로자가 청구한 시기에 휴가를 주는 것이 정상적인 사업 운영에 중대한 지장을 초래하는 경우에는 근로자와 협의하여 그 시기를 변경할 수 있다(모자보건법 제18조의3 1항).

(3) 출산전후휴가 — 임산부의 보호

(가) 사용자는 임신 중의 여성에게 출산 전과 출산 후를 통하여 90일(한 번에 둘 이상 자녀를 임신한 경우에는 120일)의 출산전후휴가를 주어야 한다. 이 경우 휴가 기간의 배정은 출산 후에 그 기간의 50%인 45일(한 번에 둘 이상 자녀를 임신한 경우에는 60일) 이상이 되어야 한다(근로기준법 제74조 1항). 사용자는 임신 중인 여성 근로자가 유산의 경험 등의 사유로 휴가를 청구하는 경우, 출산 전 어느 때라도 휴가를 나누어 사용할 수 있도록 해야 한다. 이 경우 출산 후의 휴가 기간은 연속하여 45일(한 번에 둘 이상 자녀를 임신한 경우에는 60일) 이상이 되어야 한다(제74조 2항). 출산전후휴가의 휴가일수는 근로일이 아니라 역일을 기준으로 산정되는 것이므로 휴가기간 중에 주휴일·법정휴일이나 그 밖의 휴일이 포함되어 있는 경우에는 이를 휴가일수에서 제외되지 않는다. 사용자는 임신 중인 여성이 유산 또는 사산한 경우로서 그 근로자가 청구하면 대통령령으로 정하는 바에 따라 유산·사산휴가를 주어야 한다. 다만 인공 임신중절 수술에 따른 유산의 경우는 그렇지 않다(제74조 3항).

(나) 출산전후휴가 중 최초 60일(한 번에 둘 이상 자녀를 임신한 경우에는 75일)은 유급으로 한다. 다만 '남녀고용평등과 일·가정 양립 지원에 관한 법률'에 따라 출산전후휴가급여 등이 지급된 경우에는 그 금액의 한도에서 지급의 책임을 면한다(제74조 4항).

(다) 사용자는 임신 중의 여성 근로자에게 시간외근로를 하게 하여서는 아니 되며, 그 근로자의 요구가 있는 경우에는 쉬운 종류의 근로로 전환하여야 한다(제74조 5항). 사용자는 출산전후휴가 종료 후에는 휴가 전과 동일한 업무 또는 동등한 수준의 임금을 지급하는 직무에 복귀시켜야 한다(제74조 6항).

(라) 사용자는 임신 후 12주 이내 또는 36주 이후에 있는 여성 근로자가 1일 2시간의 근로시간 단축을 신청하는 경우 이를 허용해야 한다. 다만 1일 근로시간이 8시간 미만인 근로자에 대하여는 1일 근로시간이 6시간이 되도록 근로시간 단축을 허용할 수 있다(제74조 7항). 이 경우 사용자는 근로시간 단축을 이유로 해당 근로자의 임금을 삭감하여서는 안 된다(제74조 8항).

(마) 사용자는 산후 1년이 지나지 아니한 여성에 대하여는 단체협약이 있는 경우라도 1일에 2시간, 1주일에 6시간, 1년에 150시간을 초과하는 시간외근로를 시키지 못한다(제71조).

(바) 사용자는 출산전·후의 여성이 근로기준법에 따라 휴업한 기간과 그 후 30일 동안은 해고하지 못한다(제23조 2항 본문).

(사) 생후 1년 미만의 유아를 가진 여성 근로자가 청구하면 1일 2회 각각 30분 이상의 유급 수유 시간을 주어야 한다(제75조).

(아) 사용자는 임신한 여성근로자가 임산부 정기건강진단을 받는 데 필요한 시간을 청구하는 경우 이를 허용하여 주어야 하며, 건강진단 시간을 이유로 그 근로자의 임금을 삭감하여서는 안 된다(제74조의2).

4. 일과 가정의 양립지원

(1) 배우자 출산휴가

사업주는 근로자가 배우자의 출산을 이유로 휴가를 청구하는 경우에 10일의 휴가를 주어야 하고, 이 경우 사용한 휴가기간은 유급으로 한다(남녀고용평등법 제18조의2 제1항). 배우자 출산휴가는 근로자의 배우자가 출산한 날부터 90일이 지나면 청구할 수 없고(제3항), 출산전후휴가급여 등이 지급된 경우에는 그 금액의 한도에서 사용자는 지급책임을 면한다(제2항).

(2) 육아휴직

(가) 사업주는 근로자가 만 8세 이하 또는 초등학교 2학년 이하의 자녀(입양한 자녀를 포함한다)를 양육하기 위하여 휴직(이하 '육아휴직'이라 한다)을 신청하는 경우에 이를 허용해야 한다(남녀고용평등법 제19조 1항). 육아휴직의 기간은 1년 이내로 한다(제19조 2항). 육아휴직은 아버지인 근로자이건, 어머니인 근로자이건 또는 어머니인 근로자를 대신하여 아버지가 신청한 경우이든 상관없다. 육아휴직은 1회 또는 2회로 나누어 사용할 수 있다(제19조의4 제1항).

(나) 육아휴직은 원칙적으로 무급휴직이다. 그러나 근로자가 생활 걱정을 하지 않고 육아(가사)를 할 수 있도록 국가는 생계비용의 일부를 지원할 수 있다(제20조 1항, 고용보험법 제70조).

(다) 사업주는 육아휴직을 이유로 해고나 그 밖의 불리한 처우를 하여서는 아니 되며, 육아휴직 기간에는 그 근로자를 해고하지 못한다. 다만 사업을 계속할 수 없는 경우에는 해고할 수 있다(제19조 3항).

(라) 사업주는 육아휴직을 마친 후에는 휴직 전과 같은 업무 또는 같은 수준의 임금을 지급하는 직무에 복귀시켜야 하며, 육아휴직 기간은 근속기간에 포함한다

(제19조 4항). 다만 기간제근로자 또는 파견근로자의 육아휴직 기간은 '기간제 및 신청인근로자 보호 등에 관한 법률'에 따른 사용기간 또는 '파견근로자보호 등에 관한 법률'에 따른 근로자파견기간에 산입하지 아니한다(제19조 5항).

(3) 육아기 근로시간 단축

(가) 사업주는 육아휴직을 신청할 수 있는 근로자가 육아휴직 대신 근로시간의 단축을 신청하는 경우에 이를 허용해야 한다. 다만 대체인력 채용이 불가능한 경우, 정상적인 사업 운영에 중대한 지장을 초래하는 경우 등 대통령령으로 정하는 경우에는 그러하지 아니하다(제19조의2 제1항). 사업주가 육아기 근로시간 단축을 허용하지 아니하는 경우에는 해당 근로자에게 그 사유를 서면으로 통보하고 육아휴직을 사용하게 하거나 그 밖의 조치를 통하여 지원할 수 있는지를 해당 근로자와 협의하여야 한다(제19조의2 제2항).

(나) 사업주가 근로자에게 육아기 근로시간 단축을 허용하는 경우, 단축 후 근로시간은 주당 15시간 이상 35시간 이내로 하여야 하고(제19조의2 제3항), 그 기간은 1년 이내로 한다(제19조의2 제4항). 육아휴직의 경우와 마찬가지로 육아기 근로시간 단축은 1년의 범위 내에서 1회 또는 2회로 나누어 사용할 수 있다(제19조의4).

(다) 사업주는 육아기 근로시간 단축을 하고 있는 근로자에 대하여 근로시간에 비례하여 적용하는 경우 외에는 육아기 근로시간 단축을 이유로 그 근로조건을 불리하게 하여서는 안 된다(제19조의3 제1항). 사업주는 육아기 근로시간 단축을 하고 있는 근로자에게 단축된 근로시간 외에 연장근로를 요구할 수 없다. 다만 그 근로자가 명시적으로 청구하는 경우에는 사업주는 주 12시간 이내에서 연장근로를 시킬 수 있다(제19조의3 제3항).

(라) 사업주는 육아기 근로시간 단축을 이유로 해당 근로자에게 해고나 그 밖의 불리한 처우를 하여서는 안 된다(제19조의2 제5항). 사업주는 근로자의 육아기

근로시간 단축기간이 끝난 후에 그 근로자를 육아기 근로시간 단축 전과 같은 업무 또는 같은 수준의 임금을 지급하는 직무에 복귀시켜야 한다(제19조의2 제6항).

Ⅵ. 재해보상

1. 서설

(1) 현행법상 '업무상 재해'에 대한 보상은 근로기준법에 의하여 사용자가 직접 하여야 하지만, 사용자가 '산업재해보상보험에 가입한 경우'에는 산업재해보상보험법에 의한 보험급여를 통하여 실현되기도 한다. 산업재해보상보험법은 위험률·규모 및 사업장소 등을 고려하여 대통령령이 정하는 사업을 제외하고는 근로자를 사용하는 모든 사업 또는 사업장에 적용되며(제6조), 산업재해보상보험법의 적용을 받는 사업의 사업주는 당연히 산업재해보상보험의 보험가입자가 된다(고용산재보험료징수법 제5조 3항). 그러므로 산재보험은 일반보험처럼 사업주가 임의로 그 가입을 결정하는 것이 아니라 법률이 정하는 일정요건에 해당되는 사업장은 그 사업주의 보험성립신고와 관계없이 그 날로부터 산업재해보상보험법 및 고용산재보험료징수법에 의해 보험관계가 자동적으로 성립된다.

산업재해보상보험법상의 보험급여는 근로자가 업무상의 사유로 재해를 당한 경우 사업주의 고의·과실 여부에 관계없이 보험급여를 해주는 것이며, 근로자가 산재보상금을 수령하였더라도 그 재해가 사업자의 고의·과실로 인한 경우에는 민사상 불법행위로 인한 손해배상책임도 청구할 수 있다. 이 경우 산업재해보험급여액이 예상한 손해배상청구액보다 적을 때에는 사업자를 상대로 민사상 손해배상청구의 소를 제기하여 부족한 만큼 더 지급하라는 판결을 받을 수 있다. 다만 그 소송과정을 통하여 사고발생에 대하여 사용자측에 고의·과실이 있었음이 증명되어야 한다는 점, 사고발생에 관하여 근로자 본인의 과실이 있었다면 과실상계라고 하여 손해배상금액이 적당한 비율로 감축될 수도 있다는 점, 그리고 손해 및 가해자를 안 날로부터 3년, 불법행위를 한 날로부터 10년 내에 청구를 하여야 한다는 점 등에 주의하여야 한다(민법 제766조).

(2) 근로자가 업무상의 재해를 입으면 근로기준법이나 산업재해보상보험법상의 보상이나 급여를 받을 수 있다. 다만 피해자인 근로자(수급권자)가 동일한 사유에 대하여 민법이나 산업재해보상보험법상의 보험급여를 받으면 사업주(사용자)는 그 금액의 한도 안에서 보상책임을 면한다(근로기준법 제87조, 산업재해보상보험법 제80조).

2. 업무상 재해

(1) 사용자의 고의·과실 및 근로자의 과실 유무와 관계없이 부상·질병·사망 등의 재해가 '업무상' 발생된 경우에는 재해보상급여가 지급되지만, 그 재해가 업무와 관계가 없는 경우에는 지급받을 수 없다. '업무상 재해'란 업무수행 중(업무수행성)에 업무에 기인하여 발생(업무기인성)한 재해를 말한다. 여기서 업무수행성이란 일반적으로 근로자가 사용자의 지배·관리 아래 업무를 행하는 것을 말한다. 업무에는 현실적인 업무수행은 물론 업무수행에 수반되는 통상적인 활동과정(예: 생리행위나 시업 전, 휴게 중의 준비행위 등)도 포함된다.[62] 또한 사용자의 지배·관리 아래 있지만 업무에는 종사하고 있지 않는 경우(예: 사용자가 개최한 야유회·운동회 등), 사용자의 지배 아래 있지만 그 관리를 떠나 업무에 종사하고 있는 경우(예: 사업장외근로·출장근로 등)에도 업무수행성이 인정된다.[63] 예컨대 ① 급성전염병 유행지에 출장 갔다가 병에 걸렸거나 동남아시아의 출장지에서 풍토병에 걸린 경우, ② 출장도중 화물차에 편승한 근로자가 굴러 떨어진 사고, ③ 동남아시아의 출장지에서 풍토병에 걸린 경우, ④ 종업원이 공무를 마치고 오토바이로 직접 회사로 돌아오던 중의 사고, ⑤ 자택으로부터 직접 출장지에 가기 위하여 역으로 가던 도중의 사고 등은 출장 중에 발생한 업무상 재해에 해당한다.

(2) 한편 업무기인성이란 업무수행과 재해발생 사이에 인과관계가 있는 것을 말한다. 물론 직업병이나 과로사의 경우처럼 업무수행성이 없더라도 업무기인성만으로 업무상의 재해는 인정된다. 판례도 업무상의 과로가 업무수행 중에 발생된 것이 아니라 예컨대 자신의 집에서 발생하거나 업무시간 외에 발생한 경우에도 업무상 재해로 인정하고 있다.[64] 즉 업무기인성의 인정 범위가 확대되는 경향이 뚜렷하다.

사례1) (1) 甲은 회사에서 5일간의 지방출장명령을 받고 가던 중 기차사고로 중상해를 입었다. 출장 중 업무로 인한 재해로 인정될 수 있는 범위는 어떻게 되는가? (2) 만일 甲이 그의 직장동료 乙이 운전하는 승용차로 회사에 출근하던 중 乙의 운전미숙으로 전주와 충돌하여 3개월 정도의 치료가 필요한 중상을 입은 경우, 업무상 재해로서 산재보험을 적용받아 치료비의 부담을 덜 수 있는가?

➡ 산업재해보상보험법에 의한 재해보상은 업무상의 재해에 한하여 인정된다. 여기서 업무상의 재해란 업무상의 사유에 따른 근로자의 부상·질병·장해 또는 사망을 말한다(산업재해보상보험법 제5조 1호). 즉 사용자의 지배·관리하에서 이루어지는 업무수행 또는 그에 수반되는 통상적인 활동과정에서 생긴 재해를 뜻한다.근로자가 사업장을 떠나 출장 중인 경우에는 그 용무의 이행 여부나 방법 등에 있어 포괄적으로 사업주에게 책임을 지고 있다 할 것이어서 특별한 사정이 없는 한 출장과정의 전반에 대하여 사업주의 지배하에 있다고 말할 수 있으므로 그 업무수행성을 인정할 수 있다.[65] 따라서 설문 (1)의 경우, 甲은 재해보상을 청구할 수 있다.
한편 출·퇴근 중에 발생한 재해가 업무상의 재해로 되기 위하여는 사업주가 제공한 교통수단을 근로자가 이용하거나 또는 사업주가 이에 준하는 교통수단을 이용하도록 하는 등 근로자의 출·퇴근 과정이 사업주의 지배·관리하에 있다고 볼 수 있는 경우라야 한다.[66] 따라서 설문 (2)의 경우, 甲은 乙의 승용차로 출근하던 중 재해를 입었으므로 사용자의 지배·관리 하에 있다고 볼 수 없어, 산업재해보상보험법상의 보상급여를 받을 수 없다.

사례2) 甲은 乙회사에 고용되어 약 3년간 건설현장에서 일하게 되었는데, 어느 날 현장소장 丙의 지시에 따라 무거운 건설자재를 옮기던 중 척추를 심하게 다치게 되었다. 甲은

乙회사에 고용되기 전에 허리가 아파 병원에서 치료받은 적이 있는데, 혹시 기존 질병이 있는 경우에는 업무상 재해로 인정받을 수 있는가?

➡ '업무상의 재해'는 근로자의 업무수행 중 그 업무에 기인하여 발생한 질병을 의미하는 것이므로 업무와 사망의 원인이 된 질병 사이에 인과관계가 있어야 하지만, 질병의 주된 발생원인이 업무수행과 직접적인 관계가 없더라도 적어도 업무상의 과로나 스트레스가 질병의 주된 발생원인에 겹쳐서 질병을 유발 또는 악화시켰다면 그 사이에 인과관계가 있다고 보아야 한다. 따라서 평소에 정상적인 근무가 가능한 기초질병이나 기존질병이 직무의 과중 등이 원인이 되어 자연적인 진행속도 이상으로 급격하게 악화된 때에도 업무상의 재해로 인정되며, 이때 업무와 질병 또는 사망과의 인과관계 유무는 보통 평균인이 아니라 당해 근로자의 건강과 신체조건을 기준으로 판단하여야 한다.[67] 결국 甲은 업무와 질병 사이에 인과관계가 있다고 볼 수 있으므로, 업무상 재해로서 재해보상을 받을 수 있다.

3. 재해보상의 종류와 내용

근로자가 업무상 부상을 당하거나 질병에 걸리거나 장해가 발생하거나 또는 사망한 경우에는 근로기준법의 재해보상 또는 산업재해보상보험법의 보험급여지급이 이루어진다.

(1) 요양보상·요양급여

(가) 요양보상

근로자가 업무상 부상을 입거나 질병에 걸리면 사용자는 그 비용으로 필요한 요양을 행하거나 필요한 요양비를 부담하여야 한다(근로기준법 제78조 1항). 그러나 근로자가 요양개시 후 2년을 경과하여도 부상 또는 질병이 완치되지 않는 경우에는 평균임금의 1,340일분의 일시보상을 행하여 그 후 근로기준법에 의한 모든 보상책임을 면할 수 있다(제84조). 물론 일시보상이 행하여진 경우에도 위자료를 포함하는 민사상의 손해배상책임이 면제되는 것은 아니다.

(나) 요양급여

요양급여는 근로자가 업무상의 사유로 부상을 입거나 질병에 걸린 경우에 근로복지공단이 해당 근로자에게 지급한다(산업재해보상보험법 제40조 1항). 다만 부상 또는 질병이 3일 이내의 요양으로 치유될 수 있으면 요양급여를 지급하지 않는다(제40조 3항). 요양기간이 지난 후라도 부상·질병이 재발하거나 악화되어 치료를 요하는 경우에는 다시 요양급여(재요양)를 받을 수 있고(제51조), 의학상 간병이 필요하여 실제로 간병을 받은 사람에게는 간병급여를 지급한다(제40조 4항). 또한 부상이나 질병이 치유된 후에도 일정한 요건을 갖추면 간병급여를 받을 수 있다(제61조).

(2) 휴업보상·휴업급여

(가) 휴업보상

근로자가 업무상의 부상 또는 질병으로 인하여 취업하지 못할 경우, 사용자는 요양기간 중 평균임금의 100분의 60에 해당하는 휴업보상을 하여야 한다(근로기준법 제79조 1항). 휴업보상을 받을 기간에 그 보상을 받을 자가 임금의 일부를 지급받은 경우에는 사용자는 평균임금에서 그 지급받은 금액을 뺀 금액의 100분의 60의 휴업보상을 하여야 한다(제79조 2항). 이는 요양으로 인하여 취업하지 못하는 기간에 근로자의 최저생활을 확보하기 위한 것이다. '요양으로 인하여 취업하지 못한 기간'에는 근로자가 의료기관에서 업무상 부상을 치료받은 기간뿐만 아니라 자기 집에서 요양을 하느라고 실제로 취업하지 못하였기 때문에 임금을 받지 못한 기간도 포함된다.[68] 그러나 업무상 부상 또는 질병 발생에 대하여 근로자에게 중대한 과실이 있고 또한 그 과실에 대하여 사용자가 노동위원회의 인정을 받은 경우, 사용자는 휴업보상을 행하지 않아도 된다(제81조).

(나) 휴업급여

휴업급여는 업무상 사유로 부상을 당하거나 질병에 걸린 근로자에게 요양으로 취업하지 못한 기간에 대하여 지급하며, 1일당 지급액은 평균임금의 100분의 70에 상당하는 금액이다. 다만 취업하지 못한 기간이 3일 이내인 때에는 이를 지급하지 않는다(산업재해보상보험법 제52조). 그리고 요양급여를 받는 근로자가 요양을 시작한 지 2년이 지난 이후에도 부상이나 질병이 치유되지 않고 폐질등급 제1급 내지 제3급에 해당되는 경우에는 휴업급여 대신 '상병보상연금'을 근로자에게 지급한다(제66조). 근로기준법상 일시보상제도에 상응하는 것이다.

(3) 장해보상·장해급여

(가) 장해보상

근로자가 업무상 부상 또는 질병에 걸리고, 완치 후 신체에 장해가 있으면 사용자는 그 장해 정도에 따라 평균임금의 일정일수분(장해등급 제14급에서 제1급까지 나누어 50일에서 1,340일까지)에 해당하는 장해보상을 지급해야 한다(근로기준법 제80조 1항). 다만 근로자의 중과실이 있는 경우에는 휴업보상과 마찬가지로 지급의무가 면제된다(제81조).

(나) 장해급여

장해급여는 근로자가 업무상의 사유로 부상을 당하거나 질병에 걸려 치유된 후 신체 등에 장해가 있는 경우에 그 근로자에게 지급한다(산업재해보상보험법 제57조 1항). 장해로 인한 노동능력의 감소와 상실에 따른 수입의 감소·상실을 보전하기 위한 것이다. 장해급여는 장해등급에 따라 장해보상연금 또는 장해보상일시금으로 하며(제57조 2항), 장해보상연금 또는 장해보상일시금은 수급권자의 선택에 따라 지급한다(제57조 3항 본문). 다만 대통령령으로 정하는 노동력을 완전히 상실한 장해등급의 근로자에게는 장해보상연금을 지급하고, 장해급여 청구사유 발생 당시 대한민국 국민이 아닌 자로서 외국에서 거주하고 있는 근로자에게는 장해보상일시금을 지급한다(제57조 3항 단서). 또한 장해보상연금은 수급권자가 신청하면 그 연금의 최초 1년분 또는 2년분의 2분의 1에 상당하는 금액을 미리 지급할 수 있다(제57조 4항).

(4) 유족보상·유족급여

(가) 유족보상

근로자가 업무상 사망한 경우에는 사용자는 근로자가 사망한 후 지체 없이 그 유족에게 평균임금 1,000일분의 유족보상을 해야 한다(근로기준법 제82조 1항).

(나) 유족급여

유족급여는 근로자가 업무상의 사유로 사망한 경우에 유족에게 지급한다(산업재해보상보험법 제62조 1항). 유족급여는 유족보상연금이나 유족보상일시금으로 하되, 유족보상일시금은 근로자가 사망할 당시 유족보상연금을 받을 수 있는 자격이 있는 자가 없는 경우에 지급한다(제62조 2항). 유족보상일시금은 평균임금의 1,300일분으로 한다(제62조 2항 별표3). 유족보상연금을 받을 수 있는 자격이 있는 자가 원하면 유족보상일시금의 100분의 50에 상당하는 금액을 일시금으로 지급하고 유족보상연금은 100분의 50을 감액하여 지급한다(제62조 3항).

사례) 乙은 산업재해로 인하여 사망하였다. 그런데 유족으로는 乙의 사망 당시 그에 의하여 부양되고 있던 이복동생인 甲을 제외하고는 다른 사람이 전혀 없다. 이 경우 이복동생인 甲도 乙의 유족으로서 유족급여수급권자가 될 수 있는가?

➡ 유족보상연금을 받을 수 있는 자격이 있는 자(유족보상연금 수급자격자)는 근로자가 사망할 당시 그 근로자와 생계를 같이 하고 있던 유족(그 근로자가 사망할 당시 대한민국 국민이 아닌 자로서 외국에서 거주하고 있던 유족은 제외한다) 중 배우자(사실상 혼인관계에 있는 자를 포함)와 ① 부모 또는 조부모로서 각각 60세 이상인 사람, ② 자녀로서 25세 미만인 사람, ③ 손자녀로서 19세 미만인 사람, ④ 형제자매로서 19세 미만이거나 60세 이상인 사람 등이다(산업재해보상보험법 제63조 1항). 유족보상연금 수급자격자 중 유족보상연금을 받을 권리의 순위는 배우자·자녀·부모·손자녀·조부모 및 형제자매의 순서로 한다(제63조 3항). '형제자매'에는 부계의 형제자매뿐 아니라 모계의 형제자매도 포함된다.[69] 즉 사망자와 어머니만을 같이

하는 이성동복의 관계에 있는 사람도 산업재해보상보험법의 수급권자인 형제자매에 해당한다. 따라서 乙의 이복동생인 甲은 유족보상연금 수급자격자인 형제자매에 해당되므로, 甲의 사망으로 인한 유족급여를 지급받을 수 있다.

(5) 장례비

근로기준법은 근로자가 업무상 사망한 경우에는 사용자는 근로자가 사망한 후 지체 없이 평균임금의 90일분의 장례비를 지급하여야 한다고 정하고 있다(제83조). 그러나 산업재해보상보험법에 따르면 장례비는 근로자가 업무상의 사유로 사망한 경우에 지급하되, 평균임금의 120일분에 상당하는 금액을 그 장례를 지낸 유족에게 지급한다(제71조 1항 본문). 다만 장례를 지낼 유족이 없거나 그 밖에 부득이한 사유로 유족이 아닌 자가 장례를 지낸 경우에는 평균임금의 120일분에 상당하는 금액의 범위에서 실제 드는 비용을 그 장례를 지낸 자에게 지급한다(제71조 1항 단서).

4. 보상받을 권리의 보호와 소멸시효

(1) 재해보상을 받을 권리는 퇴직으로 인하여 변경되지 아니하며, 양도나 압류하지 못한다(근로기준법 제86조). '퇴직'에는 사직·해고·계약기간의 만료 등 모든 근로관계 종료사유가 포함되며, '변경되지 아니한다'는 것은 근로관계가 종료되었더라도 질병·부상 등이 완쾌될 때까지는 요양보상·휴업보상 등을 행하여야 한다는 것을 의미한다. 그 밖에 산업재해보상보험법상의 보험급여를 받을 권리도 퇴직으로 인하여 소멸되지 않으며, 양도·압류할 수 없다(제88조).

(2) 근로기준법에 따른 재해보상청구권은 3년간 행사하지 아니하면 시효로 소멸한다(제92조). 산업재해보상보험법에 따른 요양급여 등 각종의 보험급여도 3년간

행사하지 아니하면 시효로 소멸한다(제112조 1항).

참고로 '시효'란 일정한 사실상태가 일정기간(시효기간이라 한다) 계속된 경우, 그 상태가 진실한 권리관계에 합치하는지 여부와 관계없이 그 사실상태를 그대로 권리관계로 인정하는 제도를 말한다. '소멸시효'는 권리자가 어떤 권리를 행사할 수 있는데도 일정한 기간 동안 그 권리를 행사하지 않는 상태가 계속된 경우에 그 어떤 권리를 소멸시켜 버리는 제도이다(민법 제162조 이하). 소멸시효의 대상이 되는 권리는 소유권을 제외한 모든 권리이며, 그 기간은 권리의 종류에 따라 차이가 있으나 통상적인 채권의 경우에는 10년이 경과함으로써 시효로 인하여 소멸한다(세금 및 각종 공과금은 5년). 소멸시효는 권리를 행사할 수 있는 때부터 진행하는데, 기한을 정한 권리는 기한이 도래한 때부터, 기한을 정하지 않은 권리는 채권성립시부터 소멸시효가 진행한다. 소멸시효의 완성으로 권리는 소멸하지만, 소송에서 소멸시효가 문제되는 경우에는 시효가 완성되었음을 주장하여야 인정된다. 소멸시효기간이 만료하면 권리가 소멸하므로, 권리자는 권리의 소멸을 방지하기 위한 조치를 취하여야 하는데, 권리의 소멸을 방지하는 것을 '시효의 중단'이라고 한다. 시효를 중단시키기 위해서는 채무자에 대하여 이행을 청구하는 소를 제기하거나, 채무자의 재산에 대하여 압류·가압류·가처분 등의 조치를 취하는 방법이 있으며, 채무자 스스로가 자신의 채무를 승인한 경우에도 시효가 중단된다. 그 밖에 채무자에게 소송 이외의 방법으로 이행을 청구하면 6개월 이내에서 시효가 연장된다.

5. 재해보상과 민법상의 손해배상

재해보상은 사용자나 제3자에게 고의·과실이 없더라도 평균임금을 기준으로 하여 정형화된 금액을 간편·신속·확실하게 지급될 수 있다. 그러나 재해보상액이 현실적인 손해에 미치지 못하는 경우도 있기 때문에 재해보상제도가 마련되어 있더라도 사용자의 안전배려의무위반(채무불이행)을 이유로 손해배상을 청구할 수 있을 뿐만 아니라(민법 제390조) 불법행위로 인한 손해배상을 청구할 수 있다(제750조,

제756조). 그러나 이것은 어디까지나 업무상 재해에 대하여 사용자 또는 제3자에게 고의·과실이 있는 경우에 한정되는 문제이고, 업무상 재해의 발생에 대하여 사용자 또는 제3자에게 고의·과실이 없는 경우에는 재해보상책임만 발생할 뿐이고 민법상 손해배상을 청구할 수 없다.

사례) 甲의 남편은 乙회사가 시공하는 아파트 공사장에서 건설장비 해체작업 도중 함께 일하던 동료가 떨어뜨린 쇠파이프에 머리를 맞아 1년 6개월간 치료를 받아 오던 중 비관하여 자살하였다. 乙회사는 甲남편의 사망과는 아무런 관계가 없다고 하며 책임을 회피하고 있고, 甲은 근로복지공단에 유족보상금을 신청해봐야 기각될 것이어서 신청도 포기하였다. 이런 경우 乙회사의 민사상 책임은 없는가?

➡ 근로자의 사망이 업무상 질병으로 요양 중 자살함으로써 이루어진 경우 당초의 업무상 재해인 질병에 기인하여 심신상실 내지 정신착란의 상태에 빠져 그 상태에서 자살이 이루어진 것인 한 사망과 업무와의 사이에 상당인과관계가 있다고 할 것이며, 이 경우 근로자의 업무와 위 질병 또는 질병에 따르는 사망 간의 인과관계에 관하여는 이를 주장하는 측에서 증명하여야 한다.[70] 따라서 甲은 보험급여를 받을 권리의 소멸시효기간인 3년이 지나지 않았다면, 관할 근로복지공단에 유족급여신청을 해볼 수 있을 것이다.

한편 타인을 사용하여 어느 사무에 종사하게 한 사람은 피용자가 그 사무집행에 관하여 제3자에게 가한 손해를 배상할 책임이 있다(민법 제756조 1항). 乙회사에 손해배상을 청구하기 위해서는 사고와 사망 사이에 상당한 인과관계가 있어야 하는데, 판례는 "사고발생 후 생활고와 사고후유증 등으로 인한 고통을 이기지 못한 채 비관자살을 한 것이라면 이 사건 증상과 고통·비관과의 사이나, 고통·비관과 자살의 사이에는 서로 상당인과관계가 있다"고 한다.[71] 따라서 보험급여가 지급된다고 하여도 그것이 甲남편의 사망으로 인한 손해배상에 미치지 못할 경우, 乙회사를 상대로 손해배상을 청구할 수 있다.

Ⅶ. 직장 내 성희롱의 예방과 방지

1. 서설

'직장 내 성희롱'이란 사업주·상급자 또는 근로자가 직장 내의 지위를 이용하거나 업무와 관련하여 다른 근로자에게 성적 언동 등으로 성적 굴욕감 또는 혐오감을 느끼게 하거나 성적 언동 또는 그 밖의 요구 등에 따르지 아니하였다는 이유로 고용에서 불이익을 주는 것을 말한다(남녀고용평등법 제2조 2호). '성적인 언동 등'이란 남녀 간의 육체적 관계나 남성 또는 여성의 신체적 특징과 관련된 육체적, 언어적, 시각적 행위로서 사회공동체의 건전한 상식과 관행에 비추어 볼 때 객관적으로 상대방과 같은 처지에 있는 일반적이고도 평균적인 사람에게 성적 굴욕감이나 혐오감을 느끼게 할 수 있는 행위를 의미한다.[72] 가령 입맞춤이나 포옹 등의 신체적 접촉, 안마나 애무를 강요하는 행위, 음란한 농담이나 음담패설, 외모에 대한 성적인 비유나 평가, 성적 관계를 강요하거나 회유하는 행위, 회식자리 등에서 무리하게 옆에 앉혀 술을 따르도록 강요하는 행위, 음란한 사진·낙서·출판물 등을 게시하거나 보여주는 행위, 직접 또는 팩스나 컴퓨터 등을 통해 음란한 편지·사진·그림을 보내는 행위, 성과 관련된 자신의 특정 신체부위를 고의적으로 노출시키거나 만지는 행위 등을 포함한다.

2. 직장 내 성희롱 성립요건

성희롱이 성립하기 위해서는 행위자에게 반드시 성적 동기나 의도가 있어야 하는 것은 아니지만, 객관적으로 상대방과 같은 처지에 있는 일반적이고도 평균적인 사람에게 성적 굴욕감이나 혐오감을 느낄 수 있게 하는 행위가 있고, 그로 인하여 행위의 상대방이 성적 굴욕감이나 혐오감을 느꼈음이 인정되어야 한다. 성희롱 행위자는 사업주·상급자·동료·하급자이며, 거래처 관계자나 고객 등 제3자는 제외된다. 성희롱 피해자는 사업주 이외의 모든 근로자이며, 여성 이외의 남성도 피해자가 될 수 있다.

3. 성희롱의 방지

(1) 사업주, 상급자 또는 근로자는 직장 내 성희롱을 해서는 안 된다(남녀고용평등법 제12조). 사업주는 직장 내 성희롱을 예방하고 근로자가 안전한 근로환경에서 일할 수 있는 여건을 조성하기 위하여 직장 내 성희롱의 예방을 위한 교육을 실시하여야 한다(제13조 1항). 성희롱 예방교육은 근로자뿐만 아니라 사업주도 받아야 한다(제13조 2항). 또한 사업주는 신고를 받거나 직장 내 성희롱 발생 사실을 알게 된 경우에는 지체 없이 그 사실 확인을 위한 조사를 해야 한다. 이 경우 사업주는 직장 내 성희롱과 관련하여 피해를 입은 근로자 또는 피해를 입었다고 주장하는 근로자가 조사 과정에서 성적 수치심 등을 느끼지 아니하도록 하여야 한다(제14조 2항).

(2) 사업주는 고객 등 업무와 밀접한 관련이 있는 사람이 업무수행 과정에서 성적인 언동 등을 통하여 근로자에게 성적 굴욕감 또는 혐오감 등을 느끼게 하여 해당 근로자가 그로 인한 고충 해소를 요청할 경우 근무 장소 변경, 배치전환, 유급휴가의 명령 등 적절한 조치를 해야 한다(제14조의2 제1항).

4. 성희롱 피해자에 대한 보호

(1) 사업주는 직장 내 성희롱과 관련하여 피해를 입은 근로자 또는 성희롱 피해 발생을 주장하는 근로자에게 해고나 그 밖의 불리한 조치를 해서는 안 된다(남녀고용평등법 제14조 6항).

(2) 성희롱 피해자는 성희롱 행위가 있은 날로부터 3개월 이내에 지방노동행정기관의 고용평등위원회에 조정을 신청하거나 국가인권위원회에 진정할 수 있다.

또한 사업주와 성희롱 행위자를 상대로 정신적·물질적 고통을 입은 데 대한 손해배상을 구하는 민사소송을 법원에 제기할 수 있다(민법 제750조, 제756조).

제5절 인사와 징계

Ⅰ. 서설

사용자는 근로자에게 정당한 이유 없이 해고, 휴직, 정직, 전직, 감봉, 그 밖의 징벌을 하지 못한다(근로기준법 제23조 1항). 이러한 제재에 관한 사항은 취업규칙의 필수적 기재사항이며(제93조 11호), 정당한 이유 없이 이루어진 인사·징계처분은 법률상 효력이 없다.

Ⅱ. 인사이동

사용자는 기업 활동을 계속적으로 유지하기 위하여는 노동력을 재배치하거나 그 수급을 조절하는 것이 필요 불가결하므로, 인사명령은 원칙적으로 인사권자인 사용자의 고유권한에 속한다.

1. 전직(전보)

(1) 전직이란 동일한 사업 내에서 근로자가 담당할 직무의 종류와 내용이 변경되는 것을 말하며, 전보라고도 한다. 전직에는 동일한 사업 내에서 근무장소가 변경되는 전근도 포함된다. 근로자에 대한 전보나 전직은 원칙적으로 인사권자인 사용자의 권한에 속하므로 업무상 필요한 범위 내에서는 사용자는 상당한 재량을 가지고, 그것이 근로기준법에 위반되거나 근로자와 협의절차를 전혀 거치지 않아

권리남용에 해당되는 등의 특별한 사정이 없는 한 유효하며, 전보처분 등이 권리남용에 해당하는지 여부는 전보처분 등의 업무상의 필요성과 전보 등에 따른 근로자의 생활상의 불이익을 비교·교량하여 결정되어야 하고, 업무상의 필요에 의한 전보 등에 따른 생활상의 불이익이 근로자가 통상 감수해야 할 정도를 현저하게 벗어난 것이 아니라면, 이는 정당한 인사권의 범위 내에 속하는 것으로서 권리남용에 해당하지 않는다.[73]

(2) 한편 대기발령 등 근로자에게 불이익한 처분이라도 취업규칙이나 인사관리규정 등에 징계처분의 하나로 규정되어 있지 않다면, 이는 원칙적으로 인사권자인 사용자의 고유권한에 속하는 인사명령의 범주에 속하는 것이라고 보아야 하고, 인사명령에 대하여는 업무상 필요한 범위 안에서 사용자에게 상당한 재량을 인정하여야 한다.[74] 대기발령과 같은 잠정적인 인사명령이 명령 당시에는 정당한 경우라고 하더라도, 그러한 명령의 목적과 실제 기능, 유지의 합리성 여부 및 그로 인하여 근로자가 받게 될 신분상·경제상의 불이익 등 구체적인 사정을 모두 참작하여 그 기간은 합리적인 범위 내에서 이루어져야 한다. 따라서 대기발령 등의 인사명령을 받은 근로자가 상당한 기간에 걸쳐 근로의 제공을 할 수 없다거나 근로제공을 함이 매우 부적당한 경우가 아닌데도, 사회통념상 합리성이 없을 정도로 부당하게 장기간 동안 잠정적 지위의 상태로 유지하는 것은 특별한 사정이 없는 한 정당한 이유가 있다고 보기 어려우므로 그와 같은 조치는 무효라고 보아야 한다.[75]

사례) **乙회사는 직원들을 전보시킬 때 근로자들의 의사를 묻거나 근로자들과의 협의는 일체 거치지 않고 일방적으로 발령을 명하고 있다. 이러한 인사명령은 유효한가?**

➡ 근로자에 대한 전보나 전직은 원칙적으로 인사권자인 사용자의 권한에 속하므로 업무상 필요한 범위 내에서는 사용자는 상당한 재량을 가지며 그것이 근로기준법 등에 위반되거나 권리남용에 해당되는 등의 특별한 사정이 없는 한 유효하다. 전보 등 인사명령을 할 때에 근로자 본인과 성실한 협의절차를 거쳤는지의 여부는 정당한 인사권의 행사인지 여부를 판단하는 하나의 요소라고는 할 수 있으나, 그

러한 절차를 거치지 아니하였다는 사정만으로 전보명령이 권리남용에 해당하여 당연히 무효가 된다고 볼 수 없다.[76] 따라서 乙회사가 전보되는 근로자와 협의를 거치지 않았다는 사유만으로 그 전보명령이 무효라고 볼 수 없다.

2. 휴직명령

(1) 휴직이란 근로제공이 불가능하거나 부적당한 경우에 근로계약관계를 유지하면서 일정기간 근로제공을 면제하거나 금지하는 것을 말한다. 휴직명령은 근로계약, 취업규칙, 단체협약 등에 의한 휴직사유와 절차에 따라 이루어져야 하며, 정당한 사유가 있어야 한다(근로기준법 제23조 1항). 사용자의 휴직명령이 '정당한 사유'를 가지려면 취업규칙 등에 정하여진 휴직사유에 해당하는 것만으로는 부족하고 그 규정의 목적·그 실제기능·휴직명령의 합리성 여부 및 그로 인하여 근로자가 받게 될 불이익 등 구체적인 사정을 모두 참작하여 근로자가 상당한 기간에 걸쳐 근로제공을 할 수 없다고 인정되어야 한다.[77] 휴직은 근로관계의 정지를 의미하므로 근로자는 근로의무를 면하고, 사용자는 임금지급의무를 면한다. 사용자는 근로자의 휴직사유가 소멸한 경우 즉시 복직시켜야 한다.

(2) 기업이 그 활동을 계속적으로 유지하기 위해서는 노동력을 재배치하거나 그 수급을 조절하는 것이 필요 불가결하므로, 휴직명령을 포함한 인사명령은 원칙적으로 인사권자인 사용자의 고유권한에 속하고, 따라서 이러한 인사명령에 대하여는 업무상 필요한 범위 안에서 사용자에게 상당한 재량을 인정해야 한다. 경영상의 필요를 이유로 하여 휴직명령이 취해진 경우 그 휴직명령이 정당한 인사권의 범위 내에 속하는지 여부는 당해 휴직명령 등의 경영상의 필요성과 그로 인하여 근로자가 받게 될 신분상·경제상의 불이익을 비교·교량하고, 휴직명령 대상자 선정의 기준이 합리적이어야 하며, 근로자가 속하는 노동조합과의 협의 등 그 휴직명령을 하는 과정에서 신의칙상 요구되는 절차를 거쳤는지 여부를 종합적으로 고려하여

결정해야 한다.[78)]

Ⅲ. 징계처분

1. 의의

징계란 근로자가 직무태만·직장질서문란·회사에 대해 심한 명예훼손이나 재산상 손해를 끼치는 등의 비위행위를 한 경우에 기업질서의 유지를 위하여 취업규칙 등에 근거하여 사용자가 근로자에게 제재를 가하는 것을 말한다. 징계에는 견책·감급(감봉)·출근정지와 정직·권고사직·징계해고 등이 있으며, 징계처분에는 정당한 이유가 있어야 한다(근로기준법 제23조 1항).

2. 징계의 종류

(1) 견책

견책은 사용자가 근로자의 위법·부당한 행위에 대하여 이를 반성케 하고 장래에 반복되지 않도록 하는 경고처분이다. 이와 같은 방법은 현실적으로 불이익을 과하는 처분은 아니지만, 승진·배치전환 등의 인사고과에 불이익한 영향을 미칠 수 있다.

(2) 감급(감봉)처분

사용자가 근로자에게 복무규율 위반·태만 등의 징계사유가 있으면 제재수단으로서 사용자가 일방적으로 근로자의 임금의 일정액을 공제하는 처분이다. 취업규칙에서 근로자에 대하여 감급의 제재를 정한 경우에는 그 감액의 1회의 금액은 평균임금 1일분의 50%를 초과하지 못하고, 총액은 임금지급기에서의 임금총액의 10%를 초과하지 못한다(근로기준법 제95조).

(3) 출근정지와 정직

기업질서에 위반한 근로자에 대하여 종업원의 신분을 유지시킨 채 일정기간 출근을 정지시키고 노무의 수령을 거부하여 직무에 종사시키지 않음으로써 그 기간 중의 임금을 지급하지 않는 징계처분이다. 실무적으로는 1주일 이내의 기간을 출근정지, 1개월의 기간을 정직이라고 한다.

(4) 권고사직

징계해고를 할 수 있는 정도의 중징계 처분대상자로서 징계대상자에게 사직을 권고하고, 만약 사표를 제출하지 않으면 징계해고를 하지만, 사표를 제출하면 의원사직으로 처리함으로써 징계대상자에게 징계해고에 따른 불이익조치를 주지 아니하고 퇴직시키는 제도이다. 참고로 권고사직에 의해 퇴직한 근로자는 실업급여를 수령할 수 있다.

(5) 징계해고

경영의 질서와 노사 간의 신뢰관계에 대한 근로자의 침해행위가 매우 중대하여 사용자가 근로자를 퇴직시키지 않으면 정상적인 경영질서가 유지될 것을 기대할 수 없다고 판단하여 근로자와의 근로관계를 단절하는 제재이다. 징계해고가 유효하기 위해서는 실체적 정당성뿐만 아니라 절차적 정당성(징계사유를 구체적으로 적시한 서면 통보 등)을 모두 갖추어야 한다.

사례) 甲은 乙회사에 근무하며 동료 근로자들과 임금인상을 위한 농성에 참여하였고, 그 후 乙회사와 노조대표자가 농성기간 중의 행위에 대하여 책임을 묻지 않는다는 약정을 하였다. 그러나 甲이 위 불법농성을 주도했다는 혐의로 구속되어 징역 1년형을 선고받자 乙회사는 취업규칙상 금고 이상의 유죄판결의 선고가 해고사유임을 이유로 甲을 징계해고 하였는데, 정당한가?

➡ 농성기간 중의 사건에 대하여 노동조합원들에 대한 일체의 책임을 묻지 않기로 노사 간에 단체협약을 한 경우, 그 취지는 농성행위와 일체성을 가지는 행위 및 농성행위 등으로 인하여 사후에 부득이 일어나는 행위에 대해서도 면책시키기로 한 것이므로, 면책협약 이전의 농성행위 등으로 인하여 면책협약 이후에 처벌(유죄판결)을 받고 또 구속기간 동안 결근한 사실로 인하여 인사규정 등의 징계해고사유에 해당된다고 하더라도, 이를 이유로 징계해고를 할 수는 없다.[79] 따라서 甲에 대한 징역형 선고가 취업규칙상의 징계해고사유에 해당하더라도 쟁의면책약정을 한 이상 乙회사가 이를 이유로 甲을 징계해고한 것은 부당하다.

Ⅳ. 부당한 인사명령·징계처분에 대한 구제

근로자에 대한 사용자의 인사권이나 징계권의 행사가 남용으로 인정되면 법률효과는 발생하지 않으며, 사용자가 근로자에 대하여 정당한 이유 없이 해고·휴직·정직·전직·감봉이나 그 밖의 징벌을 한 때에는 해당 근로자는 노동위원회에 구제를 신청할 수 있다(근로기준법 제28조 1항). 근로자가 민사소송에 의한 구제보다 더욱 간편·신속하고 저렴한 비용으로 부당한 인사권이나 징계권에 대한 구제를 받을 수 있도록 하기 위한 것이다. 구제신청은 전보·전직처분 등(부당노동행위)이 있은 날로부터 3개월 이내에 하여야 한다(제28조 2항).

지방노동위원회의 결정이나 명령에 불복하려면 그 결정서나 명령서를 송달받은 날로부터 10일 이내에 중앙노동위원회에 재심을 신청해야 하며, 만약 중앙노동위원회의 재심판정에 불복이 있는 경우에는 그 재심판정서정본을 송달받은 날로부터 15일 이내에 중앙노동위원회의 재심판정을 소송대상으로 하여 그 취소 등을 구하는 행정소송을 제기할 수 있다(노동위원회법 제26조, 제27조, 노동조합 및 노동관계조정법 제85조). 부당 인사명령이나 징계에 대한 구제신청은 실질적으로 5심 구조를 취하고 있기 때문에 노동사건의 특성상 근로자나 사용자에게 많은 시간과 비용을 들게 한다. 근로자와 사용자의 안정적인 생활유지와 경영활동을 위하여 화해에 의한 분쟁해결이 적극적으로 권장되고 있고, 실질적으로 그에 따른 사건 종결비율도 크게 증가하고 있다.

제6절 근로관계의 종료

Ⅰ. 해고

1. 의의

해고란 사용자의 일방적 의사표시에 의하여 근로계약 내지 근로관계를 장래에 향하여 그 효력을 소멸시키는 행위를 말한다. 근로계약의 종료사유에는 해고 이외에 근로자의 의사나 동의에 의해 이루어지는 퇴직, 일정한 연령에 도달하면 근로관계가 종료되는 정년, 근로자와 사용자의 의사와는 관계없이 근로관계가 없어지는 자동소멸(계약기간만료, 근로자의 사망, 기업소멸 등)이 있다. 해고는 근로자의 동의 없이 또는 근로자의 의사에 반하여 근로관계가 종료되는 특징이 있다.

2. 정당한 이유 없는 해고 금지

(1) 해고는 경제적·사회적으로 약자의 지위에 있는 근로자에게 직장상실을 의미하므로, 근로자의 인간존엄과 근로권을 보호하고 사용자와 근로자 사이에 실질적 평등을 도모하기 위해 근로기준법 제23조 1항은 '정당한 이유 없이' 근로자를 해고하지 못한다고 규정하고 있다. 정당한 이유 없이 행한 해고는 사법상 당연히 무효이다. 여기서 '정당한 이유'라 함은 사회통념상 근로계약을 계속시킬 수 없을 정도로 근로자에게 책임 있는 사유가 있다든지 부득이한 경영상의 필요가 있는 경우를 말한다.[80] 단체협약이나 취업규칙에서 당연퇴직, 해고 또는 징계해고 사유들이 규

정되어 있더라도 이러한 사유에 의한 해고가 유효하기 위해서는 그 사유가 근로기준법 제23조 1항이 규정하는 정당한 이유에 해당하여야 한다.[81]

(2) 근로계약은 근로의 제공과 임금의 지급을 목적으로 하는 계약이므로, 노동능력의 상실과 적격성의 결여는 정당한 해고사유가 된다. 또한 근로계약상의 의무위반 또는 경영질서 위반 등 '근무태도 불량'도 정당한 해고사유가 되며, 근로자가 능력과 적성을 가지고 있는데도 불성실하거나 불량한 근로제공을 반복한 경우에도 정당한 해고사유가 된다. 그 밖에 근로제공의무의 구체적인 내용은 일반적으로 사용자의 인사권이나 지휘명령권의 행사에 의하여 확정되므로, 인사처분이나 지휘명령에 따르지 않은 경우에는 근로제공 의무위반으로서 정당한 해고사유가 된다. 해고사유의 정당성 여부는 개별 사안에 따라 구체적으로 판단해야 할 문제이지만, 근로자의 생존권과 직결되기 때문에 이를 매우 엄격하게 해석해야 한다. 예컨대 업무를 거부하거나 업무능력을 현저히 결여한 경우, 업무상 횡령 등 범죄행위를 한 경우, 사내대기명령을 받은 자가 대기하지 않거나 출근조차 하지 않은 경우,[82] 적법한 전근명령에 불응하여 부임을 거부하는 경우,[83] 상사에게 폭언을 한 경우[84] 등은 정당한 해고사유이다. 그러나 인사처분이나 지휘명령이 법령·취업규칙·공서양속 등에 위반하여 무효인 경우에는 이에 따르지 않더라도 해고사유가 되지 않는다.

사례) **乙회사에는 노동조합이 결성되어 있고, 단체협약상 조합원의 해고시에는 노동조합과 협의하도록 규정되어 있다. 그러나 乙회사는 노동조합과 협의 없이 일방적으로 조합원인 근로자 甲을 징계해고하였다. 이러한 징계해고는 유효한가?**

➡ 단체협약 등에 규정된 인사조항의 구체적 내용이 사용자가 인사처분을 하면서 신중을 기할 수 있도록 노동조합이 의견을 제시할 수 있는 기회를 주도록 규정된 경우에는 그 절차를 거치지 아니하였더라도 인사처분의 효력에는 영향이 없다. 반면에 사용자가 인사처분을 할 때에 노동조합의 사전동의나 승낙을 얻어야 한다거나 노동조합과 인사처분에 관한 논의를 하여 의견의 합치를 보아 인사처분을 하도록 규정된 경우에는 그 절차를 거치지 아니한 인사처분은 원칙적으로 무효이다.[85] 즉 협의규정[86]과 합의규정[87]

은 다르다. 물론 사전합의조항이 있더라도 노동조합이 사전합의권을 남용하거나 스스로 사전합의권 행사를 포기하였다고 인정되는 경우에는 사용자가 이러한 합의 없이 한 인사처분은 유효하다.[88] 따라서 단순히 노동조합과 협의를 거치도록 한 단체협약을 위반하였다는 사유만으로는 회사의 징계처분을 무효라고 할 수 없고, 징계사유가 정당한 것인지의 여부에 따라서 그 효력이 결정될 것이다.

3. 정리해고의 제한

(1) 정리해고는 긴급한 경영상의 필요에 의하여 기업에 종사하는 인원을 줄이기 위하여 일정한 요건 아래 근로자를 해고하는 것으로서 기업의 유지·존속을 전제로 그 소속 근로자들 중 일부를 해고하는 것을 가리킨다.[89] 따라서 기업이 파산선고를 받아 사업의 폐지를 위하여 그 청산과정에서 근로자를 해고하는 것은 위장폐업이 아닌 한 기업경영의 자유에 속하는 것으로서 파산관재인이 파산선고로 인하여 회사가 해산한 후에 사업의 폐지를 위하여 행하는 해고는 정리해고가 아니라 통상해고이다.[90]

(2) 사용자가 경영상 이유에 의하여 근로자를 해고하려면(정리해고), ① 긴박한 경영상의 필요가 있어야 한다(근로기준법 제24조 1항). 이 경우 경영 악화를 방지하기 위한 사업의 양도·인수·합병은 긴박한 경영상의 필요가 있는 것으로 본다. ② 사용자는 해고를 피하기 위한 노력을 다하여야 하며, ③ 합리적이고 공정한 해고의 기준을 정하고 이에 따라 그 대상자를 선정해야 한다. 이 경우 남녀의 성을 이유로 차별해서는 안 된다(제24조 2항). ④ 사용자는 해고를 피하기 위한 방법과 해고의 기준 등에 관하여 그 사업 또는 사업장에 근로자의 과반수로 조직된 노동조합이 있는 경우에는 그 노동조합(근로자의 과반수로 조직된 노동조합이 없는 경우에는 근로자의 과반수를 대표하는 자를 말한다)에 해고를 하려는 날의 50일 전까지 통보하고 성실하게 협의하여야 한다(제24조 3항). 사용자가 이러한 요건을 갖추어 근로자를 해고한 경우에는 근로기준법 제23조 1항에 따른 정당한 이유가 있는 해고를 한

것으로 본다(제24조 5항).

(3) 경영상의 이유로 근로자를 해고한 사용자는 근로자를 해고한 날부터 3년 이내에 해고된 근로자가 해고 당시 담당하였던 업무와 같은 업무를 할 근로자를 채용하려고 할 경우, 정리해고된 근로자가 원하면 그 근로자를 우선적으로 고용하여야 한다(제25조 1항).

사례) 甲이 근무하던 乙회사는 경기불황으로 인하여 일시적인 영업악화, 수주감소 등이 발생하자 경영상의 필요에 의한다면서 甲을 비롯한 30명의 근로자들을 본인의 의사와 관계없이 해고하였다. 그러나 乙회사는 甲 등을 해고한 후 전 직원에게 상여금을 지급하는 등 정상적인 경영을 하고 있다. 甲과 30명의 근로자들은 구제받을 수 있는가?

➡ 사용자가 경영상의 이유에 의하여 근로자를 해고하고자 하는 경우에는 긴박한 경영상의 필요가 있어야 하고, 해고를 피하기 위한 노력을 다하여야 하며, 합리적이고 공정한 기준에 따라 그 대상자를 선정하여야 하고, 해고를 피하기 위한 방법과 해고의 기준 등을 근로자의 과반수로 조직된 노동조합 또는 근로자대표에게 해고 실시일 50일 전까지 통보하고 성실하게 협의하여야 한다.[91] 따라서 乙회사의 행위는 경영상의 이유에 의한 정리해고의 요건에 해당되지 않으므로, 甲과 30명의 근로자들은 해고무효확인소송이나 관할노동위원회에 해고가 있은 날로부터 3개월 이내에 구제신청을 할 수 있다(근로기준법 제28조).

4. 해고시기의 제한

(1) 사용자는 근로자가 업무상 부상 또는 질병의 요양을 위하여 휴업한 기간과 그 후 30일 동안 또는 산전·산후의 여성이 휴업한 기간과 그 후 30일 동안은 해고하지 못한다(근로기준법 제23조 2항 본문). 즉 해고가 금지되는 기간은 근로자의 업무상 재해 또는 출산으로 인한 노동력의 상실기간인 휴업기간과 노동력의 회복을 위한 그 후의 30일간이다. 또 육아휴직 기간 동안에는 사업을 계속할 수 없는 경우를 제외하고는 해당 근로자를 해고할 수 없다(남녀고용평등법 제19조 3항).

(2) 다만 요양보상을 받는 근로자가 요양을 시작한 지 2년이 지나도 부상 또는 질병이 완치되지 아니하는 때에 사용자가 평균임금의 1,340일분의 일시보상을 행하였을 경우(제84조) 또는 사업을 계속할 수 없게 된 경우에는 예외적으로 해고할 수 있다(제23조 2항 단서). '사업을 계속할 수 없게 된 경우'란 해당 근로자가 소속한 사업장 또는 부서의 사업을 중지할 수밖에 없게 된 경우를 말하며, 반드시 해당 사업이 폐업하게 되거나 주요 사업장의 조업을 계속할 수 없게 될 것을 요하지 않는다. 또 조업중지의 사유가 천재·사변이나 그 밖의 부득이한 사유로 인한 것이든 불경기나 관리소홀로 인한 것이든 불문한다.

사례) 甲은 乙회사에 고용되어 일하던 중 부상을 입고 산업재해보험으로 1년간의 치료를 받고 종결하였다. 그런데 乙회사는 甲의 의사와는 상관없이 치료종결일에 일방적으로 해고처리를 하였는데, 甲의 의사와 관계없는 해고조치에 대하여 구제방법은 없는지, 장해보상을 수령한 것이 해고사유가 되는지?

➡ 사용자는 정당한 이유 없이 근로자를 해고할 수 없으며, 근로자가 업무상 부상 또는 질병의 요양을 위하여 휴업한 기간과 그 후 30일간은 해고하지 못한다(근로기준법 제23조 2항). 결국 업무상 재해로 치료를 받고 치료종결 후 산업재해보상보험법상의 장해보상을 받았다고 하여 해고사유가 되는 것은 아니며, 보상금의 수령 사실이 근로계약의 해지나 甲에게 주어진 근로권의 소멸에 영향을 미치는 것은 아니다. 따라서 장해의 정도가 경미하고 종전의 업무에 종사하는데 아무런 영향이 없는데도 단순히 산재환자라는 이유만으로 해고금지기간을 지키지 않고 甲을 해고시켰다면, 해고일로부터 3개월 이내에 관할노동위원회에 구제신청을 하거나(제28조), 법원에 해고무효확인소송을 제기할 수 있다.

5. 해고의 예고와 해고사유 등의 서면통지

(1) 해고의 예고

(가) 사용자가 근로자를 해고(경영상 이유에 의한 해고를 포함)하려면, 적어도

30일 전에 예고를 하여야 하고, 30일 전에 예고를 하지 않을 때에는 30일분 이상의 통상임금을 지급해야 한다(근로기준법 제26조 본문). 이 규정은 해고시 근로자가 갑자기 직장을 잃게 되어 생활이 어려워지는 것을 예방하기 위한 것이다. 이와 같은 해고예고는 정당한 이유로 해고하고자 할 때에만 적용되는 것이며, 정당한 이유가 없다면 사용자의 그러한 근로계약의 해지는 해고로서의 효력이 생길 수 없다.[92)]

(나) 그러나 ① 근로자가 계속 근로한 기간이 3개월 미만인 경우, ② 천재·사변, 그 밖의 부득이한 사유로 사업을 계속하는 것이 불가능한 경우, ③ 근로자가 고의로 사업에 막대한 지장을 초래하거나 재산상 손해를 끼친 경우로서 고용노동부령으로 정하는 사유에 해당하는 경우에는 해고예고 또는 예고수당의 지급을 하지 않고 해고할 수 있다(제26조 단서).

(다) 해고예고는 반드시 서면으로 할 필요는 없고, 구두 등의 방법도 효력이 있다. 해고예고는 반드시 근로자에게 해고일을 명시하여 구체적으로 이루어져야 하며, 불확정 기간이나 조건을 붙이는 것은 해고예고라 할 수 없다. 해고예고기간은 통지가 상대방에게 도달한 다음 날부터 양력으로 계산하여 30일 만에 만료되며, 휴일이 있더라도 연장되지 않는다.

(2) 해고사유 등의 서면통지

(가) 사용자는 근로자를 해고하려면 해고사유와 해고시기를 서면으로 통지하여야 하며(제27조 1항), 서면으로 근로자에게 통지해야 효력이 있다(제27조 2항). 이는 해고사유 등의 서면통지를 통하여 사용자에게 근로자를 해고하는 데 신중을 기하게 함과 아울러, 해고의 존부 및 시기와 사유를 명확하게 하여 사후에 이를 둘러싼 분쟁이 적정하고 용이하게 해결될 수 있도록 하고, 근로자에게도 해고에 적절히 대응할 수 있게 하기 위한 것이다. 따라서 사용자가 해고사유 등을 서면으로 통지할 때에는 근로자의 처지에서 해고사유가 무엇인지를 구체적으로 알 수 있어야 한다.[93)] 특히 징계해고의 경우에는 해고의 실질적 사유가 되는 구체적 사실 또는 비

위내용을 기재하여야 하며, 징계대상자가 위반한 단체협약이나 취업규칙의 조문만 나열하는 것으로는 충분하다고 볼 수 없다.[94] 가령 사용자가 근로자를 징계해고하면서 해고통보서 등에 근로자의 어떠한 행위가 사규 위반에 해당하여 징계사유와 해고사유가 되는지를 전혀 기재하지 않은 경우, 그 해고는 무효이다.

(나) 사용자가 해고의 예고를 해고사유와 해고시기를 명시하여 서면으로 한 경우에는 해고의 통지를 한 것으로 본다(제27조 3항).

사례) **甲은 乙회사에 입사하여 3년간 근무하던 중 구두로 해고통지를 받았다. 서면으로 통지하지 않은 해고통지는 유효한가?**

➡ 사용자가 근로자를 해고하려면 해고사유와 해고시기를 서면으로 통지하여야 하고, 서면으로 통지하지 않으면 효력이 없다(근로기준법 제27조). 따라서 설문의 경우, 乙회사가 甲에게 구두로 한 해고통지는 무효이다. 참고로 서면은 일정한 내용을 적은 문서를 의미하고 이메일 등 전자문서와는 구별되지만, 이메일에 해고사유와 해고시기에 관한 내용이 구체적으로 기재되어 있으며, 해고에 적절히 대응하는 데 아무런 지장이 없고, 근로자가 이메일을 수신하는 등으로 내용을 알고 있다면, 이메일에 의한 해고통지는 유효하다.[95]

6. 부당해고의 구제

(1) 사용자가 근로자에 대하여 정당한 이유 없이 해고를 한 때에는 그 근로자는 노동위원회에 그 구제를 신청할 수 있다(근로기준법 제28조 1항). 즉 해고의 일반적 제한규정(제23조 1항)과 정리해고의 제한규정(제24조)에 위반하는 해고뿐만 아니라 해고의 시기와 절차의 제한규정(제25조, 제26조)에 위반한 해고도 구제절차의 대상이 된다. 그 밖에 단체협약이나 취업규칙으로 정한 절차를 위반한 해고도 포함된다.[96] 주의할 것은 부당해고 구제신청권자는 해당 근로자로 한정되고 노동조합은 이에 포함되지 않는다.[97]

(2) 노동위원회는 부당해고에 대하여 원직복귀와 함께 임금의 소급지급을 명할 수 있다. 근로자가 지급받을 수 있는 임금의 액은 근로자가 해고되지 않고 계속 근로하였을 경우에 받을 수 있는 임금 전부이다.[98] 그러나 해고기간 중의 임금수준의 변경은 개연성이 높은 기준(예: 동종 근로자의 평균인상액)을 사용하여 임금산출에 반영하여야 하지만, 승급이나 승진은 사용자의 발령(의사표시)이 있어야 비로소 성취되는 것이므로 당연히 반영할 것은 아니다.[99]

한편 사용자의 귀책사유로 인하여 해고된 근로자가 해고기간 중 다른 직장에 종사하여 얻은 수입(즉 중간수입)을 사용자가 근로자에게 해고기간 중의 임금을 지급할 때 공제할 수 있다. 다만 노동위원회에서 소급임금의 지급을 명하는 경우에는 근로기준법 제46조의 휴업수당을 한도로 하여 통상 중간수입 공제는 하지 않는다.

Ⅱ. 해고 이외의 근로관계의 종료

1. 사직 · 합의해지 · 명예퇴직

(1) 사직

사직이란 근로자의 일방적 의사표시로 근로계약을 종료시키는 것을 말한다. 계약기간을 약정하지 않은 근로자 또는 기간을 약정하였지만 기간만료 후 묵시의 갱신을 이루어진 자는 언제든지 사직(해지)을 통고할 수 있고, 다만 1개월의 통고기간이 경과하면 근로관계는 소멸된다(민법 제660조, 제662조). 또한 3년이 넘는 기간을 약정하고 3년이 경과한 근로자는 언제든지 사직을 통고할 수 있고, 다만 3개월의 통고기간이 경과하여야 근로관계가 소멸된다(민법 제659조). 따라서 사직의 통고기간 중에는 근로계약은 유효하게 존속하므로 당사자는 계약상의 의무를 성실히 이행해야 한다. 근로자가 사직의 통고만을 하고 통고기간 중에 무단결근을 하는 것은 채무불이행으로서 손해배상책임을 질 수 있다. 한편 근로자는 기간의 약정유무를 불문하고 사용자가 일방적으로 근로자의 지위를 제3자에게 양도한 경우, 약정하지 않은 노무제공을 요구한 경우, 부득이한 사유가 있는 경우 또는 사용자가 파산선고를 받은 경우에는 통고기간 없이 즉시 사직할 수 있다(민법 제657조, 제658조, 제661조, 제663조).

(2) 합의해지

합의해지는 근로자와 사용자가 합의에 의하여 근로계약을 장래에 대해서 소멸시키는 계약을 의미한다. 일반적으로 근로자가 사직서를 제출하여 청약을 하고 사용자가 이를 수리함으로써 승낙하게 된다. 근로기준법의 해고에 관한 규정은 원칙적으로 합의해지에 대해서는 적용되지 않는다.[100] 사용자가 근로자로부터 사직서를 제출받고 이를 수리하는 의원면직의 형식을 취하여 근로계약관계를 종료시킨 경우, 사직의 의사 없는 근로자로 하여금 어쩔 수 없이 사직서를 작성·제출케 하였다면 실질적으로 사용자의 일방적인 의사에 의하여 근로계약관계를 종료시키는 것이어서 해고에 해당한다. 반면에 그렇지 않은 경우에는 사용자가 사직서 제출에 따른 사직의 의사표시를 수락함으로써 사용자와 근로자의 근로계약관계는 합의해지에 의하여 종료되는 것이므로 사용자의 의원면직처분을 해고라고 볼 수 없다.[101]

(3) 명예퇴직(희망퇴직)

명예퇴직은 정년연령에 도달하지 않은 근로자에게 일정한 보상이나 가산퇴직금 또는 위로금을 지급하면서 정년 전에 퇴직케 하는 것을 말한다. 명예퇴직은 근로자가 명예퇴직의 신청(청약)을 하면 사용자가 요건을 심사한 후 이를 승인(승낙)함으로써 합의에 의하여 근로관계를 종료시키는 것이고, 이 합의에 따라 명예퇴직 예정일이 도래하면 근로자는 당연히 퇴직되고 사용자는 명예퇴직금을 지급할 의무를 부담하게 된다.[102] 따라서 명예퇴직은 변형된 합의해지의 한 형태라고 볼 수 있으며, 사용자의 승낙에 의하여 합의해지가 성립되기 전에 근로자는 청약(명예퇴직신청)의 의사표시를 철회할 수 있다.

사례) 甲은 乙회사에 입사하여 7년째 되던 해 회사 측의 일방적 강요로 어쩔 수 없이 다른 사원들과 함께 일괄사표를 제출하였고 사표가 수리되었다. 이 경우 甲은 노동위원회에 구제신청을 할 수 있는가?

➡ 사용자가 근로자로부터 사직서를 제출받고 이를 수리하는 의원면직의 형식을 취하여 근로계약관계를 종료시킨 것이라 할지라도, 사직의 의사가 없는 근로자로 하여금 어쩔 수 없이 사직서를 작성·제출하게 한 경우에는, 실질적으로 사용자의 일방적 의사에 의하여 근로계약관계를 종료시키는 것이어서 해고에 해당한다.[103] 설문의 경우, 甲이 일괄사표를 제출하는 형식의 퇴사였다 하더라도 법률상 해고에 해당하므로, 퇴사한 날로부터 3개월이 지나지 않았다면 노동위원회에 구제를 신청할 수 있다(근로기준법 제28조).

2. 계약기간 만료 또는 정년도달

(1) 계약기간의 만료

(가) 기간을 정하여 근로계약을 체결한 근로자의 경우 기간이 만료됨으로써 근로자로서의 신분관계는 당연히 종료되는 것이 원칙이다.[104] 그러나 근로계약, 취업규칙, 단체협약 등에서 기간만료에도 불구하고 일정한 요건이 충족되면 근로계약이 갱신된다는 취지의 규정을 두고 있거나, 그러한 규정이 없더라도 근로관계를 둘러싼 여러 사정을 종합하여 볼 때 근로계약 당사자 사이에 일정한 요건이 충족되면 근로계약이 갱신된다는 신뢰관계가 형성되어 있어 근로자에게 그에 따라 근로계약이 갱신될 수 있으리라는 정당한 기대권이 인정되는 경우에는 사용자가 이에 위반하여 부당하게 근로계약의 갱신을 거절하는 것은 부당해고와 마찬가지로 아무런 효력이 없고, 이 경우 기간만료 후의 근로관계는 종전의 근로계약이 갱신된 것과 동일하다.[105]

(나) 기간을 정한 근로계약서를 작성하였더라도 기간의 정함이 형식에 불과한 사정이 인정되는 경우에 갱신계약 체결을 거절하는 것은 정당한 이유 없는 해고에

해당한다.[106] 즉 단기의 근로계약이 여러 차례 반복·갱신되는 등 해당 근로관계의 전체적인 사정을 고려할 때 그 반복·갱신이 단지 형식에 불과한 것으로 인정되는 경우, 사실상 기간의 정함이 없는 근로계약을 맺었다고 볼 것이며, 이 경우에 사용자가 정당한 이유 없이 갱신계약의 체결을 거절하는 것은 해고와 마찬가지로 무효이다.[107]

(2) 정년

정년이란 취업규칙·단체협약 등에 의하여 근로자가 일정한 연령(정년)에 도달하면 근로계약이 당연히 종료되는 것을 말한다. 특히 근로자가 제공하는 근로의 성질·내용·근무형태 등 제반여건에 따라 합리적인 기준을 둔다면 같은 사업장 내에서도 직책 또는 직급에 따라 정년을 달리하는 것도 허용된다.[108] 참고로 정년에 도달한 근로자를 촉탁 등으로 계속하여 재고용하는 경우에는 종전의 근로관계를 일단 종료하고 새로운 근로계약을 체결한 것으로 본다.

사례) 甲은 乙회사에 근무하던 중 정년이 지났고, 그 후에도 회사의 요청에 따라 기간의 정함이 없이 계속 근무해 왔다. 乙회사는 정년이 지났다는 이유로 甲을 언제든지 해고할 수 있는가?

➡ 근로자가 정년이 지난 후에도 사용자의 동의 아래 기간의 정함이 없이 사용자와의 근로관계를 계속 유지하여 왔다면, 사용자는 특별한 사정이 없는 한 단순히 당해 근로자가 정년이 지났다거나 고령이라는 이유만으로 근로관계를 해지할 수 없고, 해당 근로자를 해고하기 위해서는 근로기준법 제23조 1항의 정당한 이유가 있어야 한다.[109] 따라서 설문의 경우, 乙회사는 甲이 정년이 지났다는 이유로 해고할 수 없고, 해고하려면 정당한 이유가 있어야 한다. 물론 甲은 계약기간을 약정하지 않은 근로자이므로, 언제든지 사직(해지)을 통고할 수 있으며, 1개월의 통고기간이 경과하면 근로관계는 소멸된다(민법 제660조, 제662조).

3. 당사자의 소멸

근로계약은 사업주와 근로자 사이의 계약이므로 당사자가 소멸하면 근로관계도 당연히 소멸한다. 즉 근로자 본인이 사망하면 근로계약은 당연히 종료하며, 사업주가 법인인 경우에는 그 법인이 해산하면 근로관계는 청산의 종료로서 종료한다.

반면에 회사의 합병이나 사업의 양도는 근로관계의 종료사유가 아니다. 즉 회사합병으로 소멸회사의 권리의무관계는 일괄하여 합병회사에 포괄승계된다. 또한 사업양도 그 자체는 해고의 정당한 이유로 볼 수 없으므로,[110] 양도인과 근로자 사이의 근로관계는 정당한 해고이유가 있는 근로자를 승계에서 배제한다는 특약이 있는 경우를 제외하고는 당연히 양수인에게 승계된다.

Ⅲ. 근로관계종료 후의 근로자의 청구권

1. 서설

근로관계가 종료하면 퇴직금 청구권이 발생하며, 이행되지 않은 임금·재해보상청구권은 시효로 소멸되지 않는 이상 존속하고(근로기준법 제49조, 제92조), 임금채권은 기업의 소멸시에 사용자의 총재산에서 우선변제를 받는다(제38조).

2. 금품청산

(1) 사용자는 근로자가 사망 또는 퇴직한 경우에는 그 지급 사유가 발생한 때부터 14일 이내에 임금·보상금, 그 밖에 일체의 금품을 지급해야 한다(제36조 본문). 다만 특별한 사정이 있을 경우에는 당사자 사이의 합의에 의하여 기일을 연장할 수 있다(제36조 단서). '특별한 사정'이란 천재·사변이나 그 밖에 이에 준하는 부득이한 사정이 있고, 사용자가 성의와 전력을 다했어도 임금이나 퇴직금의 체불을

방지할 수 없었다는 것이 사회통념상 인정되는 상황을 의미한다.[111] 따라서 사업부진 등으로 자금압박을 받아 지급할 수 없었다는 것만으로 퇴직금 지급기일을 연장할 수 있는 특별한 사정이라 할 수 없다.[112]

(2) 사용자는 임금 및 퇴직금의 전부 또는 일부를 그 지급 사유가 발생한 날부터 14일 이내에 지급하지 아니한 경우, 그 다음 날부터 지급하는 날까지의 지연 일수에 대하여 연 100분의 40 이내의 범위에서 대통령령으로 정하는 이율에 따른 지연이자를 지급해야 한다(제37조 1항). 이는 고의로 임금지급을 미루는 사용자에 대하여 경제적인 제재를 부과하여 체불임금 발생을 예방하고 조기 청산을 유도하기 위한 것이다. 따라서 사용자가 천재·사변, 그 밖에 대통령령으로 정하는 사유에 따라 임금 지급을 지연하는 경우, 그 사유가 존속하는 기간에 대하여는 지연이자의 지급이 면제된다(제37조 2항).

3. 퇴직금·퇴직연금

퇴직급여에는 근로자의 안정적인 노후생활보장에 이바지함을 목적으로 하는 '근로자퇴직급여보장법'에 의한 퇴직금제도와 퇴직연금제도가 있다.

(1) 퇴직금

(가) 퇴직금이란 근로자가 퇴직을 하거나 사망하여 근로관계가 종료되면 사용자가 적립해 둔 일정한 금액을 일시금으로 지급하는 급여를 말한다. 사용자는 계속근로기간 1년에 대하여 30일분 이상의 평균임금을 퇴직금으로 퇴직하는 근로자에게 지급할 수 있는 제도를 설정하여야 한다(근로자퇴직급여보장법 제8조 1항). 다만 계속근로기간이 1년 미만인 근로자, 4주간을 평균하여 1주간의 소정근로시간이 15시간 미만인 근로자에 대해서는 퇴직금지급의무는 없다(제4조 1항 단서). 한편 사용자는 근로자가 퇴직한 경우에는 그 지급사유가 발생한 날로부터 14일 이내에 퇴직

금을 지급하여야 한다. 그러나 특별한 사정이 있는 경우에는 당사자 사이의 합의에 의하여 지급기일을 연장할 수 있다(제9조). 그 밖에 퇴직금을 받을 권리는 3년간 행사하지 아니하면 시효로 인하여 소멸한다(제10조).

(나) 사용자는 '주택구입 등 대통령령으로 정하는 사유'로 근로자가 요구하는 경우에는 근로자가 퇴직하기 전에 해당 근로자의 계속근로기간에 대한 퇴직금을 미리 정산하여 지급할 수 있다(퇴직금중간정산). 이 경우 미리 정산하여 지급한 후의 퇴직금 산정을 위한 계속근로기간은 정산시점부터 새로 계산한다(제8조 2항). 따라서 ① 퇴직금의 중간정산이 성립한 후에 중간정산의 기준일 이전으로 소급하여 임금을 인상하기로 하는 내용의 노사 간 합의에 따라 임금인상의 효력이 소급하여 발생한다고 하더라도 사용자와 근로자 사이에 인상된 임금을 기초로 다시 퇴직금의 중간정산을 하기로 하는 등의 특별한 사정이 없는 한 소급적인 임금인상의 효력이 이미 성립한 퇴직금의 중간정산에 관한 법률관계에 당연히 영향을 미친다고 볼 수 없다.[113] ② 퇴직금 중간정산 전의 계속근로기간 중 일부 기간에 대하여만 중간정산의 합의가 성립한 경우, 중간정산의 합의가 없었던 기간에 대하여는 중간정산퇴직금청구권이 발생할 여지가 없고 최종 퇴직 시점에 그 기간에 대한 퇴직금청구권이 발생하며, 이에 대한 소멸시효도 중간정산 시점이 아닌 최종 퇴직 시점부터 진행한다.[114]

(다) 한편 사용자와 근로자가 매월 지급하는 월급이나 매일 지급하는 일당과 함께 퇴직금으로 일정한 금원을 미리 지급하기로 약정(퇴직금 분할 약정)한 경우, 그 약정은 무효이며, 무효인 약정에 따라 사용자가 근로자에게 퇴직금 명목의 금원을 지급하였더라도 퇴직금 지급으로서의 효력이 없다. 따라서 근로자는 수령한 퇴직금 명목의 금원을 부당이득으로 사용자에게 반환해야 한다.[115]

사례1) 甲은 乙회사에 입사하여 3년째 되던 해 소속부서 업무가 丙회사로 독립되자 乙회사에서 일방적으로 근로자들을 일괄 사직처리하고 퇴직금을 수령하도록 한 후, 그 다음 날짜로 丙회사에 입사한 것으로 하였다. 그 후 甲은 丙회사를 퇴직하게 되자 丙회사는 丙회사 근무기간 6년 10개월에 해당되는 퇴직금만을 지급하겠다고 한다. 甲의 경우 乙회사에 입사한 때부터 丙회사에서 퇴직할 때까지의 기간을 계속근로연수로 하여 지급배수를 정한 누진퇴직금을 받을 수는 있는가?

➡ 기업의 합병·분할 또는 영업의 양도 등과 같이 사업주체가 변경되었으나 사업의 동일성이 유지되면서 포괄적으로 근로관계가 승계되어 계속되는 경우에는 승계 전후의 근로기간은 합산된다. 다만 근로자가 사직서를 제출하고 퇴직금을 받았다면 계속근로의 단절에 동의한 것으로 볼 여지가 있으나, 단지 회사의 경영방침에 따른 일방적 결정으로 퇴직 및 재입사의 형식을 거친 것이라면 퇴직금을 지급받았더라도 계속근로는 단절되지 않는다.[116] 이와 같은 경우에 근로자가 최종적으로 사업을 양수한 기업에서 퇴직하면 그 기업은 합산한 계속근로연수에 상응하는 퇴직금에서 이미 지급된 퇴직금을 공제한 나머지를 지급할 의무가 있다.[117] 따라서 甲이 乙회사에서 퇴사하고 퇴직금을 수령한 후 丙회사에 재입사한 것이 甲의 자의에 의한 것이 아니고 회사의 경영방침에 따라 일방적으로 한 것이라면, 甲은 근로관계의 계속을 주장하여 乙회사에 최초로 입사한 때부터 丙회사를 최종 퇴직할 때까지의 재직기간을 퇴직금산정기간으로 하여 최종적으로 퇴직할 때의 평균임금을 기준으로 산정한 퇴직금에서 乙회사에서 퇴직할 때 수령한 퇴직금을 공제한 나머지 금액을 청구할 수 있다.

사례2) 甲은 4년 전 乙회사의 대표이사로 있던 친척의 권유로 乙회사에 3년 6개월간 이사로 근무하다가 얼마 전 퇴사하였다. 甲이 퇴직금을 요구하였더니 乙회사는 甲이 이사로 근무하였다는 이유로 퇴직금을 지급할 수 없다고 한다. 甲은 乙회사 근무시 주로 건설현장 감독으로 인부들의 작업감독을 하거나 함께 작업을 하였을 뿐 이사로서 결재권을 행사한 적은 전혀 없었다. 乙회사의 주장은 정당한가? 부당하다면 甲의 구제방법은?

➡ 퇴직금청구권은 근로자퇴직급여보장법상 '근로자'에게 인정되는 권리로서(제4조) 주식회사 이사로 재직하다가 퇴직한 경우, 단체협약 등에 별도의 지급규정이 있지 않는 한 퇴직금청구권이 인정되지 않는다.[118] 근로자는 직업의 종류와 관계없이 임금을 목적으로 사업이나 사업장에 근로를 제공하는 자를 말하며, 근로자퇴

직급여보장법상 근로자에 해당하는지 여부는 계약의 형식에 관계없이 실질적으로 임금을 목적으로 종속적인 관계에서 사용자에게 근로를 제공하였는지 여부에 따라 판단한다.[119)]

회사의 이사 또는 감사 등 임원이더라도 그 지위 또는 명칭이 형식적·명목적인 것이고 실제로는 매일 출근하여 업무집행권을 갖는 대표이사나 사용자의 지휘·감독 아래 일정한 근로를 제공하면서 그 대가로 보수를 받는 관계에 있다거나 또는 회사로부터 위임받은 사무를 처리하는 외에 대표이사 등의 지휘·감독 아래 일정한 노무를 담당하고 그 대가로 일정한 보수를 지급받아 왔다면 그러한 임원은 근로자퇴직급여보장법상 근로자에 해당한다.[120)] 따라서 乙회사의 주장은 타당하지 않으므로, 甲은 乙회사를 상대로 한 퇴직금청구소송을 관할법원에 제기하거나, 관할지방노동사무소의 근로감독관에게 근로자퇴직급여보장법 위반사건으로 신고하면 구제를 받을 수 있다.

사례3) 甲은 乙회사에 2015.9.10. 입사해서 2023.9.10.에 퇴직금 중간정산을 받았다. 그 후 2024.3.10.에 퇴사하였는데, 이때는 1년 미만이 되어 퇴직금을 받을 수 없는가?

➡ 사용자는 계속근로연수 1년에 대하여 30일분 이상의 평균임금을 퇴직금으로서 퇴직하는 근로자에게 지급할 수 있는 제도를 설정하여야 하며, 이때 계속근로연수라 함은 근로계약을 체결하여 고용된 날부터 해지될 때까지의 기간을 의미한다(근로자퇴직급여보장법 제8조 1항). 따라서 퇴직금 중간정산을 실시하여 중간정산 이후의 계속근로기간이 1년 미만이더라도 중간정산 당시 실제로 고용이 해지된 것은 아니었으므로, 乙회사는 중간정산 이후의 기간에 대한 퇴직금을 산정하여 甲의 퇴직일로부터 14일 이내에 지급해야 한다.

(2) 퇴직연금

(가) 의의

퇴직연금이란 사용자가 금융기관 등의 퇴직연금사업자에게 일정한 금액을 적립하고, 근로자는 퇴직하거나 일정한 연령에 도달하면 연금 또는 일시금으로 받는 급여를 말한다.

(나) 확정급여형·확정기여형·개인형 퇴직연금

1) '확정급여형 퇴직연금'은 근로자가 지급받을 급여의 수준이 사전에 결정되어 있는 퇴직연금을 말한다(근로자퇴직급여보장법 제2조 8호). 급여 수준은 가입자의 퇴직일을 기준으로 산정한 일시금이 계속근로기간 1년에 대하여 30일분 이상의 평균임금에 상당하는 금액 이상이 되도록 하여야 한다(제15조). 퇴직연금의 급여 종류는 연금 또는 일시금으로 하되, 55세 이상으로서 가입기간이 10년 이상인 가입자에게는 연금으로 지급하며, 이때 연금의 지급기간은 5년 이상이어야 한다. 일시금은 연금수급 요건을 갖추지 못하거나 일시금 수급을 원하는 가입자에게 지급해야 한다(제17조 1항).

2) '확정기여형 퇴직연금'이란 사용자가 부담하여야 할 부담금의 수준이 사전에 결정되고, 근로자의 연금급여는 적립금의 운용실적에 따라 변동되는 연금을 말한다(제2조 9호). 확정기여형 퇴직연금제도를 설정한 사용자는 근로자(가입자)의 연간 임금총액의 12분의 1 이상에 해당하는 부담금을 현금으로 근로자의 확정기여형 퇴직연금 계정에 납입하여야 한다(제20조 1항). 물론 가입자인 근로자는 사용자가 부담하는 부담금 외에 스스로 부담하는 추가 부담금을 가입자의 확정기여형 퇴직연금 계정에 납입할 수 있다(제20조 2항). 확정기여형 퇴직연금 가입자인 근로자는 적립금의 운용방법을 스스로 선정할 수 있고, 반기마다 1회 이상 적립금의 운용방법을 변경할 수 있다(제21조 1항).

3) 개인형 퇴직연금은 가입자인 근로자의 선택에 따라 가입자가 납입한 일시금이나 사용자 또는 가입자가 납입한 부담금을 적립·운용하기 위하여 설정한 퇴직연금제도로서 급여의 수준이나 부담금의 수준이 확정되지 아니한 퇴직연금제도를 말한다(제2조 10호). 상시 10명 미만의 근로자를 사용하는 사업의 경우, 사용자는 개별 근로자의 동의를 받거나 근로자의 요구에 따라 개인형 퇴직연금제도를 설정할 수 있다(제25조).

(다) 퇴직연금의 수급권과 중도인출

퇴직연금의 급여를 받을 권리는 양도 또는 압류하거나 담보로 제공할 수 없다(제7조 1항). 다만 ① 무주택자인 가입자가 본인의 명의로 주택을 구입하는 경우, ② 가입자, 가입자의 배우자 또는 생계를 같이 하는 부양가족이 질병 또는 부상으로 6개월 이상 요양을 하는 경우 등의 경우에는 대통령령으로 정하는 한도 내에서 담보로 제공할 수 있다(제7조 2항). 한편 확정기여형 연금제도에 가입한 근로자는 주택구입 등 대통령령이 정하는 사유가 발생하면 적립금을 중도인출할 수 있다(제22조).

사례) 甲은 乙회사에 입사하여 10년째 근무하고 있다. 乙회사는 퇴직연금제도를 설정하고 있으며, 甲은 향후 퇴직연금을 받을 수 있는 권리가 있다. 그런데 甲의 채권자 丙이 甲의 퇴직연금 중 2분의 1에 대하여는 압류 및 추심이 가능하다며 압류 및 추심을 하려고 한다. 법률상 가능한가?

➡ 민사집행법은 제246조 1항 4호에서 퇴직연금 그 밖에 이와 비슷한 성질을 가진 급여채권은 그 1/2에 해당하는 금액만 압류하지 못하는 것으로 규정하고 있으나, 이는 근로자퇴직급여 보장법상 양도금지 규정(제7조 1항)과의 사이에서 일반법과 특별법의 관계에 있으므로, 근로자퇴직급여보장법상 퇴직연금채권은 그 전액에 관하여 압류가 금지된다.[121] 따라서 丙은 甲의 퇴직연금채권 전액에 관하여 압류 및 추심할 수 없다. 즉 甲의 乙회사에 대한 금전채권이 법률의 규정에 의하여 양도가 금지된 경우에는 이를 압류하더라도 현금화할 수 없으므로, 甲의 퇴직연금을 받을 권리에 대한 압류명령은 실체법상 무효이다.

4. 귀향여비

근로계약 당시 명시된 근로조건이 사실과 다를 경우에 근로자는 즉시 근로계약을 해제할 수 있음은 물론이며, 이 경우에 사용자는 취업을 목적으로 거주를 변경한 근로자에게 귀향여비를 지급하여야 한다(근로기준법 제19조 2항).

5. 사용증명서와 취업방해금지

사용자는 근로자가 퇴직한 후라도 사용 기간, 업무 종류, 지위와 임금, 그 밖에 필요한 사항에 관한 증명서를 청구하면 사실대로 적은 증명서를 즉시 내주어야 한다(근로기준법 제39조 1항). 사용자는 근로자가 요구한 사항만을 증명서에 적어야 한다(제39조 2항). 한편 누구든지 근로자의 취업을 방해할 목적으로 비밀 기호 또는 명부를 작성·사용하거나 통신을 하여서는 안 된다(제40조).

제7절 비정규 근로자

Ⅰ. 기간제근로자

1. 의의

(1) 기간제근로자는 기간의 정함이 있는 근로계약을 체결한 근로자를 말한다(기간제법 제2조 1호). 법률용어인 기간제근로자라는 용어를 사용하지 않은 채 근로계약서 등에서 일용직, 임시직, 계약직, 촉탁직, 연봉계약직 등을 사용하고 있더라도 '근로계약관계의 종료 시점'을 정하고 있는 경우에 해당한다면, 기간제법에서 정하고 있는 기간제근로자에 해당한다.

(2) 기간제법은 상시 5인 이상의 근로자를 사용하는 모든 사업 또는 사업장에 적용하며, 다만 동거의 친족만을 사용하는 사업 또는 사업장과 가사사용인에 대하여는 적용하지 않는다(제3조 1항). 그러나 상시 4인 이하의 근로자를 사용하는 사업 또는 사업장에 대하여는 대통령령으로 정하는 바에 따라 기간제의 일부 규정을 적용할 수 있다(제3조 2항). 한편 국가 및 지방자치단체의 기관에 대하여는 상시 사용

하는 근로자의 수와 관계없이 기간제법을 적용한다(제3조 3항).

2. 기간제근로자의 사용기간

(1) 사용기간 제한

(가) 원칙

사용자는 2년을 초과하지 않는 범위 안에서(기간제 근로계약의 반복갱신 등의 경우에는 그 계속 근로한 총기간이 2년을 초과하지 않는 범위 안에서) 기간제근로자를 사용할 수 있다(제4조 1항 본문). 근로계약의 기간은 당사자 사이에 자유로이 정할 수 있지만, 기간제근로자를 사용하는 기간은 예외 사유에 해당하지 않는 이상 2년을 넘지 않아야 한다. 수습 또는 시용의 기간도 사용기간에 합산한다. 그러나 기간제근로자의 육아휴직 기간은 사용기간에 산입하지 않는다(남녀고용평등법 제19조 5항).

(나) 예외

그러나 ① 사업의 완료 또는 특정한 업무의 완성에 필요한 기간을 정한 경우(예: 건설공사, 특정 프로그램 개발 또는 프로젝트 완수를 위한 사업 등과 같이 객관적으로 일정 기간 후 종료될 것이 명백한 사업), ② 휴직·파견 등으로 결원이 발생하여 해당 근로자가 복귀할 때까지 그 업무를 대신할 필요가 있는 경우, ③ 근로자가 학업, 직업훈련 등을 이수함에 따라 그 이수에 필요한 기간을 정한 경우, ④ 고령자와 근로계약을 체결하는 경우, ⑤ 전문적 지식·기술의 활용이 필요한 경우와 정부의 복지정책·실업대책 등에 따라 일자리를 제공하는 경우로서 대통령령으로 정하는 경우, ⑥ 1주 동안의 소정근로시간이 뚜렷하게 짧은 단시간근로자를 사용하는 경우(초단시간근로자) 등의 사유가 있다면, 2년을 초과하여 기간제근로자로 사용할 수 있다(제4조 1항 단서, 시행령 제3조 3항 6호).

(2) 사용기간 제한 위반의 효과

사용자가 사용기간 제한의 예외 사유가 없거나 소멸되었는데 2년을 초과하여 기간제근로자로 사용하는 경우, 그 기간제근로자는 기간의 정함이 없는 근로계약을 체결한 근로자, 즉 상용근로자로 본다(제4조 2항). 즉 2년의 제한을 위반하여 계속하는 경우, 해당 근로자가 2년을 초과한 날부터 기간제근로자에서 상용근로자로 전환된다.

기간제근로자가 상용근로자로 전환되는 경우, 그 근로자의 근로조건에 대해서는 해당 사업 또는 사업장 내 동종 또는 유사한 업무에 종사하는 상용근로자가 있을 경우, 달리 정함이 없는 이상 그 상용근로자에게 적용되는 취업규칙 등이 동일하게 적용된다.[122)]

3. 차별의 금지

(1) 사용자는 기간제근로자임을 이유로 해당 사업 또는 사업장에서 동종 또는 유사한 업무에 종사하는 기간의 정함이 없는 근로계약을 체결한 근로자에 비하여 차별적 처우를 해서는 안 된다(기간제법 제8조 1항). 여기서 차별적 처우는 임금, 정기상여금·명절상여금 등 정기적으로 지급되는 상여금, 경영성과에 따른 성과금, 그 밖에 근로조건 및 복리후생 등에 관한 사항에서 합리적인 이유 없이 불리하게 처우하는 것을 말한다(제2조 3호). 기간제근로자에 대한 차별인지 여부는 그 근로자가 소속된 '사업 또는 사업장에서 동종 또는 유사한 업무에 종사하는 상용근로자'와 비교하여 판단해야 한다.[123)] 다른 사업자의 근로자나 같은 사업장에서 다른 업무에 종사하는 상용근로자는 비교대상이 아니다. 그 사업의 직제에 없는 근로자를 설정하더라도 이는 비교대상이 될 수 없다.[124)]

(2) 차별적 처우를 받은 기간제근로자는 차별적 처우가 있은 날(계속되는 차별

적 처우는 그 종료일)부터 6개월이 이내에 노동위원회에 그 시정을 신청할 수 있다(제9조 제1항).

4. 그 밖의 보호

(1) 근로조건의 서면명시

사용자는 기간제근로자와 근로계약을 체결하는 때에는 ① 근로계약 기간, ② 근로시간·휴게, ③ 임금의 구성항목·계산방법 및 지불방법, ④ 휴일·휴가, ⑤ 취업의 장소와 종사하여야 할 업무를 서면으로 명시해야 한다(기간제법 제17조). 사용자가 취업에 급급한 기간제근로자의 약점을 이용하여 근로조건의 주요 부분을 명확히 하지 않은 채 채용하는 것을 방지하려는 것이다. 이러한 근로조건을 서면으로 명시하지 아니한 자에 대해서는 과태료가 부과된다(제24조 제2항).

(2) 불이익 처우 금지

사용자는 기간제근로자가 기간제법 또는 이에 따른 하위법규의 위반 사실을 고용노동부장관 또는 근로감독관에게 통지한 것을 이유로 해고나 그 밖의 불리한 처우를 하지 못한다(기간제법 제16조). 여기서 '그 밖의 불리한 처우'란 다른 근로자 또는 종전의 예에 비교하여 불리하게 대우하는 것을 말한다. 경제적인 불이익, 인사상의 불이익이 모두 포함되고, 기간제 근로계약의 갱신을 거절하는 것도 이에 해당한다.

(3) 기간제근로자의 우선 고용

사용자는 기간의 정함이 없는 근로계약을 체결하고자 하는 경우, 해당 사업 또는 사업장의 동종 또는 유사한 업무에 종사하는 기간제근로자를 우선적으로 고용하도록 노력해야 한다(기간제법 제5조).

5. 기간제 근로계약의 종료

(1) 기간제 근로계약은 기간 도중의 사직, 해고, 합의해지, 사업의 소멸, 근로자의 사망에 따라 종료된다.

(2) 기간제 근로계약은 특별한 사정이 없는 한 그 기간이 만료함에 따라 사용자의 해고 등 별도의 조처를 기다릴 것 없이 근로자로서의 신분관계는 당연히 종료된다. 따라서 기간의 만료에 즈음하여 사용자가 계약의 갱신(재계약)을 거절하는 것은 해고가 아니므로 정당한 이유를 요하지 않는다. 그렇지만 기간을 정한 근로계약서를 작성한 경우에도 예컨대 단기의 근로계약이 장기간에 걸쳐서 반복하여 갱신됨으로써 그 정한 기간이 단지 형식에 불과하게 된 경우에는 사용자가 정당한 사유 없이 갱신계약의 체결을 거절하는 것은 해고와 마찬가지로 무효로 된다.[125)]

(3) 사용자가 기간제근로자를 그 계약기간이 만료하기 전에 해고하는 경우에는 근로기준법 등의 해고제한 규정이 당연히 적용되므로, 예컨대 그 해고에는 정당한 이유를 요한다.

사례1) 기간제법에 따라 기간의 정함이 없는 근로계약을 체결한 것으로 간주되는 근로자가 사직서를 제출하고 퇴직금을 지급받은 후 다시 기간제 근로계약을 체결하였는데, 이것이 근로자의 자의에 의한 것이 아니라 사용자의 일방적인 결정에 따라 기간제법의 적용을 회피하기 위하여 퇴직과 재입사의 형식을 거친 것에 불과한 경우에는 이를 해고라고 볼 수 있는가?

➡ 기간제법의 시행으로 사용자는 원칙적으로 2년의 기간 내에서만 기간제근로자를 사용할 수 있고, 기간제근로자의 총 사용기간이 2년을 초과할 경우 기간제근로자가 기간의 정함이 없는 근로자로 간주되는 점, 기간제법 제4조의 입법 취지가 기본적으로 기간제 근로계약의 남용을 방지함으로써 근로자의 지위를 보장하려는 데에 있는 점을 고려하면, 사용자가 기간제법 제4조 2항의 적용을 회피하기 위하여 형식적으로 사업의 완료 또는 특정한 업무의 완성에 필요한 기간을 정한 근로계약

을 반복갱신하여 체결하였으나 각 근로관계의 계속성을 인정할 수 있는 경우에는 기간제법 제4조 1항 단서 1호에 따라 사용자가 2년을 초과하여 기간제근로자를 사용할 수 있는 '사업의 완료 또는 특정한 업무의 완성에 필요한 기간을 정한 경우'에 해당한다고 할 수 없다. 사용자가 사직의 의사 없는 근로자로 하여금 사직서를 작성·제출하게 한 후 이를 수리하는 의원면직의 형식을 취하여 근로계약관계를 종료시키는 경우에는 실질적으로 사용자의 일방적인 의사에 의하여 근로계약관계를 종료시키는 것이어서 해고에 해당하나, 그렇지 않은 경우에는 사용자가 사직서 제출에 따른 사직의 의사표시를 수락함으로써 사용자와 근로자의 근로계약관계는 합의해지에 의하여 종료되는 것이므로 사용자의 의원면직처분을 해고라고 볼 수 없다(대판 2017.2.3. 2016다255910). 따라서 사례의 경우, 근로자가 사직서를 제출하게 된 경위 등을 고려하면, 실질적으로 사용자의 일방적인 의사에 의하여 근로계약관계를 종료시키는 것이어서 해고에 해당한다.

사례2) 근로자 A는 사용자 B와 근로기간을 1년으로 정한 근로계약을 체결하였는데 이미 두 번이 갱신되어 A는 3년째 일을 하고 있다. 그런데 B는 갑자기 정당한 이유 없이 A에게 갱신거절을 하였다. B의 갱신거절을 정당한가?

➡ 기간제법 제4조 제1항에 따르면 사업주는 기간제 근로계약의 반복갱신 등의 경우 그 계속근로한 총기간이 2년을 초과하지 않는 범위에서 기간제근로자를 사용할 수 있다. 사업주가 제4조 1항 단서의 2년 초과사용의 예외적 허용사유가 없음에도 2년을 초과하여 기간제근로자로 사용하는 경우에는 그 근로자는 기간의 정함이 없는 근로계약을 체결한 근로자로 본다(제4조 2항). 사업주가 2년을 초과해서 기간제근로자를 사용할 때 종전에 체결한 근로계약기간의 종료를 이유로 갱신을 거절하면, 이는 해고라고 볼 수 있으므로 근로기준법 제23조의 '정당한 이유'가 있어야 한다. 따라서 정당한 이유가 없는 한 B의 갱신거절은 부당하며, 이는 부당해고에 해당한다.

Ⅱ. 단시간근로자

1. 의의

(1) 단시간근로자는 1주 동안의 소정근로시간이 그 사업장에서 같은 종류의

업무에 종사하는 통상근로자의 1주 동안의 소정근로시간에 비하여 짧은 근로자를 말한다(근로기준법 제2조 제1항 제9호). 또한 1주 동안의 소정근로시간이 15시간 미만인 근로자의 경우 대개 초단시간근로자라고 한다.

(2) 단시간근로자도 근로자이므로 노동조합법, 근로기준법, 최저임금법, 퇴직급여법 등은 단시간근로자에게도 적용된다. 가령 단시간근로자에 대한 해고도 통상근로자와 마찬가지로 근로기준법 제23조의 해고제한 규정과 제26조의 해고예고 규정 등이 적용된다. 다만 근로기준법의 경우, 단시간근로자의 소정근로시간이 짧은 정도에 따라 일부 규정은 비례적으로 적용되거나 배제되기도 하지만, 그 밖의 규정은 통상근로자와 아무런 차이 없이 단시간근로자에게도 적용된다.

2. 근로기준법 적용의 특례

(1) 근로시간 비례의 원칙

근로기준법은 단시간근로자의 근로조건 결정에 관하여 근로시간 비례의 원칙을 규정하고 있다. 즉 단시간근로자의 근로조건은 해당 사업장의 같은 종류의 업무에 종사하는 통상근로자의 근로시간을 기준으로 산정한 비율에 따라 결정되어야 한다(근로기준법 제18조 1항).

(가) 주휴일과 공휴일

임금의 산정단위는 시간급을 원칙으로 한다. 사용자는 단시간근로자에게 주휴일과 공휴일을 유급휴일로 주어야 하며, 다만 휴일에 대하여 사용자가 지급할 유급휴일임금은 일급 통상임금을 기준으로 한다(시행령 제9조 1항 별표2 2가·나). 즉 단시간근로자의 일급 통상임금은 시간급임금에 1일 소정근로시간수를 곱하여 산정하며, 1일 소정근로시간수는 4주 동안의 소정근로시간을 그 기간의 통상근로자의 총 소정근로일수로 나눈 시간수이다. 근로시간 비례의 원칙에 따른 산정방법으로서,

통상근로자의 경우처럼 시간급 통상임금에 단순히 1일의 소정근로시간을 곱하여 산정하는 것이 아니다. 가령 통상근로자가 매주 5일간 8시간씩 근로하는 데 대하여 단시간근로자는 매주 4일간 7시간씩 근로하기로 한 경우, 단시간근로자의 시간급 통상임금이 1만원이라면 일급 통상임금은 7만원이 아니라 5만 6,000원이다[=1만원×(7시간×4일×4주)÷(5일×4주)].

사례) **최저시급(2024년 기준 9,860원)을 받는 甲이 하루에 8시간씩 4일을 근무한 경우, 甲의 주휴수당은 얼마인가?**

➡ 사용자는 단시간근로자에게 주휴일과 공휴일을 유급휴일로 주어야 하며, 유급휴일 임금은 일급 통상임금을 기준으로 산정한다. 단시간근로자의 일급 통상임금은 '단시간근로자의 시간급 통상임금'에 '4주간 단시간근로자의 소정근로시간'을 '4주간 통상근로자의 총 소정근로일수'로 나눈 시간수를 곱하여 산정한다. 즉 1주 파트타임 근로시간/40시간(법정 1주 근로시간)×8시간(법정 1일 근로시간)=주 5일제로 환산된 하루 평균근로시간, 즉 '1주 파트타임 근로시간/5일(주 5일제)'이 '주 5일제로 환산된 하루 평균근로시간'이다. 환산된 하루 평균근로시간×시간당 임금(시급)=주휴수당 지급액이 된다. 甲은 32시간을 근무하였고, 주 소정근로시간을 결근 없이 채웠다면, 주휴수당은 63,104원이다[(8시간×4일/5일)=6.4시간×9,860원].

(나) 연차휴가

사용자는 단시간근로자에게 통상근로자의 근로시간 기준으로 산정한 비율에 따라 연차유급휴가를 주어야 한다. 이 경우 유급휴가는 다음의 방식으로 계산한 시간단위로 하며, 1시간 미만은 1시간으로 본다(별표2 4나).

- 연차유급휴가=통상근로자의 연차휴가일수×(단시간근로자의 소정근로시간÷통상근로자의 소정근로시간)×8시간

연차휴가에 대하여 사용자가 지급할 유급휴가임금은 시간급을 기준으로 한다(별표2 4마). 즉 주휴일의 경우처럼 일급 통상임금을 기준으로 하지 않는다.

(다) 생리휴가와 출산전·후휴가 등

사용자는 여성인 단시간근로자에게 생리휴가 및 출산전·후휴가와 유산·사산 휴가를 주어야 하고, 출산전·후휴가와 유산·사산 휴가에 대하여 사용자가 지급할 임금은 일급 통상임금을 기준으로 한다(별표2 4다·라). 일급 통상임금의 산정 방법은 주휴일의 경우와 같다.

(2) 취업규칙

사용자는 단시간근로자에게 적용되는 취업규칙을 통상근로자에게 적용되는 취업규칙과 별도로 작성하려면 단시간근로자 과반수의 의견을 들어야 하며, 단시간근로자에게 불리하게 변경하는 경우에는 그 동의를 얻어야 한다(별표2 5나). 단시간근로자에게 적용될 별도의 취업규칙이 작성되지 않은 경우에는 통상근로자에게 적용되는 취업규칙이 적용된다(별표2 3다).

(3) 휴일근로

사용자는 단시간근로자에게 소정근로일이 아닌 날에 근로(휴일근로)를 시키려면 근로계약서나 취업규칙 등에 그 내용 및 정도를 명시해야 한다(별표2 3가). 물론 휴일근로에 대해서는 근로기준법의 가산임금, 즉 통상임금의 50% 이상을 가산한 금액을 지급해야 한다.

(4) 초단시간근로자

4주 동안(4주 미만으로 근로하는 경우에는 그 기간)을 평균하여 1주 동안의 소정근로시간이 15시간 미만인 근로자는 주휴일과 공휴일 및 연차휴가에 관한 규정을 적용하지 않는다(근로기준법 제18조 3항). 즉 초단시간근로자는 주휴일과 공휴일, 연차휴가를 받은 권리가 없다.

3. 기간제법에 따른 특별보호

(1) 초과근로의 제한

사용자는 단시간근로자에 대하여 소정근로시간을 초과하여 근로하게 하려면 해당 근로자의 동의를 받아야 하고, 이 경우 1주간에 12시간을 초과하여 근로하게 할 수 없다(기간제법 제6조 1항). 단시간근로자는 사용자가 동의를 받지 않고 초과근로를 하게 하는 경우, 이를 거부할 수 있다(제6조 2항). 사용자는 초과근로에 대하여 통상임금의 50% 이상을 가산하여 지급해야 한다(제6조 3항).

(2) 차별의 금지

사용자는 단시간근로자임을 이유로 그 사업 또는 사업장의 동종 또는 유사한 업무에 종사하는 통상근로자에 비하여 차별적 처우를 해서는 안 된다(기간제법 제8조 2항). 단시간근로자에 대한 차별인지 여부는 그 근로자가 소속된 '사업 또는 사업장에서 동종 또는 유사한 업무에 종사하는 통상(상용)근로자'와 비교하여 판단해야 한다. 차별적 처우를 받은 단시간근로자는 차별적 처우가 있은 날(계속되는 차별적 처우는 그 종료일)부터 6개월이 이내에 노동위원회에 그 시정을 신청할 수 있다(제9조 제1항).

(3) 근로조건의 서면명시

사용자는 단시간근로자와 근로계약을 체결하는 때에는 ① 근로계약의 기간에 관한 사항, ② 근로시간·휴게에 관한 사항, ③ 임금의 구성항목·계산방법 및 지급방법에 관한 사항, ④ 휴일·휴가에 관한 사항, ⑤ 취업의 장소와 종사하여야 할 업무에 관한 사항, ⑥ 근로일 및 근로일별 근로시간 등을 서면으로 명시해야 한다(기간제법 제17조). 이러한 근로조건을 서면으로 명시하지 아니한 자에 대해서는 과태료가 부과된다(제24조 제2항).

(4) 불이익 처우 금지

사용자는 단시간근로자가 사용자의 부당한 초과근로 요구를 거부한 경우, 기간제법과 이에 따른 하위법규 위반 사실을 고용노동부장관 또는 근로감독관에게 통지한 경우를 이유로 해고 그 밖의 불리한 처우를 하지 못한다(기간제법 제16조).

(5) 우선 고용과 전환 노력

사용자는 통상근로자를 채용하려면 해당 사업 또는 사업장의 동종 또는 유사한 업무에 종사하는 단시간근로자를 우선적으로 고용하도록 노력해야 한다(기간제법 제7조 1항).

제8절 근로소득 · 퇴직소득과 과세

Ⅰ. 소득세 일반

(1) 소득세는 개인의 소득에 대하여 부과하는 조세로서 법인의 소득에 대한 법인세와 대비된다. 소득세는 과세의 편의 또는 기술상의 필요에 따라 기간과세의 원칙을 채택하고 인위적으로 나눈 기간을 단위로 하여 세액을 산정한다. 즉 소득세는 1월 1일부터 12월 31일까지의 1년분의 소득금액에 대하여 부과한다(소득세법 제5조 1항). 과세기간의 중도에 취업 또는 퇴직하거나 사업을 개시 또는 폐업함으로써 소득이 발생한 기간이 1년 미만이더라도 과세기간은 여전히 1월 1일부터 12월 31일까지이다. 다만 거주자(국내에 주소를 두거나 183일 이상의 거소를 둔 개인)가 과세기간 중에 사망하거나 주소 또는 거소의 국외이전으로 인하여 비거주자가 되는 경우에는 1월 1일부터 사망 또는 출국한 날까지의 소득금액에 대하여 소득세를 과세

한다(제5조 2항, 3항). 따라서 이 경우에는 1월 1일부터 사망일 또는 출국일까지가 과세기간이 된다. 소득세의 납세의무는 과세기간이 종료하는 때에 성립한다(국세기본법 제21조 1항 1호). 납세의무가 성립한 후 납세의무자가 매년 5월 1일부터 5월 31일까지 전년도의 과세표준확정신고를 함으로써 소득세의 납세의무가 확정된다.

(2) 소득세법은 소득세의 과세대상이 되는 소득을 발생원천에 따라 종합소득(이자소득·배당소득·사업소득·근로소득·연금소득·기타소득), 퇴직소득, 양도소득의 3종으로 분류하고 있다(제4조 1항). 따라서 소득은 종합소득과 종합소득이 아닌 퇴직소득 및 양도소득으로 분류과세 된다. 종합소득에 속하는 소득은 합산하여 초과누진세율*(제55조 1항)을 적용하고, 종합소득 이외의 소득은 소득별로 별도의 과세표준을 계산하여 초과누진세율을 적용한다.

[소득세 과세 대상]

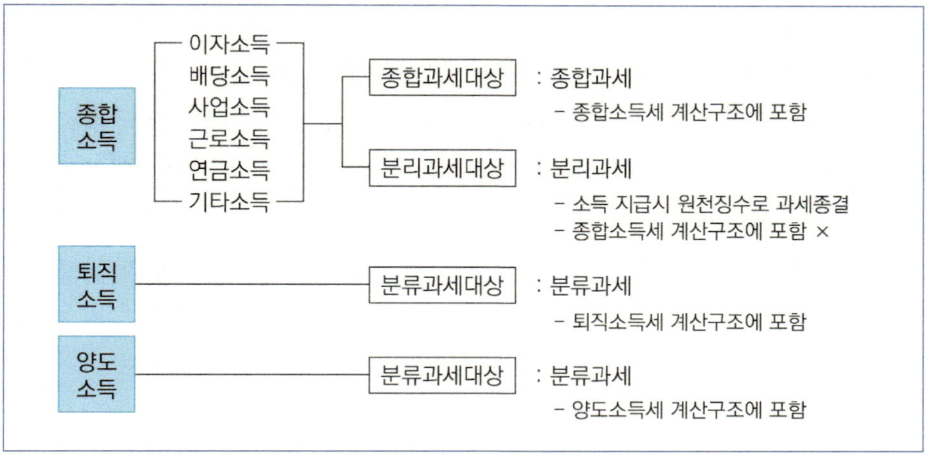

* 누진구조 세율은 과세표준금액이 크기에 따라 적용되는 세율이 높아지는 세율구조를 말한다. 과세표준이 증가함에 따라 단순히 고율의 세율을 적용하는 순누진세율과 과세표준을 단계적으로 구분해서 순차적으로 고율의 세율을 적용하는 초과누진세율로 구분한다. 우리나라는 소득세, 법인세, 상속세, 증여세가 초과누진세율 구조를 채택하고 있다.

한편 양도소득은 보유기간, 자산의 종류에 따라 별도의 세율이 적용되고(제104조 1항), 퇴직소득은 근로자로 근무기간 동안 장기간에 걸쳐 형성되는 소득으로 퇴직소득금액을 12배수로 근무기간으로 연분하여 산출된 과세표준을 적용함으로써 초과누진세율 체계상 낮은 세율이 적용되게 하고, 이를 다시 근무기간에 12를 나눈 배수를 곱하여(연승) 세액을 산출한다.

(3) 국내에서 거주자나 비거주자에게 이자소득, 배당소득, 부가가치세가 면세되는 인적 용역과 의료·보건용역을 제공하는 사업자의 사업소득·근로소득·연금소득·기타소득·퇴직소득 등을 지급하는 자는 그 거주자나 비거주자에 대한 소득세를 원천 징수하여(제127조 1항) 그 다음 달 10일까지 정부에 신고납부하는 원천징수를 통해 과세하고, 과세기간 종료 후 연말정산 또는 종합소득세 확정신고를 통해 세액이 결정(확정)되고, 소득유형별 일정 금액 이하인 경우 원천징수로 과세가 종결된다(분리과세). 여기서 원천징수란 소득금액 또는 수입금액을 지급하는 자(원천징수의무자)가 소득세법이 정하는 바에 의해 지급받은 자(원천납세의무자)가 부담할 세액을 정부를 대신하여 징수하는 것을 말한다. 납세의무자가 실체법적으로 부담하고 있는 납세의무의 이행이 원천징수라는 절차를 통하여 실현되는 제도이다. 원천징수제도는 납세의무자의 세 부담을 분산시키며, 조세수입의 조기확보와 정부재원의 평준화를 기할 수 있고, 징세비의 절약과 징수사무의 간소화 및 능률화를 기할 수 있다. 이하에서는 근로소득과 퇴직소득만을 살펴보고, 양도소득에 관해서는 제4장에서 살펴본다.

Ⅱ. 근로소득과 과세

1. 근로소득

근로소득은 지급형태나 명칭을 불문하고 성질상 근로의 제공과 대가관계에 있는 일체의 경제적 이익을 포함할 뿐만 아니라, 직접적인 근로의 대가 외에도 근로를 전제로 그와 밀접히 관련되어 근로조건의 내용을 이루고 있는 급여도 포함한다(소득세법 제20조). 근로소득은 원칙적으로 근로제공의 법률관계(고용)의 존속을 전제로 한 급여라는 점에서 그 법률관계의 종료, 즉 퇴직할 때에 지급받는 급여인 퇴직소득과 구별된다. 다만 임원의 과다한 퇴직소득은 세법상 한도를 초과한 경우, 그 초과한 금액을 근로소득으로 과세한다.

2. 근로소득의 종류

(1) 소득세법상 근로소득은 원천징수 여부에 따라 2가지 종류로 구분할 수 있다. ① 원천징수의 대상이 되는 근로소득은 근로의 제공으로 인하여 받는 봉급·급료·보수·세비·임금·상여·수당과 이와 유사한 성질의 급여, 법인의 주주총회·사원총회 또는 이에 준하는 의결기관의 결의에 의하여 상여로 받는 소득, 법인세법에 따라 상여로 처분된 금액, 퇴직으로 인하여 받는 소득으로서 퇴직소득에 속하지 않는 소득 등이다(제20조). ② 원천징수를 하지 않는 근로소득은 외국기관 또는 한국에 주둔하는 미국군 이외의 국제연합군으로부터 받는 급여, 국외에 있는 외국인 또는 외국법인으로부터 받는 급여(다만 외국인 또는 외국법인의 국내사업장의 필요경비 또는 손금으로 계상된 것은 제외) 등이 있다(제127조).

(2) 근로소득은 근로관계의 계속성 여부에 따라 일반급여와 일용근로자의 급여로 구분된다(소득세법 제47조 2항). 근로소득에서 공제한 금액을 근로소득금액으로 하는데, 일용근로자의 경우 1일 15만원을 공제하고 있다(제47조 2항). 일용근로자란 근로를 제공한 날 또는 시간에 따라 근로대가를 계산하거나(일급·시간급) 근로를 제공한 날 또는 시간의 근로성과에 따라 급여를 계산하여(성과급) 지급받는 사람으로 일정한 고용주에게 3개월 이상 계속하여 고용되어 있지 아니한 사람 등을 말한다. 일용근로자의 급여액에 대하여는 100분의 6의 세율로 분리과세된다(제14조 3항 2호, 제129조 1항 4호). 일용근로자의 근로소득도 산출된 세액에서 근로세액

공제 55%를 하는데, 예를 들어 1일 187,000원을 지급받은 경우 세액이 999원이 되어 소득세 1000원 미만 소액부징수에 따라 실제 부담세액이 없다.

- **일용근로자 원천징수세액 계산방법**

  [1일 총지급액－근로소득공제(15만원)]×6%－[근로세액공제(1－55%)]

3. 근로소득에 대한 소득세

(1) 종합소득에 포함되는 근로소득에 대하여는 다른 종합소득과 합산하기 전에 먼저 매월분 급여액에 대해 간이세액표에 의한 소득세를 원천징수하여 납부한다. 그리고 다음 연도 2월분의 근로소득 또는 퇴직자의 퇴직하는 달의 근로소득을 지급하는 때에는 연말정산을 한다(제137조). 즉 연간 총급여액(비과세 근로소득 제외)에 대한 근로소득과세표준(총급여액－근로소득공제액)에 누진세율인 기본세율(6%~45%)을 적용하여 근로소득산출세액을 계산하고 여기에서 세액공제, 면제세액 및 기납부 원천징수세액을 차감하여 그 차액을 추가로 원천징수하거나 환급하는 절차를 밟게 된다(제14조 2항, 제15조, 제20조, 제137조 1항). 이와 같은 일련의 절차를 근로소득세액의 연말정산이라고 한다. 여기서 근로소득공제는 근로자의 최저생활을 배려하기 위한 제도이다.

(2) 연말정산을 할 때 근로소득자가 종합소득공제 및 세액공제를 적용받으려면 해당 과세기간의 다음 연도 2월분의 근로소득을 받기 전(퇴직한 경우에는 퇴직한 날이 속하는 달의 근로소득을 받기 전)에 원천징수의무자에게 해당 공제 사유를 표시하는 신고서(근로소득자 소득·세액 공제신고서)를 제출해야 한다(제140조 1항). 근로소득은 종합소득과세표준에 합산되는 소득이기 때문에 그에 대한 원천징수는 예납적 징수에 불과하며, 다른 소득이 있을 때에는 과세표준확정신고에 의하여 정산된다(제73조). 다만 일용근로자의 근로소득에 대한 근로소득세는 원천징수에 의하여 과세가 종결된다(제134조).

[소득세 세율표]

개정 전(~2022)		개정 후(2023~)	
ㅁ 소득세 과세표준 및 세율		ㅁ 과세표준 조정	
과세표준	세율	과세표준	세율
1,200만원 이하	6%	1,400만원 이하	6%
1,200만원~4,600만원 이하	15%	1,400만원~5,000만원 이하	15%
4,600만원~8,800만원 이하	24%	5,000만원~8,800만원 이하	24%
8,800만원~1.5억원 이하	35%	8,800만원~1.5억원 이하	35%
1.5억원~3억원 이하	38%	1.5억원~3억원 이하	38%
3억원~5억원 이하	40%	3억원~5억원 이하	40%
5억원~10억원 이하	42%	5억원~10억원 이하	42%
10억원 초과	45%	10억원 초과	45%

4. 비과세근로소득

사병이 받는 급여, 근로자의 부상 등으로 인해 산업재해보상보험법에 따라 수급권자가 받는 요양급여·휴업급여 등 각종 급여, 고용보험법에 따라 받는 실업급여·육아휴직 급여 등 각종 급여, 실비변상적 급여 등 다양한 비과세소득이 있다(제12조 3호).

이러한 비과세 근로소득으로 ① 사용자가 소유하고 있거나 직접 임차한 주택을 무상으로 제공하여 얻는 이익, ② 중소기업 종업원의 주택의 구입·임차 자금을 대여 받음으로써 얻는 이익, ③ 단체순수보장성보험 등 연 70만원 이하 금액, ④ 공무원의 연 240만원 이내의 상금과 부상, ⑤ 벤처기주식매수선택권 행사이익 ⑥ 교원 등이 받는 연구비 중 월 20만원, ⑦ 근로자가 벽지에 근무함으로써 받는 월 20만원 이내의 벽지수당, ⑧ 생산직 및 그 관련직종에 종사자가 받는 야간근로수당 등, ⑨ 식사·기타 음식물을 제공받지 않는 근로자가 받은 월 20만원 이하 식대, ⑪ 병역의무 수행을 위하여 징집·소집되거나 지원하여 복무 중인 사람으로서 병장 이하의 현역병(지원하지 않고 임용된 하사 포함)과 이에 준하는 사람이 받는 급여 등이 있다.

Ⅲ. 퇴직소득과 과세

1. 퇴직소득

퇴직소득은 근로자가 상당 기간을 근속하고 퇴직을 하는 경우 근로관계의 종료를 사유로 하여 사용자가 지급하는 일시지급금(일시금이 아닌 퇴직연금은 연금소득으로 분류됨)을 말한다. 통상 근속 중에 월급 형태로 받은 소득을 근로소득이라고 하여 이 둘을 구분한다. 그런데 근로소득은 단기간에 발생한 소득이고, 퇴직소득은 장기간에 발생한 소득에 해당한다. 이렇게 소득의 발생 성격이 다르기 때문에 소득세법은 퇴직소득과 근로소득에 대해 별도의 체계로 과세한다. 그래서 퇴직소득은 장기소득이면서 퇴직 후 생활자금이 되는 관계로 퇴직공제를 특별히 허용하고, 세율을 적용하는 데 있어 다른 소득보다 과세상 우대하고 있다.

2. 퇴직소득에 대한 소득세

(1) 퇴직소득은 오랜 재직기간 동안 쌓인 소득을 한꺼번에 받는 것이므로, 여기에 누진세율인 기본세율(6%~45%)을 곱하면 매년 받는 소득에 기본세율을 곱한 세액보다 훨씬 많은 세액이 산출되어 과세형평에 문제가 발생한다. 이런 문제를 해소하기 위하여 종전에는 1년 단위 연분연승법(年分年乘法)을 적용했다. 1년 단위 연분연승법이란 퇴직소득과세표준을 재직기간 연수로 나누어 1년간 과세표준을 환산하고 그 1년간 소득에 대한 환산세액을 구한 후, 1년간 환산세액에 다시 재직기간 연수를 곱하여 퇴직소득 산출세액을 구하는 방법이다.

그러나 1년 단위 연분연승법 적용으로 인해 고소득자도 낮은 세율이 적용되는 과세형평상 문제가 있어 2016년 1월 1일부터 12년단위 연분연승법으로 변경되었다. 12년 단위 연분연승법은 퇴직소득과세표준을 재직기간 연수로 나눈 금액에 12를 곱하여 12년간 과세표준을 환산하고 그 12년간 소득에 대한 환산세액을 구한 후, 12년간 환산세액을 다시 12로 나누어 1년간 환산세액을 구하고 그 1년간 환산세액에 다시 재직기간 연수를 곱하여 퇴직소득 산출세액을 구하는 방법이다.

(2) 근로자의 퇴직소득에 대한 소득세는 해당 과세기간의 퇴직소득에 대한 과세표준[환산급여액－환산급여공제액]에 누진세율인 기본세율(6%~45%)을 적용하여(소득세법 제14조 6항, 제15조, 제55조 1항) 계산한 금액에 근속연수(1년 미만의 기간이 있는 경우에는 이를 1년으로 본다)를 곱하고 12로 나눈 금액이다(제55조 2항). 퇴직소득금액은 퇴직소득의 합계액(비과세소득금액 제외)으로 별도 필요경비는 인정하지 않는다. 여기서 퇴직소득금액에 근속연수공제를 한 금액에 12배수로 산출한 금액이 환산급여액이 되고, 환산급여에 따른 환산급여공제를 하면 퇴직소득 과세표준이 산출된다. 퇴직소득과세표준에 12배수로 환산한 연분연승법을 적용한 세율로 퇴직소득 산출세액을 계산한다.

- 퇴직소득 산출세액＝퇴직소득 과세표준 ×기본세율÷12×근속연수
- 퇴직소득 과세표준＝환산급여액[(퇴직소득금액－근속연수공제)×12÷근속연수 －환산급여공제액]×기본세율÷12×근속연수

[근속연수공제]

근속연수	공제액
5년 이하	100만원×근속연수
5년 초과 10년 이하	500만원＋200만원×(근속연수－5년)
10년 초과 20년 이하	1,500만원＋250만원×(근속연수－10년)
20년 초과	4,000만원＋300만원×(근속연수－20년)

[환산급여공제]

환산급여	공제액
800만원 이하	환산급여의 100%
800만원 초과 7,000만원 이하	800만원+(800만원 초과분의 60%)
7,000만원 초과 1억원 이하	4,520만원+(7,000만원 초과분의 55%)
1억원 초과 3억원 이하	6,170만원+(1억원 초과분의 45%)
3억원 초과	1억 5,170만원+(3억원 초과분의 35%)

3. 퇴직소득의 과세방법

(1) 퇴직소득에 대해서는 퇴직시 원천징수를 하여 그 징수일이 속하는 달 다음 달 10일까지 납부하며, 해당 과세기간에 퇴직소득금액이 있는 거주자는 그 퇴직소득과세표준을 다음 연도 5월 1일부터 5월 31일까지 납세지관할 세무서장에게 확정 신고해야 한다. 다만 연말정산 방법으로 퇴직소득에 대한 소득세를 납부한 자는 확정신고를 하지 않아도 된다.

(2) 한편 근로자가 회사를 퇴직하면서 받은 퇴직금을 생활자금으로 써 버리면 노후자금을 마련하기가 어렵게 될 우려가 있다. 그래서 소득세법은 근로자가 퇴직금을 연금계좌로 적립하거나 이체하면 퇴직소득세를 이연(移延)하여 주고, 나중에 연금으로 받을 때 당초 퇴직소득세액의 70%만 원천징수 분리과세하여 세부담을 줄여주는 이연퇴직소득세 제도를 두고 있다(제20조의3, 제59조의3, 제146조의2). 그러나 연금으로 받지 않고 일시금 등 연금 외로 수령하면 이연퇴직소득세가 당초 세액대로 원천징수된다.

근로자가 퇴직하는 경우에 퇴직금이 퇴직일 현재 연금계좌에 있거나 퇴직금을 연금계좌로 지급하는 경우에는 퇴직소득세(지방소득세 포함)를 원천징수하지 않는다. 그러나 퇴직일 현재 연금계좌가 없거나 연금계좌로 지급하지 않은 근로자인 경우에는 퇴직금 지급시 퇴직소득세를 원천징수한다. 만일 그 근로자가 퇴직금을 지급받은 날부터 60일 이내에 연금계좌에 입금하는 경우에는 원천징수된 퇴직소득세를 환급한다.

사례) **甲이 乙회사를 상대로 퇴직금의 지급을 구하자 乙회사가 甲에게 지급할 퇴직소득금액은 원래의 퇴직소득금액에서 이미 납부한 원천세액을 공제하여 산정해야 한다고 주장한다. 타당한가?**

➡ 국세기본법 제21조 2항 1호에 의하여 원천징수하는 소득세 등에 대한 징수의무자의 납부의무는 원칙적으로 소득금액을 지급하는 때에 성립하고, 이에 대응하는 수급자의 수인의무의 성립시기도 이와 같으므로, 지급자가 소득금액의 지급시기 전에 미리 원천세액을 징수·공제할 수는 없다. 그러나 소득의 지급이 의제되는 등으로 원천징수의무자의 납부의무가 성립한 후 소득금액 지급 전에 원천징수해야 할 소득세 등을 지급자가 실제 납부하였다면, 그와 같이 실제로 납부한 정당한 세액은 지급할 소득금액에서 미리 공제할 수 있다.[126] 따라서 소득세법에 따라 甲에 대한 퇴직소득의 지급이 의제됨으로써 소득세 등에 대한 乙회사의 원천징수의무가 성립하고 이에 기초하여 乙 회사가 소득세 등을 실제 납부한 이상, 乙회사가 甲에게 지급할 의무를 지는 퇴직소득금액은 원래의 퇴직소득금액에서 이미 납부한 정당한 세액을 공제하여 산정해야 하므로, 乙회사의 주장은 타당하다.

Chapter 02

혼인생활과 법

LAW & LIFE

제1절 혼 인

제2절 이 혼

제3절 사실혼

제4절 부모와 자녀

제5절 양자녀

제6절 부 양

Chapter 02

혼인생활과 법

제1절 혼 인

Ⅰ. 서설

혼인은 가족을 형성하기 위한 남녀 사이의 법적·사실적 결합을 말한다. 이는 그 시대와 사회의 법률·도덕·관습 등에 따른 정당한 결합이어야 한다. 그러한 의미에서 혼인은 하나의 사회제도라고 할 수 있다. 혼인은 사회의 기본단위인 부부관계를 형성하는 기초이므로, 사회적·국가적 문제이고 국민의 윤리나 풍속에 중대한 영향을 미친다. 따라서 민법은 혼인의 요건 등을 법률로 규정하고, 법률의 규정에 맞는 혼인만을 법률상 혼인으로 보호하고 있다.

Ⅱ. 혼인의 성립

1. 혼인의사의 합치

혼인이 성립하려면 당사자 사이에 혼인의사와 혼인신고가 있어야 한다(민법 제812조). 여기서 혼인의사란 혼인신고서를 제출하려는 의사(신고의사)와 사회통념상 인정되는 부부관계를 설정하려는 의사를 말한다. 결국 혼인이 성립하려면 '신고의사의 합치'뿐만 아니라 사회관습적 의미의 부부관계를 창설하려는 의사, 즉 '효과의사의 합치'가 있어야 한다. 따라서 부부로서 결합할 의사 없이 어떤 방편을 위한 혼인신고(가장신고), 예컨대 남녀 사이의 출생자녀를 혼인 중인 자녀로 만들기 위하여, 또는 초등학교 교사직에서 면직당하지 않도록 하기 위하여 혼인신고를 한 경우는 무효이다.[1] 이와 같이 혼인의 합의는 남녀가 부부로서 정신적·육체적 결합을 이루려는 의사의 합치이므로, 동성 간의 혼인·동거하지 아니할 것을 조건으로 하는 혼인·영혼결혼은 무효이다. 물론 성전환자는 법적으로 전환된 성(性)으로 인정되는 때에는 다른 性의 사람과 혼인할 수 있다.

사례) 甲과 乙은 남녀로서 같이 교제하면서 육체관계를 맺어 왔는데, 그 사이에 아들 丙을 출산하였다. 乙은 초등학교 교사로서 혼인을 하지 않고 혼인 외의 자녀를 출산했다는 사실이 알려지자, 학교에서는 사직을 권고하기에 이르렀다. 다급해진 乙은 甲에게 이 사실을 알려서 의논한 결과 실질적으로 부부가 될 의사는 전혀 없으면서 교사직에서 면직당하지 않기 위한 방편으로 혼인신고를 하고(甲과 乙은 혼인식을 거행한 사실도 없거니와 부부로서 동거도 하지 않고 있다), 丙의 출생신고를 마치면 곧 이혼신고를 하기로 합의하였다. 그러나 그 후 乙은 약속을 어기고 이혼신고에 협력하지 않고 있다. 甲은 혼인무효를 주장할 수 있는가?

➡ 乙은 교사직에서 면직당하지 않게 할 수단으로 가족관계등록부상 부부가 되는 것을 가장하기 위하여 혼인신고를 하였다. 이는 당사자 사이에 정신적·육체적 결합을 생기게 할 의사, 즉 혼인의 합의 아래에 신고한 것이 아니므로 가장혼인이고,

결국 甲·乙 사이의 혼인신고는 무효이다.[2)] 따라서 甲은 乙을 상대로 혼인무효확인의 소를 제기할 수 있다.

2. 당사자의 나이

(1) 남·녀 모두 18세가 된 사람은 혼인할 수 있다(민법 제807조). 이는 조혼의 폐습을 방지하기 위한 것 또는 육체적·정신적·경제적 자립의 능력을 갖추기 위한 것이라고 하지만, 오늘날에는 이렇게 일찍 혼인하는 예가 거의 없고 오히려 점점 더 늦게 혼인하는 경향이 생기고 있다.

(2) 미성년자(19세 미만자)가 혼인하려면 부모의 동의를 받아야 하며, 이 경우 부모 중 한쪽이 동의권을 행사할 수 없으면 다른 한쪽의 동의를 받아야 하고, 부모가 모두 동의권을 행사할 수 없으면 미성년후견인의 동의를 받아야 한다(제808조 1항). 피성년후견인은 부모나 성년후견인의 동의를 받아 혼인할 수 있다(제808조 2항). 여기서 피성년후견인이란 질병, 장애, 노령, 그 밖의 사유로 인한 정신적 제약으로 사무를 처리할 능력이 '지속적으로' 결여된 사람으로, 법원으로부터 성년후견개시의 심판을 받은 사람을 말한다(제9조 1항). 참고로 성년후견인은 피성년후견인의 법정대리인으로서(제938조 1항), 피성년후견인의 법률행위를 취소할 수 있고(제10조 1항), 피성년후견인의 재산을 관리하고 그 재산에 관한 법률행위에 대하여 피성년후견인을 대리한다(제949조 1항).

(3) 미성년자나 피성년후견인이 부모나 성년후견인의 동의를 받지 않고 혼인신고를 하면 그 신고는 수리되지 않지만, 혼인신고가 수리되면 혼인은 성립하며, 당사자 또는 그의 법정대리인이 취소할 수 있을 뿐이다(제816조 1호, 제817조). 그러나 당사자가 19세가 된 후 또는 성년후견종료의 심판이 있은 후 3개월이 지나거나 혼인 중에 임신한 경우에는 취소를 청구할 수 없다(제819조).

사례) 甲은 23세의 남자로서 대학에 재학 중인 학생인데, 같은 학과 여학생 乙(23세)과 교제해 오던 중 혼인할 것을 합의하고, 양가 부모에게 말씀드렸다. 그러나 甲과 乙은 부모의 반대가 너무 심해 아직까지 혼인의 허락을 받지 못하였다. 甲과 乙은 혼인을 할 수 있는가?

➡ 남·녀 모두 18세가 되면 부모의 동의를 받아 혼인할 수 있다(민법 제807조, 제808조). 반면에 성년(19세 이상)인 남녀가 혼인할 때에는 부모의 동의가 필요 없다. 따라서 甲과 乙은 성년이기 때문에 부모의 동의 없이 혼인할 수 있다.

3. 중혼의 금지

(1) '배우자 있는 사람'은 다시 혼인할 수 없다(민법 제810조). 이는 일부일처(一夫一妻) 제도를 표명하고 이를 유지하기 위한 것이다. 사실혼이나 부첩관계를 맺은 것은 여기서 말하는 중혼이 아니고, 이혼원인이 될 뿐이다. 중혼이란 혼인신고가 이중으로 접수되어 법률상 혼인이 2개 이상 성립된 경우를 말하기 때문이다. 중혼이 발생하는 경우는 ① 담당공무원의 과실에 의하여 혼인신고를 이중으로 수리한 경우, ② 이혼 후 재혼하였으나 그 이혼이 무효·취소된 경우, ③ 국내와 국외에서 이중으로 혼인한 경우 등을 생각할 수 있다. 중혼이 성립하면 당연무효가 되는 것은 아니고, 중혼으로 인한 후혼은 당사자 및 그 배우자·직계존속·4촌 이내의 방계혈족 또는 검사가 취소를 청구할 수 있다(제816조 1호, 제818조).

참고로 혈족이란 혈연의 연결이 있는 사람을 말하며, 여기에는 자연혈족과 법정혈족이 있다. ① 자연혈족은 부모·조부모·외조부모·형제자매처럼 혈연의 연결이 서로 있는 자를 말한다. 자기의 직계존속과 직계비속을 직계혈족이라 하고, 자기의 형제자매와 형제자매의 직계비속, 직계존속의 형제자매 및 그 형제자매의 직계비속을 방계혈족이라 한다(제768조). 여기서의 형제자매에는 부계 및 모계의 형제자매를 모두 포함하며, 따라서 이복형제도 이에 속한다. 자연혈족에는 부계혈족과 모계혈족이 있다. 즉 친가의 친족들(예: 조부모·아버지·숙부·고모 등)이 부계혈족이고, 외가의 혈족들(예: 외조부모·외숙부·이모 등)이 모계혈족이다. ② 법정혈족은 사실상 혈연(피의 연결)은 없으나 법률이 혈족으로 의제하는 것으로 양친자녀관계가 이에 해당한다. 즉 혈연관계가 없는 상호간에 자연혈족과의 동일한 관계를 인정하는 자를 말한다. 양친자녀관계는 입양에 의하여 발생한다(제878조).

(2) 중혼이 취소되지 않는 한 유효한 혼인이 된다. 그 결과 중혼자가 사망하면 전혼배우자와 후혼배우자는 모두 상속권을 가지며, 중혼자는 전혼배우자와 후혼배우자의 상속인이 된다. 또한 중혼에 의한 출생자녀는 혼인 중의 출생자녀이며, 혼인취소의 확정판결이 없는 한 법률상의 부부로서 재판상 이혼청구도 가능하다.

4. 근친혼의 금지

(1) 우생학적 이유와 윤리적 이유에서 일정한 범위의 근친자 사이의 혼인은 금지된다(민법 제809조). 즉 ① 8촌 이내의 혈족(친양자녀의 입양 전 혈족을 포함) 사이에는 혼인할 수 없다. 여기의 혈족은 자연혈족·법정혈족, 부계혈족·모계혈족, 직계혈족·방계혈족를 가리지 않는다. ② 6촌 이내 혈족의 배우자, 배우자의 6촌 이내 혈족, 배우자의 4촌 이내 혈족의 배우자인 인척(배우자가 사망하여 혼인관계는 종료되었으나 생존배우자가 재혼하지 않은 경우)이거나 이러한 인척이었던 사람(혼인의 취소, 이혼, 부부 한쪽의 사망 후 재혼, 친양자녀 성립 등이 인척관계의 종료원인이다) 사이에는 혼인할 수 없다. 따라서 형부와 처제 사이의 혼인은 허용되지 않는다. ③ 6촌 이내의 양부모계의 혈족이었던 사람 사이, 4촌 이내의 양부모계의 인척이었던 사람 사이에는 혼인할 수 없다.

(2) 민법 제809조에 위반된 혼인신고는 수리되지 않으나(제813조) 일단 수리되면 혼인은 성립하게 되고, 다만 무효로 되거나 취소할 수 있는 것으로 된다(제815조, 제816조).

사례) 甲은 교통사고로 아내 乙을 잃고 어린 자식이 있으며, 어린 자식을 돌보는 미혼인 처제 丙과 함께 살고 있다. 아이들이 이모(丙)를 잘 따르고 甲도 丙이 죽은 아내 乙을 꼭 닮아서 丙과 재혼을 하고자 한다. 가능한 일인가?

6촌 이내 혈족의 배우자, 배우자의 6촌 이내 혈족, 배우자의 4촌 이내 혈족의 배우자인 인척이거나 이러한 인척이었던 사람 사이에는 혼인할 수 없다(제809조 2항). 여기서 인척이란 혼인에 의하여 성립되는 친족으로, '혈족의 배우자'(예: 형제의 처, 자매의 남편, 고모·이모의 남편 등), '배우자의 혈족'(예: 배우자의 부모나 형제자매 등), '배우자의 혈족의 배우자'(예: 처제의 남편, 시동생의 처 등)를 말한다(제769조). 인척관계는 혼인에 의하여 발생하고, 혼인의 무효·취소 또는 이혼, 부부중 한쪽의 사망 후의 재혼으로 종료된다(제775조 2항). 설문의 경우, 丙은 乙의 혈족으로서 甲과는 인척 2촌이므로, 甲과 丙은 혼인할 수 없다.

5. 혼인의 신고

혼인이 성립하려면 가족관계등록법에 따라 신고해야 한다(민법 제812조 1항). 당사자의 자발적인 의사에 의한 신고를 임의적 혼인신고라 하며, 예외적으로 조정이나 재판에 의한 혼인신고도 인정된다. 혼인신고는 당사자 양쪽과 성년자인 증인 2인이 잇따라 서명한 서면으로 해야 하지만(제812조 2항), 가족관계등록법은 구술에 의한 신고를 인정한다(가족관계등록법 제23조 1항). 혼인신고는 담당공무원의 수리로 완료되며, 수리된 신고는 가족관계등록부에 기재되지 않아도 혼인은 성립한다. 혼인신고가 수리되면 그것이 법령에 위반된 경우에도 혼인의 효력이 발생하고, 일정한 위법이 있을 경우는 혼인의 무효나 취소의 문제가 생길 뿐이다.

Ⅲ. 혼인의 무효와 취소

1. 일반

혼인의 무효·취소는 혼인에 일정한 흠이 있을 때 그 혼인관계를 종료시키는 제도이다. 그런데 혼인이 무효 또는 취소되는 경우에는 재산상의 법률행위와 달리 원상회복이 불가능하기 때문에(특히 자녀가 출생한 때), 민법은 혼인에 흠이 있을지라도 극히 제한된 범위에서만 혼인을 무효로 하고 나머지는 취소할 수 있도록 하면서 혼인취소에 소급효를 인정하지 않고 있다. 즉 혼인취소권자의 청구에 의하여 혼인이 취소되면 그때부터 혼인의 효력이 부정된다(민법 제824조).

2. 혼인의 무효

혼인의 무효는 남녀가 혼인신고를 하여 가족관계등록부상 부부로 되어 있으나 실제로 당사자 사이에 혼인의 합의가 없거나 근친혼이라서 혼인의 효력이 발생할 수 없는 경우를 말한다. 따라서 혼인신고를 하지 않고 남녀가 동거하는 경우는 혼인의 불성립이므로 혼인무효와 구별된다.

(1) 혼인이 무효로 되는 경우

당사자 사이에 혼인의 합의가 없는 경우(민법 제815조 1호), 8촌 이내의 혈족(친양자녀의 입양 전의 혈족을 포함한다) 사이의 혼인(제815조 2호, 제809조 1항), 당사자 사이에 직계인척(배우자의 직계혈족과 직계혈족의 배우자)관계가 있거나 있었던 경우(제815조 3호), 당사자 사이에 양부모계의 직계혈족관계가 있었던 경우(제815조 4호)에는 무효이다.

(2) 혼인무효의 소

혼인무효의 소는 당사자·법정대리인 또는 4촌 이내의 친족이 언제든지 제기할 수 있고(가사소송법 제23조), 부부의 한쪽이 이를 제기하는 경우에는 상대방 배우자가 피고가 되고 상대방이 사망한 경우에는 검사를 상대로 한다(제24조 1항, 3항). 제3자가 이를 제기하는 경우에는 부부를 피고로 하고 부부 중 한쪽이 사망한 경우에는 그 생존자를 상대방으로 하고 부부가 모두 사망한 경우에는 검사를 피고로 한다(제24조 2항, 3항).

(3) 혼인무효의 효과

무효혼은 혼인으로서 아무런 효과도 생기지 않는다. 즉 무효혼의 당사자는 처음부터 부부가 아니었던 것으로 되므로 부부를 전제로 하는 상속이나 그 밖의 권리변동은 무효로 된다. 출생한 자녀는 혼인 외의 출생자녀로 된다(제855조 1항). 혼인이 무효가 된 경우에 당사자의 한쪽은 과실 있는 상대방에 대하여 손해(재산상·정신상 손해)배상을 청구할 수 있다(제825조, 제806조).

사례) 乙은 사랑하는 甲과 혼례를 치렀지만 혼인신고를 하지 않은 채 10개월 정도 동거한 사실이 있다. 그러나 甲이 친구들과 밤늦게까지 술을 마시고 집에 들어오는 일이 많았고 열심히 살려는 의지가 보이지 않아서 甲과 헤어졌고, 그 후 직장관계로 乙이 혼인관계증명서를 발급해 보니 뜻밖에도 甲과 혼인신고가 되어 있다. 이 경우 혼인신고는 유효한가?

➡ 혼인이 성립하려면 당사자 사이에 혼인의사와 혼인신고가 있어야 한다. 따라서 甲과 乙이 결혼식을 거행하고 부부로서 생활을 하였더라도 혼인신고를 하지 않으면 사실혼에 불과하다(민법 제812조). 혼인신고는 당사자 양쪽의 자유의사에 의하여 이루어져야 하므로, 별거하는 상황에서 甲이 乙의 승낙 없이 자기 마음대로 혼인신고를 하였다면 그 혼인은 무효이다.[3] 참고로 乙은 가정법원에 혼인무효확인의 소를 제기하여 그 판결이 확정된 후 판결문등본과 확정증명서를 첨부하여, 시(구)·읍·면의 장에게 가족관계등록부의 정정을 신청할 수 있다(가족관계등록법 제107조).

3. 혼인의 취소

당사자 사이에 혼인신고가 되어 있으나 그 혼인에 위법사유가 있어서 혼인의 효력을 장래에 향하여 소멸시키는 것이 혼인의 취소이다.

(1) 혼인취소의 원인

(가) 나이 위반 혼인

18세 미만의 사람이 혼인한 경우(민법 제807조), 당사자 또는 그의 법정대리인이 취소할 수 있다(제816조 1호, 제817조).

(나) 동의 없는 혼인

미성년자·피성년후견인이 동의 없이 혼인한 경우(제808조), 당사자 또는 그의 법정대리인이 취소할 수 있다(제816조 1호, 제817조). 다만 당사자가 19세가 된 후 또는 성년후견종료의 심판이 있은 후 3개월이 지나거나 혼인 중에 임신한 경우에는 취소를 청구할 수 없다(제819조).

(다) 근친혼

민법 제809조의 사유 중에서 무효사유를 제외한 근친혼, 즉 '직계인척관계가 있거나 있었던 사람'을 제외한 6촌 이내 혈족의 배우자, 배우자의 6촌 이내 혈족, 배우자의 4촌 이내 혈족의 배우자인 인척이거나 이러한 인척이었던 사람 사이의 혼인(제815조 3호, 제816조 2호), '양부모계의 직계혈족관계가 있었던 사람'을 제외한 6촌 이내 양부모계의 혈족이었던 사람, 4촌 이내 양부모계의 인척이었던 사람 사이의 혼인(제815조 4호, 제816조 2호)은 당사자나 그의 직계존속 또는 4촌 이내의 방계혈족이 그 취소를 청구할 수 있다(제817조). 다만 당사자 사이에 혼인 중 임신한 경우에는 취소를 청구할 수 없다(제820조).

(라) 중혼

배우자 있는 사람이 중복하여 혼인(혼인신고)한 경우, 당사자나 그의 배우자, 직계혈족, 4촌 이내의 방계혈족 또는 검사가 취소를 청구할 수 있다(제816조 1호, 제818조).

(마) 악질 등 중대한 사유가 있는 혼인

혼인 당시 당사자 한쪽에 부부생활을 계속할 수 없는 악성 질병이나 그 밖의 중대한 사유가 있음을 알지 못한 경우, 상대방이 그 사유가 있음을 안 날로부터 6개월 이내에 그 취소를 청구할 수 있다(제816조 2호, 제822조).

(바) 사기·강박에 의한 혼인

사기 또는 강박으로 혼인의 의사표시를 한 경우에는 사기 등을 당한 당사자(한쪽 또는 양쪽)는 사기 사실을 안 날 또는 강박에서 벗어난 날로부터 3개월 이내에 취소를 청구할 수 있다(제816조 3호, 제823조).

(2) 혼인취소의 소

혼인의 취소는 법원에 취소소송을 제기하여야 한다. 즉 취소권자의 의사표시나 부부간의 합의만으로 혼인을 취소할 수 없고, 법원에 혼인취소소송을 제기하여 승소판결을 받아야만 혼인을 취소할 수 있다. 혼인취소의 소의 상대방은 혼인무효의 소의 경우와 같다.

(3) 혼인취소의 효과

혼인취소의 판결은 제3자에 대하여도 효력이 생긴다(가사소송법 제21조). 혼인의 취소는 혼인에 의해 발생하는 신분관계를 '장래에 향하여' 소멸시키고(불소급), 그때까지 발생한 신분관계에는 아무런 영향을 미치지 않는다. 따라서 취소할 혼인으로부터 출생한 자녀는 혼인 중의 출생자녀의 지위를 잃지 않으며, 배우자 사이에 재산상속이 있는 후에 그 혼인이 취소되더라도 그 상속은 그대로 유효하므로 부당이득이 되지 않는다. 또한 혼인이 취소되면 이혼의 경우처럼, 혼인으로 인하여 성립한 인척관계는 종료된다(제775조 1항). 혼인무효의 경우와 같이 혼인취소의 경우에 선의의 당사자는 '과실 있는' 상대방 또는 사기·강박에 가담한 제3자에 대하여 손해배상을 청구할 수 있다(제825조, 제806조).

사례) **甲은 乙과 혼인을 하였는데, 그 후 乙이 과거에 다른 사람과 혼인하여 자식을 둔 사실을 속였다는 것을 알게 되었다. 이 경우 甲은 乙과의 혼인이 무효임을 주장할 수 있는가?**

➡ 사기 또는 강박으로 인하여 혼인의 의사표시를 한 때에는, 그 사기를 안 날 또는 강박을 면한 날로부터 3개월 이내에 혼인의 취소를 청구할 수 있다(민법 제816조 3호, 제823조). 사기 또는 강박은 상대방뿐만 아니라 제3자(친척·중매인 등)가 하였어도 무방하다. 설문에서 乙이 甲에게 자신의 학력, 혼인경력, 출산경력 등에 대하여 거짓말하고 이로 인하여 착오에 빠진 甲이 혼인의 의사를 표시하였고, 이러한 기망에 의한 착오가 없었더라면 甲이 乙과 혼인하지 않았을 것이다. 따라서 甲은 乙과의 혼인을 취소할 수 있으며, 乙의 행위가 혼인 무효사유에 해당하지는 않는다.

Ⅳ. 혼인의 효과

1. 혼인의 일반적 효과

(1) 부부는 배우자로서 서로 친족이 되고(민법 제777조 3호), 상대방이 사망한 경우에 상속인이 된다(제1003조). 부부는 상대방의 4촌 이내 혈족, 4촌 이내 혈족의 배우자와의 사이에 인척관계가 생긴다(제777조 2호). 또한 부부는 혼인 후에도 각자 본래의 성을 그대로 가진다. 부부는 동거하며 서로 부양하고 협조하여야 하며(제826조 1항), 서로 정조를 지킬 의무가 있고, 당사자 한쪽이 정조의무를 위반한 경우에는 이혼원인이 된다(제840조 1호). 그 밖에 미성년자가 혼인을 하면 성년자로 본

다(제826조의2). 이러한 혼인에 의한 성년의제는 '법률혼'에 한하고, 사실혼에는 적용되지 않는다.

(2) 부부간의 동거·부양·협조의무(제826조 1항)는 정상적이고 원만한 부부관계의 유지를 위한 광범위한 협력의무를 구체적으로 표현한 것으로서 서로 독립된 별개의 의무가 아니라고 할 것이므로, 부부의 한쪽이 정당한 이유 없이 동거를 거부함으로써 자신의 협력의무를 스스로 저버리고 있다면, 상대방의 동거청구가 권리의 남용에 해당하는 등의 특별한 사정이 없는 한, 상대방에게 부양료의 지급을 청구할 수 없다.[4)]

2. 혼인의 재산적 효과 — 부부재산제

(1) 서설

혼인이 해소(예: 이혼)된 경우, 부부의 한쪽이 제3자와의 재산상 분쟁이 발생한 경우, 배우자 한쪽의 사망으로 상속이 개시된 경우 등을 대비하여 배우자 사이의 재산관계를 법적으로 분명히 해 둘 필요가 있다. 이와 같이 부부간의 재산관계를 규율하는 제도를 부부재산제라고 한다.

(2) 부부재산계약

부부로 될 사람은 혼인이 성립하기 '전'에 재산에 관하여 자유롭게 계약을 체결할 수 있다(민법 제829조 1항). 그 계약을 부부재산계약이라고 한다. 부부재산계약이 체결되면 혼인 중에는 원칙적으로 변경할 수 없다(제829조 2항 본문). 다만 ① 정당한 사유가 있는 때에는 법원의 허가를 얻어 변경할 수 있다(제829조 2항 단서). ② 부부재산계약에 의하여 부부의 한쪽이 다른 한쪽의 재산을 관리하는 경우에 부적당한 관리로 인하여 그 재산을 위태롭게 한 때에는 다른 한쪽은 자기가 관리할 것을 법원에 청구할 수 있고 그 재산이 부부의 공유인 때에는 그 분할을 청구할 수 있다(제829조 3항). ③ 부부재산계약에서 혼인 중의 관리자의 변경이나 공유재산 분할에 관하여 미리 정한 경우에는 혼인 중에 법원의 허가 없이도 이를 할 수 있다(제829조 5항).

부부재산계약의 방식은 제한이 없어서 자유롭게 체결할 수 있으나, 혼인 성립 시까지 그 등기를 하지 않으면 이로써 부부의 승계인(예: 상속인, 포괄적 수유자 등) 또는 제3자에게 대항하지 못한다(제829조 4항). 혼인 중 계약내용의 변경, 관리자의 변경, 공유재산의 분할이 있는 때에도 마찬가지이다(제829조 5항). 부부재산약정 등기는 남편이 될 사람의 주소지를 관할하는 지방법원, 그 지원 또는 등기소에 당사자 양쪽이 공동으로 신청하여야 한다(비송사건절차법 제68조, 제70조).

(3) 법정재산제 — 부부재산별산제

부부가 혼인신고 전에 부부재산계약을 체결하지 않거나 체결된 계약이 무효인 경우, 그 재산관계는 민법이 정한 바에 의한다(제829조 1항).

(가) 특유재산

부부 중 한쪽이 혼인 전부터 가진 고유재산과 혼인 중 자기의 명의로 취득한 재산(예: 상속이나 증여받은 재산, 그로부터 생긴 수익, 각자의 장신구·의복 등)은 그의 특유재산으로 하고(제830조 1항), 이 특유재산은 부부 각자가 관리·사용·수익한다(제831조). 부부 한쪽의 명의로 된 농지나 예금 등의 재산은 그의 특유재산으로 추정된다. 다만 실질적으로 다른 한쪽 또는 양쪽이 그 '재산의 대가를 부담하여 취득'한 것이 증명된 때에는 특유재산의 추정은 번복되어 다른 한쪽의 소유이거나 양쪽의 공유라고 보아야 한다.[5] 가령 아파트의 분양대금을 명의자인 남편이 아니고 아내가 부담한 경우 아내의 단독소유이며,[6] 부동산의 취득대가를 부부 양쪽이 부담한 경우 그들이 취득대가의 부담비율에 따라 공유에 속한다.[7] 반면에 재산을 취득함에 있어 상대방의 협력이 있었다거나 혼인생활에 있어 내조의 공이 있었다는 것만으로 추정을 번복할 수 없다.[8]

참고로 '추정'이란 법적으로 불명확한 사실을 일단 존재하는 것으로 정하여 법률효과를 발생시키는 것을 말한다. 가령 "아내가 혼인 중에 임신한 자녀는 남편의 자녀로 추정한다"는 규정은 혼인 중에 임신하였다면 태아의 아버지는 남편이라고 인정하지만, 그와 반대되는 증거가 제시되면 남편이 아버지가 아닌 것이 된다는 것을 의미한다. 반면에 '간주'는 원래 그렇지 아니한 것을 일정한 법률관계에 관하여서는 그러한 것으로 정하여 그에 따른 법률효과가 생기게 하는 것이다. 법률규정에 " … 본다"라고 표현한 것이 그것이다. 추정의 경우에는 반대의 증거를 제시함으로써 그 효과를 배제할 수 있지만, 간주의 경우에는 당사자의 의사를 고려하지 않고서 법에서 정한 효과를 부여한다는 점에서 차이가 있다.

(나) 공유재산

부부의 누구에게 속한 것인지 분명하지 아니한 재산, 즉 귀속불명재산은 부부의 공유로 추정한다(제830조 2항). 이 경우 지분도 똑같은 것으로 추정된다. 공유재산에는 부부가 협력하여 구입한 가정용품이나 그 밖의 재산도 포함된다.

사례) 乙은 남편 甲과 수년 전 공동으로 노력하여 丙으로부터 주택을 사면서, 남편 甲의 명의로 소유권이전등기를 마쳤다. 그런데 甲은 주택을 乙의 동의 없이 처분하려고 하는데, 이를 막을 수 있는가?

➡ 부부 중 한쪽이 혼인 중에 자기의 명의로 취득한 재산은 그 명의자의 특유재산으로 추정되지만(제830조), 실질적으로 다른 한쪽 또는 양쪽이 그 재산의 대가를 부담하여 취득한 것이 증명된 때에는 특유재산의 추정은 번복되어, 그 부담 정도에 따라 다른 한쪽의 소유이거나 양쪽의 공유에 속한다.[9] 따라서 乙은 甲의 부동산처분을 막아야 하는 불가피한 사정이 있고, 乙이 대가를 부담한 사실 또는 적극적인 재산증식의 노력이 있었다는 사실을 증명할 수 있을 경우, 그 증거를 확보하여 주택에 대해 처분금지가처분절차를 취함과 동시에 남편 甲을 상대로 그 부담 정도에 따라서 공유지분권이전등기청구소송을 제기하여 승소한다면 승소부분에 한하여, 남편 甲의 처분을 막을 수 있을 것이다.

(4) 혼인생활비용의 부담

부부의 공동생활에 필요한 비용, 가령 가족의 의식주에 관한 비용, 자녀의 출산·양육·교육에 관한 비용은 당사자 사이에 특별한 약정이 없으면 부부가 공동으로 부담한다(제833조). 부담의 비율과 방법은 부부의 협의에 의하여 결정되며, 협의가 이루어지지 않을 때에는 법원의 조정·심판에 의한다(가사소송법 제2조 1항 마류사건 1).

(5) 일상가사대리권과 일상가사로 인한 채무의 연대책임

부부는 일상가사에 관하여 서로 대리권이 있고(민법 제827조 1항), 부부 중 한쪽이 일상의 가사에 관하여 제3자와 법률행위를 한 경우에는 다른 한쪽은 이로 인한 채무에 대하여 연대책임이 있다(제832조). 여기서 일상가사란 부부가 일상의 공동생활을 형성·유지하는 데 필요로 하는 일체의 사무를 말한다. 일상가사의 구체적인 범위는 부부공동체의 사회적 지위나 재산, 수입, 능력 등 현실적 생활상태 뿐만 아니라 그 부부의 생활장소인 지역사회의 관습 등에 의하여 정하여진다. 가령 부부공동생활에 통상 필요로 하는 식료품·일용품의 구입, 연료·의복의 구입, 주택의 임차, 월세·임차료 등의 지급과 수수, 수도·전기·전화요금·세금 등 공과금의 납부, 의료비·오락비(예: TV시청료 등)·교제비·자녀의 양육과 교육비 지급 등에 관한 사무가 이에 속한다. 반면에 객관적으로 일상가사비용의 범위를 초과한 과다한 소비대차·주택의 임차행위, 아내가 자가용차를 구입하기 위하여 타인으로부터 금전을 빌리는 행위, 아내가 외국에 체류 중인 남편의 재산을 처분하는 행위, 저당권의 설정행위, 신원보증·연대보증행위 등은 일상가사에 속하지 않는다.

사례) 乙은 남편 甲 몰래 甲 소유의 부동산을 丙에게 팔기로 하는 계약을 맺었다. 丙은 甲의 아내 乙에게 부동산 처분에 관한 대리권이 있다고 믿었다고 주장한다. 乙이 甲 소유의 부동산을 丙에게 팔기로 한 계약은 유효한가?

➡ 부부는 일상가사에 관하여 서로 대리권이 있다(민법 제827조 1항). 여기서 '일상의 가사'는 부부가 공동생활을 영위하는 데 필요한 통상의 사무를 말하며, 특별한 사정이 없는 한 부동산을 처분하는 행위는 일상의 가사에 속한다고 할 수 없다. 그러한 행위가 유효하려면 상대방이 아내에게 남편이 그 행위에 관한 대리의 권한을 주었다고 믿었음을 정당화할 만한 객관적인 사정이 있어야 한다.[10] 설문에서 丙에게 乙이 대리권을 가지고 있었다고 믿은 데에 정당한 이유가 있다고 인정되지 않는 한 乙이 丙과 체결한 매매계약은 무효이다.

제2절 이 혼

Ⅰ. 일반

이혼이란 완전·유효하게 성립한 혼인을 당사자 양쪽 또는 한쪽의 의사에 의하여 해소하는 제도이다. 우리 민법상 이혼에는 협의이혼과 재판상 이혼의 두 가지가 있다.

Ⅱ. 협의이혼

1. 의의

부부는 그 원인 여하를 묻지 않고 협의에 의하여 이혼할 수 있다(제834조). 이를 협의이혼이라고 한다.

2. 성립요건

협의이혼이 성립하려면 ① 당사자 사이의 이혼합의와 ② 이혼신고가 있어야 한다. 합의가 없는 협의이혼은 무효이다.

(1) 이혼의사의 합치

이혼하려는 의사(이혼의사)는 이혼신고서 작성할 때는 물론이고 그 신고서가 수리되는 때에도 존재하여야 한다. 따라서 협의이혼의사 확인 후에 한쪽이 이혼의사를 철회하면 이혼의 효력이 발생하지 않는다. 이혼하려는 의사는 법률상 부부관계를 해소하려는 의사를 의미한다. 따라서 일시적으로 법률상 부부관계를 해소하려는 당사자 간의 합의하에 협의이혼신고가 된 이상 협의이혼에 다른 목적이 있더라도 협의이혼은 무효로 되지 않는다.

(2) 이혼신고

(가) 협의이혼을 하려는 사람은 가정법원의 확인을 받아 이혼신고를 하여야 한다. 그러기 위해서는 먼저 부부가 함께 등록기준지 또는 주소지를 관할하는 가정법원에 출석하여 협의이혼의사 확인신청서를 제출하고, 이혼에 관한 안내를 받아야 한다(가족관계등록법 제75조 1항). 가정법원은 필요하다면 당사자에게 상담에 관하여 전문적인 지식과 경험을 갖춘 전문상담인의 상담을 받을 것을 권고할 수 있다(민법 제836조의2 제1항).

(나) 이혼숙려(고려)기간이 지나야 한다. 즉 가정법원에 이혼의사의 확인을 신청한 당사자는 위의 안내를 받은 날로부터, 양육하여야 할 자녀가 있는 경우에는 3개월, 그렇지 않은 경우에는 1개월이 지난 후에 이혼의사의 확인을 받을 수 있다(제836조의2 제2항). 다만 폭력으로 인하여 당사자 한쪽에게 참을 수 없는 고통이 예상되는 등 이혼을 하여야 할 급박한 사정이 있다면, 가정법원은 그 기간을 단축 또

는 면제할 수 있다(제836조의2 제3항).

(다) 협의이혼의 신고는 확인서등본을 교부 또는 송달받은 날로부터 3개월 이내에 그 등본을 첨부하여야 하며(가족관계등록법 제75조 2항), 신고 없이 3개월이 지나면 가정법원의 확인은 효력을 상실한다(제75조 3항).

3. 협의이혼의 무효와 취소

(1) 협의이혼의 무효

이혼신고서가 수리되었더라도 당사자 사이에 '이혼합의가 없는 경우'에는 그 협의이혼은 무효이다. 협의이혼의 무효는 당연무효이며, 당사자·법정대리인 또는 4촌 이내의 친족은 언제든지 이혼무효의 소를 제기할 수 있다(가사소송법 제23조).

(2) 협의이혼의 취소

'사기·강박으로 인한 이혼'은 사기 사실을 안 날 또는 강박에서 벗어난 날로부터 3개월 이내에 이혼의 취소를 청구할 수 있다(제838조, 제839조, 제823조). 협의이혼의 취소는 사기 또는 강박을 당한 배우자만이 할 수 있고, 그 상대방은 다른 한쪽의 배우자이다. 이혼취소의 판결이 확정되면 혼인취소와는 달리 처음부터 무효였던 것으로 된다. 따라서 당사자가 이혼신고 후에 재혼한 때에는 이혼취소로 인하여 중혼이 된다.

사례) 乙은 甲과 결혼하여 혼인신고를 하고 자녀를 두고 있다. 그런데 甲은 몇 년 전 사업에 실패하면서 채권자들로부터 빚 독촉에 시달리게 되자, 乙에게 사태가 진정될 때까지만 서류상 이혼한 것으로 하자고 했다. 乙은 이에 동의하고 관할법원에서 협의이혼의사확인을 받은 후 이혼신고를 하였는데, 甲은 다른 여자와 혼인신고를 하고 乙과 자녀를 돌보지 않고 있다. 乙은 甲과의 이혼을 무효화시킬 수 있는가?

➡ 협의이혼의 이혼의사는 법률상 부부관계를 해소하려는 의사를 말하므로, 일시적으로 법률상 부부관계를 해소하려는 당사자 사이의 협의이혼신고가 된 이상 협의이혼에 다른 목적이 있더라도 양쪽 사이에 이혼의사가 없다고는 할 수 없고, 이와 같은 협의이혼은 무효로 되지 않는다.[11] 따라서 乙은 甲과의 협의이혼의 무효를 주장할 수 없다. 다만 乙이 甲의 감언이설에 속아서 이혼신고를 하게 되었다면 甲과의 이혼을 취소할 수 있다(제838조). 하지만 甲이 이혼을 한 다음에 새로운 여자가 생겨서 재혼한 것이라면 사기에 의한 이혼이라고 할 수 없어 이혼취소를 청구할 수 없다.

Ⅲ. 재판상 이혼

1. 의의

재판상 이혼이란 당사자 한쪽의 청구로 법원의 판결에 의하여 혼인을 해소시키는 것을 말한다. 재판상 이혼은 당사자 한쪽의 이혼요구에 대해서 상대방이 이에 동의하지 않는 경우에 이혼을 용인하는 유일한 방법이며, 강제적인 이혼방법인 점에서 중요한 의의를 가진다. 재판상 이혼은 일정한 사유가 있는 경우에만 허용되며(민법 제840조), 그 사유를 재판상 이혼원인이라고 한다.

2. 재판상 이혼원인

(1) 배우자의 부정한 행위(제840조 1호)

부정한 행위란 '배우자의 정조의무에 충실하지 못한 일체의 행위'를 포함하며, 간통보다는 넓은 개념이다. 이러한 부정행위는 혼인 중의 행위이어야 하며, 혼인 전이나 약혼 중의 행위는 이혼사유인 부정행위에 해당하지 않는다.

배우자에게 부정한 행위가 있었더라도 ① 다른 한쪽이 '사전에 동의하거나 나

중에 용서'한 때에는 이혼을 청구할 수 없다(제841조). ② 상대방 배우자가 배우자의 부정한 행위를 '안 날로부터 6개월, 그 사유 있는 날로부터 2년이 지난 때'에는 이혼을 청구할 수 없다(제841조).

사례) 乙은 어느 날 우연히 남편 甲의 핸드폰에서 낯선 여자와 정답게 나눈 문자메시지를 보게 되었고, 확인결과 甲이 직장 여직원과 불륜관계인 것으로 밝혀졌다. 그래서 乙이 甲에게 이혼을 요구하였으나 甲이 이혼에 응하지 않고 있다. 乙은 甲과 이혼할 수 있는가?

➡ 부부는 동거하면서 서로 부양하고 협조하여야 하며(제826조 1항), 정조를 지킬 의무가 있다. 따라서 甲이 다른 여자와 불륜관계를 맺은 것은 부정한 행위로써 재판상 이혼사유가 되므로(제840조 1호), 甲이 협의이혼에 응하지 않아도 甲의 부정행위를 이유로 乙은 이혼청구소송을 관할법원에 제기할 수 있다. 그러나 부정한 행위를 이유로 한 이혼청구는 다른 한쪽이 사전에 동의하거나 나중에 용서를 한 때 또는 이를 안 날로부터 6개월, 그 사유가 있는 날로부터 2년이 지나면 이혼을 청구할 수 없다(제841조).

(2) 배우자의 악의의 유기(제840조 2호)

악의의 유기란 배우자 한쪽이 정당한 이유 없이 동거·부양·협조하여야 할 부부로서의 의무를 포기하고 다른 한쪽을 버린 경우 또는 배우자를 버리고 부부공동생활을 계속할 의사를 폐지하는 경우를 말한다. 따라서 건강·직업·경제상 또는 자녀의 교육상 필요하여 별거하는 것은 유기에 해당하지 않는다. 악의의 유기는 혼인생활을 상당한 정도로 포기하는 것이기 때문에 상당한 기간 계속되어야 한다.

(3) 배우자 또는 그의 직계존속에 의한 매우 부당한 대우(제840조 3호)

'매우 부당한 대우를 받았을 때'라 함은 혼인관계의 지속을 강요하는 것이 참으로 가혹하다고 여겨질 정도의 폭행이나 학대 또는 중대한 모욕을 받았을 경우를 말한다.[12)]

(4) 자기의 직계존속에 대한 배우자의 매우 부당한 대우(제840조 4호)

예컨대 며느리가 시부모에 대해서 또는 사위가 장인·장모에 대해서 매우 부당한 대우를 하는 경우를 말한다. 매우 부당한 대우의 의미뿐만 아니라 그 판단기준은 제840조 3호의 경우와 동일하다.

(5) 배우자의 3년 이상의 생사불명(제840조 5호)

배우자 한쪽의 생존 여부를 증명할 수 없는 상태가 현재까지 3년간 계속된 경우이다. 3년이란 기산점은 최후의 소식이 있었던 시점, 가출의 경우는 가출시, 전쟁·재난 등 위난의 경우는 그 위난이 사라진 때부터이다. 이 사유에 의한 이혼은 실종선고에 의한 혼인해소와는 관계가 없으며, 이혼판결이 확정된 후 배우자가 살아서 돌아오더라도 혼인이 부활하지 않는다.

참고로 실종선고는 어떤 사정으로 인하여 생사를 알 수 없는 사람(이러한 사람을 부재자라고 한다)의 생사가 일정기간 분명하지 아니한 때에 이해관계인이나 검사의 청구에 의하여 법원이 하게 되는데, 실종선고를 청구하기 위한 부재자의 생사불명기간은 일반실종의 경우에는 5년, 전쟁·항공기 추락·선박의 침몰 등과 같은 사유로 인한 특별실종의 경우에는 1년이다(민법 제27조). 실종선고의 청구를 받으면 법원은 6개월 이상의 기간을 정하여 그 기간 내에 부재자 본인이나 부재자의 생사를 아는 사람에게 신고하도록 하며, 이 기간 동안 신고가 없는 경우에 실종을 선고하게 된다. 이러한 절차를 거쳐 실종선고가 있게 되면 부재자는 실종기간이 만료한 때에 사망한 것으로 간주되어(제28조) 가족관계등록부에 기재되며, 그 효과가 부재자의 재산에 대한 상속이 이루어지고 잔존배우자는 재혼을 할 수 있게 된다.

(6) 그 밖에 혼인을 계속하기 어려운 중대한 사유(제840조 6호)

혼인을 계속하기 어려운 중대한 사유가 있을 때라 함은 부부간의 애정과 신뢰가 바탕이 되어야 할 혼인의 본질에 해당하는 부부공동생활 관계가 회복할 수 없을 정도로 파탄되고 혼인생활의 계속을 강제하는 것이 한쪽 배우자에게 참을 수 없는 고통이 되는 경우를 말한다.[13] 혼인을 계속하기 어려운 중대한 사유가 있는지는 혼인계속의사의 유무, 파탄원인에 관한 당사자의 책임 유무, 혼인생활의 기간, 자녀의 유무, 당사자의 연령, 이혼 후의 생활보장, 그 밖의 혼인관계의 제반사정을 고려하여 판단하여야 한다. 판례에 나타난 '그 밖에 혼인을 계속하기 어려운 중대한 사유'를 보면, ① 육체적 파탄원인으로 부당한 피임·성병의 감염·이유 없는 성교거부·성교불능 등을 들 수 있는데, 임신불능·남편의 생식불능은 그 사유에 해당하지 않는다.[14] ② 정신적·윤리적 파탄원인으로는 불치의 정신병, 부부간의 애정상실·성격불일치, 장기간의 별거, 혼전부정으로 인한 부부간의 갈등, 신앙의 차이, 과도한 신앙생활, 알코올중독, 혼인 중 발생한 중증의 우울증을 들 수 있다. ③ 경제적 파탄원인으로 남편의 방탕·상습적인 도박·지나친 사치 등으로 가정경제를 위협한 경우 등을 들 수 있다.

민법 제840조 6호의 '그 밖에 혼인을 계속하기 어려운 중대한 사유'는 다른 한쪽이 이를 안 날로부터 6개월, 그 사유가 있었던 날로부터 2년이 지나면 이혼청구권이 소멸된다(제842조).

사례) 甲과 乙은 혼인신고를 하고 그 무렵 신혼여행을 다녀온 다음 1999년 7월경 甲의 학업을 위하여 함께 미국으로 출국하여 유학생활을 한 이래 한 차례도 성관계를 하지 못하였다. 甲과 乙은 7년 이상의 장기간에 걸친 성관계 부존재 등의 사유로 불화를 겪다가 2007년 1월경부터는 별거생활을 시작하였고, 甲이 2007년 2월경 부모에게 그동안 성관계를 못하였다는 사실을 알린 이후에는 乙이 시댁 식구들로부터 외면당하였다. 한편 甲은 2009년 11월경 비뇨기과 전문의로부터 성기능 검사를 받았는데, 혈류검사에서 약간의 혈류저하가 있으며, '상세불명의 경미한 성기능장애' 진단을 받은 사실이 있다. 乙은 甲에게 재판상 이혼을 청구할 수 있는가?

➡ 혼인을 계속하기 어려운 중대한 사유가 있는 때에는 재판상 이혼을 청구할 수 있다(민법 제840조 6호). 부부 중에 성기능의 장애가 있거나 부부간의 성적인 접촉이 부존재하더라도 부부가 합심하여 전문적인 치료와 조력을 받으면 정상적인 성

생활로 돌아갈 가능성이 있는 경우에는 그러한 사정은 일시적이거나 단기간에 그치는 것이므로 그 정도의 성적 결함만으로는 '혼인을 계속하기 어려운 중대한 사유'가 될 수 없다. 그러나 그러한 정도를 넘어서서 정당한 이유 없이 성교를 거부하거나 성적 기능의 불완전으로 정상적인 성생활이 불가능하거나 그 밖의 사정으로 부부 상호간의 성적 욕구의 정상적인 충족을 저해하는 사실이 존재하고 있다면, 부부간의 성관계는 혼인의 본질적인 요소임을 감안할 때 이는 '혼인을 계속하기 어려운 중대한 사유'가 될 수 있다.[15]

3. 유책배우자의 이혼청구권

(1) 혼인생활관계가 당사자 중 한쪽의 잘못으로 인하여 파탄된 경우, 판례는 원칙적으로 유책배우자의 이혼청구를 인정하지 않는다. 즉 혼인생활의 파탄에 대하여 주된 책임이 있는 배우자는 원칙적으로 그 파탄을 사유로 하여 이혼을 청구할 수 없고, 다만 ① 상대방도 그 파탄 이후 혼인을 계속할 의사가 없음이 객관적으로 명백함에도 오기나 보복적 감정에서 이혼에 응하지 아니하고 있을 뿐이라는 등의 특별한 사정이 있는 경우에만 예외적으로 유책배우자의 이혼청구권이 인정된다.[16] ② 상대방 배우자도 혼인을 계속할 의사가 없어 일방의 의사에 따른 이혼 내지 축출이혼의 염려가 없는 경우는 물론, 나아가 이혼을 청구하는 배우자의 유책성을 상쇄할 정도로 상대방 배우자 및 자녀에 대한 보호와 배려가 이루어진 경우, 세월의 경과에 따라 혼인파탄 당시 현저하였던 유책배우자의 유책성과 상대방 배우자가 받은 정신적 고통이 점차 약화되어 쌍방의 책임의 경중을 엄밀히 따지는 것이 더 이상 무의미할 정도가 된 경우 등과 같이 혼인생활의 파탄에 대한 유책성이 이혼청구를 배척해야 할 정도로 남아 있지 아니한 특별한 사정이 있는 경우에는 예외적으로 유책배우자의 이혼청구를 허용할 수 있다.[17]

(2) 한편 혼인파탄에 있어 유책성은 혼인파탄의 원인이 된 사실에 기초하여 평가할 일이며 혼인관계가 완전히 파탄된 뒤에 있은 일을 가지고 따질 것은 아니

다.[18] 따라서 혼인이 이미 다른 원인에 의하여 파탄된 경우에는 배우자 한쪽에게 부정행위 등과 같은 유책적인 행위가 있더라도 그것으로써 유책배우자라고 할 수 없다.

사례) 甲과 乙 사이에는 혼인 초기부터 성격이 맞지 않아서 불화가 계속되던 중, 혼인 후 3년 경부터 甲은 丙녀를 사귀게 되었고 이로 인하여 乙과 말다툼 끝에 집을 나가 丙과 동거하기 시작하였다. 그 후 甲은 乙에게 거주하고 있던 건물과 토지를 증여하고 이혼하려 하였지만 乙이 응하지 않았다. 이에 甲은 장기간의 별거로 인하여 혼인을 계속할 수 없는 중대한 사유가 있음을 이유로 이혼소송을 제기하였다. 이혼청구의 결과는?

➡ 혼인을 계속하기 어려운 중대한 사유는 재판상 이혼사유이지만(민법 제840조 6호), 판례는 유책배우자의 이혼청구를 원칙적으로 인정하지 않는다.[19] 그러나 이혼청구자에게는 전혀 책임이 없고 상대방에게만 전적인 혼인파탄의 책임이 있는 경우뿐만 아니라 이혼청구자에게는 가벼운 책임이 있고 그 상대방에게 중한 책임이 있는 경우에 이혼이 허용된다. 설문의 경우, 甲과 乙은 성격불일치로 가정불화가 생겨 파탄에 빠졌으므로 상호책임이 있다고 할 수 있지만, 甲이 丙녀와 동거 등을 하고 있는 점을 고려할 때, 甲에게 혼인파탄에 중한 책임이 있다. 따라서 甲의 이혼청구는 배척될 것이다.

4. 재판상 이혼의 절차

(1) 조정에 의한 이혼

재판상 이혼을 하고자 하는 사람은 우선 법원에 조정을 신청해야 한다(가사소송법 제2조 1항 나류사건 4, 제50조 1항). 조정에서 당사자 사이에 이혼의 합의가 성립하여 이 사실이 조서에 기재되면 조정이혼이 성립하고, 이 기재는 재판상의 화해와 동일한 효력이 있으며(제59조), 혼인은 종료된다.

(2) 재판에 의한 이혼

이혼사건에 대한 조정을 하지 아니하기로 하는 결정이 있거나 조정이 성립되지 아니한 것으로 종결된 경우 또는 조정에 갈음하는 결정이 이의신청에 의하여 효력을 상실한 경우에는 조정신청을 한 때에 소가 제기된 것으로 본다(가사소송법 제49조). 이혼의 인용판결이 확정되면 소를 제기한 자는 재판의 확정일로부터 1개월 이내에 재판서의 등본 및 확정증명서를 첨부하여 그 취지를 신고하여야 한다(가족관계등록법 제78조, 제58조). 이혼판결의 확정으로 혼인이 해소되며, 협의이혼과 같이 신고하여야 이혼이 성립하는 것이 아니다.

Ⅳ. 이혼의 효과

1. 일반적 효과

이혼이 성립하면 ① 혼인이 해소되어 혼인에 의하여 생긴 효과(동거·부양·협조의무, 부부재산계약 등)는 모두 소멸한다. ② 배우자의 혈족 및 배우자의 혈족의 배우자 사이의 인척관계도 소멸되고(민법 제775조 1항), 재혼할 수 있다. 다만 이혼으로 인척관계가 소멸하여도 6촌 이내 혈족의 배우자, 배우자의 6촌 이내 혈족 및 배우자의 4촌 이내 혈족의 배우자와의 혼인은 금지된다(제809조 2항).

2. 자녀에 대한 효과

이혼을 할 때에는 부부 사이에 출생한 미성년인 자녀가 있는 경우, 친권자나 양육자를 정할 필요가 있다.

(1) 친권자의 결정

부모가 이혼하면 공동친권행사가 어렵게 되므로 친권자를 정할 필요가 있다. 협의이혼의 경우에는 부모의 협의로 친권자를 정하여야 하고, 협의를 할 수 없거나 협의가 이루어지지 않는 경우에는 법원은 직권으로 또는 당사자의 청구에 의하여 친권자를 지정해야 한다. 다만 부모의 협의가 자녀의 복리에 반하는 경우에는 법원은 보정을 명하거나 직권으로 친권자를 정한다(민법 제909조 4항). 반면에 재판상 이혼의 경우에는 법원이 직권으로 친권자를 정한다(제909조 5항). 그리고 법원은 친권자가 정하여졌더라도 자녀의 복리를 위하여 필요하다고 인정되는 경우에는 자녀의 4촌 이내 친족의 청구에 의하여 친권자를 다른 한쪽으로 변경할 수 있다(제909조 6항).

사례) 甲은 乙과 이혼할 때 경제적인 여유가 없어 乙을 친권자 및 양육자로 지정해 주었다. 하지만 乙이 丙과 재혼한 다음부터는 자녀를 학대하고 잘 돌보지 않고 있다. 이러한 이유로 甲은 친권자와 양육자를 자신으로 변경하고자 하는데, 가능한가?

➡ 가정법원은 자녀의 복리를 위하여 필요하다고 인정하는 경우, ① 부·모·자녀 및 검사의 청구 또는 직권으로 자녀의 양육에 관한 사항을 변경하거나 다른 적당한 처분을 할 수 있다(제837조 5항). ② 자녀의 4촌 이내의 친족의 청구에 의하여 정하여진 친권자를 다른 일방으로 변경할 수 있다(제909조 6항). 따라서 甲은 乙과의 협의나 심판 등에 의하여 친권자 및 양육권자를 乙로 지정하였더라도 乙이 자녀를 학대하는 등 잘 돌보지 않고 있으므로, 가정법원에 친권자 및 양육자변경의 심판을 청구하여 자녀에 대한 친권자와 양육권자를 자신으로 변경할 수 있다.

(2) 양육에 관한 사항의 결정

(가) 양육권과 친권의 관계

양육권은 친권과 구별된다. 즉 ① 친권은 자녀의 신분에 관한 권리의무(예: 가족행위에 대한 대리권과 동의권), 재산에 관한 권리의무(예: 재산관리, 재산적 법률행위에 관한 대리권 및 동의권, 영업허락 등), 양육에 관한 권리의무 등을 모두 포함한다. ② 양육권은 원칙적으로 자녀를 보호하고 교육할 권리의무만을 의미할 뿐이다.

(나) 양육자의 결정

이혼하는 부모는 자녀의 양육에 관한 사항을 협의하여 정해야 하며(민법 제837조 1항), 협의에는 양육자의 결정, 양육비용의 부담, 면접교섭권의 행사 여부와 그 방법이 포함되어야 한다(제837조 2항). 자녀의 양육에 관한 부모의 협의가 자녀의 복리에 반하는 경우에는 법원은 보정을 명하거나 직권으로 자녀의 의사와 나이, 부모의 재산상황, 그 밖의 사정을 고려하여 양육에 필요한 사항을 정한다(제837조 3항). 그리고 양육에 관한 사항에 대하여 협의가 이루어지지 않거나 협의할 수 없는 경우에는 법원은 직권으로 또는 당사자의 청구에 의하여 양육에 관한 사항을 결정하며, 이 경우 법원은 자녀의 의사와 나이, 부모의 재산상황, 그 밖의 사정을 고려하여야 한다(제837조 4항).

법원은 자녀의 복리를 위하여 필요하다고 인정하는 경우에는 아버지·어머니·자녀 및 검사의 청구에 의하여 또는 직권으로 자녀의 양육에 관한 사항을 변경하거나 그 밖의 적당한 처분을 할 수 있다(제837조 5항). 양육에 관한 사항이 결정 또는 변경 등이 있더라도 양육에 관한 사항 이외에는 부모의 권리와 의무를 변경시키지 않는다(제837조 6항).

사례) 甲은 乙과 혼인하여 자녀를 낳아 살던 중 협의이혼을 하고 현재 혼자 아이를 키우고 있다. 그러나 혼자서는 아이를 양육하기가 힘이 들고 아이의 장래를 위해서도 乙의 도움이 절실히 필요한데, 乙에게 아이의 양육비를 청구할 수 있는가? 아울러 과거의 양육비도 청구할 수 있는가?

➡ 어떠한 사정으로 인하여 부모 중 어느 한쪽만이 자녀를 양육하게 된 경우, 그와 같은 한쪽에 의한 양육이 그 양육자의 일방적이고 이기적인 목적이나 동기에서 비롯한 것이라거나 자녀의 이익을 위하여 도움이 되지 아니하거나 그 양육비를 상대방에게 부담시키는 것이 오히려 형평에 어긋나게 되는 등 특별한 사정이 있는 경우

를 제외하고는, 양육하는 한쪽은 상대방에 대하여 현재 및 장래의 양육비 중 적정 금액의 분담을 청구할 수 있음은 물론이고, 부모의 자녀양육의무는 특별한 사정이 없는 한 자녀의 출생과 동시에 발생하는 것이므로 과거의 양육비에 대하여도 상대방이 분담함이 상당하다고 인정되는 경우에는 그 비용의 상환을 청구할 수 있다.[20] 따라서 양육비 분담을 인정하지 아니할 특별한 사정이 존재하지 않는다면, 甲은 乙에게 현재 및 장래의 양육비를 청구할 수 있고, 아울러 과거 양육비의 상환을 청구할 수 있다.

(3) 면접교섭권

면접교섭권이란 친권자나 양육자가 아니기 때문에 현실적으로 자녀를 보호·양육하고 있지 않은 부모 중 한쪽과 자녀가 서로 만나거나 서신교환·방문·숙박과 같은 접촉을 할 수 있는 권리를 말한다(민법 제837조의2 제1항). 이러한 면접교섭권은 협의이혼과 재판상 이혼, 혼인이 취소된 경우 및 사실혼이 해소된 경우에도 인정된다. 한편 법원은 자녀의 복리를 위하여 필요하다고 인정하는 경우에는 당사자의 청구에 의하여 또는 직권으로 면접교섭을 제한하거나 배제할 수 있다(제837조의2 제2항).

(4) 자녀의 신분관계

부모의 이혼에 의하여 자녀의 신분에는 영향이 없다.

3. 재산적 효과

(1) 재산분할청구권

(가) 의의

재산분할청구권은 이혼을 한 당사자 중 한쪽이 다른 한쪽에게 '혼인 중 취득한 재산'의 분할을 청구하는 권리이다. 이는 혼인 중 형성된 재산은 부부의 협력으로 이루어진 실질적인 공유재산이므로, 이혼으로 혼인이 해소된 때에는 이를 청산·정리할 필요가 있으며, 또한 이혼 후 경제적 능력이 없는 배우자 한쪽의 생계유지나 부양을 계속하게 함으로써 실질적인 이혼의 자유를 보장하려는 데 있다.

(나) 성립요건

재산분할을 청구하려면, ① 이혼이나 혼인취소에 의하여 혼인관계가 종료되어야 한다. 재산분할제도는 부부가 혼인 중에 취득한 실질적인 공동재산을 청산·분배하는 것을 주된 목적으로 하므로, 유책배우자도 혼인 중에 취득한 실질적 공동재산에 대하여 재산분할을 청구할 수 있다. 또한 사실혼의 배우자도 재산분할청구권을 행사할 수 있다. ② 재산분할청구권의 대상이 되는 재산은 '당사자 양쪽의 협력으로 이룩한 재산'이다(제839조의2 제2항). 부부 중 한쪽의 특유재산(예: 상속·증여·유증 등으로 인한 고유재산)은 원칙적으로 재산분할의 대상이 되지 않지만, 다른 한쪽이 특유재산의 유지(감소방지)·증식에 직·간접적으로 기여한 경우에는 분할의 대상이 된다. 또한 이혼 당시 이미 수령한 연금·퇴직금·상여금 등은 분할대상이 되며, 부부 중 한쪽이 이혼 당시 아직 퇴직하지 아니한 채 직장에 근무하고 있는 경우, 퇴직급여채권도 재산분할의 대상에 포함된다.[21] 그밖에 부부의 한쪽이 혼인 중 제3자에게 부담한 채무 중 일상가사에 관한 것은 청산의 대상이 되고, 그 나머지는 원칙적으로 개인채무로서 청산의 대상이 되지 않으나, 공동재산의 형성에 수반하여 부담한 채무인 경우에는 청산의 대상이 된다.[22] ③ 재산분할청구권은 이혼한 날로부터 2년 내에 행사하여야 하고(제839조의2 제3항), 그 기간이 지나면 소멸되어 이를 청구할 수 없다.

사례) 乙은 10년 전에 甲과 혼인하였지만 甲의 부정행위 때문에 이혼하고자 한다. 乙은 甲으로부터 위자료를 받았지만, 甲은 대기업의 간부로 재직 중이고 만일 직장을 퇴직할 경우에 상당한 액수의 퇴직금을 받을 것으로 예상된다. 乙은 甲의 퇴직금에 대하여 재산분할을 청구하고자 하는데, 가능한가?

➡ 퇴직금은 혼인 중에 제공한 근로에 대한 대가가 유예된 것이므로 부부의 혼인 중 재산의 일부가 되므로, 한쪽이 이혼할 때에 이미 수령한 퇴직금은 물론 이혼할 때에 아직 수령하지 않은 퇴직금도 분할대상이 된다.[23] 즉 퇴직급여를 수령하기 위하여는 일정기간 근무할 것이 요구되는데, 그와 같이 근무함에 있어 상대방 배우자의 협력이 기여한 것으로 인정된다면 퇴직급여 역시 부부 양쪽의 협력으로 이룩한 재산으로서 재산분할의 대상이 될 수 있다. 따라서 乙은 甲의 퇴직급여에 대하여 재산분할을 청구할 수 있다. 구체적으로는 이혼소송의 사실심 변론종결 시를 기준으로 그 시점에서 퇴직할 경우 수령할 수 있을 것으로 예상되는 퇴직급여 상당액의 채권이 그 대상이 된다.

(다) 분할의 방법

먼저 당사자의 협의에 의하여 재산분할의 방법과 액수를 정한다. 협의가 이루어지지 않거나 협의할 수 없는 경우에는 법원은 당사자의 청구에 의하여 당사자 양쪽이 협력하여 이룩한 재산의 액수와 그 밖의 사정을 고려하여 분할할 액수와 방법을 정한다(제839조의2 제2항).

(라) 채권자취소권의 행사

부부 중 한쪽이 다른 한쪽의 재산분할청구권 행사를 침해할 것임을 알면서도 재산권에 관한 법률행위를 한 경우에는 다른 한쪽은 그 취소와 원상회복을 법원에 청구할 수 있다(제839조의3 제1항). 그 소는 다른 한쪽이 취소원인을 안 날로부터 1년, 법률행위 있었던 날로부터 5년 내에 제기해야 한다(제839조의3 제2항, 제406조 2항).

사례) **甲은 乙에 대해 이혼 및 재산분할을 청구하려고 한다. 그런데 乙이 甲의 의도를 알면서도 혼인 중에 甲과 함께 저축하여 모은 금전으로 乙 명의로 취득한 부동산을 제3자 丙에게 팔고 丙 명의로 소유권이전등기를 해 주었다. 이 경우 甲은 어떻게 해야 하는가?**

➡ 부부의 한쪽이 다른 한쪽의 재산분할청구권 행사를 해함을 알면서도 재산권을 목적으로 하는 법률행위를 한 경우, 다른 한쪽은 그 법률행위의 취소 및 원상회복을

가정법원에 청구할 수 있다(민법 제839조의3). 이는 이혼당사자 일방이 이혼에 따른 재산분할을 회피할 목적으로 제3자에게 재산을 이전하는 것을 막기 위한 제도이다. 혼인 중에 부부의 한쪽 명의로 취득한 재산이 실질적으로 부부의 공동노력으로 취득·형성·유지되어 온 때에는 분할의 대상이 된다. 따라서 乙이 혼인 중에 자신의 명의로 부동산을 취득하였지만, 甲과 협력하여 이룩한 재산으로 부부의 공동재산에 해당되어 분할의 대상이 된다. 이처럼 분할의 대상인 부동산을 乙이 제3자 丙에게 처분하였으므로, 甲은 丙에 대하여 乙과의 매매계약을 취소하고 丙 명의의 소유권이전등기의 말소를 청구할 수 있다.

(2) 손해배상청구권

재판상 이혼을 한 경우, 당사자 한쪽은 과실이 있는 상대방에게 재산상의 손해와 정신상의 고통에 대한 손해배상을 청구할 수 있다(제843조, 제806조 1항, 2항). 또한 이혼하는 부부의 한쪽은 혼인의 파탄에 책임이 있는 제3자에게 손해배상을 청구할 수 있다. 가령 자녀의 혼인생활에 지나치게 간섭하여 혼인을 파탄상태에 이르게 한 시부모, 배우자와 간통한 제3자 등에게 위자료청구권을 가진다.

제3절 사실혼

사실혼이란 남녀가 사실상 부부로서 혼인생활을 하고 있지만, 혼인신고를 하지 아니하여 법률상 혼인으로 인정받지 못하는 부부관계를 말한다. 사실혼이 성립하기 위해서는 ① 당사자 사이에 혼인의사의 합치가 있고, ② 부부공동생활이라고 인정할 만한 혼인생활의 실체가 존재하여야 한다. 사실혼은 혼인의사와 혼인의 실체가 있으므로, 사실혼 당사자도 일정한 보호를 받아야 함은 재론의 여지가 없다. 따라서 사실혼이 해소된 경우, 사실혼기간에 형성된 재산의 분할을 청구할 수 있다. 사실상의 혼인관계에 있는 부부관계가 정당한 이유 없이 파기되었을 경우에 당사자 한쪽은 과실이 있는 상대방에게 채무불이행으로 인한 손해배상을 청구할 수 있는 동시에 불법행위로 인한 손해배상을 청구할 수 있다. 또한 각종 특별법에서 사실혼부부를 보호하기 위해서 법률상 부부와 동일하게 다루는 규정이 있다. 즉 근로기준법, 공무원연금법, 군인연금법, 사립학교교직원연금법, 선원법, 산업재해보상보험법 등에는 사실상 혼인관계에 있는 자를 배우자에 포함시키고 있다. 주택임대차보호법은 사실혼의 배우자 한쪽이 사망한 경우, 다른 배우자에게도 임차권과 채권적 전세권의 승계를 인정하고 있다(주택임대차보호법 제9조, 제12조). 다만 ① 사실혼의 배우자와 그 혈족과의 사이에 친족관계가 발생하지 않으며, 상속권도 인정되지 않는다. ② 사실혼 중에 출생한 자녀는 혼인 외의 자녀이다.

사례) 丙은 법률상 배우자가 있는 甲과 사귀게 되었는데, 甲은 법률상 배우자 乙이 가출하여 장기간 행방불명되었으므로 빠른 시일 내에 乙과의 혼인관계를 정리한 후 丙과 혼인하겠다는 말만 믿고 3년간 함께 살고 있다. 그러나 甲은 최근에 다른 여자와 사랑에 빠져 있다. 丙이 甲과 헤어진다면 甲에게 손해배상과 재산분할을 청구할 수 있는가?

➡ 한쪽의 부정행위 등으로 사실혼이 파탄된 경우, 다른 한쪽은 사실혼파기로 인한 손해배상청구가 가능하고, 사실혼기간에 형성된 재산의 분할을 청구할 수 있다. 다만 법률상의 혼인을 한 부부의 어느 한쪽이 집을 나가 장기간 돌아오지 않고 있는 상태에서 부부의 다른 한쪽이 제3자와 혼인의 의사로 실질적인 혼인생활을 하고 있더라도 특별한 사정이 없는 한, 이를 사실혼으로 인정하여 법률혼에 준하는 보호를 할 수는 없으며, 이 경우 사실혼관계해소에 따른 손해배상청구나 재산분할청구는 허용될 수 없다.[24] 설문의 경우, 丙이 甲에게 법률상 혼인관계에 있는 배우자 乙이 존재한다는 사실을 알고 동거를 개시함으로써 중혼적 사실혼관계가 성립된 경우, 乙이 이를 알고 용인하였더라도 甲과 丙 사이에는 법률상 보호받을 수 있는 적법한 사실혼관계가 성립되었다고 볼 수 없다. 따라서 丙은 甲에 대하여 손해배상과 재산분할을 청구할 수 없다.

제4절 부모와 자녀

Ⅰ. 친자녀관계

1. 의의

친자녀관계란 부모와 자녀라는 신분관계를 가리키며, 그것은 부부관계와 더불어 친족적 공동생활의 기초를 이룬다. 민법상 친자녀관계에는 자연의 혈연관계에 있는 친생자녀관계와 법률상 친생·친자녀관계로 의제하는 법정친자녀관계(양자녀·양친자관계)가 있다. 친생자녀관계에는 다시 혼인관계가 있는 부모로부터 출생한 혼인 중의 자녀와 혼인관계가 없는 부모로부터 출생한 혼인 외의 자녀가 있다. 그리고 혼인 외의 출생자녀에는 아버지에게 인지된 자녀와 인지되지 않은 자녀가 있다.

2. 자녀의 성과 본

(1) 자녀의 성과 본의 결정

① 자녀는 아버지의 성과 본을 따른다(민법 제781조 1항). ② 아버지를 알 수 없는 자녀는 어머니의 성과 본을 따른다(제781조 3항). ③ 아버지가 외국인인 경우에는 자녀는 어머니의 성과 본을 따를 수 있다(제781조 2항).

(2) 부모의 협의에 의한 자녀의 성과 본의 결정

자녀는 아버지의 성과 본을 따르지만, 부모가 '혼인신고'를 할 때 어머니의 성과 본을 따르기로 협의한 경우에는 어머니의 성과 본을 따른다(제781조 1항). 자녀가 어머니의 성과 본을 따르더라도 부자관계에 법률상 아무런 영향을 미치지 않는다. 물론 자녀의 복리를 위하여 자녀의 성과 본을 변경할 필요가 있을 때에는 아버지·어머니 또는 자녀의 청구에 의하여 법원의 허가를 받아 이를 변경할 수 있다(제781조 6항).

사례) 甲은 乙과 혼인을 앞두고 있는데, 甲의 성이 매우 희귀하여 어려서부터 주위사람에게 놀림을 많이 당해왔다. 앞으로 태어날 아이에게 자신의 성을 물려주고 싶지 않은데, 가능한 방법은 없는가?

➡ 자녀는 아버지의 성과 본을 따르지만, 부모가 혼인신고할 때 어머니의 성과 본을 따르기로 협의한 경우에는 어머니의 성과 본을 따른다(민법 제781조 1항). 설문의 경우, 甲은 혼인신고 전에 乙의 성과 본을 따르기로 乙과 협의한 후 혼인신고할 때에 乙의 성과 본을 따르겠다고 신고하면 된다.

(3) 혼인 외의 출생자녀의 성과 본의 유지

혼인 외의 출생자녀는 아버지의 인지가 있기 전에는 어머니의 성과 본을 따르고, 인지가 되면 원칙적으로 아버지의 성과 본을 따른다. 다만 혼인 외의 출생자녀가 인지된 경우에도 자녀는 부모의 협의에 따라 종전의 성과 본을 계속 사용할 수 있다. 만일 부모가 협의할 수 없거나 협의가 이루어지지 않은 경우에는 자녀는 법원의 허가를 받아 종전의 성과 본을 계속 사용할 수 있다(제781조 5항). 이는 자녀의 복리를 위하여 성과 본이 자동으로 변경되지 않을 수 있도록 한 것이다.

참고로 인지란 혼인 외의 출생자녀를 생부(生父) 또는 생모(生母)가 자신의 자녀로 인정하는 행위를 말한다. 인지에는 아버지 또는 어머니가 스스로 인지하는 경우와 아버지 또는 어머니를 상대로 인지의 소를 제기하여 인지의 효과를 발생하게 하는 경우가 있으며, 전자를 임의인지라고 하고 후자를 강제인지라고 한다.

(4) 성과 본의 변경청구

(가) 자녀의 복리를 위하여 자녀의 성과 본을 변경할 필요가 있는 경우에는 아버지, 어머니 또는 자녀의 청구에 의하여 법원의 허가를 받아 성과 본을 변경할 수

있다. 다만 자녀가 미성년자이고 법정대리인이 청구할 수 없는 경우에는 민법 제777조의 규정에 따른 친족이나 검사가 청구할 수 있다(제781조 6항). 이는 주로 재혼가정에서 자라는 자녀들이 계부(의붓아버지)와 성이 달라서 고통 받는 경우의 문제를 해결하기 위하여 도입된 규정이다. 물론 친양자녀 제도를 이용하여 이 문제를 해결할 수도 있으나, 친양자녀로 입양하려면 친생부모의 동의가 필요하고(제908조의2 제1항) 친양자녀로 되면 입양 전의 친족관계가 종료되기 때문에(제908조의3 제2항) 성의 변경제도가 필요하게 된다.

(나) 성과 본의 변경에 의해서 부자·모자관계에는 영향이 없다. 예컨대 자녀가 계부의 성과 본으로 변경하였다고 해서 생부와의 부자관계가 소멸하는 것은 아니며, 그 자녀와 계부 사이에 법률상 부자관계가 성립하는 것도 아니다. 따라서 생부와의 상속관계나 부양관계는 존속하며, 계부와의 상속관계가 인정되는 것도 아니다. 다만 계부는 직계혈족의 배우자이므로, 상호간의 부양의 권리의무는 인정된다(제974조). 계부와의 법률상 부자관계가 성립하기 위해서는 입양(친양자녀 입양 포함)을 하는 등의 절차를 거쳐야 한다.

Ⅱ. 친권

1. 서설

친권은 부모가 그 미성숙의 자녀를 보호하고 교양할 권리·의무를 말한다(민법 제913조). 친권은 자녀에 대한 지배권이 아니며, 부모의 개인적 이익을 위한 권리라고 볼 수 없다. 친권에 따르는 사람은 미성년의 자녀이다. 다만 미성년의 자녀라도 혼인을 한 때에는 성년자로 의제되므로(제826조의2), 친권에 따르지 않는다.

2. 친권자

(1) 혼인 중의 출생자녀의 경우

(가) 부모가 혼인 중인 경우 — 친권공동행사의 원칙

부모는 미성년자인 자녀의 친권자가 된다(민법 제909조 1항). 미성년 자녀에 대한 친권은 부모가 혼인 중인 때에는 공동으로 행사하고, 부모의 의견이 일치하지 않는 경우에는 당사자의 청구에 의하여 법원이 이를 정한다(제909조 2항). 여기서 친권을 '공동으로 행사한다'라 함은 부모의 의견이 일치하여 친권을 행사하는 것을 말하고, 행위 자체를 부모 양쪽이 공동으로 하거나 공동명의로 하여야 하는 것을 의미하지 않는다. 예컨대 아버지의 명의만으로 자녀의 부동산을 매매하더라도 어머니가 동의하거나 추인하면 유효하다. 한편 부모 중 한쪽이 친권을 행사할 수 없을 경우에는 다른 한쪽이 행사한다(제909조 3항).

(나) 부모가 이혼한 경우

부모가 협의이혼을 한 경우에는 부모의 협의로 친권자를 정하여야 하고, 협의할 수 없거나 협의가 이루어지지 않는 경우에는 법원은 직권으로 또는 당사자의 청구에 의하여 친권자를 지정해야 한다. 다만 부모의 협의가 자녀의 복리에 반하는 경우에는 법원은 보정을 명하거나 직권으로 친권자를 정한다(제909조 4항). 또한 혼인의 취소, 재판상 이혼의 경우에는 법원이 직권으로 친권자를 정한다(제909조 5항).

(2) 혼인 외의 출생자녀의 경우

혼인 외의 출생자녀가 인지되지 않은 경우에는 생모만이 친권자가 된다. 반면에 임의인지가 된 경우에는 부모의 협의로 친권을 행사할 사람을 정하고, 협의할 수 없거나 협의가 이루어지지 않는 때에는 법원은 직권으로 또는 당사자의 청구에 의하여 친권자를 지정해야 한다. 다만 부모의 협의가 자녀의 복리에 반하는 경우에는 법원은 보정을 명하거나 직권으로 친권자를 정한다(제909조 4항). 강제인지의 경우에는 법원이 직권으로 친권자를 정한다(제909조 5항).

(3) 양자녀의 경우

양자녀의 경우에는 양부모가 친권자가 된다(제909조 1항). 친양자의 경우에도 같다. 친권행사의 방법은 혼인 중의 출생자녀에서와 같다(제909조 2항, 3항).

(4) 정해진 친권자가 없게 된 경우

(가) 정해진 단독 친권자가 사망한 경우—친권자지정청구

인지·이혼·혼인의 취소 등으로 인해 단독 친권자로 정하여진 부모의 한쪽이 사망한 경우, 생존하는 아버지 또는 어머니, 미성년자, 미성년자의 친족은 그 사실을 안 날부터 1개월, 사망한 날부터 6개월 내에 법원에 생존하는 아버지 또는 어머니를 친권자로 지정해 줄 것을 청구할 수 있다(제909조의2 제1항). 만약 이 기간 내에 친권자 지정의 청구가 없는 경우에는 법원은 직권으로 또는 미성년자·미성년자의 친족·이해관계인·검사·지방자치단체의 장의 청구에 의하여 미성년후견인을 선임할 수 있다(제909조의2 제3항).

(나) 입양취소·파양·양부모가 모두 사망한 경우

'입양이 취소'되거나 '파양'된 경우 또는 '양부모가 모두 사망'한 경우, 친생부모 한쪽 또는 양쪽, 미성년자, 미성년자의 친족은 그 사실을 안 날부터 1개월, 입양이 취소되거나 파양된 날 또는 양부모가 모두 사망한 날부터 6개월 내에 법원에 친생부모의 한쪽 또는 양쪽을 친권자로 지정해 줄 것을 청구할 수 있다. 다만 친양자녀의 양부모가 사망한 경우에는 친권자 지정을 청구할 수 없다(제909조의2 제2항). 여기서 파양이란 유효하게 성립한 양친자녀 관계를 인위적으로 해소하는 것을 말한다. 여기에는 양부모와 양자녀가 협의하여 파양하는 '협의상 파양'과 일정한 원인이 있는 경우(제905조)에 파양청구의 소를 제기하여 파양하는 '재판상 파양'이 있다.

(다) 후견인 임무대행자 선임

민법은 미성년자에게 법정대리인이 없는 기간이 생기지 않도록 하기 위하여 후견인의 임무를 대행할 사람을 선임할 수 있는 제도를 두고 있다. 즉 법원은 ① 단독 친권자가 사망한 경우, ② 입양이 취소되거나 파양된 경우, ③ 양부모가 모두 사망한 경우에 직권으로 또는 미성년자·미성년자의 친족·이해관계인·검사·지방자치단체의 장의 청구에 의하여 친권자가 지정되거나 미성년후견인이 선임될 때까지 그 임무를 대행할 사람을 선임할 수 있다(제909조의2 제5항).

사례) 甲은 乙과 협의이혼을 하면서 미성년자인 아들 丙의 친권자를 甲으로 정하였다. 그런데 丁 소유의 자동차가 중앙선을 넘어 반대편 인도에 있던 甲을 충돌하는 교통사고로 甲이 갑자기 사망하였다. 현재 미성년자 丙은 조부모가 양육하고 있으며 乙은 재혼하였다. 이 경우 교통사고의 가해차량이 가입한 보험회사로부터 손해배상금을 누가 수령할 수 있는가?

➡ 상속이란 사람이 사망한 경우에 그의 재산상의 지위가 법률규정에 의하여 타인에게 포괄적으로 승계되는 것을 말한다. 사망한 사람(피상속인)의 직계비속이 있으면 그 직계비속이 1순위 상속인이며(민법 제1000조 1호), 피상속인과 이혼한 배우자에게는 상속이 인정되지 않는다. 따라서 설문의 경우, 甲의 사망으로 아들 丙은 甲의 丁에 대한 손해배상청구권을 단독으로 상속받는다. 하지만 丙은 미성년자로서 제한능력자이므로 손해배상금의 적법한 수령은 丙의 법정대리인이 하여야 한다.

이혼 등으로 인해 단독 친권자로 정하여진 부모의 한쪽이 사망한 경우, 생존하는 아버지 또는 어머니, 미성년자, 미성년자의 친족은 그 사실을 안 날부터 1개월, 사망한 날부터 6개월 내에 법원에 생존하는 아버지 또는 어머니를 친권자로 지정해 줄 것을 청구할 수 있다(제909조의2 제1항). 생존하는 아버지 또는 어머니의 친권이 당연히 부활하는 것은 아니다. 만약 이 기간 내에 친권자 지정의 청구가 없는 경우에는 법원은 직권으로 또는 미성년자·미성년자의 친족·이해관계인·검사·지방자치단체의 장의 청구에 의하여 미성년후견인을 선임할 수 있다(제909조의2 제3항).

따라서 설문의 경우, 甲의 손해배상금(위자료 포함) 및 丙의 위자료는 乙이 가정법원에서 친권자로 지정되는 경우 미성년자 丙의 법정대리인으로서 乙이 수령할 수 있지만, 乙이 친권자로 지정되지 않고 다른 사람이 미성년후견인으로 선임되면 그 사람이 법정대리인으로서 수령할 수 있다. 물론 甲의 부모의 고유의 위자료는 보험금과는 별개의 것이므로 甲의 부모가 수령할 수 있다(제750조).

(5) 친권자의 변경

이혼·혼인취소·혼인의 무효·혼인 외의 자녀의 인지 등으로 부모 중 한쪽이 친권자로 정해진 경우라 하더라도 법원은 자녀의 이익과 복리를 위해서 필요하다고 인정할 때에는 자녀의 4촌 이내의 친족의 청구에 의하여 친권자를 다른 한쪽으로 변경할 수 있다(제909조 4항).

3. 친권의 내용

(1) 자녀의 신분에 관한 권리·의무

① 친권자는 미성년 자녀를 보호하고 교양할 권리·의무가 있다(민법 제913조). 보호는 주로 신체에 대한 보호이고, 교양은 정신의 발달을 위한 교육이다. 그 비용은 특약이 없으면 부부가 공동으로 부담한다(제833조). ② 친권자는 보호·교양을 위하여 필요한 범위 안에서 자녀의 거소를 지정하여 그 장소에서 거주시킬 수 있다(제914조). ③ 친권자는 미성년 자녀의 법정대리인으로서 자녀의 신분상의 행위(예: 상속의 승인·포기, 혼인무효·이혼무효의 소의 제기 등)를 대리할 수 있고, '부모'의 지위에서 미성년 자녀의 약혼이나 혼인에 관한 동의권이 있다(제801조, 제808조).

(2) 자녀의 재산에 관한 권리·의무

(가) 재산관리권

미성년자가 상속·증여·근로 등으로 자기의 명의로 취득한 재산은 그의 특유재산이며, 이러한 재산은 법정대리인인 친권자가 관리한다(민법 제916조). 미성년 자녀의 특유재산을 관리하는 경우, 친권자는 '자기 재산에 관한 행위와 동일한 주의'로 하여야 한다(제922조). 그러나 무상으로 미성년인 자녀에게 재산을 준 제3자가 그 재산을 친권자가 관리하는 것에 반대하는 의사를 표시한 경우에는 친권자는 그 재산을 관리할 수 없다(제918조 1항).

(나) 재산상 행위의 대리권과 동의권

1) 대리권

친권자는 자녀의 '재산에 관한 법률행위'에 대하여 대리한다(제920조 본문). 여기서 재산에 관한 법률행위란 현재 그 자녀가 소유하는 재산에 관한 법률행위뿐만 아니라 상속의 승인·포기 등 널리 자녀의 재산에 영향을 미치는 재산상의 법률행위를 포함한다. 그러나 친권자의 대리행위가 자녀의 행위를 목적으로 하는 채무를 부담할 경우에는 자녀의 동의를 받아야 한다(제920조 단서).

2) 동의권 등

친권자는 자녀의 재산상 행위에 관하여 동의할 권한을 갖는다. 즉 미성년자는 단순히 권리만을 취득하거나 의무를 면하는 행위가 아닌 이상 친권자의 동의를 받지 않으면 유효한 법률행위를 할 수 없다(제5조 1항). 친권자인 법정대리인의 동의 없이 미성년자가 재산상의 법률행위를 한 경우에 친권자는 이를 취소할 수 있다(제5조 2항). 또한 친권자는 법정대리인으로서 미성년자에게 특정한 영업을 허락할 수 있다(제8조 1항).

(3) 이해상반행위에 관한 친권의 제한

(가) 친권자가 그 친권에 따르는 자녀와 이해가 상반되는 행위를 하거나 친권에 따르는 자녀들 사이에 이해가 상반되는 경우에 공정한 친권행사를 기대할 수 없다. 이해상반행위의 경우에 친권자의 법정대리권은 제한되고, 친권자가 특별대리인의 선임을 법원에 청구하여(민법 제921조) 그 특별대리인과 친권자가 법률행위를 하여야 한다. 여기서 이해상반행위란 행위의 객관적 성질상 친권자와 자녀 사이 또는

친권에 따르는 자녀들 사이에 이해의 대립이 생길 우려가 있는 행위를 말하며, 친권자의 의도나 그 행위의 결과 실제로 이해의 대립이 생겼는지 여부는 묻지 않는다.[25] 예컨대 친권자를 위해서는 이익이 되고 미성년자를 위해서는 불이익한 행위 또는 친권에 따르는 자녀의 한쪽을 위해서는 이익이 되고 다른 한쪽을 위해서는 불이익한 행위가 이에 해당하며, 이해는 상반하더라도 친권자에게는 불이익이고 자녀에게만 이익인 경우는 이해상반행위가 아니다.

(나) 친권자가 미성년인 자녀와 이해상반되는 행위를 특별대리인에 의하여 행하지 않고 스스로 하는 경우에는 그 행위는 무권대리로서 적법한 추인이 없는 한 무효이다.[26] 미성년인 자녀가 성년이 된 후에 친권자의 행위를 추인하면 유효하게 된다.

사례) 甲은 사업자금이 필요하여 乙에게 1억원을 빌리려고 하는데, 乙이 담보제공을 요구한다. 甲은 자기명의의 부동산은 없지만 미성년자인 아들 丙이 할아버지로부터 증여받은 丙 명의의 부동산이 있다. (1) 甲이 남편과 사별하고 丙과 함께 살고 있는데, 甲이 丙을 대리하여 丙 소유의 부동산에 乙 앞으로 저당권을 설정해 주더라도 유효한가? (2) 만일 甲이 자기의 오빠인 丁의 제3자에 대한 채무를 담보하기 위하여 丙을 대리하여 제3자 앞으로 그 부동산에 저당권을 설정해 준 경우에는 유효한가?

➡ 甲은 丙의 단독친권자이고 친권자는 미성년자 丙의 법정대리인이므로, 원칙적으로 丙을 대리하여 丙 소유의 부동산에 담보권을 설정할 수 있다. 다만 법정대리인인 친권자와 그 자녀 사이에 또는 그 친권에 따르는 여러 자녀 사이에 '이해상반되는 행위'를 함에는 친권자는 법원에 그 자녀의 또는 그 자녀 한쪽의 특별대리인의 선임을 청구하여야 한다(민법 제921조). 친권자가 미성년자와 이해상반되는 행위를 특별대리인에 의하지 않고 한 경우에는 무효이다.[27] 따라서 설문(1)의 경우, 甲이 자기의 채무를 담보하기 위하여 미성년자인 아들 丙의 부동산을 담보로 제공하는 행위는 친권자와 그 자녀 사이에 이해상반되는 행위이므로, 甲이 丙을 대리하여 乙과 丙 소유의 부동산에 저당권설정계약을 체결하더라도 무효이다. 반면에 설문(2)와 같이 친권자인 어머니가 자기 오빠의 제3자에 대한 채무의 담보로 미성년자

인 자녀의 부동산에 저당권을 설정한 행위는 이해상반행위가 아니다.[28] 따라서 甲이 丙을 대리하여 제3자 앞으로 부동산에 저당권을 설정해 주는 행위는 유효하다.

(4) 친권자의 동의를 갈음하는 재판

법원은 친권자의 동의가 필요한 행위에 대하여 친권자가 정당한 이유 없이 동의하지 아니함으로써 자녀의 생명·신체 또는 재산에 중대한 손해가 발생할 위험이 있는 경우에는 자녀, 자녀의 친족, 검사 또는 지방자치단체의 장의 청구에 의하여 친권자의 동의를 갈음하는 재판을 할 수 있다(민법 제922조의2). 가령 부모가 종교의 힘으로 질병을 치료할 수 있다고 믿어 자녀의 종양제거 수술에 동의하지 않는 경우에는 법원의 재판으로 친권자의 동의를 갈음할 수 있다.

4. 친권의 상실·일시정지·일부제한과 회복

(1) 친권의 소멸

미성년 자녀의 사망·실종선고, 미성년자가 성년이 되거나 혼인한 때에 친권은 절대적으로 소멸한다. 또한 친권자가 사망한 때, 혼인 외의 자녀가 인지된 후 아버지가 친권자로 된 때, 자녀가 타인의 양자녀로 된 때, 법원의 심판에 의하여 친권자가 변경된 때, 친권자가 친권상실의 선고를 받은 때에는 친권은 상대적으로 소멸한다.

(2) 친권의 상실

아버지 또는 어머니가 친권을 남용하여 자녀의 복리를 현저히 해치거나 해칠 우려가 있는 경우, 법원은 자녀, 자녀의 친족, 검사 또는 지방자치단체의 장의 청구에 의하여 그 친권의 상실을 선고할 수 있다(민법 제924조 1항). 이것이 친권상실 제도이다. 친권상실의 선고는 친권의 일시정지(제924조), 친권의 일부제한(제924조의2), 대리권·재산관리권의 상실선고(제925조) 또는 그 밖의 다른 조치에 의해서는 자녀의 복리를 충분히 보호할 수 없는 경우에만 할 수 있다(제925조의2 제1항). 친권자가 친권상실선고를 받으면 미성년 자녀의 보호·교양권 및 재산관리권을 상실하고, 자녀의 신상에 관한 법률행위 내지 재산에 관한 법률행위의 대리권·동의권을 상실한다. 공동친권자 중 한쪽이 친권상실선고를 받은 경우 다른 한쪽이 친권행사자가 되고(제909조 3항), 공동친권자 양쪽 또는 단독친권자가 친권상실선고를 받은 때에는 후견이 개시된다(제928조). 그런데 친권상실이 선고된 경우에도 부모의 자녀에 대한 그 밖의 권리와 의무는 변경되지 않는다(제925조의3).

(3) 친권의 일시정지

법원은 아버지 또는 어머니가 친권을 남용하여 자녀의 복리를 현저히 해치거나 해칠 우려가 있는 경우에는 자녀, 자녀의 친족, 검사 또는 지방자치단체의 장의 청구에 의하여 그 친권의 일시정지를 선고할 수 있다(제924조 1항). 이것이 친권의 일시정지제도이다. 친권의 일시정지는 친권자의 동의를 갈음하는 재판(제922조의2) 또는 그 밖의 다른 조치에 의해서는 자녀의 복리를 충분히 보호할 수 없는 경우에만 할 수 있다(제925조의2 제2항).

법원은 친권의 일시정지를 선고할 때에는 자녀의 상태, 양육상황, 그 밖의 사정을 고려하여 그 기간을 정해야 하며, 그 기간은 2년을 넘을 수 없다(제924조 2항). 만일 자녀의 복리를 위하여 친권의 일시정지 기간의 연장이 필요하다고 인정하는 경우에는 법원은 자녀, 자녀의 친족, 검사, 지방자치단체의 장, 미성년후견인 또는 미성년후견감독인의 청구에 의하여 2년의 범위에서 그 기간을 한 차례만 연장할 수 있다(제924조 3항). 친권의 일시정지선고가 있으면 친권자는 정지된 기간 동안 친권을 행사하지 못하지만, 부모의 자녀에 대한 그 밖의 권리와 의무는 변경되지 않는다(제925조의3).

(4) 친권의 일부제한

법원은 거소의 지정이나 그 밖의 신상에 관한 결정 등 특정한 사항에 관하여 친권자가 친권을 행사하는 것이 곤란하거나 부적당한 사유가 있어 자녀의 복리를 해치거나 해칠 우려가 있는 경우에는 자녀, 자녀의 친족, 검사 또는 지방자치단체의 장의 청구에 의하여 구체적인 범위를 정하여 친권의 일부 제한을 선고할 수 있다(제924조의2). 친권의 일부제한은 친권자의 동의를 갈음하는 재판(제922조의2) 또는 그 밖의 다른 조치에 의해서는 자녀의 복리를 충분히 보호할 수 없는 경우에만 할 수 있다(제925조의2 제2항). 친권의 일부제한 선고가 있는 경우, 친권자는 그 범위에서 친권을 행사하지 못하지만, 부모의 자녀에 대한 그 밖의 권리와 의무는 변경되지 않는다(제925조의3).

(5) 대리권과 재산관리권의 상실

법원은 법정대리인인 친권자가 부적당한 관리로 자녀의 재산을 위태롭게 한 경우에는 자녀의 친족, 검사 또는 지방자치단체의 장의 청구에 의하여 그 법률행위의 대리권과 재산관리권의 상실을 선고할 수 있다(민법 제925조). 대리권·재산관리권의 상실선고는 친권자의 동의를 갈음하는 재판(제922조의2) 또는 그 밖의 다른 조치에 의해서는 자녀의 복리를 충분히 보호할 수 없는 경우에만 할 수 있다(제925조의2). 대리권 또는 재산관리권 상실선고의 심판이 확정되면 친권자는 대리권과 재산관리권을 상실한다(제925조). 그러나 대리권과 재산관리권의 상실이 선고된 경우에도 부모의 자녀에 대한 그 밖의 권리와 의무는 변경되지 않는다(제925조의3).

(6) 실권회복 — 실권선고의 취소

친권의 상실·일시정지(제924조), 친권의 일부제한(제924조의2) 또는 대리권·재산관리권 상실선고(제925조)가 있은 후 그 선고의 원인이 소멸된 경우, 법원은 본인·자녀·자녀의 친족·검사 또는 지방자치단체의 장의 청구에 의하여 실권의 회복을 선고할 수 있다(제926조). 실권회복선고의 심판이 확정되면 친권자는 그때부터 친권 또는 대리권·재산관리권을 회복하고, 후견이 개시되어 있는 경우에는 후견이 종료된다.

(7) 대리권·재산관리권의 사퇴와 회복

법정대리인인 친권자는 정당한 사유가 있는 경우에는 법원의 허가를 받아 법률행위의 대리권과 재산관리권을 사퇴할 수 있다(제927조 1항). 사퇴의 사유가 소멸하면, 법원의 허가를 받아 사퇴한 권리를 회복할 수 있다(제927조 2항).

(8) 친권의 상실·일시정지·일부제한과 친권자의 지정 등

인지, 이혼, 혼인의 취소 등으로 인해 단독친권자가 된 아버지 또는 어머니, 양부모 양쪽에게 ① 친권의 상실·일시정지의 선고가 있는 경우, ② 친권 일부제한의 선고가 있는 경우, ③ 대리권과 재산관리권 상실의 선고가 있는 경우, ④ 대리권과 재산관리권을 사퇴한 경우, ⑤ 소재불명 등 친권을 행사할 수 없는 중대한 사유가 있는 경우에는 생존하는 아버지 또는 어머니, 미성년자, 미성년자의 친족은 그 사실을 안 날로부터 1개월, 사망한 날로부터 6개월 내에 법원에 생존하는 아버지 또는 어머니를 친권자로 지정할 것을 청구할 수 있다(민법 제927조의2 제1항, 제909조의2 제1항). 만일 이 기간 내에 친권자 지정의 청구가 없을 때에는 법원은 직권으로 또는 미성년자·미성년자의 친족·이해관계인·검사·지방자치단체의 장의 청구에 의하여 미성년후견인을 선임할 수 있고(제927조의2 제1항, 제909조의2 제3항), 후견인 선임청구가 미성년자의 복리를 위하여 적절하지 않다고 인정하면 청구를 기각할 수 있으며, 이 경우 직권으로 친권자를 지정할 수 있다(제927조의2 제1항, 제909조의2 제4항).

제5절 양자녀

Ⅰ. 서설

양자녀제도는 자연혈연적인 친생자녀관계가 없는 사람 사이에 당사자들이 친자녀관계를 설정하려는 합의와 신고를 함으로써 법률상 친자녀관계로 의제하는 제도이다. 친생자녀관계는 부모와 자식 사이에 자연혈연관계로 맺어지지만, 양친자녀관계는 입양이라는 신분계약으로 맺어진다는 점에서 근본적인 차이가 있다. 우리 민법상 양자녀 제도에는 보통(일반)양자녀와 친양자녀의 두 가지가 있다.

Ⅱ. 보통(일반)양자녀

1. 입양의 성립

(1) 입양이 성립하려면, ① 당사자 사이에 친자녀관계를 성립시키려는 의사의 합치가 있어야 하고, ② 입양신고가 있어야 한다(민법 제878조). 입양은 가족관계등록법에 정한 바에 의하여 신고함으로써 그 효력이 발생한다. 성년자이면 남녀·기혼·미혼 등을 묻지 않고 누구든지 양부모가 될 수 있다(제866조). 미성년자를 입양하려는 사람은 법원의 허가를 받아야 한다(제867조 1항). 피성년후견인이 입양을 하거나 양자녀가 되는 경우에도 법원의 허가를 받아야 한다(제873조 2항).

(2) 양자녀가 될 사람이 13세 미만인 경우에는 법정대리인이 그를 갈음하여 입양을 승낙하여야 한다(제869조 2항). 반면에 양자녀가 될 사람이 13세 이상의 미성년자인 경우에는 법정대리인의 동의를 받아 입양을 승낙하여야 한다(제869조 1항). 법정대리인은 법원의 입양허가가 있기 전까지 그 동의나 승낙을 철회할 수 있다(제869조 5항).

(3) 양자녀가 될 사람이 성년인 경우, 부모의 소재를 알 수 없는 등의 사유로 동의를 받을 수 없는 때를 제외하고는 부모의 동의를 받아야 한다(제871조 1항). 만일 부모가 정당한 이유 없이 동의를 거부하는 경우, 법원은 양부모가 될 사람이나 양자녀가 될 사람의 청구에 따라 부모의 동의를 갈음하는 심판을 할 수 있고, 이 경우 부모를 심문하여야 한다(제871조 2항).

(4) 배우자가 있는 사람이 입양을 하는 경우에는 배우자와 공동으로 해야 한다(제874조 1항). 이를 부부공동입양이라고 한다. 즉 남편과 아내가 각각 양부·모가 되어야 한다. 그리고 배우자가 있는 사람이 양자녀가 되는 경우에는 배우자의 동의를 받아야 한다(제874조 2항). 부부가 공동으로 양자녀가 되는 것이 아니기 때문이다.

(5) 존속이나 연장자를 입양할 수 없다(제877조). 여기서 존속은 직계와 방계를 모두 포함하며, 존속일 경우에는 연장자가 아니라도 양자녀로 할 수 없다. 연장자이면 비속일지라도 양자녀로 할 수 없다. 또한 양자녀는 양아버지(양부)와 동성동본이 아니어도 무방하며, 미성년자뿐만 아니라 성년자도 양자녀로 할 수 있다.

사례) 甲녀는 동거했던 乙남의 아이 丙을 낳아 甲의 가족관계등록부에 출생신고를 하고 키워오던 중 최근에 丁을 만나 혼인하게 되었다. 甲은 혼인을 한 후 자기의 혼인 외의 자녀인 미성년 丙을 丁의 양자녀로 하고자 하는데, 가능한가?

➡ 배우자관계에 있는 어느 한쪽과 이미 생부 내지는 생모관계가 성립되어 있는 사람을 입양하는 경우에는 타방 배우자가 그 생부 또는 생모의 동의를 얻어 단독으로 입양할 수 있다. 설문의 경우, 丙이 甲의 혼인 외의 자녀이므로, ① 甲은 丁과 공동으로 丙을 입양할 수 있고, ② 丁 단독으로 입양할 수도 있다. ①의 경우에는 丙은 甲과 丁 모두와 양친자녀관계가 생기게 되고, ②의 경우에는 丙은 甲과는 친생자녀관계, 丁과는 양친자녀관계를 형성하게 된다.

2. 입양의 무효와 취소

(1) 입양의 무효

(가) 무효원인

당사자 사이에 입양의 합의가 없는 경우, 그 입양은 무효이다(민법 제883조 1호). 또한 미성년자를 입양하려는 사람이 법원의 허가를 받지 않은 경우, 법원의 허가 없이 피성년후견인이 입양을 하거나 양자녀가 되는 경우, 법정대리인이 13세 미만인 자에 갈음하여 승낙하지 않은 경우 및 양자녀가 양부모의 존속이거나 연장자인 경우에 그 입양은 무효이다(제883조 2호).

(나) 입양무효의 소

혼인무효의 소의 경우와 마찬가지로 당사자, 그의 법정대리인 또는 4촌 이내의 친족이 제소할 수 있다. 입양무효의 소의 상대방은 양친자녀의 한쪽(양부모 또는 양자녀)이 제기하는 경우는 양친자녀의 다른 한쪽이 되고, 그 다른 한쪽이 사망한 때에는 검사를 상대방으로 한다. 제3자가 제기하는 경우에는 양부모(양친)와 양자녀를 상대방으로 하고, 양친자녀의 한쪽이 사망한 때에는 그 생존자를 상대방으로 한다. 상대방이 될 사람이 모두 사망한 때에는 검사를 상대방으로 한다(가사소송법 제31조, 제23조, 제24조). 입양무효판결의 효력은 당사자뿐만 아니라 제3자에게도 미친다(제21조).

(2) 입양의 취소

(가) 취소원인

입양취소의 원인은 ① 미성년자가 입양을 한 경우, ② 입양이 적법한 동의 또는 법원의 허가 없이 이루어진 경우(민법 제884조 1항 1호, 제869조, 제870조, 제871조, 제873조), ③ 배우자 있는 사람이 배우자와 공동으로 입양을 하지 않거나 배우자의 동의 없이 양자녀가 된 경우, ④ 입양 당시 양부모와 양자녀 중 어느 한쪽에 악성 질병이나 그 밖의 중대한 사유가 있음을 알지 못한 경우, 여기서 중대한 사유는 그러한 사유가 존재하는 것을 입양 당시에 알았더라면 입양하지 않았으리라는 정도의 것이어야 한다. ⑤ 사기·강박으로 입양의 의사표시를 한 경우이다.

(나) 입양취소의 효과

입양으로 인하여 발생한 친족관계는 입양의 취소로 종료된다(제776조). 다만 그 효과는 장래에 향하여 발생할 뿐이고 소급하지 않는다(제897조, 제824조). 상대방의 과실로 인하여 입양이 취소된 경우에 당사자는 과실이 있는 상대방에게 재산적·정신적 손해에 대하여 손해배상을 청구할 수 있다. 그러나 정신적 손해에 대한 배상청구권은 일신전속권이므로, 그 배상에 관한 계약이 성립되기 전이나 소를 제기하기 전에는 양도하거나 승계할 수 없다(제897조, 제806조).

3. 입양의 효과

(1) 법정혈족관계의 발생

양자녀는 입양된 때부터 양부모의 친생자녀와 같은 지위를 가지며(민법 제882조의2 제1항), 양부모의 혈족·인척과도 친족관계가 발생한다(제772조 1항). 따라서 양자녀와 양부모 및 그 혈족 사이에는 서로 부양관계·상속관계가 발생한다.

사례) 甲은 배우자 乙과 함께 丙을 양자녀로 입양하였는데, 가정불화로 인하여 최근에 이혼을 하게 되었다. 丙과 甲·乙의 양친자녀관계는 어떻게 되는가?

➡ 배우자 있는 사람이 입양을 하는 경우에는 배우자와 공동으로 하여야 하므로(민법 제874조 1항), 아내도 남편과 마찬가지로 입양당사자가 되기 때문에 양부모가 이혼하였다고 하여 양모를 양부와 다르게 취급하여 양모자관계만 소멸하는 것은 아니다.[29] 따라서 甲과 乙이 이혼하더라도 丙과의 양친자녀관계는 입양취소 또는 파양의 사유가 없다면 소멸되지 않고 그대로 유지된다.

(2) 생가친족관계의 존속

입양은 양자녀의 친생부모와의 친자녀관계 등 종래의 친족관계에는 영향을 미치지 않는다(제882조의2 제2항). 따라서 생가의 친족에 대한 부양관계·상속관계 등의 친족적 효과는 그대로 존속한다.

(3) 양자의 성

입양 후에도 양자녀의 성은 변경되지 않는다. 그러나 자녀의 복리를 위하여 필요한 때에는 법원의 허가를 받아 자녀의 성과 본을 변경할 수 있다(제781조 6항).

4. 파양

(1) 의의

양친자녀관계는 파양에 의해서만 해소된다. 즉 파양은 유효하게 성립한 양친자녀관계를 인위적으로 해소하는 것이다. 파양에는 협의상 파양과 재판상 파양이 있다.

(2) 협의상 파양

양부모와 양자녀는 협의하여 파양할 수 있다(민법 제898조). 이를 협의상 파양이라고 한다. 협의상 파양이 성립하려면 ① 당사자 사이에 파양의 합의가 있어야 한다. 파양당사자는 양부모와 양자녀이다. 다만 양자녀가 미성년자 또는 피성년후견인인 경우에는 협의파양을 할 수 없다(제898조). ② 파양신고가 있어야 한다. 협의상 파양은 가족관계등록법에 따라 신고해야 효력이 생긴다(제904조, 제878조).

(3) 재판상 파양

재판상 파양이란 양친자녀관계를 유지하게 하는 것이 부당하다고 생각되는 사유가 있는 경우에 그 양친자녀관계를 재판에 의하여 해소시키는 것을 말한다. 재판상 파양원인은 ① 양부모가 양자녀를 학대 또는 유기하거나 그 밖에 양자녀의 복리를 현저히 해친 경우, ② 양부모가 양자녀로부터 매우 부당한 대우를 받은 경우, ③ 양부모나 양자녀의 생존 여부가 3년 이상 분명하지 않은 경우, ④ 그 밖에 양친자녀관계를 계속하기 어려운 중대한 사유가 있는 경우이다(제905조). 재판상 파양은 판결의 확정으로 그 효력이 발생하며, 제3자에 대해서도 효력이 있다(가사소송법 제21조 1항).

(4) 파양의 효과

협의상 파양이나 재판상 파양이 성립하면 입양으로 발생하였던 법정친족관계(양자녀와 양부모, 양부모의 혈족 간의 관계)는 소멸된다(민법 제776조). 따라서 입양으로 인하여 발생하였던 친생자녀로서의 법률효과, 즉 부양관계·상속관계·친권관계 등은 파양으로 소멸된다. 다만 양부모 중 한쪽이 사망하여 양자녀가 상속을 받은 후에 파양이 이루어진 경우, 파양의 효과는 소급하지 않으므로 상속은 유효하다. 재판상 파양을 한 경우에는 당사자 한쪽은 과실이 있는 상대방에게 그로 인한 재산상·정신상 손해의 배상을 청구할 수 있다(제908조, 제806조).

사례) 甲은 배우자 乙과 함께 미성년인 丙을 입양하였는데, 친생부모의 동의가 없었다는 이유로 입양이 취소되었다. 이 경우에 누가 丙의 친권자로 되는가?

➡ 양자녀가 미성년자인 경우 친생부모의 친권은 소멸하고 양부모가 친권자가 된다(민법 제909조 1항). 입양으로 인한 친족관계는 입양의 취소 또는 파양으로 종료하며, 입양취소의 효력은 소급하지 않는다(제897조, 제824조). 입양이 취소되거나 파양된 경우 친생부모의 친권이 당연히 부활하지 않으므로, 친생부모 한쪽 또는 양쪽, 미성년자, 미성년자의 친족은 그 사실을 안 날부터 1개월, 입양이 취소된 날부터 6개월 내에 가정법원에 친생부모 한쪽 또는 양쪽을 친권자로 지정할 것을 청구할 수 있다(제909조의2 제2항).

Ⅲ. 친양자녀

1. 서설

보통(일반)양자녀의 경우에는 친생부모와의 친생자녀관계는 그대로 유지되며,

원칙적으로 양자녀의 성도 그대로 유지된다. 그러나 친양자녀는 그 효과면에서 보면, 양자녀와 친생부모의 관계가 완전히 단절되어, 양자녀가 법적으로뿐만 아니라 실제생활에서도 양부모의 친생자녀와 동일하게 양부모의 가족에 흡수되는 제도이다. 그 때문에 양자녀와 그 친생부모 및 그 친족과의 관계는 친생자녀 입양의 성립으로 종료되며(민법 제908조의3 제2항), 양부모의 가족관계등록부에는 양부모의 친생자녀로 기재된다.

2. 친양자녀 입양의 요건

친양자녀 입양이 성립하려면 친양자녀를 입양하려는 사람은 일정한 요건을 갖추어 법원에 친양자녀 입양을 청구하여야 하고(민법 제908조의2), 법원이 그 청구를 인용하는 재판을 하여야 한다. 즉 ① 혼인한 지 3년 이상 된 부부로서 공동으로 입양하여야 한다. 다만 재혼가정의 경우, 혼인한 지 1년 이상 된 부부 중 한쪽이 단독으로 배우자의 친생자녀(전혼에서 출생한 자녀 또는 혼인 외의 자녀)를 친양자녀로 입양할 수 있다. ② 친양자녀가 될 사람이 미성년자이어야 하고, ③ 친양자녀가 될 사람의 친생부모가 친양자녀 입양에 동의하여야 한다. 다만 친생부모가 친권상실의 선고를 받거나 친생부모의 소재를 알 수 없거나 그 밖의 사유로 동의할 수 없는 경우에는 동의를 요하지 않는다. ④ 친양자녀가 될 사람이 13세 이상인 경우에는 법정대리인의 동의를 받아 입양을 승낙하여야 하고, 13세 미만인 경우에는 법정대리인이 그를 갈음하여 입양을 승낙하여야 한다. ⑤ 법원의 허가를 받아야 한다.

3. 친양자녀 입양의 효력

(1) 혼인 중의 출생자녀의 신분취득

친양자녀 입양이 확정되면 친양자녀는 보통 양자녀와 같이 부부의 혼인 중의 출생자녀의 신분을 갖게 된다(제908조의3 제1항). 따라서 친양자녀는 양친의 성을 따르게 되며(제781조 1항), 양부모가 친양자녀의 친권자가 된다(제909조 1항).

(2) 입양 전의 친권관계의 종료

보통(일반)양자녀의 경우에는 입양 후에도 종전의 친생부모와의 친자녀관계가 소멸되지 않지만, 친양자녀의 경우에는 종전의 친생부모 및 그 혈족과의 친족관계는 '친양자녀 입양이 확정된 때'에 종료된다(제908조의3 제2항 본문). 따라서 친족관계의 종료에 의하여, 상속권, 부양의 권리의무, 면접교섭권 그 밖의 친족관계의 존재를 전제로 하여 친생부모와 그 친족에게 생기는 법률효과는 발생하지 않게 된다. 다만 부부 중 한쪽이 배우자의 친생자녀를 단독으로 입양한 경우, 배우자 및 그의 친족과 친생자녀와의 사이의 친족관계는 종료되지 않는다(제908조의3 제2항 단서).

사례) 친양자녀 입양을 하게 되면 친부모로부터 상속을 받을 수 있는가?

➡ 친양자녀로 입양되면 친생부모와의 친족관계 및 상속관계는 모두 종료되고, 양부모의 친생자녀로 등재되므로 친부모로부터 상속을 받을 수 없다.

4. 친양자녀의 파양

친양자녀에 대해서는 협의상 파양은 허용되지 않고, 재판상 파양만 허용된다. 파양원인이 있는 경우에 양부모, 친양자녀, 친생의 아버지 또는 어머니나 검사가 법원에 친양자녀의 파양을 청구할 수 있다(제908조의5 제1항). 재판상 친양자녀의 파양원인은 ① 양부모가 친양자녀를 학대 또는 유기하거나 그 밖에 친양자의 복리를 현저히 해친 경우, ② 양부모에 대한 친양자녀의 패륜행위로 인하여 친양자녀관계를 유지할 수 없게 된 경우이다(제908조의5 제1항). 친양자녀가 파양이 되면 친양자녀관계는 소멸하고 입양 전의 친족관계는 부활한다(제908조의7 제1항).

제6절 부 양

Ⅰ. 서설

(1) 사람이 유아·고령·질병이나 실업 등 자연적 원인 내지 사회적 원인으로 인하여 자신의 자력이나 근로로 그 생계를 유지하며 살아갈 수 없는 경우가 발생하는데, 이런 경우 다른 사람의 도움을 받아야 살아갈 수 있다. 여기에 부양제도의 필요성이 있는데, 부양은 일정한 범위의 친족이 다른 친족의 생활을 유지해 주거나 부조하는 것을 말한다. 민법이 인정하는 부양에는 ① 부모와 자녀(특히 미성년인 자녀) 사이 및 부부 사이의 부양, ② 그 밖의 친족 사이의 부양이 있다.

(2) 민법상 부양의무에는 1차적 부양의무와 2차적 부양의무(제974조, 제975조)가 있다. 1차적 부양의무는 부부 사이(제826조), 부모의 미성년 자녀(제913조)에 대한 부양의무로서 부양권리자가 부양의무자와 같은 정도의 생활을 할 수 있도록 하는 의무를 말한다. 2차적 부양의무는 직계혈족 및 그의 배우자 사이, 생계를 같이하는 친족 사이의 부양의무로서 부양권리자의 생계가 곤궁할 때 부양의무자가 자기의 생활을 희생하지 않고 부양권리자의 생계를 유지할 수 있도록 도와주는 의무이다.

Ⅱ. 부양당사자

1. 부양당사자의 범위

직계혈족 및 그의 배우자 사이, 그 밖의 생계를 같이하는 친족 사이에는 서로 부양의무가 있다(민법 제974조).

(1) 직계혈족 및 그의 배우자 사이의 부양

(가) 부모와 성년의 자녀(미성년인 자녀의 경우에는 제1차적 부양의 문제이므로 제외됨), 조부모와 손자녀는 직계혈족으로서 부양의무가 있다. 외조부모와 외손자녀와 같은 모계의 직계혈족 간에도 서로 부양의무가 있으며, 자연혈족은 물론 법정혈족(양친·양자녀) 사이에도 마찬가지이다(제974조). 그리고 며느리와 시부모, 사위와 장인·장모는 직계혈족의 배우자 사이로서 부양의무가 있다. 한편 부부는 제1차적 부양의무가 문제되므로 여기에서 제외된다(제826조 1항).

(나) 부부간 상호부양의무(제826조 1항)는 혼인관계의 본질적 의무로서 부양을 받을 자의 생활을 부양의무자의 생활과 같은 정도로 보장하여 부부공동생활의 유지를 가능하게 하는 것을 내용으로 하는 제1차 부양의무이다. 반면 부모가 '성년의 자녀'에 대하여 직계혈족으로서 부담하는 부양의무(제974조 1호, 제975조)는 부양의무자가 자기의 사회적 지위에 상응하는 생활을 하면서 생활에 여유가 있음을 전제로 하여 부양을 받을 자가 자력 또는 근로에 의하여 생활을 유지할 수 없는 경우에 한하여 그의 생활을 지원하는 것을 내용으로 하는 제2차 부양의무이다. 이러한 제1차 부양의무와 제2차 부양의무는 의무이행의 정도뿐만 아니라 의무이행의 순위도 의미하는 것이므로, 제2차 부양의무자는 제1차 부양의무자보다 후순위로 부양의무를 부담한다. 따라서 제1차 부양의무자와 제2차 부양의무자가 동시에 존재하는 경우에 제1차 부양의무자는 특별한 사정이 없는 한 제2차 부양의무자에 우선하여 부양의무를 부담하므로, 제2차 부양의무자가 부양받을 자를 부양한 경우에는 소요된 비용을 제1차 부양의무자에 대하여 상환청구할 수 있다.[30]

(2) 생계를 같이하는 친족 사이의 부양

생계를 같이하는 친족(8촌 이내의 혈족, 4촌 이내의 인척) 간에는 촌수에 관계없이 부양의무가 있다(제974조 3호). 반면에 형제자매라도 생계를 같이하지 않고 별거하면 서로 부양의무가 없다.

사례) 甲이 사망할 당시에 배우자 乙, 자녀 丙과 丁이 있었고, 상속재산으로 X아파트(시가 10억원), Y부동산(시가 2억원), 정기예금 2억원이 있었다. 乙·丙·丁은 丙이 乙을 모시는 것을 조건으로 하여 X아파트를, 정기예금과 Y부동산은 각각 乙과 丁이 상속하기로 합의하였다. 그러나 丙은 방탕한 생활을 하여 상속받은 재산을 전부 탕진하였다. 그래서 丁이 어머니를 모시면서 생활하고 있다. 그런데 최근에 丙이 자신의 생활비를 원조해 달라고 한다. 丁은 丙에게 생활비를 지급할 의무가 있는가?

➡ 丙과 丁은 형제로서 서로 친족관계에 있으며, 친족 사이의 부양은 생계를 같이하는 경우에 한하여 인정된다(민법 제975조). 따라서 丙이 생계를 같이하는 丁의 가족이 아닌 때에는 丁은 丙에게 부양의무가 없다. 설사 생계를 같이하고 있더라도 丙이 자기의 자력 또는 근로에 의하여 생활을 유지할 수 없어야 하고(제975조), 丁은 자기생활을 꾸려나갈 자력과 丙의 생활을 도와줄 수 있는 경제적 능력을 갖추어야 한다(제977조).

2. 부양당사자가 여럿인 경우의 순위

(1) 부양의무자가 여럿인 경우

부양의무가 있는 사람이 여러 명인 경우에는 부양할 사람의 순위는 먼저 당사자 사이의 협정으로 정하고, 협정이 없는 때에는 당사자의 청구에 의하여 법원이 부양 순위를 정한다(제976조 1항). 법원이 부양할 자를 정하는 경우에 조정을 거쳐야 하며, 법원은 여러 명을 공동부양의무자로 선정할 수 있다(제976조 2항).

(2) 부양권리자가 여럿인 경우

부양을 받을 권리자가 여러 명인 경우에 부양의무자의 자력이 그 모두를 부양할 수 없는 때에는, 부양을 받을 권리자의 순위는 당사자의 협정으로 정하고, 협정이 없는 때에는 법원이 부양을 받을 순위를 정한다(제976조 1항). 법원은 여러 명의 부양권리자를 선정할 수 있다(제976조 2항).

(3) 순위의 변경·취소

부양할 사람이나 부양받을 사람의 순위에 관한 당사자의 협정이나 법원의 심판이 있은 후 이에 관한 사정이 변경된 경우에는 법원은 당사자의 청구에 의하여 그 협정이나 심판을 취소하거나 변경할 수 있다(제978조).

Ⅲ. 부양료의 구상청구

1. 과거의 부양료청구

부양에 관한 협정이나 심판이 있는 경우에는 그에 따른 부양료를 구상할 수 있다. 그런데 협정이나 심판이 없는 경우, ① 부모의 자녀양육의무는 특별한 사정이 없는 한 자녀의 출생과 동시에 발생하는 것이므로 과거의 양육비에 대하여도 상대방이 분담함이 상당하다고 인정되는 경우에는 그 비용의 상환을 청구할 수 있다.[31] ② 부부간의 부양의무 중 과거의 부양료에 관하여는 특별한 사정이 없는 한 부양을 받을 사람이 부양의무자에게 부양의무의 이행을 청구하였는데도 부양의무자가 부양의무를 이행하지 아니함으로써 '이행지체에 빠진 후의 것'에 관하여만 부양료의 지급을 청구할 수 있다.[32] 부모와 성년의 자녀·그 배우자 사이의 경우에도 마찬가지라고 한다.[33]

2. 부양의무자 사이의 구상청구

부양의무자가 여럿인 경우에 그중 1인이 부양료를 부담하였다면 다른 의무자가 분담하였을 범위에서 구상할 수 있다. 즉 부양의 의무 있는 자가 여럿인 경우에 그중 부양의무를 이행한 1인은 다른 부양의무자를 상대로 하여 이미 지출한 과거의 부양료에 대하여도 상대방이 분담함이 상당하다고 인정되는 범위에서 그 비용의 상환을 청구할 수 있다.[34)]

사례) 甲과 乙은 혼인하여 미성년 자녀 丙이 있는데, 가정불화로 5년 전에 협의이혼하면서 乙을 丙의 친권자 및 양육권자로 정하였다. 그리하여 乙이 온갖 고생을 하며 미성년인 丙의 생활비, 교육비 등을 혼자서 부담하여 왔다. 乙은 지금이라도 미성년인 丙을 위하여 甲에게 과거의 양육비뿐만 아니라 장래의 양육비도 청구하려고 하는데, 가능한가?

➡ 부모는 미성년자의 자녀를 공동으로 양육할 책임이 있고, 그 양육에 드는 비용도 원칙적으로 부모가 공동으로 부담하여야 한다. 이러한 부모의 자녀양육의무는 자녀의 출생과 동시에 발생하는 것으로서, 양육자가 홀로 자녀를 양육한 것이 일방적이고 이기적인 목적 내지 동기에서 비롯되었다거나 자녀의 이익을 위하여 도움이 되지 아니하거나 그 양육비를 상대방에게 부담시키는 것이 오히려 형평에 어긋나게 되는 등의 특별한 사정이 없는 한, 한쪽의 양육자가 양육비를 청구하기 전의 기간에 관하여도 상대방에 대하여 그 양육에 관한 비용을 청구할 수 있다.[35)] 따라서 乙이 협의이혼하면서 미성년 자녀인 丙의 양육비용을 모두 부담하기로 약정한 바가 없다면, 丙을 키우면서 지출한 과거의 양육비 및 장래의 양육비를 청구할 수 있다.

Chapter 03

주택·상가건물 임대차와 법

LAW & LIFE

제1절 서 설

제2절 주택의 임대차 — 주택임대차보호법

제3절 상가건물의 임대차 — 상가건물임대차보호법

Chapter 03

주택·상가건물 임대차와 법

제1절 서 설

Ⅰ. 의의

다른 사람의 물건을 빌려 쓰는 방법으로는 지상권이나 전세권과 같은 용익물권을 설정하는 방법과 사용대차나 임대차와 같이 계약에 의하여 채권을 취득하는 방법이 있다. 지상권은 타인 소유의 토지를 빌려서 그 위에 건물을 짓거나 나무를 심는 경우에 이용되며, 전세권은 토지나 건물을 빌려서 사용하는 경우에 이용된다. 지상권과 전세권을 설정하기 위해서는 이에 관한 등기가 행하여져야 하며, 지상권이나 전세권이 설정된 경우에는 소유자의 도움 없이도 토지나 건물을 사용·수익할 수 있다. 용익물권과 비교하면 사용대차나 임대차는 채권계약에 의하여 물건을 빌려 쓰는 관계이다. 사용대차의 경우에는 다른 사람의 물건을 빌려 쓰면서도 사용료를 지급하지 않지만, 임대차의 경우에는 반드시 사용료(차임)를 지급하여야 한다는 점에서 차이가 있다. 타인의 물건을 빌려 쓰는 방법 가운데 가장 많이 쓰이는 제도가 임대차이다.

임대차는 당사자 한쪽(임대인)이 상대방(임차인)에게 목적물(임대물)을 사용·수익하게 할 것을 약정하고, 상대방이 그에 대한 대가로써 임차료(차임)를 지급하기로 약정함으로써 성립하는 계약이다(민법 제618조). 가령 甲이 자신의 물건을 乙에게 대가를 받고 빌려주는 것이 그것이다. 임대차는 오늘날 물건을 소유하고 있지 않은 사람이 다른 사람의 물건을 이용하는 가장 대표적인 수단이 되고 있다.

Ⅱ. 임대인의 의무

1. 목적물인도 및 방해제거의무

임대인은 임차인이 사용할 수 있도록 임차인에게 목적물을 인도하여야 한다. 임대인은 제3자가 임차목적물을 불법점유 등의 방법으로 임차인의 사용·수익을 방해하는 경우에는 그 방해를 제거할 의무가 있다.

2. 사용·수익에 필요한 상태유지의무 — 수선의무

(1) 임대인은 임대차기간 중 목적물을 사용·수익하는 데 필요한 상태를 유지해줄 의무를 부담한다(민법 제623조). 임대인의 수선을 필요로 하는지 여부는 임차인이 목적물을 사용·수익할 수 없는 상태가 생길 정도에 따라 정한다. 즉 목적물에 파손 또는 장해가 생긴 경우, 임차인이 별 비용을 들이지 않고도 손쉽게 고칠 수 있을 정도의 사소한 것이어서 임차인의 사용·수익을 방해할 정도가 아닌 때에는 임대인은 수선의무를 부담하지 않는다. 반면에 수선하지 않으면 임차인이 계약에 의하여 정해진 목적에 따라 사용·수익할 수 없는 상태로 될 정도인 때에는 임대인은 수선의무를 부담한다.[1)] 이러한 수선의무는 임대인의 책임 있는 사유로 임대물이 훼손된 경우뿐만 아니라 임대인에게 책임 없는 사유로 훼손된 경우에도

인정된다.[2)]

한편 임대인의 수선의무는 특약으로 면제될 수 있다. 다만 특약에 의한 수선의무의 면제는 그 범위를 명시하는 등의 특별한 사정이 없는 한 소규모의 수선에 국한된다. 따라서 대파손에 대한 수리, 건물의 주요부분에 대한 대수선, 기본적 설비부분의 교체 등과 같은 대규모의 수선은 이에 포함되지 않고, 여전히 임대인이 그 수선의무를 부담한다.[3)]

(2) 임대인이 수선의무를 이행하지 않으면, 임차인은 계약을 해지할 수 있고 차임지급을 거절할 수 있다. 즉 임차인이 임차목적물을 전혀 사용할 수 없는 경우에는 차임 전부의 지급을 거절할 수 있고, 사용·수익이 부분적으로 지장을 받고 있는 경우에는 그 지장의 한도 내에서 차임의 지급을 거절할 수 있다.[4)]

(3) 임대인이 임대물의 보존에 필요한 수선을 하려고 하는 때에는 임차인은 이를 거절하지 못한다(제624조). 그런데 임대인이 임차인의 의사에 반하여 보존행위를 하고, 임차인이 이로 인하여 임차의 목적을 달성할 수 없는 때에는 임차인은 계약을 해지할 수 있다(제625조).

Ⅲ. 임차인의 권리

1. 임차목적물의 사용·수익권 — 임차권

임차인은 임대차에 기하여 임차물을 사용·수익하는 것을 임대인에게 요구할 수 있는 권리가 있는데, 이것이 임차인의 임차권이다. 임차인은 계약 또는 그 목적물의 성질에 의하여 정하여진 용법으로 이를 사용·수익하여야 한다(민법 제654조, 제610조 1항). 그리고 임차인은 임대인의 승낙 없이 임차물을 다른 사람에게 사용·수익하게 하지 못한다(제629조 1항). 만약 임차인이 이를 위반한 경우에는 임대인은 계약을 해지할 수 있고, 손해배상을 청구할 수도 있다(제654조, 제617조).

2. 비용상환청구권 — 필요비 · 유익비의 상환청구권

(1) 임차인이 임차물의 보존을 위한 필요비를 지출한 경우에는 임차인은 임대인에게 그 비용의 상환을 청구할 수 있다(민법 제626조 1항). 임차물의 보존을 위하여 지출한 비용인 필요비는 임대인의 수선의무의 내용으로서 마땅히 임대인이 부담하여야 한다. 임차인이 필요비를 지출한 경우에는 유익비와 달리 지출 후 즉시 상환청구를 할 수 있다.

(2) 임차인이 유익비를 지출한 경우에는 임대인은 임대차 종료 시에 임대물의 가액 증가가 현존한 때에 한하여, 임차인이 지출한 금액이나 그 증가액을 상환해야 한다(제626조 2항). 여기서 유익비란 임차인이 임차물의 객관적 가치를 증가시키기 위하여 투입한 비용을 말한다. 즉 임차인이 유익비를 임대차의 목적물에 대해 지출된 것에 한해서 인정된다. 따라서 영업을 위한 건물의 임대차에서 음식점 영업을 위한 내부공사비,[5] 카페 영업을 위한 내부시설 공사비,[6] 간이음식점 영업을 위한 간판설치비[7]는 유익비가 아니다.

(3) 비용상환청구권을 포기하는 당사자 약정도 유효하다. 실제에 있어서 건물 임대차의 경우에 증·개축한 부분에 대하여 원상회복의무를 면하는 대신 유익비 상환청구권을 포기하는 약정을 하는 일이 자주 있다.[8] 가령 임차인에게 임차건물의 개축·변조를 허용하면서 목적물 반환시에는 임차인이 일체의 비용을 부담하여 원상회복을 하기로 약정한 경우, 이러한 약정은 유익비 상환청구권을 미리 포기한 것으로 볼 수 있다.[9]

(4) 임차인의 필요비·유익비의 상환청구권은 임대인이 목적물을 반환받은 날로부터 6개월 내에 행사하여야 한다(제654조, 제617조).

사례1) 임차인 乙은 음식점 영업을 위해 임대인 甲 소유의 건물을 2년간 임차하면서, 수선에 필요한 비용은 乙이 부담한다고 甲과 약정하였다. 6개월 후 乙은 지속된 장마로 건물이 붕괴될 우려가 있자 대규모 수선이 필요하다고 생각하여 보수공사비로 3,000만원을 지출하였다. 임대차기간 종료 후 乙이 甲에게 3,000만원의 상환을 청구한 경우, 甲은 상환하여야 하는가?

➡ 乙이 지출한 비용 3,000만원은 건물의 보존을 위해 지출한 것으로 필요비에 해당한다. 임차인은 임대인과의 특약으로 비용상환청구권을 포기하였고, 이러한 포기특약은 유효하다. 하지만 특약에서 수선의무의 범위를 명시하지 않는 한 특약에 의하여 임대인이 수선의무를 면하거나 임차인이 그 수선의무를 부담하게 되는 것은 통상 생길 수 있는 파손의 수선 등 소규모의 수선에 한한다. 즉 대파손의 수리, 건물의 주요 구성부분에 대한 대수선, 기본적 설비부분의 교체 등과 같은 대규모의 수선은 이에 포함되지 않고 임대인이 그 수선의무를 부담한다.[10] 설문에서 특약으로 면제되는 수선의무의 범위를 명시하지 않았으므로, 임차인이 지출한 대규모의 수선비는 특약이 있더라도 임대인에게 필요비상환을 청구할 수 있다. 따라서 甲은 乙에게 3,000만원을 상환하여야 한다.

사례2) 乙은 동물병원을 운영하기 위해 甲 소유의 건물을 2년간 임차하였다. 乙은 건물을 개축 또는 변개할 수 있으나, 임대기간 종료시에는 원상으로 복구하여 명도하기로 甲과 특약을 맺었다. 1년 후 乙은 건물외벽이 너무 오래되어 페인트 등이 벗겨져서 바람에 날리자, 새롭게 페인트를 칠하면서 2,000만원을 지출하였다. 임대차 기간이 종료된 후 乙은 甲에게 2,000만원 비용상환을 청구하였다. 乙의 청구는 타당한가?

➡ 임차인이 유익비를 지출한 경우에는 임대인은 임대차 종료시에 그 가액의 증가가 현존한 때에 한하여 임차인의 지출한 금액이나 그 증가액을 상환하여야 한다(민법 제626조 2항). 설문에서 乙이 지출한 비용은 건물의 객관적 가치를 증가시키기 위한 지출이므로 유익비에 해당한다. 하지만 임차인 乙은 건물을 개축 또는 변조할 수 있으나 임대기간 종료시에는 원상으로 복구하여 명도하기로 한 특약을 하였는데, 이는 임차인이 임차목적물에 지출한 각종 유익비의 상환청구권을 미리 포기하기로 한 취지의 특약이다.[11] 따라서 乙의 甲에 대한 2,000만원의 비용상환 청구는 부당하다.

3. 건물임차인의 부속물매수청구권

(1) 건물이나 그 밖의 공작물의 임차인이 사용의 편익을 위하여 임대인의 동의를 받아 임차물에 부속시키거나 임대인으로부터 매수한 부속물이 있는 경우, 임차인은 임대차가 종료된 때에 임대인에게 그 부속물의 매수를 청구할 수 있다(민법 제646조). 여기서 매수청구의 대상이 되는 부속물은 건물이나 그 밖의 공작물에 부속된 물건으로서 임차인의 소유에 속하고 건물의 구성부분이 되지 않은 것으로서 건물의 사용에 객관적인 편익을 가져오는 물건이다. 가령 차양·출입문·섀시·전기수도시설 등이 그것이다. 따라서 부속된 물건이 오로지 임차인의 특수목적(예: 카페영업·삼계탕집 영업)에 사용하기 위하여 부속된 것은 여기에 해당하지 않는다.[12)]

(2) 부속물매수청구권을 포기하는 약정이 임차인에게 불리한 때에는 그 약정은 무효이다(제652조). 즉 임차인이 부속물매수청구권을 포기하는 약정을 하였다고 하여 그 약정이 언제나 무효가 되지는 않는다. 가령 임차보증금과 차임을 저렴하게 해 주거나[13)] 원상회복의무를 면하여 주는 사정이 있는 때[14)]에는 임차인에게 불리하지 않아서 무효로 되지 않는다.

사례) **甲은 자신의 건물에서 찜질방을 운영하려는 乙과 보증금 5억원, 차임 월 2,000만원, 임대차기간 2년으로 하는 계약을 체결하였다. 乙은 甲과 임대차계약을 체결하면서 자신이 원하는 형태로 유리 출입문과 철제 섀시 및 방화셔터 등 여러 시설을 추가로 설치하고, 임대차 기간이 만료되면 원상복구하기로 하였다. 임대차 기간이 만료되면 乙은 甲에 대하여 추가로 설치된 시설비용의 상환을 청구할 수 있는가?**

➡ 건물이나 그 밖의 공작물의 임차인이 그 사용의 편익을 위하여 임대인의 동의를 얻어 이에 부속한 때에는, 임대차의 종료시에 임대인에 대하여 그 부속물의 매수를 청구할 수 있다(민법 제646조). 이에 위반하는 약정으로 임차인에게 불리한 것은 무효이다(제652조). 설문에서 시설은 건물의 구성부분이 아니라 건물과는 독립된 별개의 물건으로 부속물이며, 임대차 기간이 만료되면 원상복구하기로 한 약정

은 임차인 乙에게 불리한 것으로 무효이다. 따라서 乙은 甲에 대해 그 부속물의 매수를 청구할 수 있다(제646조).

4. 토지임차인의 지상물매수청구권

건물이나 그 밖의 공작물의 소유 또는 식목, 소금 채취, 목축을 목적으로 하는 토지임대차의 기간이 만료된 때에 건물, 수목, 그 밖의 지상시설이 현존하는 경우에는 토지임차인은 상당한 가액으로 그 매수를 청구할 수 있다. 다만 임차인은 지상물의 매수를 청구하기 전에 계약의 갱신을 청구하여야 하며, 임대인이 그 갱신을 원하지 아니할 때에 한하여 지상물의 매수를 청구할 수 있다(민법 제643조). 지상물매수청구권은 형성권으로서, 재판상으로뿐만 아니라 재판 외에서도 행사할 수 있으며, 그 행사로 임대인과 임차인 사이에서는 지상물에 대하여 매수청구권 행사 당시의 건물시가를 대금으로 하는 매매계약이 체결된 것과 같은 효과가 발생한다.[15] 또한 지상물매수청구권에 관한 제643조는 편면적 강행규정이므로, 당사자의 약정으로서 임차인에게 불리한 것은 효력이 없다(제652조).

사례1) 乙은 건물의 소유를 목적으로 甲 소유의 X토지를 기간의 정함이 없이 임차하고, Y건물을 신축하였다. 5년이 지난 어느 날 甲은 乙에게 임대차계약을 해지한다는 통고를 하고, 乙을 상대로 토지인도 및 건물철거청구의 소를 제기하여 그 승소판결이 확정되었다. 그 판결에 기해 Y건물의 철거가 아직 집행되지는 않고 있는데, 이 경우에 乙은 甲을 상대로 건물의 매수를 청구할 수 있는가?

➡ 건물 등의 소유를 목적으로 하는 토지임차인은 그 기간이 만료된 경우에 지상시설이 현존한 때에는 갱신청구권과 지상물매수청구권이 있다(민법 제643조). 설문의 경우 임대인 甲의 해지통고가 있는 때에 갱신을 거절한 것으로 되므로, 乙은 곧바로 甲을 상대로 Y건물의 매수를 청구할 수 있다. 따라서 甲의 승소판결에 따른 집행은 허용되지 않는다.

사례2) 丙은 5년 전 甲 소유의 X토지를 기간을 정하지 않고 임차하여 甲의 승낙을 받아 Y주택을 짓고 등기를 한 후 살고 있었는데, 7개월 전 甲이 X토지를 매도하겠다는 이유로 해지통고서를 보내오더니, 최근에는 토지소유명의가 乙에게 이전되었고, 乙은 丙에게 Y주택의 철거와 토지의 인도를 청구하고 있다. 이 경우 Y주택의 매수청구권을 행사할 수 있는지, 만일 청구가 가능하다면 누구에게 매수청구를 하여야 하는가?

➡ 건물소유를 목적으로 한 토지임차인의 건물매수청구권 행사의 상대방은 기간의 만료로 인한 임차권소멸 당시의 토지소유자인 임대인이지만, 임차권소멸 후 임대인이 그 토지를 제3자에게 양도하는 등으로 그 소유권이 이전되었을 때에는 제3자에 대하여 대항할 수 있는 토지임차권을 가지고 있던 토지임차인은 그 신소유자에게 대하여도 매수청구권을 행사할 수 있다.[16] 설문의 경우, 丙이 Y건물에 대하여 등기를 하여 토지임차권에 대항력이 발생한 후(민법 제622조 1항), 토지의 소유자가 임대인 甲으로부터 乙로 변경되었고, 丙의 임차권은 甲의 해지통고 후 6개월이 지난 때에 이미 소멸되었다(제635조). 따라서 丙은 현재의 소유자인 乙의 건물철거 및 토지인도청구에 대응하여 Y건물의 매수를 乙에게 청구할 수 있다.

Ⅳ. 보증금

1. 의의

임대차에 따른 임차인의 여러 채무를 담보하기 위해 약정에 의해 임차인 또는 제3자가 임대인에게 일정액의 금전을 교부하게 되는데, 이를 임대차보증금이라고 한다. 즉 보증금은 부동산, 특히 건물의 임대차에 있어 임차인의 채무를 담보하기 위하여, 임차인 또는 제3자가 임대인에게 교부하는 '금전이나 그 밖의 유가물'을 가리킨다.

2. 보증금의 효력

(1) 임차인의 채무확보

보증금은 임대차관계가 종료되어 임차인이 목적물을 임대인에게 인도하는 때까지 차임채무, 목적물의 멸실·훼손 등으로 인한 손해배상채무 등 임대차에 따른 '임차인의 모든 채무'를 담보한다. 따라서 임대차가 종료한 때에 임차인의 채무가 있는 때에는 별도의 의사표시 없이 그 채무액은 보증금에서 당연히 공제된다.[17] 즉 ① 임대차종료 후 목적물 반환시까지 임차인이 목적물을 사용하는 경우, 임차인은 차임 상당의 부당이득을 취하였고 이것은 보증금에서 공제할 수 있다.[18] ② 차임채권에 관하여 압류 및 추심명령이 있었더라도 임대차계약이 종료되어 목적물이 반환될 때에는 그 때까지 추심되지 아니한 채 잔존하는 차임채권도 임대보증금에서 당연히 공제된다.[19] 참고로 '압류'는 채권자 등의 신청을 받은 국가기관이 강제로 다른 사람의 재산처분이나 권리행사 등을 못하게 하는 것을 말한다. '추심명령'은 압류채권자에게 채무자가 제3채무자에 대하여 가지고 있는 금전채권을 대위절차에 의하지 않고 채무자에 갈음하여 직접 추심할 수 있는 권리를 부여하는 집행법원의 결정이다.

(2) 임대차존속 중의 보증금충당

임대차가 계속되는 동안 보증금으로써 임차인의 채무에 충당하느냐 여부는 임대인의 자유이다. 따라서 임대인은 보증금으로 연체된 임차료를 충당하지 않고 임차인에게 그 지급을 청구할 수 있다.

(3) 보증금의 반환청구권

(가) 임대차계약이 종료되면 임대인은 보증금에서 임차인이 불이행한 차임과 손해배상금을 공제한 잔액을 임차인에게 반환하여야 한다.[20] 즉 임대차관계가 종

료하게 되면 공제한 잔액이 있을 것을 조건으로 하여 그 잔액에 관하여 임차인은 임대인에게 보증금반환청구권을 갖게 된다.[21)]

(나) 보증금은 임대차에 따른 임차인의 모든 채무를 담보하는 것으로서 그 피담보채무 상당액은 임대차관계의 종료 후 목적물이 반환될 때에 특별한 사정이 없는 한 별도의 의사표시 없이 보증금에서 당연히 공제된다. 따라서 보증금이 수수된 임대차계약에서 차임채권이 양도되었더라도, 임차인은 임대차계약이 종료되어 목적물을 반환할 때까지 연체한 차임 상당액을 보증금에서 공제할 것을 주장할 수 있다.[22)] 참고로 채권은 채권자와 채무자 사이의 합의로 양도할 수 있지만, 양도금지의 약정이 있으면 양도하지 못한다(민법 제449조). 또한 채권을 양도한 사람(양도인)이 채무자에게 통지하거나 채무자가 승낙하여야 채권을 양도받은 사람(양수인)이 채무자에게 채권양수를 주장할 수 있다(제450조).

(다) 임대인의 보증금반환의무는 임차인의 임차목적물 반환의무와 동시이행의 관계에 있다.[23)] 따라서 임대차가 종료하였지만 임대인이 보증금을 반환하지 않아서 임차인이 임차목적물을 점유하면서 사용·수익한 경우 그 점유는 불법점유라 할 수 없어 그로 인한 손해배상책임은 지지 않는다. 다만 사용·수익으로 인하여 실질적으로 얻은 이익이 있으면 부당이득으로서 반환하여야 한다.[24)] 이때 부당이득은 차임 상당액이다.[25)] 반면에 임차인이 임대차계약 종료 후 동시이행의 항변권을 행사하면서 임대차건물을 계속 점유하였으나 본래의 용도대로 사용·수익하지 않은 때에는 실질적 이득을 얻고 있다고 할 수 없으므로, 임차인의 부당이득반환의무는 성립하지 않는다.[26)]

사례) 甲은 자신의 아파트에 관하여 임대차보증금 1억원, 차임 월 30만원, 임대차기간 2021. 6.1.부터 2년간으로 하는 임대차계약을 체결하면서, "임차인 乙은 임대인 甲의 동의 없이는 아파트의 용도나 구조 등을 변경하거나 전대, 임차권 양도 또는 담보제공을 하지 못하며 임대차 목적 이외의 용도에 사용할 수 없다"고 약정하였다. 그런데 乙은 2022.

1.31. 丙으로부터 돈을 빌리면서 그 채무 담보를 위하여 임대차계약에 기한 임대차보증금반환채권을 양도하고, 2022.2.1. 甲에게 그 양도사실을 통지하였으며, 乙은 임대차기간 만료 후인 2023.7.30. 甲에게 아파트를 인도하였다. (1) 甲은 "임차인은 임대인의 동의 없이는 임차권을 양도 또는 담보제공하지 못한다"는 약정을 근거로 丙의 보증금반환을 거절할 수 있는가? (2) 乙은 2023.3.1.부터 차임과 차임 상당의 부당이득금을 지급하지 않은 경우, 甲이 반환하여야 할 보증금액은 얼마인가?

➡ 설문(1)의 경우, 임대차계약의 당사자 사이에 "임차인은 임대인의 동의 없이는 임차권을 양도 또는 담보제공하지 못한다"고 한 약정의 취지는 임차권의 양도를 금지한 것으로 볼 것이지 임대차계약에 기한 임대보증금반환채권의 양도를 금지하는 것으로 볼 수는 없다.[27] 따라서 임대인 甲의 동의 여부와 관계없이 乙이 丙에게 임대차보증금반환채권을 양도한 행위는 유효하고, 그에 따라 甲은 丙에게 임대차보증금을 지급할 의무가 있다. 한편 보증금이 수수된 임대차계약에서 차임채권이 양도되었더라도, 임차인은 임대차계약이 종료되어 목적물을 반환할 때까지 연체한 차임 상당액을 보증금에서 공제할 것을 주장할 수 있다.[28] 따라서 설문(2)의 경우, 甲이 반환하여야 할 임대차보증금은 3개월의 연체 차임(2023.3.1.~2023.6.1.) 90만원과 임대차기간 종료 후 아파트 인도할 때까지 임대료 상당의 부당이득금 60만원을 공제한 잔액 9,850만원이다.

제2절 주택의 임대차 — 주택임대차보호법

Ⅰ. 일반

타인의 물건을 빌려 쓰는 방법 가운데 가장 많이 쓰이는 제도가 임대차이다. 그런데 임차목적물을 사용·수익할 수 있는 임차인의 권리, 즉 임차권은 채권이고, 채권은 채권자가 채무자에 대하여 일정한 행위를 요구할 수 있는 권리이며, 제3자에게는 일정한 행위를 요구할 수 없다. 따라서 임차인이 건물소유자와 체결한 임대차계약에 따라 건물을 점유하여 사용하고 있는데, 건물소유자인 임대인이 그 건물을 제3자에게 팔고 소유권이전등기를 마쳐 준 경우(민법 제186조), 제3자가 임차인에게 건물의 인도를 요구하면 임차인은 제3자에 대하여 인도를 거절할 수 없다. 또한 임대인이 건물을 팔고 매매대금과 임대차보증금을 가지고 야반도주한 경우, 임차인이 임대차보증금을 돌려받지 못할 수도 있다. 이러한 상황을 감안하여 임대차의 목적물이 주택인 경우에 특별히 임차인을 보호하기 위하여 주택임대차보호법이 만들어졌고, 상가를 임차하여 영업하는 사람들을 보호하기 위하여 상가건물임대차보호법이 만들어졌다.

주택임대차보호법은 주거용 건물(이하 '주택'이라 한다)의 전부 또는 일부에 대한 임대차에 적용되며, 임차주택의 일부가 주거 이외의 목적으로 사용되는 경우에도 적용된다(제2조).

Ⅱ. 주택임대차의 대항력

1. 요건

(1) 주택의 임대차는 그 등기가 없는 경우에도 임차인이 '주택의 인도'와 '주민등록'을 마친 때에는 그 '다음 날'부터 제3자에 대하여 효력이 생긴다(주택임대차보호법 제3조 1항). 즉 다음 날 오전 0시부터 대항력이 생긴다.[29] 가령 甲이 乙 소유의 주택에 관한 임대차계약에 따라 주택의 현관열쇠를 넘겨받고(주택의 인도) 해당 주소지로 전입신고를 마쳤는데(주민등록), 며칠 후 乙이 그 주택을 丙에게 팔고 소유권이전등기를 마쳐주었더라도 甲은 丙에 대하여 乙과의 임대차계약에 따른 권리를 주장할 수 있다. 즉 丙은 계약기간 동안 甲에 대해서 주택을 비워 달라(주택의 인도)고 주장할 수 없으며, 임대차가 종료하면 甲은 丙에 대하여 보증금의 반환을 요구할 수 있다.

(2) 임차인이 가족과 함께 살면서 그 가족의 주민등록을 남겨둔 채 임차인만 일시적으로 주민등록을 다른 곳으로 옮긴 경우에도 그것은 종국적으로 주민등록의 이탈이라고 할 수 없으므로 대항력은 그대로 유지되며, 주민등록이라는 대항요건은 임차인 본인뿐만 아니라 그 배우자나 자녀 등 가족의 주민등록을 포함한다.[30]

(3) '주택의 인도' 및 '주민등록'이라는 대항요건은 대항력의 취득시에만 일시적으로 구비하면 충분한 것이 아니고, 대항력의 유지를 위하여 계속 존속하여야 한다.[31] 다만 임대차가 종료된 후 보증금을 반환받지 못한 임차인이 임차주택의 소재지를 관할하는 법원에 임차권등기명령을 신청하여, 임차권등기명령의 집행에 따른 임차권등기를 마친 경우에는 대항요건(제3조 1항)을 상실한 때에도 대항력은 상실하지 않는다(제3조의3). 따라서 임대차의 존속기간이 종료된 후에 임차권등기를 마치지 않은 상태에서 주민등록을 이전하면 그 즉시 대항력을 상실한다.

사례) 甲은 주택임대차계약을 체결하고 그의 배우자와 자녀들과 함께 입주하였으나, 甲의 주민등록은 사업상의 필요에 의하여 다른 곳에 둔 채 그의 배우자만 주민등록전입신고를 하고, 甲과 나머지 가족은 2개월 후에 전입신고를 하였다. 그런데 그 사이에 위 주택에 근저당권이 설정되고 지금 경매절차가 진행 중에 있다. 甲은 경매절차의 매수인에게 주택임대차보호법상 대항력을 갖게 되는가?

➡ 주택임대차보호법 제3조 1항에서 규정하고 있는 주민등록이라는 대항요건은 임차인 본인뿐만 아니라 그 배우자나 자녀 등 가족의 주민등록을 포함한다.[32] 설문에서 甲은 임차한 주택에 실제로 입주를 하였고, 그의 배우자가 주민등록을 마쳤으므로, 근저당권의 실행으로 위 주택을 경매절차에서 매수한 사람에 대하여 대항력을 주장할 수 있다.

(4) 주민등록은 임대차를 공시하는 것인 만큼 주택이 서있는 올바른 '토지의 지번'에 전입신고를 하여야 한다. 가령 주택의 실제 지번인 '산 53의6'이나 등기부상의 지번인 '산 53'과 일치하지 않는 '53의6'에 주민등록을 한 경우[33]에는 주민등

록이 유효한 공시방법이 아니다. 또한 주민등록은 '등기부상의 주택의 표시'와 일치하여야 한다. 가령 부동산등기부상 동·호수 표시는 101동 403호인데 현관문에 표시된 대로 101동 503호로 주민등록이 된 경우[34]에는 주민등록은 공시방법으로서 유효하지 않다.

사례) 乙은 甲소유 연립주택을 전세보증금 5,000만원에 임차하여 입주와 주민등록을 마쳤으나, 주민등록 전입신고시 현관문에 표시된 대로 1층 202호라고 호수를 기재하였다. 그런데 이것은 지하층을 고려하여 202호로 해두었던 것이고, 연립주택의 등기부상은 1층 102호로 등기되어 있다. 이 경우 乙은 주택임대차보호법상의 대항력을 취득함에 문제가 없는가?

➡ 신축 중인 연립주택 중 1층 소재 주택의 임차인이 주민등록 이전시 잘못된 현관문의 표시대로 1층 202호라고 전입신고를 마쳤는데, 준공 후 그 주택이 공부상 1층 102호로 등재된 경우, 주택임대차보호법상의 대항력이 없다.[35] 따라서 乙의 주민등록은 그 임차주택에 관한 임대차의 유효한 공시방법을 갖추었다고 볼 수 없으므로, 乙은 주택임대차보호법상의 대항력을 취득할 수 없다.

2. 대항력의 내용

(1) 주택의 임차인이 주택의 인도와 주민등록을 마친 때에는 그 다음 날부터 제3자에 대하여 효력이 생긴다. 그리하여 대항력이 생긴 이후에 이해관계를 맺은 사람이 인도를 요구하여도 임차인은 그것을 거절하고 임차주택을 계속 사용·수익할 수 있다. 가령 임차인이 주택의 인도와 주민등록을 갖춘 후 임차주택에 대한 소유권을 취득한 사람에게 임차권을 주장할 수 있다. 물론 대항력이 생기기 전에 이해관계를 맺은 사람에 대하여는 대항하지 못한다. 즉 임차주택에 저당권설정등기[36] 또는 가압류등기[37]가 행하여진 뒤에 그 주택을 임차한 사람은 저당권실행 또는 가압류사건의 본안판결의 집행으로 그 부동산을 취득한 매수인(경락인)에게 임대차의 효력을 주장할 수 없다.

(2) 임차인이 대항력을 가지는 경우, 임차주택이 양도된 때에는 임차주택의 양수인(예: 매매·증여·상속·경매 등으로 주택의 소유권을 취득한 사람)은 임대인의 지위를 승계한 것으로 본다(주택임대차보호법 제3조 4항). 예컨대 주택의 임차인이 제3자에 대한 대항력을 갖춘 후 임차주택의 소유권이 양도되어 그 양수인이 임대인의 지위를 승계한 경우, 임대차보증금의 반환채무도 부동산의 소유권과 함께 일체로서 양수인에게 이전되며, 그에 따라 양도인의 임대인으로서의 지위나 보증금반환채무는 소멸한다.[38] 따라서 주택의 양수인이 임차인에게 임대차보증금을 반환하였더라도, 이는 자신의 채무를 변제한 것에 불과하므로 주택의 양도인에게 보증금 상당액의 반환을 청구할 수 없다.[39]

(3) 경매목적 부동산이 매각된 경우에는 선순위 저당권보다 뒤에 등기되었거나 대항력을 갖춘 임차권은 소멸한다(주택임대차보호법 제3조의5 본문). 따라서 경매절차에서 주택의 소유권을 취득한 매수인은 주택임대차보호법상 임차주택의 양수인에 포함되지 않으므로, 그 매수인에 대하여 임차권의 효력을 주장할 수 없다.[40] 반면에 임차인 甲이 주택에 대하여 대항력을 갖춘 후에, 乙이 주택에 근저당권을 취득한 다음 甲이 그 주택에 전세권등기를 하였는데, 乙의 경매신청으로 주택이 丙에게 매각되어 甲의 전세권이 경매로 인하여 소멸한 경우에도 甲의 주택임차권의 대항력은 그대로 존속한다(제3조의5 단서).

(4) 주택의 임차인이 제3자에 대하여 대항력을 구비한 후에 임대주택의 소유권이 양도된 경우에는 그 양수인이 임대인의 지위를 승계하게 되므로, 임대인의 임차보증금반환채무도 양수인에게 이전되는 것이고, 이와 같이 양수인이 임차보증금반환채무를 부담하게 된 이후에 임차인이 주민등록을 다른 곳으로 옮겼다 하여 이미 발생한 임차보증금반환채무가 소멸하는 것은 아니다.[41]

(5) 대항력을 갖춘 주택임차인이 임대인의 동의를 얻어 적법하게 임차권을 양도하거나 전대한 경우, 양수인이나 전차인이 임차인의 주민등록퇴거일로부터 주민

등록법상의 전입신고기간 내에 전입신고를 마치고 주택을 인도받아 점유를 계속하고 있다면, 비록 임차권의 양도나 전대에 의하여 임차권의 공시방법인 점유와 주민등록이 변경되었더라도 원래의 임차인이 갖는 임차권의 대항력은 소멸되지 않고 동일성을 유지한 채로 존속한다.[42)]

사례) 丙은 강제경매절차에서 甲 소유의 주택을 매수하였는데, 주택에 거주하고 있는 임차인 乙이 주택임대차보호법상의 대항력을 갖추고 있었으므로 임차보증금을 지급하고 주택을 인도받았다. 이 경우 丙은 원래의 임대인 甲을 상대로 임차보증금 상당의 금액을 구상할 수 있는가?

➡ 주택의 임차인이 제3자에 대한 대항력을 구비한 후 임차주택의 소유권이 양도된 경우, 그 양수인이 임대인의 지위를 승계한다(주택임대차보호법 제3조 4항). 따라서 임차보증금반환채무도 주택의 소유권과 함께 양수인에게 이전하므로, 양수인이 임차인에게 임차보증금을 반환하였더라도, 이는 자신의 채무를 변제한 것에 불과하다. 그 결과 경매절차에서 주택을 매각받은 丙은 대항력 있는 임차인 乙에게 지급한 주택임차보증금에 대하여 원래의 임대인 甲에게 그 반환을 청구할 수 없다.

Ⅲ. 주택임대차의 존속보장

1. 임대차기간

기간을 정하지 않거나 2년 미만으로 정한 임대차는 그 기간을 2년으로 본다(주택임대차보호법 제4조 1항 본문). 다만 임차인은 2년 미만으로 정한 기간이 유효함을 주장할 수 있다(제4조 1항 단서).

2. 계약갱신요구권

(1) 임대인은 임차인이 임대차기간이 끝나기 6개월 전부터 2개월 전까지의 기

간 이내에 계약갱신을 요구할 경우 정당한 사유 없이 거절하지 못한다(주택임대차보호법 제6조의3 제1항 본문). 다만 ① 임차인이 2기의 차임액에 해당하는 금액에 이르도록 차임을 연체한 사실이 있는 경우, ② 임차인이 거짓이나 그 밖의 부정한 방법으로 임차한 경우, ③ 서로 합의하여 임대인이 임차인에게 상당한 보상을 제공한 경우, ④ 임차인이 임대인의 동의 없이 목적 주택의 전부 또는 일부를 전대한 경우, ⑤ 임차인이 임차한 주택의 전부 또는 일부를 고의나 중대한 과실로 파손한 경우, ⑥ 임차한 주택의 전부 또는 일부가 멸실되어 임대차의 목적을 달성하지 못할 경우, ⑦ 임대인이 ㉠ 임대차계약 체결 당시 공사시기 및 소요기간 등을 포함한 철거 또는 재건축 계획을 임차인에게 구체적으로 고지하고 그 계획에 따르는 경우, ㉡ 건물이 노후·훼손 또는 일부 멸실되는 등 안전사고의 우려가 있는 경우, ㉢ 다른 법령에 따라 철거 또는 재건축이 이루어지는 경우의 어느 하나에 해당하는 사유로 목적 주택의 전부 또는 대부분을 철거하거나 재건축하기 위하여 목적 주택의 점유를 회복할 필요가 있는 경우, ⑧ 임대인(임대인의 직계존속·직계비속 포함)이 목적 주택에 실제 거주하려는 경우, ⑨ 그 밖에 임차인이 임차인으로서의 의무를 현저히 위반하거나 임대차를 계속하기 어려운 중대한 사유가 있는 경우에는 갱신거절을 할 수 있다(제6조의3 제1항 단서). 또한 임대인의 지위를 승계한 임차주택의 양수인(제3조 4항)이 그 주택에 실제 거주하려는 경우에도 갱신거절을 할 수 있다.[43)]

(2) 임차인은 계약갱신요구권을 1회에 한하여 행사할 수 있다. 이 경우 갱신되는 임대차의 존속기간은 2년으로 본다(제6조의3 제2항). 갱신요구에 따라 갱신된 임대차에 대하여, 임차인은 언제든지 임대인에게 계약해지를 통지할 수 있고, 이 경우 임대차의 해지는 임대인이 그 통지를 받은 날부터 3개월이 지나면 그 효력이 발생한다(제6조의3 제4항).

(3) 갱신되는 임대차는 전 임대차와 동일한 조건으로 다시 계약된 것으로 본다. 다만 차임과 보증금은 제7조의 범위에서 증감할 수 있다(제6조의3 제3항).

(4) 임대인이 목적 주택에 실제 거주를 사유로(제6조의3 제1항 8호) 임차인의 갱신요구를 거절하였는데, 갱신요구가 거절되지 않았더라면 갱신되었을 기간이 만료되기 전에 정당한 사유 없이 제3자에게 목적 주택을 임대한 경우, 임대인은 갱신거절로 인하여 임차인이 입은 손해를 배상하여야 한다(제6조의3 제5항). 임대인의 손해배상액은 거절 당시 당사자 간에 손해배상액의 예정에 관한 합의가 있는 때에는 그 예정액으로 한다. 갱신거절 당시 손해배상액의 예정에 관한 합의가 없는 때에는 ① 갱신거절 당시 월차임(차임 외에 보증금이 있는 경우에는 그 보증금을 제7조의2 각 호 중 낮은 비율에 따라 월 단위의 차임으로 전환한 금액을 포함한다. 이하 '환산월차임'이라 한다)의 3개월분에 해당하는 금액, ② 임대인이 제3자에게 임대하여 얻은 환산월차임과 갱신거절 당시 환산월차임 간 차액의 2년분에 해당하는 금액, ③ 갱신거절로 인하여 임차인이 입은 손해액 중 큰 금액으로 한다(제6조의3 제6항).

3. 계약의 묵시적 갱신

(1) 임대인이 임대차기간이 끝나기 6개월 전부터 2개월 전까지의 기간에 임차인에게 갱신거절의 통지를 하지 않거나 계약조건을 변경하지 않으면 갱신하지 않는다는 뜻의 통지를 하지 않은 경우에는, 그 기간이 끝난 때에 전 임대차와 동일한 조건으로 다시 임대차한 것으로 본다(주택임대차보호법 제6조 1항 전문). 임차인이 임대차기간이 끝나기 2개월 전까지 통지하지 않은 경우에도 또한 같다(제6조 1항 후문). 그러나 묵시적 갱신은 2기분의 차임액에 이르도록 연체하거나 그 밖에 임차인으로서의 의무를 현저히 위반한 때에는 인정되지 않는다(제6조 3항).

(2) 묵시적 갱신의 경우, 임대차의 존속기간은 '2년'으로 본다(제6조 2항). 다만 임차인은 언제든지 임대인에게 계약해지를 통지할 수 있고, 임대인이 그 통지를 받은 날부터 3개월이 지나면 해지의 효력이 발생한다(제6조의2).

(3) 대항력과 우선변제권을 갖춘 임대차계약이 갱신된 경우에도 종전 보증금의

범위 내에서는 최초 임대차계약에 의한 대항력과 우선변제권이 그대로 유지된다.[44)]

Ⅳ. 차임·보증금의 증감청구권

당사자는 약정한 차임(임차료)이나 보증금이 임차주택에 관한 조세, 공과금, 그 밖의 부담의 증감이나 경제사정의 변동으로 인하여 적절하지 않게 된 때에는 장래에 대하여 그 증감을 청구할 수 있다. 이 경우 증액청구는 임대차계약 또는 약정한 차임이나 보증금의 증액이 있은 후 1년 이내에는 하지 못한다(주택임대차보호법 제7조 1항). 그러나 '증액'의 경우에는 일정한 제한이 있다. 즉 증액청구는 약정한 차임이나 보증금의 20분의 1의 금액을 초과하지 못한다. 다만 특별시·광역시·특별자치시·도 및 특별자치도는 관할 구역 내의 지역별 임대차 시장 여건 등을 고려하여 약정한 차임이나 보증금의 20분의 1의 범위에서 증액청구의 상한을 조례로 달리 정할 수 있다(제7조 2항). 한편 임차인이 증액비율을 초과하여 차임 또는 보증금을 지급한 경우에는 초과 지급된 차임 또는 보증금 상당금액의 반환을 청구할 수 있다(제10조의2).

주의할 것은 차임·보증금 증감에 관한 규정(제7조)은 임대차계약의 존속 중 당사자 한쪽이 약정한 임차료 등의 증감을 청구한 때에 한하여 적용되고, 임대차계약이 종료된 후 재계약을 하거나 또는 임대차계약 종료 전이라도 당사자의 합의로 차임 등이 증액된 경우에는 적용되지 않는다.[45)]

Ⅴ. 보증금반환의 확보

1. 보증금의 우선변제

(1) 주택임차인이 대항력을 위한 요건(주택인도와 주민등록)을 갖추고 임대차계약증서에 '확정일자'를 받은 경우, 민사집행법에 따른 경매 또는 국세징수법에 따

른 공매를 할 때에 임차주택(대지 포함)의 환가대금에서 후순위권리자나 그 밖의 채권자보다 우선하여 보증금을 변제받을 권리가 있다(주택임대차보호법 제3조의2 제2항). 이는 주택임차인에게 부동산 담보권에 유사한 권리를 인정한다는 취지이고, 따라서 대항요건과 확정일자를 갖춘 임차인들 상호간에는 대항요건과 확정일자를 최종적으로 갖춘 순서대로 우선변제받을 순위를 정하게 된다.[46)]

확정일자는 주택소재지의 읍·면사무소, 동 주민센터, 지방법원 또는 그 지원 등이 부여한다(제3조의6). 확정일자를 갖춘 임차인에게 우선변제적 효력이 생기는 정확한 시기는, 확정일자를 주택의 인도와 주민등록을 마친 같은 날 또는 그 이전에 갖춘 경우에는 대항력과 마찬가지로 주택의 인도와 주민등록을 마친 다음 날부터이고,[47)] 대항력의 요건이 구비된 뒤에 확정일자를 받은 경우에는 확정일자를 받은 즉시 발생한다.[48)]

(2) 주택임차인이 대항력과 확정일자를 갖춘 후에 임대차계약이 갱신되더라도 대항력과 확정일자를 갖춘 때를 기준으로 종전 임대차 내용에 따른 우선변제권을 행사할 수 있다.[49)]

(3) 은행 등의 금융기관이 대항요건(제3조 1항)과 확정일자, 임차권등기명령 또는 건물임대차등기를 통해 보증금의 우선변제권을 취득한 임차인의 보증금반환채권을 계약으로 양수한 경우에는 양수한 금액의 범위에서 우선변제권을 승계한다(제3조의2 제7항). 다만 우선변제권을 승계한 금융기관 등은 임차인이 대항요건을 상실한 경우, 임차권등기명령의 집행에 따른 임차권등기가 말소된 경우 또는 임대차등기(민법 제621조)가 말소된 경우에는 우선변제권을 행사할 수 없다(주택임대차보호법 제3조의2 제8항).

사례) 甲은 乙의 주택을 보증금 1억원에 임차하여 입주하면서 같은 날 주민등록전입신고를 하고 확정일자를 받았다. 그런데 乙은 그 다음 날 丙은행으로부터 1억원을 대출받으면서 주택과 대지에 근저당권을 설정하였다. 그 후 乙이 丙은행의 대출금을 변제하지 않아서 丙은행이 주택과 대지에 대해 경매를 신청하여 丁에게 매각되었다. 이 경우 근저당권자 丙과 주택임차인 甲의 배당순위는 어떻게 되는가?

➡ 주택임대차보호법 제3조의 임차인이 주택의 인도와 주민등록을 마친 때에는 그 다음날부터 제3자에 대하여 효력이 생긴다고 함은 다음 날 오전 0시부터 대항력이 생긴다는 의미이다. 따라서 주택임차인의 입주, 주민등록, 확정일자보다 근저당권자의 근저당권설정등기가 하루 늦은 경우 주택임차인이 우선하여 배당받는다.[50] 설문의 경우, 임차인 甲의 배당순위는 제3조의 요건을 갖춘 다음 날 오전 0시부터 발생하고 근저당권자인 丙의 배당순위는 설정일, 즉 甲이 위 요건을 갖춘 다음 날이 되므로, 근저당권자인 丙보다 임차인 甲이 선순위의 배당권자가 된다.

2. 임차권등기명령

임대차가 종료되더라도 보증금을 반환받지 못하면, 임차인은 대항력과 우선변제권을 잃을 염려 때문에 이사를 해야 할 사정이 있어도 하지 못하게 된다. 주택임대차보호법은 이러한 임차인을 보호하기 위하여 임차권등기명령 제도를 마련하고 있다.

(1) 임대차가 끝난 후 보증금이 반환되지 않은 경우, 임차인은 신청서에 일정 사항을 적어 임차주택의 소재지를 관할하는 법원에 임차권등기명령을 신청할 수 있다(제3조의3 제1항). 임차권등기명령이 집행되어 임차권등기가 있게 되면, 임차인은 대항력과 우선변제권을 취득한다(제3조의3 제5항 본문). 다만 임차인이 임차권등기 이전에 이미 대항력이나 우선변제권을 취득한 경우에는 그 대항력이나 우선변제권은 그대로 유지되며, 임차권등기 이후에는 대항요건(주택의 인도와 주민등록)을 상실하더라도 이미 취득한 대항력이나 우선변제권을 상실하지 않는다(제3조의3 제5항 단서).

(2) 임차권등기명령에 의하여 임차권등기가 첫 경매개시결정등기 전에 마쳐진 경우, 주택임차인은 '저당권·전세권, 그 밖의 우선변제청구권으로서 첫 경매개시결

정 등기 전에 등기되었고 매각으로 소멸하는 것을 가진 채권자'에 준하여(민사집행법 제148조 4호), 별도로 배당요구를 하지 않아도 당연히 배당받을 수 있다.[51] 물론 임차권등기명령에 의한 임차권등기가 첫 경매개시결정등기 후에 마쳐진 경우에는 임차인이 배당요구를 하여야 배당을 받을 수 있다(제148조 2호, 제88조 1항). 한편 임대인의 임대차보증금 반환의무는 임차권등기명령에 의한 임차인의 임차권등기 말소의무보다 먼저 이행되어야 할 의무이다.[52]

3. 보증금 중 일정액의 보호

(1) 주택에 대한 '경매신청의 등기 전'에 임차인이 '주택을 인도받고 주민등록을 마친 때'(주택임대차보호법 제3조 1항)에는 임대차계약증서에 확정일자를 받지 않은 경우에도 보증금 중 일정액을 다른 담보물권자보다 우선하여 변제받을 권리가 있다(제8조 1항). 이는 임차보증금이 소액이라 하더라도 임차인에게는 큰 재산이므로, 사회보장적 고려에서 인정한 것이다. 다만 보증금 중 일정액의 범위와 기준은 주택가액(대지의 가액 포함)의 2분의 1을 넘지 못한다(제8조 3항 단서).

(2) 우선변제를 받을 수 있는 보증금 중 일정액의 범위는, ① 서울특별시에서는 보증금이 1억 6,500만원 이하인 경우에 5,500만원까지, ② 수도권정비계획법에 따른 과밀억제권역(서울특별시 제외)·세종특별자치시·용인시·화성시·김포시에서는 보증금 1억 4,500만원 이하인 경우에 4,800만원까지, ③ 광역시(과밀억제권역에 포함된 지역과 군지역 제외)·안산시·광주시·파주시·이천시·평택시에서는 보증금 8,500만원 이하인 경우에 2,800만원까지, ④ 그 밖의 지역에서는 보증금 7,500만원 이하인 경우에 2,500만원까지이다(제8조 3항, 시행령 제10조, 제11조). 만일 처음 임대차계약을 체결할 당시에는 보증금액이 많아 소액임차인에 해당하지 않았지만 그 후 새로운 임대차계약에 의하여 정당하게 보증금을 감액하여 소액임차인에 해당된 경우, 그 임대차계약이 무효라는 등의 특별한 사정이 없는 한 그러한 임차인은 소액

임차인으로 보호받을 수 있다.[53)]

(3) 하나의 주택에 임차인이 2명 이상이고, 그 각 보증금 중 일정액을 모두 합한 금액이 주택가액의 2분의 1을 초과하는 경우에는 그 2분의 1에 해당하는 금액을 기준으로 각 임차인의 보증금에 비례하여 분할한다(시행령 제10조 3항). 한편 임차등기명령의 집행에 따른 임차권등기가 끝난 주택 또는 임차권등기가 된 주택을 그 등기 이후에 임차한 임차인에게는 소액보증금에 대한 우선변제권이 인정되지 않는다(주택임대차보호법 제3조의3 제6항, 제3조의4 제1항).

사례) 乙은 서울 소재 주택을 보증금 1억원에 임차하여 주민등록을 마치고 입주하여 거주하고 있다. 최근 등기부등본을 확인해보니 乙이 입주하기 전에 다른 임차인 甲이 임차권등기명령에 의한 임차권등기를 해놓고 이사한 것을 알게 되었다. 지금 주택은 근저당권자에 의한 경매절차가 진행 중인데, 이 경우 乙은 주택임대차보호법상의 소액임차인으로서 보호받을 수 있는가?

➡ 임차권등기명령의 집행에 의한 임차권등기가 마쳐진 주택을 그 이후에 임차한 임차인은 소액보증금에 대하여 우선변제를 받을 권리가 없다(주택임대차보호법 제3조의3 제6항). 즉 주택임차권등기명령에 의하여 주택임차권등기를 마친 임차인을 보호하기 위하여 주택임차권등기가 마쳐진 주택에 대하여는 소액임차인의 최우선변제권을 인정하지 않고 있다. 설문의 경우, 乙은 임차권등기명령의 집행에 의한 임차권등기가 된 주택을 임차하였으므로, 소액임차인으로서의 최우선변제권을 행사할 수는 없다. 다만 확정일자를 갖추고 있는 경우 그 순위에 따른 우선변제권을 행사할 수 있을 뿐이다.

VI. 주택임대차계약의 신고

(1) 임대차계약당사자는 보증금이 6,000만원을 초과하거나 월 차임이 30만원을 초과하는 주택임대차계약(계약을 갱신하는 경우로서 보증금 및 차임의 증감 없이 임

대차 기간만 연장하는 계약은 제외)을 체결한 경우, 그 보증금 또는 차임 등을 임대차계약의 체결일부터 30일 이내에 주택소재지를 관할하는 신고관청에 공동으로 신고해야 한다(부동산거래신고법 제6조의2 제1항, 시행령 제4조의3 제1항). 만일 임대차계약당사자 중 한쪽이 신고를 거부하는 경우에는 다른 한쪽이 단독으로 신고할 수 있다(제6조의2 제3항). 다만 임차인이 주민등록법에 따라 전입신고를 하는 경우, 제1항에 따른 주택임대차계약의 신고를 한 것으로 본다(제6조의5 제1항).

(2) 임대차계약당사자가 주택임대차계약 체결을 신고한 후, 해당 주택임대차계약의 보증금, 차임 등 임대차 가격이 변경되거나 임대차계약이 해제된 때에는 변경 또는 해제가 확정된 날부터 30일 이내에 해당 신고관청에 공동으로 신고해야 한다(제6조의3 제1항). 만일 임대차계약당사자 중 한쪽이 신고를 거부하는 경우에는 다른 한쪽이 단독으로 신고할 수 있다(제6조의3 제2항).

(3) 제6조의2, 제6조의3에 따른 신고의 접수를 완료한 때에는 주택임대차보호법 제3조의6 제1항에 따른 확정일자를 부여한 것으로(임대차계약서가 제출된 경우로 한정한다) 본다(제6조의5 제3항). 제6조의2 또는 제6조의3에 따른 신고를 하지 않거나(공동신고를 거부한 자 포함) 그 신고를 거짓으로 한 자에게는 100만원 이하의 과태료를 부과한다(제28조 제5항 제3호).

제3절 상가건물의 임대차 — 상가건물임대차보호법

Ⅰ. 일반

(1) 상가건물임대차보호법은 상가건물의 임대차에서 일반적으로 사회적·경제적 약자인 임차인을 보호함으로써 임차인들의 경제생활의 안정을 도모하기 위하여

민법에 대한 특례를 규정하고 있다. 따라서 상가건물임대차보호법에 위반한 약정으로서 임차인에게 불리한 것은 효력이 없다(제15조).

(2) 상가건물임대차보호법은 보증금액이 ① 서울시에서는 9억원 이하, ② 수도권정비계획법에 따른 과밀억제권역(서울시는 제외) 및 부산광역시는 6억 9,000만원 이하, ③ 광역시(수도권정비계획법에 따른 과밀억제권역에 포함된 지역과 군지역, 부산광역시는 제외)·세종특별자치시·파주시·화성시·안산시·용인시·김포시·광주시는 5억 4,000천만원 이하, ④ 그 밖의 지역은 3억 7,000만원 이하인 상가임대차에 적용된다(제2조 1항, 시행령 제2조 1항). 이때 보증금액을 산정하면서 보증금 이외에 월차임이 있는 경우에는 월차임에 100을 곱한 금액을 보증금에 합산한다(시행령 제2조 2항, 3항). 다만 제3자에 대한 대항력(제3조), 계약갱신요구권(제10조 1항, 2항, 3항 본문), 권리금(제10조의3~제10조의5), 차임연체와 해지(제10조의8)에 관한 규정은 위 보증금액을 초과하는 상가임대차에도 적용된다(제2조 3항).

Ⅱ. 제3자에 대한 대항력

상가임대차는 그 등기가 없는 경우에도 임차인이 '건물의 인도'와 부가가치세법, 소득세법 또는 법인세법에 따른 '사업자등록을 신청'하면 그 다음 날부터 제3자에 대하여 효력이 생긴다(상가건물임대차보호법 제3조 1항). 사업자등록은 거래의 안전을 위하여 임대차의 존재와 내용을 제3자가 명백히 인식할 수 있게 하는 공시방법으로 마련된 것이므로, 사업자등록이 어떤 임대차를 공시하는 효력이 있는지는 일반 사회통념상 사업자등록을 통해 건물에 관한 임대차의 존재와 내용을 인식할 수 있는가에 따라 판단하여야 한다.[54] 임차건물의 양수인(예: 매매·증여·상속·경매 등으로 상가건물의 소유권을 취득한 사람)은 임대인의 지위를 승계한 것으로 본다(제3조 2항).

사례) 甲은 乙 소유의 상가건물을 보증금 1억원, 임대차기간 2년으로 정하여 임차하고, 보증금을 모두 지급한 후 상가건물을 인도받아 스낵코너를 운영하면서 2023.1.10. 임대차계약서에 확정일자를 받고, 2023.1.15. 상호를 '찜질여행스낵', 사업의 종류 및 종목을 '잡화소매업'으로 하는 사업자등록까지 마쳤다. 乙은 丙은행으로부터 1억원을 대출받으면서 2023.3.10. 그 상가건물에 채권최고액 1억 2,000만원으로 하는 근저당권을 설정해 주었다. 한편 甲은 乙의 동의를 얻어 2023.10.30. 丁에게 상가건물을 전대, 인도해 주고 자신의 스낵코너 영업을 그만두었고, 현재 丁이 사업자등록을 하지 않은 채 스낵코너를 운영하면서 甲에게 차임 월 100만원을 지급하고 있다. 그런데 乙이 丙에게 채무를 변제하지 않자 丙의 경매신청으로 상가건물이 戊에게 매각되었다. 이 경우 丁은 戊에게 상가임대차의 효력을 주장할 수 있는가?

➡ 상가건물의 임차인이 임대차보증금 반환채권에 대하여 대항력과 우선변제권을 가지려면 임대차의 목적인 상가건물의 인도 및 부가가치세법 등에 의한 사업자등록을 구비하고, 관할세무서장으로부터 확정일자를 받아야 한다. 상가건물을 임차하고 사업자등록을 마친 사업자가 임차 건물의 전대차 등으로 해당 사업을 개시하지 않거나 사실상 폐업한 경우에는 그 사업자등록은 부가가치세법 및 상가건물임대차보호법이 상가임대차의 공시방법으로 요구하는 적법한 사업자등록이라고 볼 수 없고, 이 경우 임차인이 상가건물임대차보호법상의 대항력 및 우선변제권을 유지하기 위해서는 건물을 직접 점유하면서 사업을 운영하는 전차인이 그 명의로 사업자등록을 하여야 한다.[55] 설문의 경우, 丁이 자신의 명의로 상가건물에 대하여 사업자등록을 하지 않았고, 경매로 임차건물이 매각되면 임차권은 소멸하므로(제8조) 丁은 경매로 상가건물의 소유권을 취득한 戊에 대하여 임대차의 효력을 주장할 수 없다.

Ⅲ. 보증금반환의 확보

1. 보증금의 회수

상가임차인이 건물의 인도 및 사업자등록을 갖추고(상가건물임대차보호법 제3조 1항), 관할세무서장으로부터 '임대차계약서상의 확정일자'를 받으면, 임차인은 민사집행법에 따른 경매 또는 국세징수법에 따른 공매를 할 때에 임차건물(임대인 소유의 대지 포함)의 환가대금에서 후순위권리자나 그 밖의 채권자보다 우선하여 보증금을 변제받을 권리가 있다(제5조 2항). 물론 임차인이 임차건물을 양수인에게 인도하지 않으면 보증금을 받을 수 없다(제5조 3항).

2. 임차권등기명령

(1) 임대차가 종료된 후 보증금이 반환되지 아니한 경우, 임차인은 임차건물의 소재지를 관할하는 지방법원·지방법원지원 또는 시·군법원에 임차권등기명령을 신청할 수 있다(상가건물임대차보호법 제6조 1항). 임차권등기명령의 집행에 따른 임차권등기를 마치면 임차인은 대항력(제3조 1항)과 우선변제권(제5조 2항)을 취득한다. 다만 임차인이 임차권등기 이전에 이미 대항력 또는 우선변제권을 취득한 경우에는 그 대항력 또는 우선변제권이 그대로 유지되며, 임차권등기 이후에는 대항요건(건물의 인도와 사업자등록)을 상실하더라도 이미 취득한 대항력 또는 우선변제권을 상실하지 아니한다(제6조 5항).

(2) 임차권등기명령의 집행에 따른 임차권등기를 마친 건물(임대차의 목적이 건물의 일부분인 경우에는 해당 부분에 한한다) 또는 임차권등기(민법 제621조)가 된 건물을 그 등기 이후에 임차한 임차인은 보증금 중 일정액(상가건물임대차보호법 제14조)을 다른 담보물권자보다 우선변제를 받을 권리가 없다(제6조 6항, 제7조 1항).

3. 보증금 우선변제권의 승계

은행 등의 금융기관이 대항요건(상가건물임대차보호법 제3조 1항)과 확정일자, 임차권등기명령 또는 건물임대차등기를 통해 보증금의 우선변제권(제5조 2항, 제6조 5항, 제7조 1항)을 취득한 임차인의 보증금반환채권을 계약으로 양수한 경우에는 양수한 금액의 범위에서 우선변제권을 승계한다(제5조 7항). 다만 우선변제권을 승계한 금융기관 등은 ① 임차인이 대항요건을 상실한 경우, ② 임차권등기명령의 집행에 따른 임차권등기가 말소된 경우 또는 ③ 임대차등기(민법 제621조)가 말소된 경우에는 우선변제권을 행사할 수 없다(제5조 8항). 또한 금융기관 등은 우선변제권을 행사하기 위하여 임차인을 대리하거나 대위하여 임대차를 해지할 수 없다(제5조 9항).

4. 경매에 의한 임차권의 소멸과 보증금의 확보

임차권은 임차건물에 대하여 민사집행법에 따른 경매가 실시된 경우에는 그 임차건물이 매각되면 소멸하지만, 보증금이 전액 변제되지 아니한 대항력이 있는 임차권은 소멸하지 않는다(상가건물임대차보호법 제8조).

5. 소액보증금 중 일정액의 우선변제권

(1) 임차인은 보증금 중 일정액을 다른 담보물권자보다 우선하여 변제받을 권리가 있다. 이 경우 임차인은 건물에 대한 '경매신청의 등기 전'에 상가를 인도받고 사업자등록을 하여야 한다(상가건물임대차보호법 제14조 1항).

(2) 우선변제를 받을 수 있는 임차인 및 보증금 중 일정액의 범위는 임대건물가액(임대인 소유의 대지 가액을 포함)의 2분의 1을 최고한도로 하여, 보증금액이 ① 서울시에서는 6,500만원 이하인 경우에 2,200만원까지, ② 수도권정비계획법에 따른 과밀억제권역(서울시 제외)은 5,500만원 이하인 경우에 1,900만원까지, ③ 광역시(수도권정비계획법에 따른 과밀억제권역에 포함된 지역과 군지역은 제외)·안산시·용인시·김포시·광주시는 3,800만원 이하인 경우에 1,300만원, ④ 그 밖의 지역은 3,000만원 이하인 경우에 1,000만원까지이다(제14조 3항, 시행령 제6조, 제7조).

Ⅳ. 상가건물임대차의 존속보장

1. 임대차기간

당사자가 임대차기간을 정하지 않거나 1년 미만으로 정한 경우에 그 기간을 1년으로 본다. 다만 임차인은 1년 미만으로 정한 기간이 유효함을 주장할 수 있다(상가건물임대차보호법 제9조 1항). 임대차가 종료한 경우에도 임차인이 보증금을 반환받을 때까지는 임대차 관계는 존속하는 것으로 본다(제9조 2항).

2. 계약갱신요구권

(1) 임대인은 임차인이 임대차기간이 만료되기 6개월 전부터 1개월 전까지 사이에 계약갱신을 요구할 경우 정당한 사유 없이 거절하지 못한다. 다만 ① 임차인이 3기의 차임액에 해당하는 금액에 이르도록 차임을 연체한 사실이 있는 경우, ② 임차인이 거짓이나 그 밖의 부정한 방법으로 임차한 경우, ③ 서로 합의하여 임대인이 임차인에게 상당한 보상을 제공한 경우, ④ 임차인이 임대인의 동의 없이 목적 건물의 전부 또는 일부를 전대한 경우, ⑤ 임차인이 임차한 건물의 전부 또는 일부를 고의나 중대한 과실로 파손한 경우, ⑥ 임차한 건물의 전부 또는 일부가 멸실되어 임대차의 목적을 달성하지 못할 경우, ⑦ 임대인이 '임대차계약을 체결한 당시 공사시기 및 소요기간 등을 포함한 철거 또는 재건축 계획을 임차인에게 구체적으로 고지하고 그 계획에 따르는 경우, 건물이 노후·훼손 또는 일부 멸실되는 등 안전사고의 우려가 있는 경우 또는 다른 법령에 따라 철거 또는 재건축이 이루어지는 경우'로 인해 목적 건물의 전부 또는 대부분을 철거하거나 재건축하기 위해 목적 건물의 점유 회복이 필요한 경우, ⑧ 그 밖에 임차인이 임차인으로서의 의무를 현저히 위반하거나 임대차를 존속하기 어려운 중대한 사유가 있는 경우에는 계약갱신을 거절할 수 있다(상가건물임대차보호법 제10조 1항). 주의할 것은 임대차기간

중 어느 때라도 차임이 3기분에 달하도록 연체된 사실이 있다면 임차인과의 계약관계 연장을 받아들여야 할 만큼의 신뢰가 깨어졌으므로 임대인은 계약갱신 요구를 거절할 수 있고, 반드시 임차인이 계약갱신요구권을 행사할 당시에 3기분에 이르는 차임이 연체되어 있어야 하는 것은 아니다.[56)]

(2) 임차인의 계약갱신요구권은 최초의 임대차기간을 포함한 전체 임대차기간이 10년을 초과하지 않는 범위 내에서만 행사할 수 있다(제10조 2항). 여기서 '최초의 임대차기간'이라 함은 상가건물임대차보호법 시행 이후에 체결된 임대차계약이나 시행 이전에 체결되었다가 시행 이후에 갱신된 임대차계약에 있어서 모두 당해 상가건물에 관하여 최초로 체결된 임대차계약의 기간을 의미한다.[57)] 갱신되는 임대차는 전 임대차와 동일한 조건으로 다시 계약된 것으로 본다. 다만 차임 또는 보증금의 증액청구는 차임 또는 보증금의 100분의 9의 금액을 초과하지 못하고, 차임 등의 증액이 있은 후 1년 이내에는 하지 못한다(제10조 3항).

(3) 계약갱신요구권은 대통령령으로 정하는 보증금액을 초과하는 상가임대차에도 인정된다(제2조 3항). 즉 보증금액과 무관하게 전체 임대차기간이 10년을 초과하지 않는 범위 내에서 임차인의 계약갱신요구권이 인정된다(제10조 1항, 2항, 3항 본문).

3. 묵시적 갱신

임대인이 임대차기간이 만료되기 6개월 전부터 1개월 전까지 사이에 임차인에게 갱신거절의 통지 또는 조건 변경의 통지를 하지 않은 경우에는 그 기간이 만료된 때에 전 임대차와 동일한 조건으로 다시 임대차한 것으로 본다. 이 경우에 임대차의 존속기간은 '1년'으로 본다(상가건물임대차보호법 제10조 4항). 이것은 임대차갱신제도와는 그 취지와 내용을 달리하므로, 임차인의 갱신요구권에 관하여 전체 임대차기간을 10년으로 제한하는 제10조 2항은 묵시적 갱신에 적용되지 않는다.[58] 한편 임차인은 언제든지 임대인에게 계약해지를 통지할 수 있고, 임대인이 통지를 받은 날부터 3개월이 지나면 효력이 발생한다(제10조 5항).

V. 권리금

1. 의의

권리금이란 임대차 목적물인 상가건물에서 영업을 하는 사람 또는 영업을 하려는 사람이 영업시설·비품, 거래처, 신용, 영업상의 노하우, 상가건물의 위치에 따른 영업상의 이점 등 유형·무형의 재산적 가치의 양도 또는 이용대가로서 임대인, 임차인에게 보증금과 차임 이외에 지급하는 금전 등의 대가를 말한다(상가건물 임대차보호법 제10조의3 제1항). 즉 영업용 건물의 임대차에 수반되어 행하여지는 권리금의 지급은 임대차계약의 내용을 이루는 것은 아니다.[59] 권리금 계약이란 신규 임차인이 되려는 사람이 임차인에게 권리금을 지급하기로 하는 계약을 말한다(제10조의3 제2항). 즉 권리금 계약은 임대차계약이나 임차권양도계약 등에 수반되어 체결되지만 임대차계약 등과는 별개의 계약이다.[60]

참고로 권리금은 점포에 관한 임차권, 점포에 부속되어 있거나 영업을 위하여 공여되고 있는 시설 및 고객관계, 신용, 점포 위치에 따른 영업상의 이점 등 무형의 재산적 가치에 대한 양도대가에 해당되므로 부가가치세 과세대상이다.[61]

2. 권리금반환청구의 인정 여부

권리금은 임대차 목적물이 가지는 장소적 이익이나 특정점포의 영업상의 명성 등의 대가로서 지급되는 것이기 때문에 임대차가 종료된 때에 그 반환을 청구할 수 없다. 다시 말하면 임차인이 권리금을 임대인에게 지급한 경우, 그 유형·무형의 재산적 가치의 양수 또는 약정기간 동안의 이용이 유효하게 이루어진 이상 임대인은 권리금의 반환의무를 지지 않으며, 임차인은 새로운 임차인으로부터 회수할 수 있을 뿐이다.[62] 다만 임대인이 임대차의 종료에 즈음하여 그 재산적 가치를 다시 양수한다든지 권리금 수수 후 일정한 기간 이상 임대차를 존속시켜 그 가치를 이용하기로 약정하였는데, 임대인의 사정으로 중도 해지되어 약정기간 동안 그 재산적 가치를 이용케 해주지 못하였다는 등의 특별한 사정이 있을 경우에는 임대인은 권리금 전부 또는 일부의 반환의무를 진다.[63]

3. 권리금 회수기회 보호 등

(1) 임대인은 '임차인의 계약갱신 요구를 거절할 수 있는 사유(상가건물임대차보호법 제10조 1항)가 있는 경우'를 제외하고는 임대차기간이 끝나기 6개월 전부터 임대차가 종료할 때까지 다음과 같은 행위를 함으로써 권리금 계약에 따라 임차인이 신규임차인이 되려는 사람으로부터 권리금을 지급받는 것을 방해하여서는 안 된다. 즉 ① 임차인이 주선한 신규임차인이 되려는 사람에게 권리금을 요구하거나 임차인이 주선한 신규임차인이 되려는 사람으로부터 권리금을 받는 행위, ② 임차인이 주선한 신규임차인이 되려는 사람으로 하여금 임차인에게 권리금을 지급하지 못하게 하는 행위, ③ 임차인이 주선한 신규임차인이 되려는 사람에게 상가건물에 관한 조세, 공과금, 주변 상가건물의 차임 및 보증금, 그 밖의 부담에 따른 금액에 비추어 현저히 고액의 차임과 보증금을 요구하는 행위, ④ 그 밖에 정당한 사유 없이 임대인이 임차인이 주선한 신규임차인이 되려는 사람과 임대차계약의 체결을 거절하는 행위 등이다(제10조의4 제1항). 다만 ① 임차인이 주선한 신규임차인이 되려는 사람이 보증금 또는 차임을 지급할 자력이 없는 경우, ② 임차인이 주선한 신규임차인이 되려는 사람이 임차인의 의무를 위반할 우려가 있거나 그 밖에 임대차를 유지하기 어려운 상당한 사유가 있는 경우, ③ 임대차 목적물인 상가건물을 1년 6개월 이상 영리목적으로 사용하지 아니한 경우, ④ 임대인이 선택한 신규임차인이 임차인과 권리금 계약을 체결하고 그 권리금을 지급한 경우에는 임대인이 임차

인이 주선한 신규임차인이 되려는 사람과 임대차계약의 체결을 거절할 수 있다(제10조의4 제2항).

(2) 임대인이 권리금 회수기회 보호에 관한 규정을 위반하여 임차인에게 손해를 발생하게 한 때에는 그 손해를 배상할 책임이 있다. 이 경우 그 손해배상액은 신규임차인이 임차인에게 지급하기로 한 권리금과 임대차 종료 당시의 권리금 중 낮은 금액을 넘지 못한다(제10조의4 제3항). 이러한 임차인의 임대인에 대한 손해배상청구권은 임대차가 종료한 날부터 3년 이내에 행사하지 않으면 시효의 완성으로 소멸한다(제10조의4 제4항).

(3) 임차인은 임대인에게 자신이 주선한 신규임차인이 되려는 사람의 보증금 및 차임을 지급할 자력 또는 그 밖에 임차인의 의무를 이행할 의사 및 능력에 관하여 자신이 알고 있는 정보를 제공하여야 한다(제10조의4 제5항).

(4) 한편 권리금 회수기회 보호에 관한 규정은 보증금액에 관계없이 상가임대차에 적용되지만(제2조 3항), 상가건물이 유통산업발전법에 따른 대규모점포 또는 준대규모점포의 일부인 경우(다만 전통시장 및 상점가 육성을 위한 특별법에 따른 전통시장은 제외한다), 임대차 목적물인 상가건물이 국유재산법에 따른 국유재산 또는 공유재산 및 물품 관리법에 따른 공유재산인 경우에는 적용되지 않는다(제10조의5).

Ⅵ. 차임연체와 계약해지

임차인의 차임연체액이 3기분의 차임액에 이른 때에는 임대인은 계약을 해지할 수 있다(상가건물임대차보호법 제10조의8). 이는 보증금액에 관계없이 모든 상가임대차에 적용된다(제2조 3항).

Ⅶ. 차임·보증금의 증감청구권

(1) 약정한 차임 또는 보증금이 임차건물에 관한 조세·공과금·그 밖의 부담의 증감이나 '감염병의 예방 및 관리에 관한 법률'에 따른 제1급감염병 등에 의한 경제사정의 변동으로 인하여 상당하지 않게 된 경우에는 당사자는 장래의 차임 또는 보증금에 대하여 증감을 청구할 수 있다(상가건물임대차보호법 제11조 1항 본문). 그러나 ① 차임·보증금을 증액하는 경우, 청구 당시의 차임·보증금의 100분의 5의 금액을 초과하지 못한다(제11조 1항 단서, 시행령 제4조). 주의할 것은 '감염병의 예방 및 관리에 관한 법률'에 따른 제1급감염병에 의한 경제사정의 변동으로 차임 등이 감액된 후 임대인이 증액을 청구하는 경우에는 증액된 차임 등이 감액 전 차임 등의 금액에 달할 때까지는 제11조 1항 단서를 적용하지 않는다(제11조 3항). ② 증액청구는 임대차계약 또는 약정한 차임 등의 증액이 있은 후 1년 이내에는 이를 하지 못한다(제11조 2항). 이를 초과하여 지급하기로 하는 차임 등에 관한 약정은 증액비율을 초과하는 범위 내에서 무효이고(제15조), 임차인은 초과 지급된 차임 등에 대해 부당이득으로 반환을 구할 수 있다.[64)]

(2) 차임·보증금의 증감청구에 관한 규정(제11조)은 임대차계약의 존속 중 당사자 한쪽이 약정한 차임 등의 증감을 청구한 경우에 한하여 적용되고, 임대차계약이 종료한 후 재계약을 하거나 임대차계약 종료 전이라도 당사자의 합의로 차임 등을 증액하는 경우에는 적용되지 않는다.[65)]

사례) 甲은 자신의 상가건물을 임대차보증금 5,000만원, 임대차기간 2015.3.1.부터 2020.2.28.까지, 월 차임 100만원으로 정하여 乙과 임대차계약을 체결하면서, 甲이 일방적으로 차임을 인상할 수 있고 乙은 이의를 할 수 없다고 약정하였다. 임대인 甲이 일방적으로 차임을 인상할 수 있다는 약정은 유효한가?

➡ 상가임대차계약에 있어서 임대차기간 중에 당사자의 한쪽이 차임을 변경하고자 할

때에는 상대방의 동의를 얻어야 하고, 그 동의가 없는 경우에는 상가건물임대차보호법 제11조에 의하여 차임의 증감을 청구하여야 한다.[66] 따라서 설문의 경우처럼 임대인이 일방적으로 차임을 인상할 수 있고 상대방은 이의를 할 수 없다고 약정하였다면, 이는 제11조에 위반하는 약정으로서 임차인에게 불리한 것이므로 효력이 없다(제15조).

Chapter 04

부동산거래와 법

LAW & LIFE

제1절 증 여

제2절 매 매

제3절 부동산소유권의 변동과 등기

제4절 부동산거래와 과세

Chapter 04

부동산거래와 법

제1절 증 여

Ⅰ. 의의

증여는 당사자 한쪽(증여자)이 무상으로 재산을 상대방(수증자)에게 수여하는 의사를 표시하고, 상대방이 이를 승낙함으로써 성립하는 계약이다(민법 제554조). 무상으로 재산을 수여하는 의미는 증여자의 재산이 감소하고 수증자의 재산을 증가케 하는 모든 행위를 말한다. 따라서 권리양도, 용익물권 설정, 증여자가 채무를 부담하는 것이 포함된다. 증여는 계약이라는 점에서 단독행위인 유증과 구별된다.

한편 기부채납은 기부자가 그의 소유재산을 지방자치단체의 공유재산으로 증여하는 의사표시를 하고 지방자치단체는 이를 승낙하는 채납(採納)의 의사표시를 함으로써 성립하는 증여계약이다.

Ⅱ. 증여자의 의무

1. 급부의무

증여자는 계약에 의하여 부담하는 의무를 그 내용에 맞게 이행하여야 한다. 따라서 재산권의 이전이 증여의 목적이라면 인도·등기 등을 통하여 그 재산권을 이전하여야 한다. 그리고 증여의 목적이 타인의 재산이라면 그것을 취득하여 이전하여야 한다.

2. 증여자의 담보책임

증여자는 증여의 목적인 물건 또는 권리의 하자나 흠결에 대하여 책임을 지지 않는다. 그러나 증여자가 그 하자나 흠결을 알고 증여받은 사람(수증자)에게 '알리지 않은 경우'에는 담보책임을 진다(제559조 1항). 따라서 수증자가 이미 목적물의 하자나 흠결을 알고 있었던 때에는 증여자의 담보책임이 발생하지 않는다. 담보책임의 내용은 수증자가 목적물에 대하여 하자나 흠결이 없다고 믿음으로써 입은 손해(신뢰이익의 상실)의 배상이다.

Ⅲ. 증여계약의 종료

1. 증여자의 이행

증여자가 증여계약에 따라 그 재산을 상대방에게 이전하면, 증여계약은 종료된다(민법 제460조).

2. 증여계약의 해제

(1) 서면에 의하지 않은 증여의 해제

증여의 의사가 서면으로 표시되어 있지 않은 경우에는 각 당사자는 증여계약을 해제할 수 있다(민법 제555조). 이는 증여자가 경솔하게 증여하는 것을 방지하고 증여의 의사를 명확하게 하여 분쟁을 예방하기 위한 것이다. 이처럼 서면에 의하지 않은 증여는 당사자가 해제할 수 있으나, 이미 이행한 부분에 대해서는 해제에 의하여 아무런 영향을 받지 않는다(제558조). 따라서 토지에 대한 증여는 증여자의 의사에 따라 수증자에게 소유권이전등기가 됨으로써 이행이 완료되므로, 증여자가 그 이행 후 증여계약을 해제하였더라도 증여계약이나 그에 의한 소유권이전등기의 효력에 아무런 영향을 받지 않는다.

(2) 수증자의 망은행위로 인한 증여의 해제

증여받은 사람(수증자)이 ① 증여자 또는 그의 배우자나 직계혈족에 대하여 범죄행위를 하거나 ② 증여자를 부양할 의무가 있는데도 의무를 이행하지 않은 경우, 증여자는 증여계약을 해제할 수 있다(민법 제556조 1항). 이러한 증여자의 해제권은 증여자가 해제의 원인이 있음을 안 날로부터 6개월이 지나거나 증여자가 수증자에게 용서의 의사를 표시한 경우에는 소멸한다(제556조 2항). 그러나 수증자의 망은행위에 기하여 증여자가 증여계약을 해제하더라도 이미 이행한 부분에 대해서는 영향을 미치지 않는다(제558조).

(3) 재산상태의 변경으로 인한 증여의 해제

증여계약 후 증여자의 재산상태가 현저하게 변경되고 증여의 이행으로 인하여 생계에 중대한 영향을 미칠 경우에는 증여자는 증여를 해제할 수 있다(민법 제557조). 그러나 증여자의 재산상태의 악화를 이유로 증여계약을 해제한 경우에도 이미 이행한 부분에 대해서는 영향을 미치지 않는다(제558조).

사례1) 甲은 가난하지만 총명하고 매사에 다른 사람의 모범이 되는 대학생인 조카 乙이 훌륭하게 성장하리라는 기대에서 그에게 토지 1,000㎡를 아무런 대가 없이 주기로 구두로 약속하였다. 그런데 그 약속이 있는 후부터 乙은 예전 같지 않고 딴 사람으로 변하였으며, 학업도 게을리 하고 있다. 甲은 乙에게 토지를 주겠다는 약속을 하지 않았더라면 乙이 훌륭하게 성장할 것인데 하는 후회가 들고 있다. 법적으로 甲은 乙과의 약속을 없었던 것으로 할 수 없는가?

➡ 계약은 구두로 얼마든지 성립될 수 있으므로, 甲과 乙 사이의 약속은 법적으로 증여계약이다. 따라서 甲은 약속한 대로 토지 1,000㎡를 乙에게 주어야 할 의무가 있다(민법 제554조). 하지만 서면으로 표시되지 아니한 증여계약은 각 당사자가 이를 해제할 수 있다(제555조). 설문의 경우, 甲은 乙과 구두로만 증여계약을 체결하였으므로, 甲은 乙과의 증여계약을 해제할 수 있으며, 해제한 경우 토지 1,000㎡에 대한 소유권을 乙에게 이전할 의무를 면하게 된다.

사례2) 甲은 2023.2.13. 자신의 부동산을 乙에게 증여하기로 하였는데, 그 당시 증여의 서면을 작성하지 않았다. 그 후 2023.12.13. 甲은 부동산을 乙에게 증여하였음을 확인한다는 내용의 확인서를 작성하여 乙에게 교부하였다. 2024.3.10. 乙이 증여를 원인으로 甲에 대해 부동산의 소유권이전등기를 청구하자, 甲은 증여 당시에 증여의 의사가 서면으로 작성되지 않았음을 이유로 乙과의 증여계약을 해제하였다. 甲의 해제는 정당한가?

➡ 증여의 의사가 서면으로 표시되지 아니한 경우에는 각 당사자는 이를 해제할 수 있다(민법 제555조). 그런데 증여의 의사가 표시된 서면의 작성시기에 대하여는 법률상 아무런 제한이 없으므로, 증여계약이 성립한 당시에는 서면이 작성되지 않았더라도 그 후 계약이 존속하는 동안 서면을 작성한 때에는 그 때부터는 서면에 의한 증여로서 당사자가 임의로 이를 해제할 수 없게 된다.[1] 따라서 甲의 증여계약 해제는 부당하다.

Ⅳ. 특수한 증여

1. 부담부 증여

부담부 증여는 증여받은 사람(수증자)이 증여자로부터 증여를 받으면서 동시에 일정한 부담을 지는 경우를 말한다. 예컨대 화가 甲이 乙시에 미술품을 증여하면서 이를 예술의 전당의 전시를 조건으로 하는 경우, A가 B에게 부동산을 증여하고 B는 A의 자녀의 대학재학 동안 돌봐주기로 하는 경우 등이 이에 해당한다. 부담부 증여의 경우에는 증여자는 그 부담의 한도에서 매도인과 같은 담보책임을 지며(민법 제559조 2항), 증여의 규정 이외에 쌍무계약에 관한 규정이 준용된다(제561조). 따라서 상대부담 있는 증여에서 부담의무 있는 상대방이 자기의무를 이행하지 않을 때에는 비록 증여계약이 이미 이행되었더라도 증여자는 계약을 해제할 수 있다.[2)] 즉 부담의무의 불이행을 이유로 계약을 해제할 수 있으며, 제555조와 제558조는 적용되지 않는다.

2. 정기증여

정기증여는 일정한 시기에 정기적으로 아무런 대가없이 재산을 수여하기로 한 증여로서, 계속적 채권관계에 해당된다. 가령 매월 2만원씩 후원단체에 기부하기로 한 약정이 이에 해당한다. 이러한 정기증여는 기간이 정함이 있는지 여부를 묻지 않고 당사자 한쪽의 사망으로 그 효력을 상실한다(민법 제560조).

3. 사인증여

사인증여는 증여자의 생전에 체결된 증여이지만 그 효력이 증여자의 사망으로 발생하는 경우를 말한다. 가령 내가 죽으면 너에게 X주택을 주겠다고 한 약정이 이에 해당한다. 사인증여는 수증자가 증여자 생전에 승낙을 하여야 성립하는 계약으로 증여의 일종이라는 점에서 단독행위인 유증과 다르다. 그러나 증여자의 사망 후에 효력이 발생한다는 점에서 유증과 같기 때문에 유증에 관한 규정이 준용된다(민법 제562조).

제2절 매 매

Ⅰ. 서설

1. 의의

매매계약은 당사자 한쪽(매도인)이 '재산권'을 상대방에게 이전하기로 약정하고, 상대방(매수인)이 그 대금을 지급하기로 약정함으로써 성립하는 계약을 말한다(민법 제563조). 따라서 매매는 재화(재화는 물건과 권리를 포함한다)와 금전의 교환이므로, 재화와 재화의 교환은 매매가 아니다(하지만 금전과 금전의 교환인 환전은 매매이다). 한편 민법은 매매에 관하여 규정을 다른 유상계약에 준용하고 있다(제567조).

2. 매매계약의 성립

다른 유형의 계약과 같이 매매계약도 청약과 승낙의 의사표시의 합치에 의하여 성립한다. 매매목적물과 매매대금은 매매계약의 본질적 요소이다. 그러므로 이에 관한 합의가 없는 경우에는 매매계약은 성립할 수 없다. 다만 매매목적물과 대금은 반드시 매매계약 체결 당시에 구체적으로 특정되어 있을 필요는 없고 나중에 이를 구체적으로 특정할 수 있는 방법과 기준이 정하여져 있으면 족하다. 또한 타인의 권리도 매매의 목적물이 될 수 있으므로(제569조), 매매계약을 체결할 당시에 매도인이 반드시 처분권자이어야 하는 것은 아니다. 즉 매매목적물은 반드시 매도인의 소유에 속하는 것일 필요가 없고, 만약 매도인이 타인의 소유물을 매도한 경우에는 이행기가 될 때까지 그 물건을 취득하여 매수인에게 이전하면 된다.

3. 계약금

(1) 의의

계약금이란 계약을 체결할 때에 그 계약에 부수하여 당사자의 한쪽이 상대방에게 교부하는 금전이나 그 밖의 유가물을 말한다. 계약금은 매매·임대차·도급 등 많은 계약에서 교부되며, 매매의 경우 계약금은 보통 매수인이 매도인에게 교부한다.

계약금의 교부도 하나의 계약이며(당사자의 합의에 의하여 수수되므로), 그것은 금전이나 그 밖의 유가물의 교부를 요건으로 하므로 요물계약이고, 매매나 그 밖의 계약에 부수하여 행해지는 종된 계약이다.[3] 따라서 주계약이 무효이거나 취소되면 계약금계약도 당연히 효력이 소멸한다. 계약금약정도 하나의 계약이므로 지급하기로 약정한 계약금을 지급하지 않은 경우, 채무불이행을 이유로 계약금약정을 해제할 수 있다. 여기서 '요물계약'은 계약을 체결하기 위하여 반드시 계약의 목적물을 상대방에게 양도하여야 하는 경우를 말한다(예: 계약금의 지급). 반면에 '낙성계약'은 당사자의 의사표시만으로 성립하는 계약이며, 계약의 성립을 위하여 목적물을 양도하거나 계약서를 작성하는 등의 행위를 필요로 하지 않는다.

(2) 민법 제565조

(가) 해약금의 추정

계약이 성립하면 당사자 한쪽이 마음대로 해제할 수 없는 것이 원칙이다. 이에 대해 민법 제565조는 그 예외를 정하면서 일정한 제한을 두고 있다. 즉 ① 당사자는 임의로 계약을 해제할 수 있다. 다만 그에 대한 대가로 교부자는 계약금을 포기해야 하고, 수령자는 그 두 배의 금액을 주어야 한다. ② 당사자 한쪽이 자신의 계약상 채무에 대해 이행에 착수한 후에는 당사자 양쪽은 더 이상 해제할 수 없다. 이행에 착수한 당사자는 계약이 이행될 것으로 기대할 것이고, 이를 보호하겠다는 것이다. 제565조는 당사자 사이에 다른 약정이 없는 경우에 한하여 인정되는 것이고, 만일 당사자가 해약권을 배제하기로 하는 약정을 하였다면 더 이상 그 해제권을 행사할 수 없다.[4)]

(나) 해약금에 의한 해제

1) 요건

계약금을 상대방에게 교부한 때에는 당사자 사이에 다른 약정이 없으면 당사자 한쪽이 이행에 착수(예: 중도금의 제공)할 때까지 교부자는 이를 포기하고, 수령자는 그 두 배의 금액을 상환하여 매매계약을 해제할 수 있다(제565조 1항). 즉 ① 계약이 성립한 후에는 당사자의 한쪽이 이를 마음대로 해제할 수 없는 것이 원칙이고, 다만 주된 계약과 더불어 계약금계약을 한 경우에는 제565조 1항의 규정에 따라 임의로 해제할 수 있다. 계약금계약은 금전 기타 유가물의 교부를 요건으로 하므로, 당사자가 계약금의 일부만을 먼저 지급하고 잔액은 나중에 지급하기로 약정하거나, 계약금 전부를 나중에 지급하기로 약정한 경우에는 교부자가 계약금의 잔금 또는 전부를 지급하지 않는 한 계약금계약은 성립하지 아니하므로 당사자가 임의로 제565조에 따라 계약을 해제할 수 없다.[5)] ② 당사자 한쪽이 '이행에 착수한 후'에는 해제할 수 없다. ㉠ 당사자 한쪽이 이행에 착수한 때에는 그에 필요한 비용을 지출하였을 것이고 또 계약이 이행될 것으로 믿을 것인데, 이러한 단계에서 상대방이 계약을 해제한다면 불측의 손해를 입을 우려가 있기 때문에, 이를 방지하기 위해 당사자 한쪽이 '이행에 착수하기 전'에만 해제할 수 있는 것으로 해제권 행사의 시기를 제한한 것이다. 여기서 '이행에 착수한다'는 것은 객관적으로 외부에서 인식할 수 있는 정도로 채무의 이행행위 일부를 하거나 또는 이행을 하기 위하여 필요한 전제행위를 하는 경우를 말하며, 단순히 이행의 준비만으로는 부족하다.[6] 가령 중도금의 제공은 이행의 착수에 해당하지만,[7] 매도인이 매수인에 대하여 매매계약의 이행을 최고하고 매매잔대금의 지급을 구하는 소송을 제기한 것만으로는 이행에 착수하였다고 볼 수 없다.[8] ㉡ 제565조 1항의 '당사자의 한쪽'은 매매 쌍방 중 어느 한쪽을 지칭하는 것이고, 상대방이라 국한하여 해석할 것이 아니므로, 비록 상대방인 매도인이 매매계약의 이행에는 전혀 착수한 바가 없더라도 매수인이 중도금을 지급하여 이미 이행에 착수한 이상 매수인은 제565조에 의하여 계약금을 포기하고 매매계약을 해제할 수 없다.[9] ③ 계약금을 교부한 자는 이를 포기하고 해제할 수 있으나, 그 수령자는 해제의 의사표시와 함께 그 두 배의 금액을 제공해야만 해제의 효과가 발생한다. 이 경우 그 두 배 금액의 이행제공으로 족하고, 상대방이 수령하지 않는다고 하여 공탁까지 할 필요는 없다.[10]

2) 효력

해약금에 의한 해제는 당사자 한쪽의 이행이 있기 전에 교부자는 이를 포기하고 수령자는 그 두 배의 금액을 상환하여 매매계약을 종결짓는 것이므로, 따로 원상회복의무는 발생하지 않는다. 제565조의 해제는 해약금계약에 의해 하는 것이고, 채무불이행을 원인으로 하는 것이 아니므로 해제를 하더라도 손해배상의 문제는 생기지 않는다(제565조 2항). 그러나 계약금이 교부되어 있어도 채무불이행이 발생하면 채무불이행을 이유로 해제할 수 있고, 이 경우에는 원상회복청구나 손해배상청구도 인정된다.

참고로 '계약해제'란 계약이 성립되어 그 효력이 발생한 후에 계약 내용의 위반 또는 그 밖의 원인을 이유로 계약의 효력을 소급적으로 소멸시키는 일방적 의사표시를 말한다. 계약해제는 상대방에게 통지하여야 효력이 발생하기 때문에 당연해제는 원칙적으로 인정되지 않는다. '계약해지'는 계속적 거래관계에서 계약의 효력을 장래에 향하여 소멸케 하는 일방적 의사표시이다. 해지는 임대차·고용과 같은 계속적 거래관계에 적용된다. 계약의 해제나 해지는 당사자 사이에 계약금만 교부된 경우와 같이 약정해제권이 인정된 경우나 채무불이행이 있는 경우와 같이 법률의 규정에 의하여 해제권이 부여된 경우에 할 수 있다.

사례) 甲은 乙로부터 부동산을 매수하고 계약금 2,000만원을 지급하였다. 甲은 乙이 중도금과 잔금의 수령을 거절하자 중도금 1억원, 잔금 8,000만원을 변제공탁하였다. 그 후 乙은 계약의 배액을 제공하여 계약을 해제하려고 하였고, 甲이 이를 거절하자 4,000만원을 공탁하였다. 甲은 부동산에 대한 소유권이전을 청구하는데, 乙은 계약해제를 이유로 이를 거절할 수 있는가?

➡ 당사자 한쪽이 이행에 착수할 때까지 지급한 자는 이를 포기하고, 받은 자는 두 배의 가액을 상환하여 매매계약을 해제할 수 있다(제565조 1항). 설문에서 매수인 甲이 중도금과 잔금을 적법하게 변제공탁한 경우, 계약금 배액상환을 원인으로 한 매도인 乙의 해제의 의사표시는 이미 상대방이 이행에 착수한 이후에 이루어진 것으로서 그 효력이 없다. 따라서 乙은 계약해제를 이유로 甲의 소유권이전등기청구를 거절할 수 없다.

Ⅱ. 매도인의 의무

1. 매도인의 재산권이전의무

매도인은 매매목적인 재산권을 매수인에게 이전하여야 할 의무이다(민법 제568조 1항). 따라서 매매의 목적이 된 권리가 타인에게 속한 경우, 매도인은 그 권리를 취득하여 매수인에게 이전하여야 한다(제569조). 재산권은 다른 특약이나 특별한 사정이 없는 한 아무런 부담이 없는 완전한 것이어야 한다. 가령 목적부동산에 근저당권등기·가압류등기·가처분등기가 있는 경우에는 그러한 등기를 말소하고 이전등기를 해 주어야 한다. 또한 매매목적물이 물건인 경우에는 그 소유권 및 점유를 이전하여야 하며, 권리인 때에는 권리 그 자체를 이전하여야 한다. 매도인의 재산권이전의무 및 인도의무와 매수인의 대금지급의무는 원칙적으로 동시이행의 관계에 있다.[11]

2. 매도인의 담보책임

(1) 의의

매도인의 담보책임이란 매매의 목적인 재산권 또는 그 재산권의 객체인 물건에 하자(흠)가 있는 경우에 매도인이 매수인에 대하여 지는 책임을 통틀어서 일컫는 말이다. 매도인의 담보책임은 매도인의 고의·과실을 문제삼지 않는 무과실책임이다. 매도인의 담보책임을 인정하는 취지는 대가적인 계약관계를 조정하여 등가성을 유지하려는 데에 있다.

(2) 권리의 하자에 대한 담보책임

(가) 권리의 전부가 타인에게 속하는 경우

매매의 목적이 된 권리의 전부가 타인에게 속하는 경우(민법 제569조), 즉 타인의 권리를 매매한 경우에도 계약은 유효하며, 매도인은 그 목적물을 취득하여 매수인에게 이전하여 줄 의무가 있다. 매도인이 타인의 권리를 취득해서 이전할 수 없는 경우, 매수인은 그의 선의·악의를 묻지 않고 계약을 해제할 수 있으며, 매수인이 선의인 때에는 계약해제와 더불어 손해배상도 청구할 수 있다(제570조). 참고로 법학에서 '선의'는 어떤 사정을 알지 못하는 것을 의미하고, '악의'는 어떤 사정을 알고 있는 것을 가리킨다.

사례) 甲은 乙이 살고 있는 주택을 매수하는 계약을 체결하면서 계약금을 지불하였다. 계약당시 주택에 대한 등기명의가 당연히 乙로 되어 있는 줄 믿고 등기부를 확인하지 않고 계약을 하였는데, 나중에 알고 보니 그 주택은 丙 명의로 되어 있다. 그 이유는 乙의 아버지가 사망하기 전에 그 주택을 丙에게 매도하고 소유권이전등기를 해 주었는데, 그 사실을 乙이 모르고 甲에게 매도하기로 한 것이기 때문이다. 이 경우 법적으로 甲은 어떠한 주장을 할 수 있는가?

다른 사람의 권리도 법적으로 매매의 대상이 될 수 있다(민법 제569조). 만일 매도인이 권리를 취득하여 매수인에게 이전할 수 없을 때에는 매수인은 그 계약을 해제할 수 있으며, 매도인에 대하여 계약이 이행되지 못함으로 인하여 발생한 손해배상을 청구할 수 있다(제570조). 따라서 乙이 丙으로부터 주택에 대한 소유권을 취득하여 甲에게 이전하여 주면 계약이 원래의 목적을 달성하게 되어 아무런 문제가 없다. 그러나 실제로 이러한 과정에서 丙이 협조하지 않는 경우가 대부분일 것이므로, 甲은 乙과의 매매계약을 해제하고 乙에 대하여 손해배상을 청구하여 문제를 해결할 수 있을 것이다.

(나) 권리의 일부가 타인에게 속하는 경우

甲이 乙에게 토지 2,000m²를 3억원에 매도하였는데, 그중 300m²가 丙의 소유에 속하는 경우 또는 B는 A 소유의 토지를 매수하기로 하는 매매계약을 체결하고 계약금 및 중도금을 지급하였는데, 계약체결 이전에 이미 도시계획에 의하여 토지의 일부가 도로부지로 수용결정된 경우와 같이 매매의 목적인 권리의 일부가 타인에게 속하기 때문에, 매도인이 그 부분의 권리를 매수인에게 이전할 수 없는 경우, 매도인은 담보책임을 부담한다(민법 제572조). 즉 매수인은 그의 선의·악의를 묻지 않고 그 부분의 비율에 따른 대금의 감액을 청구할 수 있다(제572조 1항). 또한 '선의의 매수인'은 잔존한 부분만을 매수하지 아니하였을 때에는 계약 전부를 해제할 수 있으며(제572조 2항), 대금감액청구·계약해제 이외에 손해배상도 청구할 수 있다(제572조 2항). 이때 손해배상액은 매도인이 매매목적이 된 권리의 일부를 취득하여 매수인에게 이전할 수 없게 된 때의 권리시가, 즉 이행이익 상당액이다.[12] 이러한 매수인의 권리는 매수인이 선의인 경우에는 사실을 안 날로부터, 악의의 경우에는 계약한 날로부터 1년 이내에 행사해야 한다(제573조).

(다) 목적물의 수량이 부족하거나 일부멸실의 경우

甲이 乙 소유의 토지를 3,000㎡로 알고 1㎡당 50,000원으로 계산하여 1억 5,000원에 매수하였는데, 실측 결과 2,700㎡인 경우 또는 창고가 있는 A 소유의 건물을 B가 매수하였는데, 계약체결 전에 창고가 멸실된 경우와 같이 매매의 목적물이 부족하거나 매매목적물의 일부가 계약 당시에 이미 멸실되어 매도인이 그 부분을 이전할 수 없게 된 경우, 매도인은 담보책임을 부담한다(민법 제574조). 제574조의 담보책임의 내용은 권리의 일부가 타인에게 속하는 경우(제572조)의 매도인의 담보책임과 동일하지만, '악의'의 매수인에 대해서는 담보책임이 발생하지 않는다는 점이 다르다. 한편 부동산매매에서 실제면적이 계약면적에 미달하고 그 매매가 수량지정매매에 해당하는 경우, 제574조, 제572조에 의한 대금감액청구권 행사와 별도로 부당이득반환청구 또는 계약체결상 과실책임의 이행청구는 인정되지 않는다.[13)]

(라) 권리가 타인의 제한물권에 의해 제한을 받고 있는 경우

乙이 甲 소유의 부동산을 매수하였는데 丙이 그 부동산에 대해 지상권이나 전세권을 가지고 있어서, 乙이 그 부동산을 사용하지 못하는 경우와 같이 매매의 목적물 위에 지상권·전세권 등 제3자의 용익물권이 설정되어 있거나 대항력을 갖춘 임대차의 객체이기 때문에, 매수인이 매매목적물을 사용·수익할 수 없게 된 경우, 매도인은 담보책임을 부담한다(민법 제575조). 제575조의 담보책임은 매도인은 완전한 소유권을 매수인에게 이전하여야 하는데, 이를 이행하지 못하기 때문에 부담하는 책임이다.

계약체결시에 제한물권의 존재를 알고 있었던 매수인을 보호할 필요가 없으므로, 제575조의 매도인의 담보책임은 매수인이 '선의'인 경우에만 인정된다. 즉 제한물권으로 인하여 선의의 매수인이 계약의 목적을 달성할 수 없는 경우에 매매계약을 해제할 수 있으며, 아울러 손해배상을 청구할 수 있다(제575조 1항). 이러한 손해배상청구권과 해제권은 매수인이 그 사실을 안 날로부터 1년 이내에 행사하여야 한다(제575조 3항).

(마) 저당권 또는 전세권의 행사로 인하여 소유권을 취득할 수 없거나 상실한 경우

1) 저당권이 설정된 甲의 부동산을 乙이 매수하였는데, 그 후 저당권의 실행으

로 제3자에게 매각되고 이로 인해 甲이 부동산에 대한 소유권을 상실한 경우와 같이 저당권이나 전세권이 실행되어 제3자가 소유권을 취득하게 된다면, 매매계약에 의하여 매수인은 소유권을 취득할 수 없을 뿐만 아니라 이미 소유권이전등기를 마친 매수인의 소유권도 상실하게 되는 경우, 매도인은 담보책임을 부담한다(민법 제576조). 즉 매수인은 '선의·악의'를 묻지 않고 계약을 해제할 수 있다(제576조 1항). 또한 매수인이 자기 출재로 소유권을 보존한 때에는 상환청구뿐만 아니라(제576조 2항) 손해배상도 청구할 수 있다(제576조 3항). 즉 악의의 매수인도 상환청구 및 손해배상을 청구할 수 있다.

2) 민법은 저당권의 목적으로 되어 있는 지상권이나 전세권이 매매의 목적인데, 그 저당권의 실행으로 매수인이 지상권이나 전세권을 취득할 수 없게 되거나, 매수인이 자기 출재로 지상권 또는 전세권을 보전한 경우에 제576조를 준용한다(제577조).

사례1) 1억원을 피담보채권으로 하는 저당권이 설정된 부동산의 매수인 乙이 매도인 甲과 피담보채권 중 2,000만원을 매매대금의 지급에 갈음하기로 약정하고, 매수 후 이전등기까지 마쳤다. 그런데 甲은 피담보채무 중 8,000만원을 변제했으나 乙이 2,000만원을 변제하지 않아 저당권이 실행되어 乙이 부동산에 대한 소유권을 잃게 되었다. 이 경우 乙은 甲에 대해 민법 제576조의 담보책임을 주장할 수 있는가?

➡ 매매의 목적이 된 부동산에 설정된 저당권의 행사로 인하여 매수인이 취득한 소유권을 잃은 때에는 매수인은 민법 제576조 1항에 의하여 매매계약을 해제할 수 있지만, 매수인이 매매목적물에 관한 근저당권의 피담보채무를 인수하는 것으로 매매대금의 지급에 갈음하기로 약정한 경우에는 특별한 사정이 없는 한, 매수인이 매도인에 대하여 제576조 1항의 담보책임을 면제하여 주었거나 이를 포기한 것으로 볼 수 있다. 설문과 같이 매수인 乙이 매매목적물에 관한 근저당권의 피담보채무 중 일부만을 인수한 경우, 매도인 甲은 자신이 부담하는 피담보채무를 모두 이행한 이상 매수인이 인수한 부분을 이행하지 않음으로써 근저당권이 실행되어 매수인이 취득한 소유권을 잃게 되더라도 제576조의 담보책임을 부담하지 않는다.[14] 따라서 乙은 甲에 대해 담보책임을 주장할 수 없다.

사례2) 乙은 甲회사로부터 오피스텔을 분양받은 후 소유권이전등기를 하지 않은 상태에서 丙에게 매도하였다. 오피스텔에는 타인 앞으로 저당권이 설정되어 있었는데, 丙은 소유권을 보존하기 위해 그 저당채무를 변제하였다. 丙은 乙에게 변제액의 상환을 청구하였다. 乙은 丙이 매수 당시 저당권설정 사실을 알았기 때문에 상환을 청구할 수 없다고 항변한다. 타당한가?

➡ 부동산의 매수인이 소유권을 보존하기 위하여 자신의 출재로 피담보채권을 변제함으로써 그 부동산에 설정된 저당권을 소멸시킨 경우, 매수인이 그 부동산 매수시 저당권이 설정되었는지 여부를 알았든 몰랐든 간에 이와 관계없이 민법 제576조 2항에 의하여 매도인에게 그 출재의 상환을 청구할 수 있다.[15] 따라서 저당채무를 변제한 丙은 그의 선의·악의를 묻지 않고 제576조 2항에 의하여 乙에게 그 상환을 청구할 수 있으므로, 乙의 항변은 이유 없다.

사례3) 甲은 乙로부터 乙이 경매절차에서 매수한 부동산을 매수하였다. 그러나 그 부동산은 乙이 매수하기 이전부터 丙의 매매예약에 의한 소유권이전청구권가등기가 되어 있었으며, 매각으로 인하여도 말소되지 아니한 것을 甲과 乙이 모두 알지 못하였다. 그런데 최근에 丙은 위 가등기에 기한 본등기절차이행청구의 소에서 승소하여 위 가등기에 기한 본등기를 경료하여 甲은 위 부동산의 소유권을 상실하게 되었다. 이 경우 甲이 매도인 乙에 대하여 담보책임을 물어 손해배상을 청구할 수 있는가?

➡ 가등기의 목적이 된 부동산을 매수한 사람이 그 뒤 가등기에 기한 본등기가 마쳐짐으로써 그 부동산의 소유권을 상실하게 된 때에는 매매의 목적부동산에 설정된 저당권 또는 전세권의 행사로 인하여 매수인이 취득한 소유권을 상실한 경우와 유사하므로, 민법 제576조를 유추적용된다.[16] 따라서 설문에서 甲은 乙에 대하여 제576조에 의한 담보책임을 물어 손해배상청구를 할 수 있다.

(3) 물건의 하자에 대한 담보책임(하자담보책임)

(가) 의의

매매목적물인 물건의 하자에 대한 매도인의 담보책임을 일반적으로 하자담보책임이라고 한다. 매매의 목적물에 하자가 있는 경우, 매수인이 하자 있는 것을 몰

랐고(선의) 또 모르는데 과실도 없는 때(무과실)에는 매수인은 매도인에게 담보책임을 물을 수 있다(민법 제580조, 제581조). 매도인의 하자담보책임은 특정물매매뿐만 아니라 불특정물매매(종류매매)에서도 인정된다. 가령 병든 닭·고장 난 기계 등과 같이 물건에 하자가 있는 경우에 매도인은 하자담보책임을 부담한다. 여기서 구체적인 거래에서 당사자가 물건의 개성을 중요시하여 다른 물건으로 바꾸지 못하게 한 물건이 특정물이고('이' 책, '저' 책상 등), 다른 물건으로 바꿀 수 있게 한 물건이 불특정물이다.

(나) 성립요건

1) 매매계약이 존재할 것

매매목적물의 하자를 이유로 매도인이 매수인에 대하여 일정한 책임을 부담하므로, 하자담보책임이 성립하기 위해서는 먼저 매도인과 매수인 사이에 유효한 매매계약이 존재하여야 한다.

2) 매매목적물에 하자가 존재할 것

매매목적물의 하자란 통상 거래상의 관념에 비추어 그 물건이 지니고 있어야 할 품질·성질·견고성·성분 등을 갖추지 못해서 계약의 적합성을 갖지 못한 경우를 말한다. 다시 말하면 물건이 갖고 있어야 할 상태에 현재 갖고 있는 상태가 미달될 때에 하자가 있다고 할 수 있다. 하자에는 계약의 목적물이 계약체결 당시에 당사자 양쪽이 전제로 하고 있는 성질을 갖추고 있지 않은 경우(주관적 하자)와 당사자가 계약체결 당시에 물건의 용도나 전제되는 성질에 관해 언급하지 않은 경우에는 객관적으로 보아 그 물건이 갖추고 있을 것으로 기대되는 통상의 성질을 갖추고 있지 않은 경우(객관적 하자)가 있다. 예컨대 물건의 물리적 성질이나 계약내용의 해석에 의해 일정기간 어떤 특성(견고성·내구성 등)을 가질 것으로 기대되는데, 그것을 결여한 경우가 객관적 하자이다. 그리고 매도인이 견본품을 제시하거나 광고를 통해서 물건의 품질이나 성능을 표시하였는데, 실제로는 이에 미달한 경우가 주관적 하자이다. 판례도 객관적 하자뿐만 아니라 주관적 하자에 대해서도 하자담

보책임을 인정하고 있다.[17)]

3) 목적물의 하자에 대하여 매수인이 선의·무과실일 것

매수인은 목적물에 하자가 있다는 사실을 알지 못하고(선의), 또한 알지 못하는 데 과실이 없어야 한다(무과실).

4) 담보책임 면제의 특약이 없을 것

매도인의 담보책임에 관한 규정은 강행규정이 아니므로, 당사자가 특약으로 그 책임을 가중·경감하거나 면제할 수 있다. 그러나 매도인이 매매목적물에 하자가 있다는 사실을 알면서 이를 매수인에게 알리지 않고 담보책임 면제의 특약을 맺은 때에는 책임을 면할 수 없다(제584조). 또한 보통거래약관으로 매도인이 자신의 담보책임을 배제·제한하는 때에는, 약관규제법 제7조 3호에 의하여 그 약관조항은 무효이다.

(다) 매도인의 하자담보책임의 내용

1) 특정물매매의 경우

매수인은 목적물의 하자로 인해 계약의 목적을 달성할 수 없는 때에 계약해제와 손해배상을 청구할 수 있다(민법 제580조 1항). 매매계약의 목적을 달성할 수 없는 정도의 하자가 있다고 하기 위해서는 목적물의 하자가 제거할 수 없을 정도이거나 쉽게 제거할 수 없는 경우이어야 한다. 반면에 하자가 계약의 목적을 달성할 수 없을 정도로 중대한 것이 아닌 때에는 손해배상만을 청구할 수 있다(제580조 1항).

매수인이 매도인에 가지는 계약해제권·손해배상청구권은 매수인이 목적물에 하자가 있다는 사실을 안 날로부터 6개월 내에 행사해야 한다(제582조). 제582조의 권리행사 기간은 재판상 또는 재판 외에서의 권리행사에 관한 기간이므로, 매수인은 소정 기간 내에 재판 외에서 권리행사를 함으로써 그 권리를 보존할 수 있고, 재판 외에서의 권리행사는 특별한 형식을 요구하는 것이 아니므로, 매수인이 매도인에 대하여 적당한 방법으로 물건에 하자가 있음을 통지하고, 계약의 해제나 하자의 보수 또는 손해배상을 구하는 뜻을 표시함으로써 충분하다.[18)]

2) 불특정물매매의 경우

매매의 목적물을 종류로 지정한 경우, 매도인이 이행한 목적물에 하자가 존재하고 이로 인해 매매계약의 목적을 달성할 수 없는 때에는 매수인은 계약을 해제하고 아울러 손해배상을 청구할 수 있다. 반면에 하자가 계약의 목적을 달성할 수 없을 정도로 중대한 것이 아닌 때에는 손해배상만을 청구할 수 있다(민법 제581조 1항). 또한 매수인은 계약해제 또는 손해배상을 청구하지 않고, 그에 갈음하여 하자 없는 물건을 청구할 수 있다(제581조 2항). 판례는 "매매목적물의 하자가 경미하여 수선 등의 방법으로도 계약의 목적을 달성하는 데 별다른 지장이 없는 반면 매도인에게 하자 없는 물건의 급부의무를 지우면 다른 구제방법에 비하여 지나치게 큰 불이익이 매도인에게 발생되는 경우와 같이 하자담보의무의 이행이 오히려 공평의 원칙에 반하는 경우에는, 완전물급부청구권의 행사를 제한함이 타당하다"고 한다.[19)]

이러한 권리는 매수인이 목적물에 하자가 있음을 안 날로부터 6개월 내에 행사하여야 한다(제582조).

사례) 乙은 1년 전 甲회사로부터 태양열온수기를 구입하였는데, 그 태양열온수기의 온수가 사용할 수 없을 정도로 혼탁하여 甲회사에 수리를 요청하여 수차에 걸쳐 수리를 하였다. 그러나 근본적인 결함을 제거하지 못하였으므로 구입 후 5개월쯤 지난 시점에서 내용증명우편으로 위 매매계약의 해제와 손해배상을 요구하였지만, 전혀 甲회사의 반응이 없어 소송을 제기하고자 하는데, 기간의 제한이 있는가?

➡ 민법 제580조 1항은 매매의 목적물에 하자가 있는 때에는 제575조 1항의 규정을 준용하도록 규정하고 있으므로, 매수인이 매매목적물의 하자 있음을 알지 못한 때에는 그로 인하여 계약의 목적을 달성할 수 없는 경우에 한하여 계약을 해제할 수 있고, 그 밖의 경우에는 손해배상만을 청구할 수 있다. 설문에서 乙이 매수한 태양열온수기가 수차에 걸쳐 수리를 하였는데도 근본적인 결함이 제거되지 못하였다면, 乙은 위와 같은 매도인의 하자담보책임을 물어 계약을 해제할 수 있다. 그런데 매도인의 하자담보책임을 물을 권리는 매수인이 그 사실을 안 날로부터 6개월 내

에 행사하여야 한다(제582조). 설문의 경우, 乙이 태양열온수기의 하자 수리를 구두로 요청하여 甲회사에서 수차에 걸쳐 수리를 해준 사실이 있을 뿐만 아니라, 6개월이 지나기 이전에 내용증명우편으로 하자담보책임을 물어 매매계약의 해제와 손해배상을 청구하였다. 따라서 乙이 甲에 대해 6개월 내에 하자담보책임을 주장하였으므로, 乙이 소송을 제기하는 데 아무런 영향을 받지 않는다.

(4) 경매에서의 담보책임

(가) 경매목적물의 하자로부터 매수인을 보호하기 위하여 민법 제578조와 제580조 2항을 두고 있다. 즉 강제집행 또는 담보권의 실행으로 행하여지는 경매의 경우, 매수인은 권리의 하자에 관하여 담보책임을 물을 수 있으나(제578조 1항), 물건의 하자에 관해서는 이를 묻지 못한다(제580조 2항). 경매목적물의 하자는 그 목적물에 제570조 내지 제577조에서 규정된 권리의 하자가 존재하는 경우의 하자를 말한다. 담보책임은 매매계약의 유효를 전제로 하여 성립하므로, 경매가 '유효'한 경우이어야 한다. 따라서 집행대상인 경매목적물에 대한 권리가 경매개시 당시부터 채무자 또는 물상보증인의 소유에 속하지 않았던 경우에는 경매절차는 무효이고, 이 경우 매수인은 담보책임에 의하여 보호될 수 없고 부당이득의 법리에 따라 반환을 청구할 수 있다.[20] 가령 乙의 채권자 丙이 신청한 경매절차에서 乙 명의로 되어 있는 甲 소유의 부동산을 丁이 경매를 받아 매각대금을 완납하고 소유권이전등기를 마쳤으며, 丙이 매각대금을 배당받았다. 그 후 부동산에 관하여 乙 명의로 된 소유권이전등기가 원인무효의 등기라는 이유로 丁 명의의 소유권이전등기를 말소하라는 내용의 판결이 확정되었다. 이 경우 위 부동산에 대한 경매절차는 그 개시 당시부터 채무자 乙의 소유가 아닌 甲 소유의 부동산을 대상으로 한 것이어서 무효이므로, 경매절차에서 배당받은 丙은 법률상 원인 없이 이득을 얻었다. 따라서 丁은 丙에 대하여 부당이득반환을 청구할 수 있지만(제741조), 경매절차가 무효이므로 丁은 제578조에 따른 채무자 乙이나 채권자 丙의 담보책임을 주장할 수 없다.

(나) 매수인(경락인)은 경매에서의 권리 하자에 대하여, 채무자(매도인)에게 민법 제570조 내지 제577조에 의하여 계약을 해제하거나 대금감액을 청구할 수 있고, 채무자가 무자력인 때에는 2차적으로 '채권자'가 배당받은 금액의 한도 내에서 대금의 전부나 일부의 반환을 청구할 수 있다(제578조). 경매의 경우에는 권리의 하자가 있더라도 손해배상책임은 원칙적으로 생기지 않는다. 본래 경매가 채무자의 의사에 의하지 않은 매매이기 때문이다. 그러나 채무자가 권리의 흠결을 알고도 고지하지 않았거나 채권자가 이를 알고 경매를 신청하였다면, 매수인은 그 흠결을 안 채무자나 채권자에 대하여 계약의 해제·대금감액청구 이외에 손해배상을 청구할 수 있다(제578조 3항). 이러한 권리는 모두 1년의 제척기간에 걸린다.

Ⅲ. 매수인의 의무 — 매매대금지급의무

(1) 매수인은 대금지급의무가 있으며, 이것은 원칙적으로 매도인의 의무와 동시이행의 관계에 있다(민법 제568조). 한편 대금의 지급은 금전채무의 일종이므로, 이에 관해서는 금전채권에 관한 일반규정이 적용된다.

(2) 매매목적물의 인도의무와 대금지급의무가 동시이행의 관계에 있는 경우, 대금지급기한이 지나더라도 목적물의 인도를 받을 때까지는 매수인은 매매대금에 대한 이자지급의무를 부담하지 않는다. 그리고 매수인이 매매대금의 지급을 지체하고 있는 한 매도인은 목적물의 과실을 수취할 수 있다(제587조). 가령 매매목적물이 인도되지 않고 대금도 완제되지 않은 경우, 매도인의 이행지체가 있더라도 과실은 매도인에게 귀속되므로 매수인은 인도의무의 지체로 인한 손해배상금의 지급을 구할 수 없으며, 매도인도 매수인의 이행의 지체를 이유로 매매대금의 이자 상당액의 손해배상청구를 할 수 없다.[21)]

(3) 매매의 목적물에 대하여 권리를 주장하는 자가 있는 경우에 매수인이 매

수한 권리의 전부나 일부를 잃을 우려가 있는 때에는 매수인은 그 '위험의 한도'에서 대금의 전부나 일부의 지급을 거절할 수 있다(제588조). 가령 매수인이 매매부동산에 설정된 근저당권설정등기가 있어 완전한 소유권이전을 받지 못할 우려가 있으면, 그 근저당권의 말소등기가 될 때까지 그 등기상의 담보한도금액에 상당한 대금지급을 거절할 수 있다. 그러나 매도인이 적절한 담보를 제공한 경우에는 매수인은 대금지급을 거절하지 못한다(제588조 단서). 그리고 매수인에게 대금지급거절권이 있는 경우에 매도인은 매수인에게 대금을 공탁할 것을 청구할 수 있다(제589조).

(4) 특약이나 관습이 없는 한 매매목적물의 인도와 동시에 대금을 지급해야 하는 경우에는 목적물의 인도장소에서 대금을 지급해야 한다(제586조).

Ⅳ. 부동산거래신고 등

1. 부동산거래 유의사항

(1) 부동산거래는 대부분의 경우, 부동산중개업소를 통하여 이루어지며, 이 경우 거래를 중개하는 공인중개사가 일정한 사항을 서류로 작성하여 교부하도록 되어 있다. 그렇지만 그와 별개로 매수인은 매매목적물의 현황과 권리관계를 확인할 필요가 있으며, 계약체결 전에 확인해야 할 사항으로는 다음과 같은 것을 들 수 있다. ① 매도인의 처분권한(소유자 본인인지 또는 대리권 있는 대리인인지 여부), ② 등기부등본, 토지대장·임야대장 및 건축물대장, ③ 부동산의 현황, ④ 토지의 경우에는 도시계획이나 거래제한 등 각종 제한사항 등이다.

(2) 계약을 체결하는 과정에서는 인쇄된 매매계약서의 문구를 꼼꼼히 읽어보고, 당사자 사이에 특약을 한 경우에는 반드시 그 내용을 기재하여야 한다. 계약은 소유자 본인과 직접 체결하는 것이 가장 좋은 방법이지만, 대리인에 의해서 계약을 체결하는 경우에는 대리인의 대리권을 확인하여야 하며, 그 경우에도 전화 등으로

본인의 의사를 확인하는 것이 바람직하다. 계약금을 지급한 경우에는 반드시 그에 대한 영수증을 받아두어야 한다. 중도금이나 잔금을 지급한 경우에도 마찬가지이다.

(3) 한편 계약체결 이전에 등기부를 확인하여야 하지만, 중도금이나 잔금을 지급할 때 등기부를 다시 확인하여 그동안 목적물의 권리관계에 변동이 생겼는지를 확인할 필요가 있다. 나아가 잔금을 지급함과 동시에 매도인으로부터 등기권리증, 인감증명서 등 이전등기에 필요한 서류를 받아 60일 이내에 관할등기소에 이전등기절차를 마치도록 한다. 만약 이 기간 내에 등기신청을 하지 않았을 경우에는 등기신청을 게을리한 이유로 과태료가 부과된다.

참고로 중개를 담당한 중개업소 또는 공인중개사에게 지급하는 주택(부속토지 포함)의 중개에 대한 보수는 국토교통부령이 정하는 범위 안에서 특별시·광역시·도 또는 특별자치도의 조례로 정하고, 주택 외의 중개대상물의 중개에 대한 보수는 국토교통부령으로 정한다(공인중개사법 제32조 4항). 즉 주택의 중개에 대한 보수는 중개의뢰인 쌍방으로부터 각각 받되, 그 일방으로부터 받을 수 있는 한도는 매매·교환의 경우에는 거래금액의 1천분의 9 이내로 하고, 임대차 등의 경우에는 거래금액의 1천분의 8 이내로 한다(시행규칙 제20조 1항).

2. 부동산거래의 신고

(1) 부동산매매당사자는 계약을 체결한 경우 그 실제 거래가격 등을 거래계약의 체결일부터 30일 이내에 그 권리의 대상인 부동산의 소재지를 관할하는 신고관청에게 공동으로 신고해야 한다(부동산거래신고법 제3조 1항). 다만 계약당사자 중 한쪽이 신고를 거부하는 경우에는 다른 한쪽이 단독으로 신고할 수 있고(제3조 2항), 개업공인중개사가 매매계약서를 작성·교부한 경우에는 해당 개업공인중개사가 신고(공동으로 중개를 한 경우에는 해당 개업공인중개사가 공동으로)를 해야 한다(제3조 3항).

(2) 신고관청은 신고 내용을 확인한 후 신고인에게 신고필증을 지체 없이 발급해야 하며, 부동산의 매수인은 신고인이 신고필증을 발급받은 때에 부동산등기특별조치법 제3조 1항에 따른 검인을 받은 것으로 본다(제3조 5항, 6항).

한편 부동산매매당사자는 매매계약을 신고한 후 계약이 해제, 무효 또는 취소된 경우, 해제 등이 확정된 날부터 30일 이내에 해당 신고관청에 공동으로 신고해야 한다. 다만 당사자 중 한쪽이 신고를 거부하는 경우에는 다른 한쪽이 단독으로 신고할 수 있고(제3조의2 제1항), 개업공인중개사가 부동산거래를 신고한 경우에는 그가 신고(공동으로 중개를 한 경우에는 해당 개업공인중개사가 공동으로)를 할 수 있다(제3조의2 제2항).

Ⅴ. 특수한 매매

물건을 팔고 사는 가장 기본적인 모습은 매도인과 매수인이 만나 흥정을 한 후 합의한 바에 따라 매도인이 목적물을 양도하고 매수인이 대금을 지급하는 것이라고 할 수 있다. 그렇지만 현재에는 원칙적인 모습의 매매계약 이외에도 다양한 모습의 매매계약에 체결되고 있다. 그 가운데 자주 행하여지는 것으로, 대금의 지급을 나누어 내는 할부거래, 매도인이 매수인을 방문하여 이루어지는 방문판매, 인터넷 등 통신매체를 통하여 이루어지는 전자상거래 등을 들 수 있다.

1. 할부거래

(1) 일반적으로 할부거래라 하면 매매대금을 분할하여 일정기간마다 계속해서 지급하기로 하는 특약이 붙은 매매를 말한다. 할부거래법상 할부계약은 계약의 명칭·형식이 어떠하든 재화나 용역에 관한 다음 각 계약을 말한다(할부거래법 제2조 1호). ① 소비자(매수인)가 사업자(매도인)에게 재화의 대금이나 용역의 대가를 2개

월 이상의 기간에 걸쳐 3회 이상 나누어 지급하고, 재화 등의 대금을 완납하기 전에 재화의 공급이나 용역의 제공을 받기로 하는 계약, ② 소비자(매수인)가 신용제공자에게 재화 등의 대금을 2개월 이상의 기간에 걸쳐 3회 이상 나누어 지급하고, 재화 등의 대금을 완납하기 전에 사업자(매도인)로부터 재화 등의 공급을 받기로 하는 계약을 말한다. 이러한 거래에는 할부거래법이 적용되지만, 사업자가 상행위를 위하여 재화 등의 공급을 받는 거래에는 적용되지 않는다(제3조 1항). 할부거래업자(매도인)는 일정한 사항을 적은 서면으로 할부계약을 체결하고, 할부계약서 1통을 소비자(매수인)에게 주어야 한다(제6조).

(2) 할부거래는 많은 비용을 한꺼번에 지불하지 않고 목적물을 구입할 수 있는 장점이 있는 반면에 장래에 할부금을 지급할 수 있는지를 판단하지 않고 충동구매를 할 가능성도 있으며, 또한 할부거래기간 동안 매수인은 잔액에 대한 이자를 지급하여야 하는 단점이 있으므로, 이러한 문제를 해결하기 위하여 할부거래법에서는 몇 가지 규정을 두고 있다.

(가) 할부거래를 한 소비자는 할부계약에 관한 계약서를 교부받은 날 또는 목적물의 인도를 받은 날로부터 7일 이내에 청약을 철회할 수 있다(제8조 1항). 소비자가 철회할 경우 위 철회기간 이내에 할부거래업자에게 청약을 철회하는 의사표시가 적힌 서면을 발송하여야 한다(제8조 3항). 소비자가 청약을 철회한 경우, 이미 공급받은 재화 등을 반환하여야 하고(제10조 1항), 공급받은 재화 등의 반환에 필요한 비용은 할부거래업자가 부담하며, 할부거래업자는 소비자에게 청약의 철회를 이유로 위약금이나 손해배상을 청구할 수 없다(제10조 10항).

(나) 소비자는 할부금의 기한이 되기 전이라도 나머지 할부금을 한꺼번에 지급함으로써 할부수수료를 절약할 수 있다(제14조). 반대로 할부거래업자는 소비자가 할부금지급의무를 이행하지 않는 경우, 14일 이상의 기간을 정하여 이행할 것을 서면으로 최고한 다음 계약을 해제할 수 있다(제11조 1항). 할부계약이 해제된 경우

에는 할부거래업자 또는 소비자는 상대방에게 원상회복하여 줄 의무를 진다. 이 경우 상대방이 원상회복할 때까지 자기의 의무이행을 거절할 수 있다(제11조 2항).

2. 방문판매 등

오늘날 물건 등을 영업소에서의 대면거래가 아닌 특수한 방법으로 판매하는 경우가 있다. 방문판매·전화권유판매·다단계판매·통신판매 등이 그 예이다. 방문판매·전화권유판매·다단계판매는 방문판매법이, 통신판매는 전자상거래법이 규제하고 있다.

(1) 방문판매·전화권유판매

(가) 방문판매란 재화 또는 용역의 판매업자가 방문을 하는 방법으로 사업장 외의 장소에서 소비자에게 권유하여 계약의 청약을 받거나 계약을 체결하여 재화 등을 판매하는 것을 말한다(방문판매법 제2조 1호). 전화권유판매란 전화를 이용하여 소비자에게 권유를 하거나 전화회신을 유도하는 방법으로 재화 등을 판매하는 것을 말한다(제2조 3호).

(나) 방문판매자 또는 전화권유판매자는 계약을 체결하기 전에 방문판매자 등의 성명을 포함한 일정한 사항을 미리 설명하여야 하고(제7조 1항), 계약을 체결할 때에는 일정한 사항을 적은 계약서를 소비자에게 발급하여야 한다(제7조 2항). 방문판매 등의 방법으로 계약을 맺은 소비자는 계약서를 받은 날부터 또는 계약서를 받은 날보다 재화 등이 늦게 공급된 경우에는 재화 등을 공급받거나 공급이 시작된 날부터 14일에 계약을 철회할 수 있다(제8조 1항). 또한 소비자는 재화 등의 내용이 표시·광고의 내용과 다르거나 계약 내용과 다르게 이행된 경우에는 그 재화 등을 공급받은 날부터 3개월 이내에, 그 사실을 안 날 또는 알 수 있었던 날부터 30일 이내에 청약을 철회할 수 있다(제8조 3항).

(2) 다단계판매

다단계판매란 다단계판매조직을 통하여 재화 등을 판매하는 것을 말한다(제2조 5호). 다단계판매의 경우에도 방문판매와 유사한 방식으로 청약을 철회하는 것이 인정된다(제17조). 한편 방문판매나 다단계판매에서 대금의 지급을 할부로 한 경우에는 할부거래법도 적용된다.

(3) 통신판매

통신판매란 우편·전기통신 등의 방법으로 재화 또는 용역의 판매에 관한 정보를 제공하고 소비자의 청약을 받아 재화 등을 판매하는 것을 말한다(전자상거래법 제2조 2호). 통신판매의 경우에도 계약체결 전에 일정한 사항을 표시·광고 또는 고지하고, 계약이 체결되면 계약자에게 일정한 사항을 적은 서면을 교부하여야 한다(제13조). 통신판매업자와 재화 등의 구매에 관한 계약을 체결한 소비자는 계약내용에 관한 서면을 받은 날부터 또는 서면을 받은 때보다 재화 등의 공급이 늦게 이루어진 경우에는 재화 등을 공급받거나 재화 등의 공급이 시작된 날부터 7일 이내에 계약에 관한 청약을 철회할 수 있다(제17조 1항). 소비자는 재화 등의 내용이 표시·광고의 내용과 다르거나 계약내용과 다르게 이행된 경우에는 그 재화 등을 공급받은 날부터 3개월 이내, 그 사실을 안 날 또는 알 수 있었던 날부터 30일 이내에 청약을 철회할 수 있다(제17조 3항).

제3절 부동산소유권의 변동과 등기

Ⅰ. 서설

부동산에 대한 증여·매매계약을 이행한다는 것은 부동산에 대한 소유권을 이전하는 것을 말하는데, 부동산에 대한 소유권이 이전되기 위해서는 소유권이전등기가 행해져야 하며, 이는 부동산의 점유를 이전하는 것과 전혀 별개의 것이다. 소유권이전등기를 위해서는 매매의 경우, 매도인과 매수인이 함께 등기소에 출석하여 등기를 신청하는 것이 원칙이지만, 대부분의 경우 매도인의 위임을 받아 매수인이 법무사에게 등기를 위임함으로써 법무사에 의하여 등기가 행하여진다. 매도인은 매매계약의 이행으로서 등기서류를 교부하는 것과 함께 매매목적물의 점유도 이전하며, 이에 대하여 매수인은 잔금을 지급하는데, 등기서류의 교부와 잔금의 지급은 동시이행의 관계에 있다.

Ⅱ. 부동산에 대한 권리취득과 등기

1. 일반

(1) 법률행위를 통하여 부동산에 관한 소유권 등의 권리관계가 발생하거나 그 권리가 이전 또는 변경되기 위해서는 부동산의 물권변동에 대한 합의와 함께 그에 관한 등기를 하여야 한다. 가령 甲이 자신의 부동산을 乙에게 팔고 잔금까지 모두 받은 후에 甲이 그 부동산을 다시 丙에게 팔고 소유권이전등기를 해 주었다면, 乙이 아니라 丙이 부동산에 대한 소유권을 취득하게 된다(민법 제186조). 한편 乙이 부동산에 대하여 소유권이전등기를 마치기 전에 甲의 채권자인 丁이 그 부동산을 압류한다면, 그 이후에 소유권이전등기를 마친 乙은 채권자 丁의 압류등기에 우선할 수 없게 된다. 이는 우리 민법 제186조가 부동산에 관한 법률행위(예: 매매, 증여, 근저당권설정 등)로 인한 권리의 득실변경은 등기를 하여야만 그 효력이 생긴다고 규정한 결과이다. 등기가 요구되는 부동산물권에는 소유권·지상권·지역권·전세권·저당권·권리질권이 있다. 그리고 물권의 포기는 물권적 단독행위로 등기를 요한다.

(2) 법률행위에 의한 부동산물권변동의 경우와는 달리 법률의 규정에 의한 부동산물권변동의 경우에는 등기를 하지 않더라도 부동산의 소유권이 이전된다(민법

제187조). 가령 상속·공용징수·판결·경매와 그 밖의 법률의 규정에 의한 것이 있다. 상속의 경우에는 피상속인이 사망한 때, 공용징수의 경우에는 협의수용(기업자와 토지소유자의 협의에 의한 경우)은 협의에 기하여 등기를 마친 때, 재결수용(협의가 성립하지 않아 토지수용위원회의 재결에 의한 경우)은 재결에서 정한 수용의 개시일, 판결의 경우에는 판결이 확정된 때, 경매의 경우에는 매수인이 매각대금을 다 낸 때에 소유권이 이전된다. 이처럼 등기를 하지 않더라도 소유권을 취득하지만, 취득한 소유권을 다른 사람에게 처분하기 위해서는 등기를 하여야 한다. 그 밖의 법률규정에 의한 경우로는 신축건물에 대한 소유권취득, 법정지상권 또는 관습상의 법정지상권 취득, 피담보채권의 소멸에 의한 저당권소멸, 존속기간이 있는 제한물권에서 존속기간의 만료로 인한 소멸, 법률행위가 무효이거나 해제된 경우의 물권의 복귀 등이 있다. 다만 예외적으로 점유취득시효에 의하여 소유권을 취득하려면 등기를 하여야 한다(제245조 1항).

사례) 乙은 甲 소유의 주택을 2억원에 구입하기로 매매계약을 체결하고, 대금을 모두 지급한 후 주택으로 이사를 하여 살고 있다. 이와 같은 사실은 동네 사람들이 모두 알고 있으며, 등기라는 번거로운 절차를 거칠 필요가 없다고 생각되어 이전등기를 하지 않았다. 그런데 어느 날 전혀 면식이 없는 丙이 찾아 와서 자기가 甲으로부터 주택을 샀으니 주택을 비워달라고 한다. 너무나 어처구니가 없었으나 등기부등본을 열람하여 보니 분명히 丙 명의로 되어 있다. 乙은 丙의 주장대로 주택을 비워주어야 하는가?

➡ 甲이 乙에게 주택을 매도하고 매매대금 전부를 받았는가에 관계없이 乙 명의로 이전등기를 해 주기까지는 주택의 소유자는 甲이므로(민법 제186조), 甲은 주택을 다시 丙에게 이중으로 매도하여 소유권을 이전할 수 있다. 이때 진정한 소유자는 등기를 한 丙이므로 단순히 매매계약만 하였던 乙은 丙에게 대항할 수 없다. 따라서 乙은 甲에게 민사상 책임을 물어 손해배상청구를 한다든지 형사상 배임죄로 고소할 수는 있겠지만, 주택에 대한 소유권을 취득하지는 못하므로 丙에게 대항할 수 없다. 결국 乙은 丙의 주장대로 주택을 비워줄 수밖에 없다.

2. 부동산소유권을 취득하기 위한 등기의 유효요건

물권행위를 하였더라도 등기를 갖추지 않으면 부동산물권의 변동은 일어나지 않는다. 물권행위와 더불어 부동산물권변동의 또 하나의 요건으로서 등기는 부동산등기법 소정의 절차에 따라 적법하게 행하여져야 하며, 법률행위의 내용과 일치하여야 한다.

(1) 등기의 존재

등기가 유효하기 위해서는 우선 등기가 있어야 한다. 등기란 등기관이 등기부에 부동산물권변동에 관한 일정한 사항을 기록하여 공시하는 것 또는 기록 그 자체를 의미한다. 등기의 존재가 인정되려면 실제로 등기부에 기록되어 있어야 하며, 신청된 것만으로는 충분하지 않다. 그런데 등기관이 등기를 마친 경우, 등기의 효력이 발생하는 시점은 접수한 때이다(부동산등기법 제6조 2항).

(2) 형식적 하자의 부존재

등기가 유효하려면 신청절차에 하자가 없어야 한다. 등기가 그 등기소의 관할에 속하지 않거나 등기할 수 없는 사항에 관한 것일 때에는 당연히 무효이다(부동산등기법 제29조 1호, 2호). 등기를 신청할 권한이 없는 사람이 신청한 경우, 신청정보의 등기의무자의 표시가 등기기록과 일치하지 않는 경우에는 등기관은 그 신청을 각하하여야 한다(제29조 3호 이하). 등기신청이 각하되지 않고 수리되어 등기가 마쳐진 경우, 판례는 당사자에게 등기신청의 의사가 있고 또 실체관계에 부합하는 한 등기로서 유효하다고 한다. 가령 사망자를 매도인으로 하는 등기신청서류가 위조된 경우, 공동상속인들의 의사에 의해 사망자인 피상속인 명의로 근저당권설정등기를 한 경우, 등기신청의 대리권이 없는 사람이 등기신청을 한 경우 등이 그것이다.

사례) 甲은 자신의 토지를 乙에게 매도하기로 계약을 체결하였지만, 등기를 해 주기 전에 사망하였다. 그래서 乙은 甲의 서류를 위조하여 자신의 명의로 소유권이전등기를 마쳤다. 甲의 상속인 丙은 乙을 상대로 소유권이전등기 말소를 청구한다. 乙 명의의 등기는 무효인가?

➡ 매수인이 적법한 절차에 의한 등기를 하지 않고, 위조서류에 의해 등기를 한 경우에도 판례는 실체관계에 부합하면 유효하다고 한다.[22] 설문에서 甲과 乙 사이에 체결된 토지에 대한 계약에 따라 甲은 乙에 대해 소유권이전의무를 부담하므로, 乙 명의의 등기가 위조서류에 의해 이루어졌더라도 실체관계에 부합한다. 따라서 乙 명의의 등기는 유효하다.

(3) 매매·증여계약의 내용과 등기의 합치

등기는 매매·증여계약의 내용과 일치하여야 한다. 부동산등기를 신청할 때에 등기원인을 증명하는 서면을 제출하여 이것이 등기원인으로 기록되므로(부동산등기법 제24조), 등기부에는 물권변동의 과정과 원인이 사실대로 기록되어야 하는 것이 원칙이다. 그런데 실제로는 그렇지 못하는 경우가 있는데, 중간생략등기, 실제와 다른 등기원인에 의한 등기가 그것이다.

(가) 중간생략등기

중간생략등기란 부동산물권이 최초의 양도인으로부터 중간취득자에게 다시 중간취득자로부터 최후의 양수인에게 전전 이전되어야 할 경우, 중간취득자 명의의 등기(중간등기)를 생략한 채 최초의 양도인으로부터 최후의 양수인에게 직접 행하여진 등기를 말한다.

1) 이미 마쳐진 중간생략등기의 효력

판례는 당사자 사이에 적법한 원인행위가 성립되어 중간생략등기가 이루어진 이상 중간생략등기에 관한 합의가 없었다는 이유만으로는 중간생략등기가 무효라고 할 수는 없다고 한다.[23] 다만 토지거래허가구역 내의 토지에 대한 중간생략등기의 경우에는 무효라고 한다.[24]

2) 중간생략등기이행청구권

최종취득자 C는 최초양도인 A에 대하여 중간취득자 B의 등기를 생략하고, 직접 자기에게 이전등기를 하는 데 협력하여 줄 것을 청구할 수 있기 위해서는 중간등기 생략의 합의가 있어야 한다. 즉 중간생략등기에 대한 최초양도인 A와 중간자 B의 동의가 있는 외에 A와 최종양수인 C 사이에도 그 중간등기생략의 합의가 있어야 C가 A를 상대로 직접 소유권이전등기를 청구할 수 있지만, 관계당사자 전원의 의사합치가 없으면 C는 A에 대하여 B를 대위하여 B에게 소유권이전등기를 할 것을 청구할 수 있을 뿐이다. 다만 토지거래허가구역 내의 토지가 중간등기생략의 합의 아래 허가 없이 전전 매매된 경우에 C가 A에게 직접 허가신청절차의 협력을 구할 수 없다.

3) 최초양도인(A)과 중간취득자(B)의 관계

중간생략등기의 합의가 있었다고 하여 B의 소유권이전등기청구권이 소멸된다거나 A의 B에 대한 소유권이전등기의무가 소멸되는 것은 아니며, A가 B에 대하여 갖고 있는 매매대금청구권의 행사가 제한되는 것은 아니다. 중간생략등기의 합의는 이행의 편의상 최초의 매도인으로부터 최종의 매수인 앞으로 소유권이전등기를 경료하기로 한다는 당사자 사이의 합의에 불과하기 때문이다.

사례) 甲은 부동산을 乙에게 매도하고 인도하였으며, 乙은 그 부동산을 다시 丙에게 매도하고 인도하였다. 甲·乙·丙 전원은 부동산의 소유권이전등기를 甲의 명의에서 바로 丙의 명의로 하기로 합의하였다. 그 후 甲과 乙은 둘 사이의 매매대금을 인상하기로 약정하였다. (1) 丙이 甲에게 소유권이전등기의 이행을 청구할 당시 乙이 甲에게 인상된 매매대금을 아직 지급하지 않았다면 甲은 이를 이유로 丙의 청구를 거절할 수 있는가? (2) 만약 부동산이 토지거래허가구역 내에 있어서 甲과 丙이 매매당사자로 하는 토지거래허가를 받아 丙 앞으로 소유권이전등기를 한 후, 丙이 丁에게 토지거래허가를 받아 매도하여 소유권이전등기를 해 준 경우, 丁은 부동산에 대한 소유권을 취득하는가?

➡ 중간생략등기의 합의란 부동산이 전전 매도된 경우 각 매매계약이 유효하게 성립함을 전제로 그 이행의 편의상 최초의 매도인으로부터 최종의 매수인 앞으로 소유권이전등기를 경료하기로 한다는 당사자 사이의 합의에 불과할 뿐이므로, 이러한 합의가 있다고 하여 최초의 매도인이 자신이 당사자가 된 매매계약상의 매수인인 중간자에 대하여 갖고 있는 매매대금청구권의 행사가 제한되는 것은 아니다.[25] 따라서 설문(1)과 같이 중간생략등기의 합의가 있은 후에 甲과 乙 사이에 매매대금을 인상하는 약정이 체결된 경우, 甲은 丙 명의로 소유권이전등기를 해 줄 의무와 乙에 대해 인상된 매매대금의 지급을 구할 권리는 동시이행의 관계에 있어 丙의 甲에 대한 등기청구에 대해 甲은 인상된 매매대금이 지급되지 아니하였음을 이유로 丙 명의로의 소유권이전등기의무의 이행을 거절할 수 있다.
한편 중간생략등기의 합의는 부동산이 전전 매도된 경우, 각 매매계약이 유효하게 성립한 것을 전제로 그 이행의 편의상 최초매도인 甲으로부터 최종매수인 丙 앞으로 소유권이전등기를 하기로 한다는 당사자 사이의 합의에 불과하므로, 甲과 丙 사이에 매매계약이 체결되는 것은 아니다. 따라서 설문(2)의 경우, 甲과 丙을 매매당사자로 하는 토지거래허가를 받아 丙 앞으로 마쳐진 소유권이전등기는 무효이고, 결국 丙은 부동산에 대한 소유자가 아니므로 丁은 부동산에 대한 소유권을 취득할 수 없다(제186조).

(나) 실제와 다른 등기원인에 의한 등기

증여나 대물변제로 인한 소유권이전등기를 할 때에 매매를 등기원인으로 기재한 경우, 이러한 등기는 현재의 권리상태 및 실질적 법률관계에 부합하는 점에서 유효하다. 예컨대 증여에 의한 소유권이전등기를 매매에 의한 이전등기를 신청하거나 대물변제로 인한 소유권이전등기를 할 때에 매매를 등기원인으로 기재한 경우에 그 등기는 유효하다. 이 경우 물권행위와 등기는 부합하며, 다만 등기원인이 다를 뿐이다.

Ⅲ. 부동산물권의 공시방법 — 부동산등기

1. 등기의 의의

등기란 등기관이 법정절차에 따라 부동산에 관한 권리관계를 공적기록인 등기부에 기록하는 것 또는 그 기록 자체를 말한다.

2. 등기의 종류

(1) 사실의 등기와 권리의 등기

사실의 등기는 부동산의 상황을 명시하는 등기(표제부)를 말하며, 권리의 등기는 부동산의 권리관계에 관한 등기(갑구·을구)를 의미한다. 등기의 실체법상 효력은 권리의 등기에서만 인정된다.

(2) 보존등기와 권리변동의 등기

보존등기는 미등기의 부동산에 관하여 소유자의 신청에 따라 처음으로 행해지는 소유권의 등기이고(예: 건물의 신축, 토지의 매립 등), 권리변동의 등기는 소유권의 보존등기를 기초로 하여 민법 제186조에 따라 행하여지는 권리변동에 관한 등기를 말한다.

(3) 등기의 내용에 의한 분류

(가) 기입등기

기입등기는 새로운 등기원인에 의하여 등기부에 새로운 사항을 기입하는 등기를 말한다. 가령 소유권보존등기, 소유권이전등기, 저당권설정등기 등이 이에 해당한다.

(나) 경정등기

경정등기는 등기와 실체관계 사이의 원시적 불일치(예: 소유자 주소기재의 누락)를 바로잡기 위해 하는 등기를 말한다. 만약 착오 또는 빠진 부분이 등기관의 잘못으로 인하여 생긴 때에는 직권으로 경정한다.

(다) 변경등기

변경등기는 등기와 실체관계 사이의 후발적 불일치(예: 소유자의 주소·성명 등)를 바로잡기 위한 등기이다.

(라) 말소등기

말소등기는 등기된 권리나 객체가 원시적으로 존재하지 않거나 후발적으로 존재하지 않게 된 경우, 이미 행하여진 등기를 말소하고 그 취지를 기재하는 등기이다.

(마) 회복등기

회복등기는 기존의 등기가 부당하게 소멸된 경우에 이를 회복시키는 등기로서 등기를 실체관계에 부합하게 하기 위하여 행하여진다.

(바) 멸실등기

멸실등기는 등기된 부동산이 전부 멸실된 경우에 행하여지는 등기이다. 멸실등기가 있으면 등기기록이 폐쇄된다.

(4) 등기의 형식에 의한 분류 — 주등기와 부기등기

주등기는 표시란의 표시번호에 또는 甲구나 乙구의 순위번호란에 독립된 번호를 붙여서 행해진 등기로서, 독립등기 또는 신등기라고도 한다. 반면에 부기등기는 독립된 번호 없이 주등기의 번호에 따라서 행해지는 등기로서, 어떤 등기로 하여금 기존등기(주등기)의 순위 및 효력을 그대로 갖게 할 필요가 있는 경우에 한다. 부기

등기는 주등기에 종속되어 주등기와 일체를 이루고 있는 것으로서, 주등기와 별개의 새로운 등기가 아니다.

3. 등기한 권리의 순위

(1) 같은 부동산에 관하여 등기한 권리의 순위는 법률에 다른 규정이 없으면 등기한 순서에 따른다(부동산등기법 제4조 1항). 등기의 순서는 ① 등기기록 중 같은 구(區)에서 한 등기 상호간에는 '순위번호'에 따르고, ② 등기기록 중 다른 구(區)에서 한 등기 상호간에는 '접수번호'에 따른다(제4조 2항). 즉 같은 구에서는 그 순위번호에 의하여 등기의 우열이 가려지고, 다른 구 사이에서는 접수번호에 의하여 그 우열을 가리게 된다. 다만 ① 가등기를 한 경우에는 본등기를 하면 그 본등기의 순위는 가등기의 순위에 의한다(제91조). ② 부기등기의 순위는 주등기의 순위에 의한다. 그러나 부기등기 상호간의 순위는 그 전후에 의한다(제5조 1항).

(2) 등기된 권리의 순위 가운데 가장 많이 문제되는 것은 저당권의 순위인데, 그 순위는 저당권이 설정된 순서에 따라 정해진다. 그리하여 저당권의 경우 가장 먼저 설정된 것을 1번 저당권이라고 하고, 그 다음은 2번 저당권, 3번 저당권 등의 용어를 사용하여 그 순위를 표시하고 있다. 다만 먼저 설정된 저당권이 피담보채무의 변제 등으로 소멸된 경우에는 나중에 설정된 저당권의 순위가 승진한다, 가령 1번 저당권이 소멸하면 2번이 1번, 3번이 2번 저당권으로 된다.

한편 등기부의 을구에 저당권이 등기되어 있는 경우, 갑구에 소유자로 기재되어 있으면서 저당권을 설정한 사람은 물론이고, 그 후에 소유권을 취득한 사람도 저당권에 의한 제한을 받는다(소유권에 대한 제한물권의 우위). 따라서 채무자가 채무를 이행하지 않아 저당권자가 저당권실행을 위해 경매를 신청한 경우, 저당부동산이 매각되면 저당권이 설정된 부동산의 소유자는 자신의 소유권을 잃게 된다.

4. 등기공부 및 등기의 절차

(1) 등기공부

(가) 등기부

1) 등기부에는 토지등기부와 건물등기부 2가지 있다. 등기부는 1필의 토지 또는 1동의 건물에 대하여 1개의 등기기록을 사용함으로써 권리의 객체인 1개의 부동산을 단위로 편성된다(물적 편성주의). 즉 1부동산 1등기기록의 원칙을 따르고 있으며, 건물의 구분소유에 대해서는 1동의 건물 전부에 대하여 1개의 등기기록을 사용하되(부동산등기법 제15조 1항), 1동의 건물을 구분한 각 건물마다 표제부 및 각구를 둔다(동법 규칙 제14조 1항).

2) 등기기록에는 '표제부', '갑구'(甲區) 및 '을구'(乙區)가 있다(부동산등기법 제15조 2항). ① 표제부에는 부동산의 소재지와 그 내용을 표시한다. 즉 토지의 경우에는 지번·지목·면적 등을, 건물의 경우에는 지번·구조·용도·면적 등이 기재된다. 다만 아파트 등 집합건물의 경우에는 건물 전체에 대한 표제부와 구분된 개개의 전유부분에 대한 표제부가 따로 있어, 건물 전체의 표제부에는 건물의 소재지와 용도 및 연면적 등이 표시되며, 구분된 각 전유부분의 표제부에는 그 부분의 면적이 표시된다. 토지가 분할되거나 합병되어 면적이 변경된 경우나 지목이 변경된 경우 또는 건물 구조가 변경되거나 증축 등에 의한 면적이 변경된 경우에는 그 변경내용을 표제부에 기재한다. ② 갑구에는 소유권에 관한 사항을 기재한다. 따라서 소유권에 대한 압류·가압류, 경매개시결정 그리고 소유자의 처분을 금지하는 가처분등기 등이 모두 갑구에 기재된다. 이러한 권리관계의 변경, 소멸에 관한 사항도 역시 갑구에 기재된다. ③ 을구에는 소유권 이외의 권리인 저당권, 전세권, 지역권, 지상권 등에 관한 권리관계의 변경·이전이나 말소사항을 기재한다.

(나) 대장

부동산에 관한 사실상의 상황을 기재하는 공적 장부를 대장이라고 하는데, 여기에는 공간정보의 구축 및 관리 등에 관한 법률에 의한 지적공부인 토지대장·임야대장과 건축법에 기한 건축물관리대장이 있다. 등기부는 부동산물권의 변동을 관장하는 데 반해, 대장은 과세를 관장하고 이것은 등기소가 아닌 시·군·구에 비치된다.

(다) 등기부와 대장의 관계

대장의 내용과 등기부의 내용이 일치하여야 제 기능을 발휘할 수 있다. 그리하여 양자를 일치시킬 수 있는 절차를 두고 있다. 즉 부동산의 물체적 상황에 관하여는 대장의 기재를 기초로 하여 등기하고, 권리의 변동에 관하여는 등기부의 기재를 기초로 하여 대장을 정리한다. 다만 소유권보존등기의 경우에는 소유권의 확인에 관하여는 예외적으로 대장의 기재를 기초로 한다. 보존등기에 앞선 등기가 없기 때문이다.

(2) 등기의 절차

(가) 등기사항

등기되어야 할 물건은 부동산, 즉 토지와 건물이고, 부동산등기법에 의하여 등기할 수 있는 권리는 소유권·지상권·지역권·전세권·저당권 등의 부동산물권과 권리질권·부동산임차권이다. 그리고 등기되어야 할 권리변동은 권리의 설정·보존·이전·변경·처분의 제한 또는 소멸이다(부동산등기법 제3조).

(나) 등기의 신청

법률에 다른 규정이 없는 한 부동산등기법상 등기는 당사자의 신청 또는 관공서의 촉탁에 의하여 행하여진다. 이는 등기에 의하여 불이익을 받게 될 자를 등기신청에 참여케 함으로써 등기의 진정성을 보장하기 위한 것이다. 다만 공동신청에 의하지 않더라도 등기의 진정을 보장할 수 있는 경우(예: 판결에 기한 등기) 또는 성질상 등기의무자가 없는 경우(예: 보존등기, 상속에 의한 등기)에는 등기권리자 또는 등기명의인에 의한 단독신청이 인정된다.

(다) 등기신청 방법

등기는 다음 어느 하나의 방법으로 신청한다. 즉 ① 신청인 또는 그 대리인이 등기소에 출석하여 신청정보 및 첨부정보를 적은 서면을 제출하는 방법(방문신청), ② 대법원규칙으로 정하는 바에 따라 전산정보처리조직을 이용하여 신청정보 및 첨부정보를 보내는 방법(전자신청)이 있다. 등기신청인이 제공하여야 할 신청정보와 첨부정보는 방문신청이나 전자신청이나 동일하며, 단지 정보를 제공하는 방식에 차이가 있을 뿐이다.

서면으로는 신청서, 등기원인을 증명하는 서면(예: 매매에 의한 소유권이전등기 신청의 경우에는 매매계약서), 등기원인에 대한 제3자의 허가가 필요한 경우 이를 증명하는 서면, 대리인에 의해 신청할 경우 대리권한을 증명하는 서면 등이 있다. 특히 중요한 서면으로 등기필정보가 있다. 등기의무자의 등기필정보가 없을 때에는 등기의무자 또는 그 법정대리인이 등기소에 출석하여 등기관으로부터 등기의무자임을 확인받아야 한다.

(라) 등기신청에 대한 심사

등기신청이 있는 경우에 등기관은 등기절차상의 적법성 여부만 심사한다(형식적 심사주의, 부동산등기법 제29조).

(마) 등기의 실행

등기관은 부동산등기법 제29조의 소정의 사유가 없으면, 접수번호의 순서에 따라 등기사무를 등기부에 등기사항을 기록하는 방식으로 처리하여야 한다(부동산등기법 제11조). 등기관이 새로운 권리에 관한 등기를 마쳤을 때에는 등기필정보를 작성하여 등기권리자에게 통지하여야 하며(제50조 1항), 부동산매매계약서 등 일정한 등기원인증서를 신청인에게 돌려주어야 한다. 또한 등기관은 대장을 소관하는 관청에 소유권변경 사실을 통지하고, 소유권의 보존 또는 이전의 등기(가등기 포함)

를 하였을 때에는 과세관청에 과세자료를 제공하여야 한다.

5. 등기청구권

(1) 의의

등기는 법률에 다른 규정이 없는 경우에는 등기권리자와 등기의무자의 공동신청에 의하여야 한다(부동산등기법 제23조). 등기의무자가 등기신청에 협력하지 않는 경우에 등기권리자가 등기에 협력하여 줄 것을 청구할 수 있는 실체법상의 권리를 등기청구권이라 한다. 예컨대 등기신청에 필요한 서류를 마련해서 등기소에 출석하여 공동으로 신청할 것을 구하거나 등기권리자가 단독으로 신청할 수 있도록 필요한 모든 서류를 교부할 것을 청구하는 것이 이에 해당한다. 이처럼 등기청구권은 사인(私人)이 사인에 대하여 등기신청에 협력할 것을 청구하는 권리이다. 반면에 등기신청권은 사인이 등기관인 국가기관에 대하여 등기를 신청하는 권리이다.

(2) 매매·증여계약에 의한 경우

부동산매매(증여)계약에 따라 매수인(수증자)이 매도인(증여자)에 대해 가지는 소유권이전등기청구권의 성질은 채권적 청구권이다. 따라서 등기청구권이 발생한 날로부터 10년간 행사하지 않으면 소멸시효에 걸린다. 다만 부동산매수인이 목적물을 점유하고 있는 경우에는 매매대금의 지급 여부와는 관계없이 소멸시효에 걸리지 않는다.[26] 또한 부동산의 매수인이 그 부동산을 인도받아 사용·수익하다가 그 부동산에 대한 보다 적극적인 권리행사의 일환으로 다른 사람에게 그 부동산을 처분하고 그 점유를 승계하여 준 경우에도 그 이전등기청구권의 행사여부에 관하여 그가 그 부동산을 스스로 계속 사용·수익만 하고 있는 경우와 특별히 다를 바 없으므로, 이전등기청구권의 소멸시효는 진행되지 않는다.[27]

사례) 甲은 2013.10.10. 乙 소유의 토지를 매수하여 이를 점유·경작하여 왔는데, 그 소유권이전등기는 하지 않았다. 그 후 2024.2.20. 甲이 乙에게 토지에 대한 소유권이전등기를 청구하자 乙은 그 소유권이전등기청구권이 10년의 시효로 소멸되었다고 항변한다. 乙의 항변은 이유 있는가?

➡ 법률행위로 인한 등기청구권의 법적 성질은 채권적 청구권이므로 10년의 소멸시효에 걸리지만, 부동산매수인이 목적물을 점유하고 있는 경우에는 매매대금의 지급 여부와는 관계없이 소멸시효에 걸리지 않는다. 설문의 경우, 甲이 토지를 점유하고 있으므로, 등기청구권은 소멸시효에 걸리지 않는다. 따라서 乙의 항변은 이유 없으며, 토지에 대한 소유권이전등기를 해 줄 의무가 있다.

(3) 부동산 점유취득시효의 경우

20년간 소유의 의사로 평온·공연하게 부동산을 점유하는 자는 등기함으로써 그 소유권을 취득한다(민법 제245조 1항). 토지에 대한 취득시효완성으로 인한 소유권이전등기청구권은 그 토지에 대한 점유가 계속되는 한 시효로 소멸하지 아니하며, 취득시효기간이 완성된 후에 점유를 상실하였더라도 그 점유 상실이 시효이익을 포기한 것이라고 인정되지 않는 한 시효기간의 완성으로 인하여 이미 취득한 소유권이전등기청구권은 소멸하지 않는다. 다만 취득시효가 완성된 점유자가 점유를 상실한 경우, 취득시효완성으로 인한 소유권이전등기청구권의 소멸시효는 점유자가 점유를 상실한 때로부터 10년간 등기청구권을 행사하지 아니하면 소멸시효가 완성한다.[28]

6. 등기의 효력

(1) 본등기의 효력

(가) 권리변동적 효력

물권적 의사표시와 그에 대응·부합하는 등기가 있으면, 부동산에 관한 물권변동이라는 효력이 생긴다. 등기관이 등기를 마친 경우, 그 등기는 '접수한 때'부터 효력을 발생한다(부동산등기법 제6조 2항).

(나) 순위확정적 효력

같은 부동산에 관하여 등기한 권리의 순위는 법률에 다른 규정이 없으면 등기한 순서에 따른다(부동산등기법 제4조 1항).

(다) 대항적 효력

부동산 제한물권(지상권·전세권·저당권 등)과 부동산을 목적으로 하는 채권(환매권·임차권)에 관하여는 일정한 사항을 등기할 수 있는데(예: 존속기간·지료·전세금·피담보채권·환매특약·이자 등), 이를 등기하면 제3자에 대하여 대항할 수 있다.

(라) 추정적 효력—등기의 추정력

어떤 등기가 있으면 그 등기가 표상하는 실체적 권리관계가 존재하는 것으로 추정케 하는 효력이 인정되는데, 이를 등기의 추정력이라고 한다. 즉 ① 등기된 권리는 등기명의자에게 적법하게 귀속하는 것으로 추정된다(권리의 적법추정). 예컨대 甲명의로 보존등기가 되어 있거나 乙로부터 甲에게 소유권이전등기가 되어 있으면, 그 부동산은 甲의 소유에 속하는 것으로 추정된다. ② 등기는 등기원인을 증명하는 정보를 첨부하여 일정한 절차에 따라 이루어지므로, 등기의 원인과 절차에서 적법하게 마쳐진 것으로 추정된다(절차의 적법추정). ③ 매매를 원인으로 하는 소유권이전등기의 등기명의인은 본인이 직접 또는 대리인에 의해 적법하게 매수한 것으로 추정된다(대리권존재의 추정). 따라서 대리인의 대리권 부존재는 상대방이 주장·증명할 책임이 있다.

한편 추정의 효과는 등기명의인뿐만 아니라 제3자도 원용할 수 있다. 또한 추정은 등기명의인의 이익을 위해서뿐만 아니라 불이익(예: 부동산의 과세)을 위해서도 인정된다. 그 밖에 소유권이전등기가 마쳐진 경우에는 그 등기명의자는 제3자에 대해서뿐만 아니라 그 전 소유자에 대하여도 적법한 등기원인에 의하여 소유권을 취득한 것으로 추정된다.

사례) 甲은 자신의 부동산을 乙에게 팔았으며, 매매를 등기원인으로 하여 乙 명의로 소유권이 전등기가 되었다. 그러나 甲은 乙에 대하여 등기원인의 무효를 이유로 乙에게 이전등기의 말소를 청구하였다. 乙은 甲에 대하여 자기가 진정한 권리자라고 주장하고 있다. 누구에게 증명책임이 있는가? 만약 제3자 丙이 甲으로부터 증여를 받았다고 주장하는 경우에는 어떠한가?

➡ 판례는 소유권이전등기가 마쳐진 경우에는 그 등기명의자는 제3자에 대하여서뿐 아니라 그 전소유자에 대하여도 적법한 등기원인에 의하여 소유권을 취득한 것으로 추정된다.[29] 따라서 甲이 乙 명의의 소유권이전등기가 자신의 의사에 반하여 이루어진 것으로서 무효라고 주장·증명하여야 한다. 또한 乙과 제3자인 丙 사이에도 소유권이전등기 명의인인 乙이 적법한 등기원인에 의하여 소유권을 취득한 것으로 추정된다. 결국 증명책임을 丙이 지므로 丙이 증명에 실패한 경우에 丙은 패소한다.

(2) 가등기의 효력

가등기는 부동산물권 및 그에 준하는 권리의 설정·이전·변경·소멸의 청구권을 보전하기 위해 예비로 하는 등기이다. 가등기에는 부동산물권 또는 부동산임차권의 변동의 청구권을 보전하는 것을 목적으로 하는 '청구권보전의 가등기'와 채권담보의 목적으로 마쳐진 '담보가등기'가 있는데, 담보가등기는 가등기담보 등에 관한 법률의 적용을 받는다. 여기서는 부동산등기법에 의해 규율되는 청구권보전의 가등기에 대해서 살펴보기로 한다.

(가) 본등기순위보전의 효력

가등기에 기하여 본등기가 행하여지면, 본등기의 순위는 가등기의 순위에 의한다(부동산등기법 제91조). 이러한 효력은 '본등기의 순위'에 관한 것일 뿐이고, 물권변동의 시기는 '본등기 신청이 접수된 때'이다. 즉 가등기 신청이 접수된 때로 소급하지 않는다. 예컨대 甲으로부터 乙에게 소유권이전 또는 저당권설정에 관한 가등기가 행하여진 다음 丙에게 소유권이전 내지 저당권설정의 본등기가 되었다. 그 후 乙의 가등기에 기하여 본등기가 행하여지면, 丙의 소유권취득 내지 저당권취득은 그 효력을 상실하거나 후순위(저당권의 경우)로 된다.

(나) 가등기 이후 등기의 직권말소

등기관은 가등기에 의한 본등기를 하였을 때에는 대법원규칙으로 정하는 바에 따라 가등기 이후에 된 등기로서 가등기에 의하여 보전되는 권리를 침해하는 등기를 직권으로 말소하여야 한다(부동산등기법 제92조 1항).

사례) 乙은 甲 소유의 부동산을 매수하는 계약을 체결하고, 잔대금 지급하기 전에 甲이 제3자에게 부동산을 다시 매도하는 것을 방지하기 위하여 자기명의로 그 부동산에 가등기를 하였다. 그 후 丙은 甲으로부터 그 부동산을 매수하고 자기명의로 소유권이전등기를 마쳤다. 그런데 약정일에 甲에게 잔대금을 지급한 乙은 부동산은 자신의 것이라고 주장한다. 과연 부동산은 누구의 소유로 귀속되는가?

➡ 가등기는 본등기가 아니라 청구권을 보전하기 위한 예비등기에 불과하므로, 소유자는 가등기 이후에도 자신의 부동산을 자유로이 처분할 수 있다. 그러나 가등기에 기하여 본등기가 행하여지면, 본등기의 순위는 가등기의 순위에 의하게 된다(부동산등기법 제91조). 즉 가등기는 본등기의 순위를 보전하는 효력이 있다. 이처럼 가등기에 기한 본등기가 행하여지면, 물권변동은 본등기를 하는 때에 발생하고, 다만 그 순위가 가등기를 한 때를 기준으로 하여 결정된다. 따라서 가등기에 기하여 본등기가 乙 명의로 마쳐지기 전까지 丙이 부동산의 소유자이지만, 乙 명의로 본등기가 되면 乙이 부동산의 소유권을 취득하게 되고, 등기관은 丙 명의의 소유권이전등기를 직권으로 말소하여야 한다(제92조 1항).

7. 부동산등기부를 볼 때 유의사항

(1) 표제부에 관한 사항

표제부에는 부동산의 사실관계가 기록되어 있다. 특히 토지의 경우에는 등기부를 통하여 토지의 면적을 확인하고 그에 따라 대금을 지급하는 경우가 많은데, 다만 등기된 토지의 면적보다 실제 면적이 적은 경우에는 매매대금에 관한 분쟁이 발생할 수 있으므로 주의할 필요가 있다. 주거용 건물에 대하여 임대차계약을 체결하는 경우, 주택임대차보호법에 의한 보호를 받기 위해서는 등기부에 기재된 건물의 지번에 따라 주민등록을 하여야 한다는 점을 주의하여야 한다.

(2) 갑구에 관한 사항

갑구에는 소유권에 관한 사항을 기재하도록 되어 있으므로, 우선 거래상대방이 등기부에 소유자로 등기된 사람인지를 확인하는 것이 가장 중요하다. 그 밖에 다음과 같은 사항을 주의하여 살펴보아야 한다.

(가) 처분제한등기

소유권에 대한 압류, 가압류, 경매개시결정, 가처분 등 처분제한등기는 갑구에 하게 되어 있으므로, 이러한 등기가 있는지 확인해야 한다. 채권자가 채권확보를 위하여 채무자의 재산을 압류·가압류한 경우에 채무자(소유자)가 채무를 변제하지 못하면, 결국 그 부동산은 경매에 붙여지게 되고, 이 경우 압류·가압류등기 이후에 소유권을 취득한 사람은 압류채권자 등에게 대항하지 못하기 때문이다. 그리고 경매개시결정등기란 이미 그 부동산에 대한 경매절차가 진행되고 있음을 의미한다. 또 그 부동산에 대한 소유권이전등기청구권을 확보하거나 또는 말소하기 위하여 처분금지가처분을 한 경우에는 그 소송의 원고가 승소하게 되면 가처분 이후의 모든 등기는 말소되어 가처분등기 이후에 소유권을 취득한 사람은 소유권을 상실하게 되므로 주의하여야 한다.

(나) 가등기

가등기의 내용은 장차 행하여질 본등기의 내용과 일치하는 것이어야 하며, 가등기 그 자체로는 청구권을 보전하는 것과 본등기의 순위를 보전하는 효력이 있을 뿐 물권변동의 효력은 생기지 않는다. 가등기에 의하여 본등기를 하게 되면, 그 순위는 가등기의 선위에 따르게 되며, 본등기에 저촉되는 가등기 이후 제3자의 등기는 가등기에 의하여 본등기가 이루어질 때 등기관이 직권으로 말소한다(부동산등기법 제92조).

(3) 을구에 관한 사항

을구에는 저당권 또는 근저당권, 전세권, 지상권 등이 설정되어 있는지 확인해야 한다. 이 경우 저당권에 의하여 담보되는 채권액은 채무자가 채권자에게 변제해야 할 금액을 말하며, 근저당권의 채권최고액이란 채무자가 현실로 부담한 채무가 아니고 앞으로 그 부동산에 의하여 부담하게 될 수 있는 최대한도의 채무액이라는 의미이다. 근저당권의 채권최고액은 실제 채무액의 120% 내지 130%로 정해진다. 한편 매매계약이나 임차권설정 당시 근저당권에 의하여 담보되는 채무액이 없는 경우에도 소유자가 그 근저당권을 이용하여 대출을 받을 경우, 선순위의 저당권이 존재하였던 것이 되므로 그 부동산에 대한 매매계약이나 임대차계약을 체결하면서 근저당권을 말소하거나 보증금의 반환가능성을 확인해 볼 필요가 있다. 이와 달리 전세권이나 지상권은 그 부동산을 점유하여 사용하는 사람이 있다는 의미이므로, 매수인이 스스로 그 부동산을 이용하려고 한다면 이들 권리가 언제 소멸하게 되는지 확인할 필요가 있다.

제4절 부동산거래와 과세

Ⅰ. 부동산 증여세

1. 일반

(1) 의의

증여세는 재산의 수증을 과세물건으로 하여 부과되는 국세이다. 증여에 대하여 증여세를 부과하는 것은 증여와 상속이 생전(生前)과 사후(死後)의 차이가 있을 뿐 재산의 무상이전이라는 공통점이 있으므로, 상속에 대하여 상속세를 부과하는 것과 형평을 맞춤으로써 생전증여를 통한 상속세의 회피를 방지하기 위한 것이다. 상속개시 전 10년 이내 상속인에게 증여된 재산은 상속재산가액에 가산하여 누진세율이 적용되는 상속세를 산출한 다음 기납부한 증여세를 공제하는 방식을 취하고 있다.

(2) 증여세 납세의무

'수증자'가 거주자인 경우에는 증여세 과세대상이 되는 모든 증여재산에 대하여 증여세를 납부할 의무가 있다(상속세 및 증여세법 제4조의2 제1항 1호). 수증자가 비거주자인 경우에는 증여받은 재산 중 국내에 있는 재산에 대하여 납세의무를 진다(제4조의2 제1항 2호). 여기서 거주자란 국내에 주소를 두거나 183일 이상 거소를 둔 사람을 말하며, 비거주자란 거주자가 아닌 사람을 말한다(제2조 8호). 영리법인 이외의 수증자는 증여세를 납부할 의무가 있으며(제4조의2, 제1항, 4항), 수증자의 주소나 거소가 분명하지 아니한 경우로서 조세채권의 확보가 곤란한 경우 등의 일정한 사유에 있는 때에는 증여자가 수증자와 연대하여 증여세를 납부할 의무를 진다(제4조의2 제5항).

[증여세 과세 체계]

구분	연산	항목	내용
증여재산가액		증 여 재 산	• 본래의 증여재산 • 증여의제 재산 등
	(-)	증여세과세가액 불산입재산	• 비과세 재산 • 불산입 재산
	(-)	채무부담액	
증여세과세가액		증여세과세가액	
	(+)	10년 내 재차 증여 가산액	
	(-)	증여재산공제 등	• 인적공제 • 재해손실공제 • 감정평가수수료
산출세액		증여세과세표준	
	(×)	세 율	
결정세액		증여세산출세액	(+) 세대생략 증여 할증세액
	(-)	조특법상 면제세액 등	• 영농자녀 증여세 면제 • 문화재 등 징수유예세액
	(-)	세 액 공 제	• 기납부(증여) 세액공제 • 외국납부세액공제 • 신고세액공제(3%)
고지세액		결 정 세 액	
	(+)	• 신고 · 납부불성실가산세 • 공익법인의 주식보유 한도초과 가산세	• 공익법인의보고서 제출 불성실가산세 • 공익법인의 무기장등 가산세
		총결정세액 (-) 연부연납, 물납, 자진잡부(분납)세액 (=) 고지세액	

(3) 상속세 및 증여세법상 증여의 의미

증여란 그 행위 또는 거래의 명칭·형식·목적 등과 관계없이 직접 또는 간접적인 방법으로 타인에게 무상으로 유형·무형의 재산 또는 이익을 이전(현저히 낮은 대가를 받고 이전하는 경우 포함)하거나 타인의 재산가치를 증가시키는 것을 말한다. 다만 유증과 사인증여는 제외한다(제2조 6호). 유증과 사인증여에 대해서는 상속세가 부과된다. 과세대상인 증여재산에는 수증자에게 귀속되는 재산으로서, 금전으로 환가할 수 있는 경제적 가치가 있는 모든 물건과 재산적 가치가 있는 법률상 또는 사실상의 모든 권리를 포함한다(제2조 7호). 이하에서는 증여세 과세대상인 증여재산 중에서 부동산을 거주자가 증여받을 경우를 중심으로 살펴본다.

2. 증여세 과세대상

(1) 증여재산

(가) 증여재산은 증여로 인하여 수증자에게 귀속되는 모든 재산 또는 이익을 말하며, ① 금전으로 환산할 수 있는 경제적 가치가 있는 모든 물건, ② 재산적 가치가 있는 법률상 또는 사실상의 모든 권리, ③ 금전으로 환산할 수 있는 모든 경제적 이익을 포함한다(상속세 및 증여세법 제2조 7호). 증여세 과세대상은 ① 무상으로 이전받은 재산 또는 이익, ② 현저히 낮은 대가를 주고 재산 또는 이익을 이전받음으로써 발생하는 이익이나 현저히 높은 대가를 받고 재산 또는 이익을 이전함으로써 발생하는 이익(특수관계인이 아닌 사람 사이에의 거래인 경우에는 거래의 관행상 정당한 사유가 없는 경우로 한정), ③ 재산 취득 후 해당 재산의 가치가 증가한 경우의 그 이익(특수관계인이 아닌 사람 사이에의 거래인 경우에는 거래의 관행상 정당한 사유가 없는 경우로 한정)이다(제4조 1항).

(나) 증여를 원인으로 한 소유권이전등기가 마쳐졌더라도 그 등기원인이 된

증여행위가 부존재하거나 무효인 경우라면 그로 인한 소유권이전의 효력이 처음부터 발생하지 아니하므로, 소유권이전등기의 말소를 명하는 판결의 유무와 관계없이 증여세의 과세대상이 될 수 없다.[30]

(다) 이혼으로 인한 재산분할은 혼인생활 중 공동형성한 재산의 청산이라는 본질적 요소에 부양적 요소가 추가된 것이므로, 증여세를 포탈하기 위한 경우가 아니면 증여세가 부과되지 않는다. 반면에 사실혼관계가 한쪽 당사자의 사망으로 인해 종료된 경우, 그 상대방에게 재산분할청구권이나 위자료 지급청구권이 인정되지 않으므로 사망자의 자녀들이 상대방에게 금전 등을 지급한 경우에는 증여세 과세대상이 될 수 있다.[31] 이혼 등에 의하여 정신적 또는 재산상 손해배상의 대가로 받은 위자료는 소득세 과세대상일 뿐 증여세 과세대상이 아니다.[32]

(라) 수증자가 증여재산(금전은 제외한다)을 당사자 사이의 합의에 따라 증여세 과세표준 신고기한 이내에 증여자에게 반환하는 경우(반환하기 전에 과세표준과 세액을 결정받은 경우는 제외)에는 처음부터 증여가 없었던 것으로 본다(제4조 4항 전단). 또한 증여세 과세표준 신고기한이 지난 후 3개월 이내에 증여자에게 반환하거나 증여자에게 다시 증여하는 경우에는 그 반환하거나 다시 증여하는 것에 대해서는 증여세를 부과하지 않는다(제4조 4항 후단). 즉 수증자가 증여재산을 ① 증여세 신고기한 이전에 반환하면, 당초 증여뿐만 아니라 반환한 재산에 대해서 증여세가 과세되지 않는다. ② 신고기한이 지난 후 3개월 이내에 반환하면, 당초증여에 대해서는 증여세가 과세되지만, 반환한 재산에 대해서는 증여세가 과세되지 않는다. ③ 신고기간이 지난 후 3개월 이후에 반환하면, 당초 증여뿐만 아니라 반환한 재산에 대해 증여세가 과세된다. 한편 금전은 그 시기에 관계없이 당초 증여·반환 모두 증여세를 과세한다.

- 부동산증여계약 후 증여취소시 기간별 세금납부 차이

구분	취득세	증여세	반환 및 재증여 증여세
증여 후 60일 이내	×	×	×
신고기한 내	○	×	×
신고기한 경과 3개월 이내	○	○	×
신고기한 3개월 초과	○	○	○

(마) 증여세 과세표준 신고기한 내에 당사자들 합의에 의하여 증여재산을 반환하는 경우나 명의신탁받은 재산을 반환하는 경우 모두 그 재산을 수증자 또는 명의수탁자가 더 이상 보유하지 않게 된다는 면에서 실질적으로 다르지 않다. 따라서 증여세 과세표준 신고기한 내에 반환하는 경우에는 처음부터 증여가 없었던 것으로 본다는 규정은 명의신탁재산에 대하여 명의신탁을 해지하고 반환하는 경우에도 적용된다. 이는 명의수탁자가 명의신탁받은 재산을 명의신탁자 명의로 재산을 반환하는 경우뿐 아니라 명의신탁자의 지시에 따라 제3자 명의로 반환하는 경우도 마찬가지이다.[33]

사례1) 甲은 최근 부친으로부터 공시가격 8억원(시가 10억원)의 서울 주택을 증여받았다. 원래 서울에 자가를 보유하고 있던 甲은 최근 개정된 지방세법에 따라 해당 주택에 대해 3.5%가 아니라 12.4%의 취득세가 부과된다는 사실을 뒤늦게 알았다. 이에 따라 취득세 9,920만원에 2억 2,000만원에 가까운 증여세까지 물어야 할 처지다. 甲은 어떻게 하는 것이 좋을까?

➡ 취득세 60일, 증여세 3개월 '골든타임'이다. 증여를 포기하면 아파트의 소유권은 부친에게 되돌아간다. 대신 3억원을 훌쩍 넘기는 취득세와 증여세를 내지 않아도 된다. 다만 여기에는 중요한 조건이 있다. 증여세 및 취득세 납부기한 내에 증여를 취소해야 한다. 증여세는 증여계약이 이뤄진 달로부터 3개월 이내에 증여세 신고를 해야 한다. 가령 6월 21일 증여가 이뤄졌다면 해당 월의 마지막 날인 6월 30일을 기준으로 3개월이 지난 9월 30일까지 신고하면 된다. 주택 취득세는 증여세보다 납부기한이 짧다. 주택취득날짜를 기준으로 60일 이내에 납부해야 한다. 6월 21일 증여와 동시에 취득했다면 취득세 납부기한은 8월 20일이 된다. 결국

세금 부담 없이 증여를 취소할 수 있는 기한은 8월 20일이다.

취득세를 이미 냈다면 증여 취소를 위해 여러 절차를 밟아야 한다. 증여가 취소됐다는 공증증서나 계약해제 신고서, 화해·인낙조서 등을 통해 증여 취소를 증빙해야 한다. 특히 별도의 증여계약 없이 부동산등기만 자녀 앞으로 이전한 뒤 취득세를 납부했다면 취득세 반환은 더 어려워진다.

취득 시점에 별도의 세금이 부과되지 않는 주식과 펀드는 증여세 신고기한 내에만 결정하면 증여 취소가 가능하다. 하지만 금전은 증여를 취소할 수 없다. 금전은 증여와 반환이 용이해 증여세의 신고기한 내 증여와 반환을 반복하는 방법으로 증여세를 회피하는 데 악용될 우려가 크기 때문이다.

주의할 것은 취득세와 증여세의 납부기한을 넘기면 증여를 취소해도 낸 세금을 돌려받을 수 없다. 오히려 받은 자산을 다시 부모에게 건네는 재증여로 간주돼 다시 증여세를 물어야 할 수 있다. 세금을 부담하고도 피치 못할 사정으로 증여를 취소할 때 역시 기한을 잘 살펴야 한다. 상속세 및 증여세법 제4조는 '신고기한이 지난 후 3개월 내에 증여자에게 반환하거나 증여자에게 다시 증여하는 경우에는 그 반환하거나 다시 증여하는 것에 대해서는 증여세를 부과하지 않는다'고 규정하고 있다. 즉 증여가 이뤄진 시점부터 3개월여인 증여세 신고기간이 지나고 여기에 3개월을 더해 6개월여 안에 증여를 취소하면 별도의 증여세를 내지 않는다. 이 같은 시한을 넘기면 증여세가 다시 부과되고 부동산은 취득세도 추가로 내야 한다. 증여를 받지 않겠다고 결정했다면 6개월 내 증여를 취소해야 불필요한 세금을 피할 수 있다.

사례2) **미성년자 甲은 2023.6.20. 아버지 乙로부터 현금 1억 500만원과 토지(시가 1억 5,000만원)을 증여받았다. 2023.6.30. 할머니 丙으로부터 토지 3필지(시가 8,000만원)를 무상으로 증여받았다가 그중 1필지(1,500만원)는 2023.7.25. 반환하였고, 또 다른 1필지(시가 2,000만원)는 2023.12.2. 반환하였다. 甲이 부담하는 증여세 산출세액은 얼마인가?**

➡ 수증자가 증여재산을 증여세 과세표준 신고기한 이내에 증여자에게 반환하는 경우에는 처음부터 증여가 없었던 것으로 본다(상속세 및 증여세법 제4조 4항 전단). 또한 증여세 과세표준 신고기한이 지난 후 3개월 이내에 증여자에게 반환하거나 증여자에게 다시 증여하는 경우에는 그 반환하거나 다시 증여하는 것에 대해서는 증여세를 부과하지 않는다(제4조 4항 후단). 미성년자가 직계존속으로부터

증여를 받은 경우에는 2,000만원을 증여세 과세가액에서 공제한다. 이 경우 수증자를 기준으로 그 증여를 받기 전 10년 이내에 공제받은 금액과 해당 증여가액에서 공제받을 금액을 합친 금액이 2,000만원을 초과하는 경우에는 그 초과하는 부분은 공제하지 않는다(제53조). 또한 수증자가 증여자의 자녀가 아닌 직계비속인 경우에는 증여세 산출세액에 30%에 상당하는 금액을 가산한다(상속세 및 증여세법 제57조). 설문의 경우, (i) 아버지 乙로부터의 증여분은 ① 증여세 과세가액: 1억 500만원+ 1억 5,000만원=2억 5,500만원, ② 증여세과세표준: 2억 5,500만원(증여세 과세가액)-2,000만원(乙의 증여가 丙보다 먼저 이루어졌고, 미성년자이므로 2,000만원 증여공제)=2억 3,500만원, ③ 증여세 산출세액: 1,000만원+1억원 초과액의 20% [(2억 3,500만원-1억원)×20%]=3,700만원, (ii) 할머니 丙으로부터의 증여분은 ① 증여세 과세가액: 8,000만원-1,500만원(2017.7.25. 반환분)=6,500만원, ② 증여세 과세표준: 6,500만원-0(乙의 증여분에 대해 증여공제를 이미 받았기 때문)=6,500만원, ③ 증여세 산출세액: 6,500만원×10%(세율)+650만원×30%(할증과세)=845만원. 따라서 甲이 부담하는 증여세 산출세액 합계는 4,545만원(3,700만원+845만원)이다.

(2) 상속재산의 협의분할

상속재산은 상속인 간 언제든지 협의분할할 수 있으며, 그 효력은 상속개시 당시로 소급효가 인정된다(민법 제1012조, 제1013조). 따라서 상속재산의 분할협의가 있는 경우, 상속인 각자의 고유 상속분 초과부분에 대하여 다른 공동상속인과의 사이에 증여세 과세문제는 발생하지 않고, 상속재산분할비율에 따른 상속세만을 납부할 의무가 있게 된다.[34] 반면에 상속개시 후 상속재산에 대하여 등기 등으로 각 상속인의 상속분이 확정된 후, 그 상속재산에 대하여 공동상속인이 다시 협의분할한 결과 특정상속인이 당초 상속분을 초과하여 취득하게 되는 재산은 그 분할에 의하여 상속분이 감소한 상속인으로부터 증여받은 것으로 보아 증여세를 부과한다(상속세 및 증여세법 제4조 3항 본문). 이는 협의분할제도를 악용하여 변칙적으로 증여하는 것을 방지하기 위한 것이다. 물론 당초 상속재산의 분할에 대하여 무효 또는 취소 등 정당한 사유가 있는 경우에는 증여세를 부과하지 않는다(제4조 3항 단서).

3. 증여재산의 취득시기

증여재산의 취득시기는 증여추정·증여의제가 적용되는 경우를 제외하고는 ① 권리의 이전이나 그 행사에 등기·등록을 요하는 재산에 대해서는 등기·등록일, 다만 민법규정에 의한 등기를 필요로 하지 않는 부동산은 실제로 부동산의 소유권을 취득한 날, ② 건물을 신축하여 증여할 목적으로 수증자의 명의로 건축허가를 받거나 신고를 하여 해당 건물을 완성한 경우, 건물을 증여할 목적으로 수증자의 명의로 해당 건물을 취득할 수 있는 권리(분양권)를 건설사업자로부터 취득하거나 분양권을 타인으로부터 전득한 경우는 그 건물의 사용승인서 교부일이다(상속세 및 증여세법 제32조, 시행령 제24조 1항 2호).

4. 증여예시·증여의제 및 추정

(1) 일반

(가) 증여예시

2004년부터 증여세는 유형별 포괄주의 과세에서 세법상 증여의 정의를 규정하여 완전포괄주의 과세로 전환됨에 따라 기존 상속세 및 증여세법 제31조부터 제43조까지 규정은 완전포괄주의 증여세를 적용하기 위한 예시규정으로 그 성격이 바뀌었다. 따라서 일반적 거래의 증여 유형 예시, 자본거래관련 증여 유형 예시, 기타 증여유형 예시로 구분하고 있다.

일반적 거래의 증여유형으로 신탁이익, 보험금, 고·저가 양도, 채무면제이익, 부동산무상사용이익, 전환사채 등에 대한 증여, 특정법인과의 거래를 통한 이익, 금전의 무상대부의 8개 유형이 규정되어 있다.

자본거래관련 증여 유형 예시로 합병에 따른 이익, 증자에 따른 이익, 감자에 따른 이익, 현물출자에 따른 이익, 비상장주식의 상장에 따른 이익, 합병에 따른 상장 등 이익의 6개 유형으로 구성되어 있다. 그 밖의 증여 유형 예시는 재산·용역의 무상사용 등 타인의 기여에 의한 미성년자 등의 재산가치 증가가 있다.

(나) 증여의제

권리의 이전이나 그 행사에 등기 등을 요하는 재산(부동산은 제외)의 명의신탁은 증여의제로 본다. 또한 일감몰아주기, 일감떼어주기 규정도 증여의제 규정으로 하고 있다(상속세 및 증여세법 제45조의2, 제45조의3, 제45조의4, 제45조의5).

(다) 증여추정

배우자 등에 대한 양도, 재산취득자금 출처 불명 등의 경우가 해당된다(상속세 및 증여세법 제44조, 제45조).

(2) 저가양수 또는 고가양도에 따른 이익의 증여

(가) 특수관계인(친족관계, 경제적 연관관계 또는 경영지배관계에 있는 사람) 사이에 재산을 시가보다 낮은 가액으로 양수하거나 시가보다 높은 가액으로 양도한 경우, 그 대가와 시가의 차액이 기준금액(시가의 30%에 상당하는 가액이나 3억원 중 적은 금액) 이상인 경우에는 해당 재산의 양수일 또는 양도일을 증여일로 하여 그 대가와 시가의 차액에서 기준금액을 뺀 금액을 그 이익을 얻은 자의 증여재산가액으로 한다(상속세 및 증여세법 제35조 1항, 시행령 제26조 2항).

- 적용요건: 대가와 시가의 차액 ≧ Min(시가×30%, 3억원)
- 증여재산가액＝대가와 시가의 차액－Min(시가×30%, 3억원)

(나) 특수관계인이 아닌 사람 사이에 거래의 관행상 정당한 사유 없이 재산을 시가보다 현저히 낮은 가액으로 양수하거나 시가보다 현저히 높은 가액으로 양도한 경우, 그 대가와 시가의 차액이 기준금액(양도 또는 양수한 재산의 시가 30%에 상

당하는 가액) 이상인 경우에는 해당 재산의 양수일 또는 양도일을 증여일로 하여 그 대가와 시가의 차액에서 일정한 금액(3억원)을 뺀 금액을 그 이익을 얻은 자의 증여재산가액으로 한다(제35조 2항, 시행령 제26조 3항 4항).

- 적용요건: 대가와 시가의 차액 ≧ Min(시가×30%)
- 증여재산가액＝대가와 시가의 차액－3억원

사례) 甲은 2024.2.28. 어머니 乙로부터 시가 8억원인 토지를 2억원에 매수하였다. 甲의 증여재산가액은 얼마인가?

➡ 특수관계인 사이에 재산을 시가보다 낮은 가액으로 양수하거나 시가보다 높은 가액으로 양도한 경우, 그 대가와 시가의 차액이 기준금액(시가의 30%에 상당하는 가액이나 3억원 중 적은 금액) 이상인 경우에는 해당 재산의 양수일 또는 양도일을 증여일로 하여 그 대가와 시가의 차액에서 기준금액을 뺀 금액을 그 이익을 얻은 사람의 증여재산가액으로 한다(상속세 및 증여세법 제35조 1항, 시행령 제26조 2항). 설문의 경우, 대가와 시가와의 차액은 6억원(8억원－2억원), 기준금액은 2억 4,000만원(8억×30%＝2억 4,000만원, 3억원 중 적은 금액)이다. 따라서 甲의 증여재산가액은 3억 6,000만원(6억원－2억 4,000만원)이다.

(3) 채무면제 등에 따른 증여

채권자로부터 채무를 면제받거나 제3자로부터 채무의 인수 또는 변제를 받은 경우에는 그 면제, 인수 또는 변제를 받은 날을 증여일로 하여 그 면제 등으로 인한 이익에 상당하는 금액(보상액을 지급한 경우에는 그 보상액을 뺀 금액으로 한다)을 그 이익을 얻은 사람의 증여재산가액으로 한다(상속세 및 증여세법 제36조).

(4) 부동산 무상사용에 따른 이익의 증여

(가) 타인의 부동산(그 부동산 소유자와 함께 거주하는 주택과 그에 딸린 토지는 제외한다)을 무상으로 사용함에 따라 이익을 얻은 경우에는 그 무상사용을 개시한

날을 증여일로 하여 그 이익에 상당하는 금액을 부동산 무상 사용자의 증여재산가액으로 한다. 다만 그 이익에 상당하는 금액이 기준금액 미만인 경우는 제외한다(상속세 및 증여세법 제37조 1항). 특수관계인이 아닌 사람 사이의 거래인 경우에는 거래의 관행상 정당한 사유가 없는 경우에 한정하여 적용한다(제37조 3항).

(나) 타인의 부동산을 무상으로 담보로 이용하여 금전 등을 차입함에 따라 이익을 얻은 경우에는 그 부동산 담보 이용을 개시한 날을 증여일로 하여 그 이익에 상당하는 금액을 부동산을 담보로 이용한 자의 증여재산가액으로 한다. 다만 그 이익에 상당하는 금액이 기준금액 미만인 경우는 제외한다(제37조 2항). 특수관계인이 아닌 사람 사이의 거래인 경우에는 거래의 관행상 정당한 사유가 없는 경우에 한정하여 적용한다(제37조 3항).

(5) 금전 무상대출 등에 따른 이익의 증여

타인으로부터 금전을 ① 무상으로 대출받은 경우는 대출금액에 적정 이자율을 곱하여 계산한 금액, ② 적정 이자율보다 낮은 이자율로 대출받은 경우는 대출금액에 적정 이자율을 곱하여 계산한 금액에서 실제 지급한 이자 상당액을 뺀 금액을 금전을 대출받은 사람의 증여재산가액으로 한다(상속세 및 증여세법 제41조의4 제1항). 다만 특수관계인이 아닌 사람 사이의 거래인 경우에는 거래의 관행상 정당한 사유가 없는 경우에 한정하여 이를 적용한다(제41조의4 제3항). 대출기간이 정해지지 아니한 경우에는 그 대출기간을 1년으로 보고, 대출기간이 1년 이상인 경우에는 1년이 되는 날의 다음 날에 매년 새로 대출받은 것으로 보아 해당 증여재산가액을 계산한다(제41조의4 제2항).

사례) 甲은 2022.1.1. 아버지 乙로부터 5억원을 빌리면서 1년간 이자(연 3%)를 乙에게 지급하였다. 대출기간은 2022년 1월 1일부터 2023년 9월 30일까지이며, 법령상 적정이자율은 연 8%이라고 할 때, 甲의 증여재산가액은 얼마인가?

➡ 타인으로부터 금전을 적정 이자율보다 낮은 이자율로 대출받은 경우는 대출금액에 적정 이자율을 곱하여 계산한 금액에서 실제 지급한 이자 상당액을 뺀 금액을 금전을 대출받은 사람의 증여재산가액으로 한다(제41조의4 제1항). 설문의 경우 甲의 증여재산가액은 대출금액 5억원×적정이자율 8%−실제 지급한 이자상당액(5억원×3%)=2,500만원이다. 대출기간이 1년 이상인 경우에는 1년이 되는 날의 다음 날에 매년 새로 대출받은 것으로 보아 해당 증여재산가액을 계산한다.

(6) 재산취득 후 재산가치 증가에 따른 이익의 증여

직업, 연령, 소득 및 재산상태로 보아 자력(自力)으로 해당 행위를 할 수 없다고 인정되는 사람이 특수관계인으로부터 ① 재산을 증여받거나, ② 기업의 경영 등에 관하여 공표되지 아니한 내부 정보를 제공받아 그 정보와 관련된 재산을 유상으로 취득하고 그 재산을 취득한 날부터 5년 이내에 개발사업의 시행, 형질변경, 공유물분할, 사업의 인가·허가 등으로 인하여 이익을 얻은 경우에는 그 이익에 상당하는 금액을 그 이익을 얻은 사람의 증여재산가액으로 한다. 특수관계인으로부터 차입한 자금 또는 특수관계인의 재산을 담보로 차입한 자금으로 재산을 취득한 경우도 마찬가지이다(상속세 및 증여세법 제42조의3 제1항).

(7) 배우자 등에게 양도한 재산의 증여 추정

(가) 배우자 또는 직계존비속에게 양도한 재산은 양도자가 그 재산을 양도한 때에 그 재산의 가액을 배우자 등이 증여받은 것으로 추정하여 이를 배우자 등의 증여재산가액으로 한다(상속세 및 증여세법 제44조 1항).

(나) 특수관계인에게 양도한 재산을 그 특수관계인(양수인)이 양수일부터 3년 이내에 당초 양도인의 배우자 등에게 다시 양도한 경우에는 양수인이 그 재산을 양도한 당시의 재산가액을 그 배우자 등이 증여받은 것으로 추정하여 이를 배우자 등의 증여재산가액으로 한다. 다만 당초 양도인 및 양수인이 부담한 소득세법에 따른

결정세액을 합친 금액이 양수인이 그 재산을 양도한 당시의 재산가액을 당초 그 배우자 등이 증여받은 것으로 추정할 경우의 증여세액보다 큰 경우에는 그러하지 않는다(제44조 2항). 여기서 배우자는 법률상의 배우자를 뜻하며 사실상 배우자는 포함되지 않는다.[35] 채무담보의 목적으로 재산의 소유권을 이전하는 경우는 특수관계인에 대한 재산의 양도에 포함되지 않는다.[36]

(8) 재산 취득자금 등의 증여 추정

재산취득자의 직업, 연령, 소득 및 재산 상태 등으로 볼 때 재산을 자력으로 취득하였다고 인정하기 어려운 경우로서 대통령령으로 정하는 경우에는 그 재산을 취득한 때에 그 재산의 취득자금을 그 재산취득자가 증여받은 것으로 추정하여 이를 그 재산취득자의 증여재산가액으로 한다(상속세 및 증여세법 제45조 1항). 또한 채무자의 직업, 연령, 소득, 재산 상태 등으로 볼 때 채무를 자력으로 상환(일부 상환 포함)하였다고 인정하기 어려운 경우로서 대통령령으로 정하는 경우에는 그 채무를 상환한 때에 그 상환자금을 그 채무자가 증여받은 것으로 추정하여 이를 그 채무자의 증여재산가액으로 한다(제45조 2항).

5. 증여세 과세가액

증여세 과세가액이란 증여세가 과세되어야 할 증여재산, 즉 증여세 과세물건의 가액을 말한다. 증여과세가액은 증여재산가액을 합친 금액에서 그 증여재산에 담보된 채무로서 수증자가 인수한 금액을 뺀 금액으로 한다(상속세 및 증여세법 제47조 1항). 과세가액은 증여일 현재의 증여재산의 시가에 의한다(제60조).

(1) 증여재산가액 계산의 일반원칙

증여재산의 가액은 다음과 같은 방법으로 계산한다. 즉 ① 재산 또는 이익을 무상으로 이전받은 경우는 증여재산의 '시가 상당액', ② 재산 또는 이익을 현저히 낮은 대가를 주고 이전받거나 현저히 높은 대가를 받고 이전한 경우는 '시가와 대가의 차액'(다만 시가와 대가의 차액이 3억원 이상이거나 시가의 30% 이상인 경우로 한정), ③ 재산취득 후 해당 재산의 가치가 증가하는 경우는 증가사유가 발생하기 전과 후의 재산의 시가의 차액으로서 일정한 방법에 따라 계산한 재산가치상승금액(다만 재산가치상승금액이 3억원 이상이거나 재산가치상승비율이 30% 이상인 경우로 한정), ④ 증여의제·추정에 해당하는 경우에는 해당 규정에 따라 계산한 증여재산가액이다(제31조).

(2) 재차증여

해당 증여일 전 10년 이내에 동일인(증여자가 직계존속인 경우에는 그 직계존속의 배우자 포함)으로부터 받은 증여재산가액을 합친 금액이 1,000만원 이상인 경우에는 그 가액을 증여세 과세가액에 가산하고(제47조 2항), 증여재산가액에서 인적공제하는 것은 10년 단위로 그 금액을 공제하는 것이다. 이는 누진세율을 회피하기 위해 재산을 나누어 증여하는 행위를 방지하기 위한 것이다. 증여재산의 평가는 각각의 증여시점을 기준으로 한다. 수증자가 동일인이나 증여자가 동일인이 아닌 경우에는 증여가 있을 때마다 증여자별, 수증자별로 과세가액을 계산하여 과세한다.

(3) 부담부 증여

(가) 부담부 증여의 경우에는 그 증여재산의 가액에서 그 채무액을 차감한 가액을 증여세과세가액으로 한다(제47조 1항). 가령 증여자의 채무가 담보된 부동산을 증여받으면서 그 채무를 수증자가 인수한 경우에는 그 증여재산의 가액에서 그 채무액을 공제한 가액이 증여세 과세가액이다. 이 경우 증여재산가액 중 그 채무액에 상당하는 부분은 그 자산이 유상으로 이전된 것으로 보아 증여자에게 양도소득세가 부과된다(소득세법 제88조 1항).

(나) 한편 배우자 사이 또는 직계존비속 사이의 부담부 증여에 대해서는 수증

자가 증여자의 채무를 인수한 경우에도 그 채무액은 수증자에게 인수되지 아니한 것으로 추정한다(제47조 3항 본문). 즉 증여재산가액 전체가 증여세 과세가액이다. 다만 채무액이 국가 및 지방자치단체에 대한 채무 등 객관적으로 인정되는 것인 경우에는 증여재산의 가액에서 그 채무액을 공제한 가액이 증여세 과세가액이다(제47조 3항 단서).

(4) 비과세·과세가액불산입

국가나 지방자치단체로부터 증여받은 재산의 가액, 사회통념상 인정되는 이재구호금품·치료비·피부양자의 생활비·교육비나 그 밖에 이와 유사한 것(학자금 또는 장학금, 기념품·축하금·부의금 등)에 대해서는 증여세를 부과하지 않는다(제46조). 또한 공익목적의 출연재산 등은 과세가액에 산입하지 않는다(제49조, 제52조, 제52조의 2).

- 증여세 과세가액＝증여재산가액＋10년 이내 증여재산가액－과세가액 불산입 재산－채무부담액

6. 증여세 과세표준과 산출세액

(1) 증여세 과세표준

증여세 과세표준은 증여세 과세가액에서 증여재산공제(제53조)와 재해손실공제(제54조)에 따른 금액을 뺀 금액이며, 과세표준이 20만원 미만인 때에는 증여세를 부과하지 않는다(제55조).

(가) 증여재산공제

1) 수증자가 ① 배우자로부터 증여를 받은 경우는 6억원, ② 직계존속[수증자의 직계존속과 혼인(사실혼은 제외) 중인 배우자 포함]으로부터 증여를 받은 경우는 5,000만원, 다만 미성년자가 직계존속으로부터 증여를 받은 경우에는 2,000만원,

③ 직계비속(수증자와 혼인 중인 배우자의 직계비속 포함)으로부터 증여를 받은 경우는 5,000만원, ④ 그 밖에 6촌 이내의 혈족, 4촌 이내의 인척으로부터 증여를 받은 경우는 1,000만원을 증여세 과세가액에서 공제한다. 이 경우 수증자를 기준으로 그 증여를 받기 전 10년 이내에 공제받은 금액과 해당 증여가액에서 공제받을 금액을 합친 금액이 위 구분에 따른 금액을 초과하는 경우에는 그 초과하는 부분은 공제하지 않는다(제53조).

2) 이처럼 아파트 등 부동산 일부나 전부를 배우자에게 증여한 경우, 6억원 이하까지 공제받을 수 있다. 즉 배우자에게 증여한 금액이 6억원 이하인 때에는 증여세가 부과되지 않으며, 증여한 배우자에게 양도세도 부과되지 않는다. 이 때문에 이를 이용한 양도세 절세도 가능하다. 가령 남편이 3억원에 매수한 아파트를 6억원에 아내에게 증여한 뒤 아내가 8억원에 팔았을 경우, 부부를 묶어서 보면 3억원에 매수한 아파트를 8억원에 매각한 만큼 차익인 5억원에 대해 양도세가 과세될 수 있다. 하지만 실제로는 차익을 2억원으로 보고 양도세를 매긴다. 남편이 최초 구입한 가격이 아니라 아내에게 양도한 가격을 기준으로 다시 양도세를 계산하기 때문이다. 다만 증여한 지 10년 이내에 아파트를 매도했다면 남편의 최초 구입 가격으로 소급해 양도차익을 구하게 되는 만큼 주의해야 한다(소득세법 제97조의2 제1항).

(나) 재해손실공제

타인으로부터 재산을 증여받은 경우로서 증여세 신고기한 내에 화재·붕괴·폭발·환경오염사고·자연재해 등의 재난으로 인하여 증여재산이 멸실되거나 훼손된 경우에는 그 손실가액을 증여세 과세가액에서 공제한다. 다만 그 손실가액에 대한 보험금 등의 수령 또는 구상권 등의 행사에 의하여 그 손실가액에 상당하는 금액을 보전받을 수 있는 경우에는 그렇지 않다(제54조, 제23조).

• 증여세 과세표준=증여세 과세가액-증여재산공제 등

(2) 증여세 산출세액

(가) 증여세의 세율

과세표준이 1억원 이하인 경우 10%에서 30억원을 초과하는 금액에 대한 50%에 이르기까지 5단계의 누진세율이 적용된다(제56조, 제26조). 그 내용은 상속세와 동일하다.

과세표준	세율
1억원 이하	과세표준의 10%
1억원 초과 5억원 이하	1,000만원+1억원 초과액의 20%
5억원 초과 10억원 이하	9,000만원+5억원 초과액의 30%
10억원 초과 30억원 이하	2억 4,000만원+10억원 초과액의 40%
30억원 초과	10억 4,000만원+30억원 초과액의 50%

(나) 세대를 건너뛴 증여에 대한 할증과세

수증자가 증여자의 자녀가 아닌 직계비속인 경우에는 증여세산출세액에 30%(수증자가 증여자의 자녀가 아닌 직계비속이면서 미성년자인 경우로서 증여재산가액이 20억원을 초과하는 경우에는 40%)에 상당하는 금액을 가산한다. 다만 증여자의 최근친인 직계비속이 사망하여 그 사망자의 최근친인 직계비속이 증여받은 경우에는 그렇지 않는다(제57조).

- 증여세 산출세액=(증여세 과세표준×세율)+할증과세

사례) 성년인 甲은 2024.1.10. 할아버지 乙로부터 현금 1억원, 같은 날 아버지 丙으로부터 현금 1억원을 각각 증여받았다. 甲이 과거 10년 이내에 증여받은 사실이 없다면 甲의 증여세산출세액은 얼마인가?

➡ 수증자가 직계존속으로부터 증여를 받은 경우에 5,000만원을 증여세 과세가액에서 공제한다. 이 경우 수증자를 기준으로 그 증여를 받기 전 10년 이내에 공제받은 금액과 해당 증여가액에서 공제받을 금액을 합친 금액이 5,000만원을 초과하는 경우에는 그 초과하는 부분은 공제하지 않는다(상속세 및 증여세법 제53조). 또한 수증자가 증여자의 자녀가 아닌 직계비속인 경우에는 증여세 산출세액에 30%에 상당하는 금액을 가산한다(상속세 및 증여세법 제57조). 설문의 경우, (i) 할아버지 乙로부터의 증여분은 ① 증여세 과세가액: 1억원, ② 증여세 과세표준: 증여세과세가액(1억원)－증여재산공제 2,500만원(甲이 같은 날 乙과 丙으로부터 1억원을 수증하였으므로, 5,000만원×1억÷2억)＝7,500만원, ③ 증여세 산출세액: 7,500만원(증여세 과세표준)×10%(세율)＋750만원×30%(할증과세)＝975만원, (ii) 아버지 丙으로부터의 증여분은 ① 증여세과세가액: 1억원, ② 증여세과세표준: 증여세 과세가액(1억원)－증여재산공제 2,500만원(5,000만원×1억÷2억)＝7,500만원, ③ 증여세산출세액: 7,500만원×10%＝750만원. 따라서 증여세 산출세액 합계는 1,725만원이다.

(3) 증여세 결정세액

증여세 산출세액에 직계비속에 대한 증여의 할증과세액을 가산한 금액에서 공제와 감면세액을 차감하여 결정세액을 계산하게 된다.

(가) 납부세액공제 — 과거에 납부한 세액공제

증여세과세가액에서 가산한 증여재산의 가액(둘 이상의 증여가 있을 때에는 그 가액을 합친 금액)에 대하여 납부하였거나 납부할 증여세액(증여 당시의 해당 증여재산에 대한 증여세 산출세액)은 증여세 산출세액에서 공제한다.

(나) 신고세액공제

증여세 과세표준 신고기한 이내에 과세표준 신고를 한 경우에는 다음의 금액을 증여세 산출세액에서 공제한다. 신고세액공제가 있는 이유는 증여세는 정부부과세목으로 납세자의 신고로 확정되는 신고납부세목과 달리 납세자의 신고 협력의무를 통해 정부가 직접 세무조사 등을 통하여 별도의 확정절차를 거쳐야 하기 때문에 납세자의 신고협력의무를 유인하기 위해서이다. 마찬가지로 정부부과세목인 상속세도 신고세액공제 3%가 있고, 나머지 신고납부세목은 신고세액공제 제도가 없다(예전 양도소득세 예정신고시 예정신고세액공제가 있었으나 삭제되었다). 신고세액공제는 신고 후 납부하지 않더라도 공제된다.

- 신고세액공제 = (증여세산출세액 − 징수유예세액 − 공제 · 감면세액) × 3%

7. 신고와 납부

증여세의 납세의무가 있는 사람은 증여받은 날부터 3개월 이내에 증여세의 과세가액 및 과세표준을 납세지 관할 세무서장에게 신고하고(상속세 및 증여세법 제68조), 신고기한 내에 산출세액에서 감면세액 등을 차감한 금액을 납세지 관할 세무서 등에 납부해야 한다(제70조). 연부연납(年賦年納)과 물납(物納)이 인정되며(제71조, 제73조), 불성실한 신고와 납부에 대하여는 가산세를 징수한다(제78조).

Ⅱ. 부동산 취득세

1. 일반

취득세는 재산의 이전 내지 취득이라는 사실에 담세력을 인정하고 세금을 부과하는 지방세이다(조세에는 국세와 지방세가 있다). 취득세는 부동산, 차량, 기계장비, 항공기, 선박, 입목, 광업권, 어업권, 골프회원권, 승마회원권, 콘도미니엄 회원권 또는 종합체육시설 이용회원권 등의 자산의 취득에 대하여 그 취득자에게 부과한다(지방세법 제7조). 이하에서는 부동산 취득세를 중심으로 살펴본다.

2. 지방세법상 취득의 의미

(1) 부동산의 취득이란 매매, 교환, 상속, 증여, 건축 등과 그 밖에 이와 유사

한 취득으로서 원시취득, 승계취득 또는 유상·무상의 모든 취득을 말하며(지방세법 제6조), 민법 등 관계 법령의 규정에 의한 등기를 이행하지 아니한 경우라도 '사실상으로 취득'한 때에 취득한 것으로 본다(제7조 2항). 여기서 사실상의 취득이라 함은 등기와 같은 소유권 취득의 형식적 요건을 갖추지는 못하였으나 대금의 지급과 같은 소유권 취득의 실질적 요건을 갖춘 경우를 말한다. 매매의 경우에는 사회통념상 대금의 거의 전부가 지급되었다고 볼 만한 정도를 뜻하고, 그 해당 여부는 개별적·구체적 사안에 따라 미지급 잔금의 액수와 그것이 전체 대금에서 차지하는 비율, 미지급 잔금이 남게 된 경위 등 제반 사정을 종합적으로 고려하여 판단하여야 한다.[37]

(2) 과세대상인 부동산의 취득은 소유권이전의 형식에 의한 부동산 취득의 모든 경우를 포함한다. 가령 양도담보에 의한 취득,[38] 양도담보계약의 해제나 피담보채무의 변제에 따른 말소등기,[39] 명의신탁[40]이나 명의신탁 해지로 인한 소유권이전등기,[41] 토지의 구분소유적 공유관계를 해소하기 위한 지분소유권이전등기[42] 등은 모두 취득에 해당한다. 반면에 계약이 무효·취소되어 등기가 무효인 경우 취득세 과세대상인 취득이 있다고 볼 수 없다.[43] 따라서 토지거래허가구역 내의 토지매매계약이 거래허가를 받지 않아 무효인 경우, 매매대금이 전액 지급되었더라도 매수인이 토지를 취득했다고 할 수 없다.[44] 참고로 담보란 채무불이행에 대비하여 채권자에게 제공되어 채무의 변제를 확보하는 수단을 말한다. 양도담보는 물건의 소유권을 채권자에게 이전하는 방법에 의하여 채권을 담보하는 경우를 가리킨다. 양도담보의 경우, 채무자가 채무를 이행하면 목적물을 반환하지만, 채무자의 이행이 없으면 채권자가 그 목적물로부터 우선변제를 받게 된다. 명의신탁은 명의신탁자와 명의수탁자 사이에서는 명의신탁자가 소유권을 보유하여 관리·수익하면서 등기부상 소유명의만을 명의수탁자로 해 두는 것을 말한다. 한편 2인 이상이 내부적으로는 하나의 부동산을 위치·면적 등을 특정하여 구분하여 소유하기로 약정하면서 그 부동산에 관한 등기는 그들의 공유로 마친 경우를 구분소유적 공유관계라고 한다.

3. 부동산취득의 시기

취득세의 부과시점을 결정하게 되는 취득시기는, ① 일반적인 유상매매의 경우 '계약상의 잔금지급일'이다. 다만 계약상 잔금지급일이 명시되지 아니한 경우에는 계약일부터 60일이 경과되는 날이다(시행령 제20조 2항). 이처럼 취득세는 원칙적으로 계약서상의 잔금지급일이 취득시기이다. 그런데 취득일 이전에 등기를 마친 경우에는 등기일이 취득시기가 된다(시행령 제20조 13항). 참고로 양도세의 부과시점을 결정하는 시기는 원칙적으로 '잔금을 청산한 날'이다. ② 무상으로 취득한 증여는 증여일(증여계약서를 작성한 날), 상속은 피상속인이 사망한 날(상속개시일)을 기준으로 취득시기가 정해진다(시행령 제20조 1항, 13항). ③ 재건축이나 재개발 조합원이 취득한 아파트의 취득시기는, 조합원이 자신의 헌집을 헐고 집을 짓는 개념이 되기 때문에 보통 집이 완공된 시점이다. 반면에 조합원이 아닌 일반분양자는 신축이 아니라 돈을 주고 사는 것이므로 원칙적으로 잔금지급일(청산일)이 취득 시기가 된다.

4. 취득세의 과세표준

(1) 취득세의 과세표준은 취득세를 산출할 때 사용되는 금액으로, 금액의 높고 낮음에 따라 세금도 달라진다. 취득세의 과세표준은 취득 당시의 가액으로 한다(지방세법 제10조 1항). 취득 당시의 가액은 취득자가 신고한 가액에 의한다. 현재는 부동산을 거래계약일로부터 60일 이내 실거래가를 구청 등에 신고해야 하므로 취득세의 과세표준은 실거래가를 의미한다고 보면 된다. 만일 실거래가를 낮춰 신고하면 과태료 제재를 받을 수 있다. 다만 ① 신고 또는 신고가액의 표시가 없거나 그 신고가액이 시가표준액(기준시가)보다 적을 때에는 그 시가표준액으로 한다(제10조 2항). 따라서 경매에서 매각(낙찰)가격이 기준시가보다 낮으면 기준시가로 과세된다. ② 국가·지자체 및 지자체 조합으로부터 취득, 소송에 의해 확정된 판결문으로

증명된 취득, 공매에 의한 취득, 부동산 거래신고서를 제출하여 검증이 이루어진 취득 등은 취득가격에 대한 신뢰성이 높으므로, 취득자의 신고가액과 관계없이 사실상의 취득가격을 과세표준으로 한다(제10조 5항).

(2) 토지와 건축물 등을 한꺼번에 취득하여 토지 또는 건축물 등의 취득가격이 구분되지 아니하는 경우에는 한꺼번에 취득한 가격을 토지와 건축물 등의 시가표준액 비율로 나눈 금액을 각각의 취득가격으로 한다(시행령 제19조 1항).

5. 부동산취득의 세율

취득세율은 일반세율과 중과세율이 있다. 일반세율은 지방자치단체의 조례에 의해 표준세율에 50%를 가감해 경기변동 상황을 반영할 수 있도록 하는 세율을 말한다. 가령 표준세율 4%에 탄력세율이 적용된다면 2~6%까지 취득세율이 변동할 수 있다. 다만 주택의 경우에는 표준세율이 1~3%이므로 여기에 50%를 가감하면 1%의 경우 0.5~1.5%가 된다.

(1) 표준세율

부동산에 대한 취득세는 과세표준에 표준세율을 적용하여 계산한 금액을 그 세액으로 한다(제11조 1항). 취득세의 표준세율은 취득원인별로 다르다. ① 상속으로 인한 취득은 농지는 2.3%, 농지 외의 것은 2.8%, ② 증여로 인한 취득은 3.5%, ③ 건물신축 등과 같은 원시취득은 2.8%이다. ④ 매매 등과 같이 유상승계취득의 경우, 농지에 대해서는 3%, 농지 이외의 토지·일반건물에 대해서는 4%, 주택에 대해서는 취득 당시의 가액이 6억원 이하이면 1%, 6억원 초과 9억원 이하이면 [(해당 주택의 취득 당시의 가액×2/3억원−3)×1/100], 9억원을 초과하면 3%이다. 참고로 주택의 면적이 국민주택규모인 85㎡를 초과하면 농어촌특별세 0.2%가 부과된다. 한편 지방자치단체의 장은 조례로 정하는 바에 따라 표준세율의 50% 범위 안에서 가감할 수 있다(제14조).

(2) 중과세율

(가) 중과세율은 별장·골프장·고급주택 등의 사치성 재산과 수도권 내의 과밀억제권(서울·인천 등)에서 본점 등의 사업용 부동산을 취득하거나 공장을 증설할 때 표준세율의 2배 등으로 과세할 수 있는 세율이다(제13조). 가령 고급주택을 승계취득한 경우, 표준세율 4%에 중과세율 8%을 추가하여 12%의 취득세율을 적용하며, 별장을 신축한 경우(원시취득)에는 2.8%의 표준세율에 중과세율 8%을 추가하여 10.8%이다.

(나) 주택(주택의 공유지분이나 부속토지만을 소유하거나 취득하는 경우에도 주택을 소유하거나 취득한 것으로 본다)을 유상거래를 원인으로 2주택 이상을 취득하는 경우, 취득세율은 아래의 표와 같이 중과된다(제13조의2 제1항).

구분	조정대상지역	비조정대상지역
1주택	1~3%	1~3%
2주택	8%	1~3%
3주택	12%	8%
4주택	12%	12%

※ 조정대상지역은 부동산시장 과열을 막기 위해 정부가 주택법에 근거해 지정하는 지역을 말한다. 주택가격 상승률이 물가상승률의 2배 이상이거나 청약경쟁률이 5 대 1 이상인 곳 등이 해당된다. 조정대상지역으로 지정되면 해당 지역은 주택담보대출 시 담보인정비율(LTV), 총부채상환비율(DTI)이 제한되고, 다주택자 양도소득세 중과·장기보유특별공제 배제 등 강도 높은 부동산 규제를 받는다.

(다) 그러나 일시적 2주택의 경우, 두 번째 주택을 조정대상지역에서 구입하더라도 1~3%의 표준세율이 적용된다(제13조의2 제1항 2호). 여기서 일시적 2주택이란 국내에 주택, 조합원입주권, 주택분양권 또는 오피스텔(이하 '종전 주택 등'이라 함)을 1개 소유한 1세대가 이사·학업·취업·직장 이전 및 이와 유사한 사유로 다른 1주

택(신규주택)을 추가로 취득한 후 '일시적 2주택 기간' 이내에 종전 주택 등(신규주택이 조합원입주권 또는 주택분양권에 의한 주택이거나 종전 주택 등이 조합원입주권 또는 주택분양권인 경우에는 신규주택 포함)을 처분하는 경우, 해당 주택(신규주택)을 말한다(시행령 제28조의5 제1항). 조합원입주권 또는 주택분양권을 1개 소유한 1세대가 그 조합원입주권 또는 주택분양권을 소유한 상태에서 신규주택을 취득한 경우에는 해당 조합원입주권 또는 주택분양권에 의한 주택을 취득한 날부터 일시적 2주택 기간을 기산한다(시행령 제28조의5 제2항). 종전 주택 등이 관리처분계획의 인가 또는 사업시행계획인가를 받은 주택인 경우로서 관리처분계획인가 또는 사업시행계획인가 당시 해당 사업구역에 거주하는 세대가 신규주택을 취득하여 그 신규주택으로 이주한 경우에는 그 이주한 날에 종전 주택 등을 처분한 것으로 본다(시행령 제28조의5 제3항).

일시적 2주택 기간은 기존 주택이 비조정지역인 경우에는 3년 이내이고 기존 주택도 조정지역인 경우에는 1년 이내이다(시행령 제36조의3).

- 비조정지역＋조정지역＝신규주택을 취득한 날로부터 3년
- 조정지역　＋조정지역＝신규주택을 취득한 날로부터 1년

1) 재개발·재건축 사업구역 내 소유하고 있는 종전 주택이 관리처분계획인가 후 멸실되지 않은 상태에서 사업지구 외에서 신규주택을 취득하는 경우, 신규주택이 일시적 2주택이 되기 위해서는 원칙적으로 일시적 2주택 기간 내에 '종전 주택'을 처분해야 한다. 이때 관리처분계획인가 또는 사업시행계획인가 당시 해당 사업구역에 거주하는 세대가 신규주택을 취득하여 그 '신규주택으로 이주'한 경우에는 그 '이주한 날에 종전 주택을 처분한 것'으로 보게 된다. 이는 사업의 장기화로 일시적 2주택 기간 내에 멸실이 어려운 경우를 고려한 것이다.

2) 주택과 주택뿐만 아니라 조합원입주권, 주택분양권과 주택 간의 일시적 2주택 관계는 다음과 같다(B주택은 조정지역 내에서 취득한 경우이다).

(i) 주택취득+주택취득: A주택을 보유한 상태에서 이미 완공된 신규 B주택을 취득하였을 때, B주택의 취득세 1~3%의 표준세율을 적용받기 위해서는 종전 주택인 A주택을 일시적 2주택 기간 내에 처분해야 한다(A주택이 비조정지역인 경우에는 3년 이내, 조정지역인 경우에는 1년 이내).

(ii) 주택취득+분양권취득

종전 주택을 취득한 이후 신규주택으로 분양권을 취득한 경우, 분양권상태의 주택이 완공된 이후 '일시적 2주택 기간 내'에 종전 주택이나 완공된 신규주택 가운데 1채를 처분하면 일시적 2주택이 될 수 있다. 이는 분양권을 먼저 취득한 이후 신규주택을 취득한 경우에도 마찬가지이다. 이미 미완성 주택에 대한 납세자의 선택권을 보장하기 위하여 처분하는 주택으로 종전 주택뿐만 아니라 신규로 완공된 주택 가운데 선택할 수 있도록 한 것이다. 종전 주택만을 처분하게 하는 양도소득세와는 차이가 있는 부분이므로, 이를 고려하여 결정해야 한다.

(iii) 주택취득+입주권취득

이 경우에는 두 번째 취득하는 주택이 '입주권'인 상태이므로 원시취득으로 보게 된다. 따라서 일반적으로 입주권이 주택이 되었을 때 부과되는 취득세인 2.8%가 적용된다. 이때에는 소유한 주택의 수와 무관하게 적용된다.

(iv) 입주권취득+주택취득

입주권을 보유한 상태에서 신규주택을 취득한 경우, 분양권 보유 중 주택을 취득한 경우와 같이 A주택이 완공된 이후 '일시적 2주택 기간 내'에 종전 주택이나 완공된 신규주택 가운데 1채를 처분하면 일시적 2주택이 될 수 있다. 이때 재개발·재건축 멸실예정주택과 일시적 2주택 관계에서 살펴본 바와 같이 A주택이 입주권이 되기 전에 사업시행인가 또는 관리처분인가시 거주 중이었다가 B주택으로 이주한 경우에는 '이주한 날에 처분한 것'으로 보고 취득세 일시적 2주택 요건을 갖추었다고 판단한다.

(라) 일시적 2주택으로 적용될 것으로 계획하여 두 번째 주택의 취득세를 표준세율로 신고하였으나 그 취득일로부터 일시적 2주택 기간 내에 종전 주택 등을 처분하지 못하여 취득세 일시적 2주택의 요건을 갖추지 못한 경우에는 '중과세율(조정지역 두 번째 주택의 세율 8%)'을 적용하여 추징한다. 나아가 최초에 적게 납부하였기 때문에 '과소신고가산세'가 추가되고 1년 또는 3년 이상 경과 후 납부를 하므로 '납부지연가산세'를 추가로 납부해야 한다. 즉 앞서 세금의 부담을 줄이는 혜택을 주었는데 약속을 이행하지 않을 경우, 혜택받은 부분에 대한 회수뿐만 아니라 가산세가 추가된다.

6. 취득세의 신고 및 납부

취득세 납세의무자는 토지·건축물 등 과세대상물건의 소유권을 사실상 취득한 사람이다(지방세법 제7조). 취득세는 부동산을 취득한 사람이 취득한 날부터 60일(상속은 6개월) 이내에 취득가액에 세율을 곱한 세액을 신고·납부해야 한다(지방세법 제20조 1항). 신고·납부기한 이내에 부동산의 취득·이전에 관한 사항을 부동산등기부에 등기하려면 등기하기 전까지 취득세를 신고·납부해야 한다(제20조 4항). 만약 취득세 납세의무자가 신고 또는 납부의무를 다하지 아니한 경우, 일시적 2주택으로 신고하였으나 그 취득일로부터 일시적 2주택 기간(조정지역은 1년, 비조정지역은 3년) 내에 종전 주택을 처분하지 못하여 1주택으로 되지 아니한 경우에는 산출한 세액 또는 그 부족세액에 산출한 가산세를 합한 금액이 부과된다(제21조 1항). 납세의무자가 취득세 과세물건을 사실상 취득한 후 신고를 하지 않고 매각하는 경우에는 산출세액에 100분의 80을 가산한 금액이 부과된다(제21조 2항).

7. 부동산등록세

등록세는 취득한 부동산을 자신의 명의로 이전등기를 할 때 납부하는 지방세이다. 부동산등록세도 취득세와 마찬가지로 과세표준은 등기 당시의 신고한 부동산 가액을 원칙으로 한다(지방세법 제27조 1항). 다만 신고가액이 시가표준액에 미달하거나 신고를 하지 않은 때는 시가표준액으로 하게 된다(제27조 2항). 부동산등록세는 소유권의 보존등기의 경우는 부동산 가액의 0.8%, 유상취득으로 인한 부동산소유권의 이전등기는 부동산 가액의 2%, 무상취득(예: 증여)으로 인한 부동산소유권의 이전등기는 부동산 가액의 1.5%이며, 다만 상속으로 인한 부동산소유권 이전등기의 경우에는 부동산 가액의 0.8%이다(제28조 1항 1호). 그 밖에 취득세의 경우에는 일반적으로 10%의 농어촌특별세가 가산되며, 등록세의 경우에는 20%의 지방교육세가 가산된다. 가령 농지 이외의 토지나 건물(주택 제외)을 취득하는 경우에는 취득하는 부동산 가액의 4.6%에 해당하는 세금을 내게 된다.

Ⅲ. 부동산 양도소득세

1. 일반

(1) 양도소득세는 토지와 건물, 부동산에 관한 권리 등의 양도로 인하여 실현된 소득에 과세한다. 여기서 부동산을 취득할 수 있는 권리란 특정 부동산을 취득할 수 있는 법적 지위를 말한다. 대표적인 것이 건물이 완성되는 때에 그 건물과 이에 딸린 토지를 취득할 수 있는 아파트 당첨권이다. 그 밖에 부동산 매매계약 체결 후 계약금 등 대가의 일부를 지급한 상태에서 매수인이 해당 부동산에 대하여 갖는 권리 내지 법적 지위,[45] 주택청약예금증서,[46] 아파트분양신청접수증, 철거민 이주단지입주권, 재개발조합이나 재건축조합 조합원의 수분양권[47] 등을 들 수 있다.

(2) '양도'는 자산에 대한 등기 또는 등록과 관계없이 매도, 교환, 법인에 대한 현물출자 등을 통하여 그 자산을 '유상으로' 사실상 이전하는 것을 말한다(소득세법 제88조 1호). 즉 소득세법상 자산의 양도는 권리가 사실상 이전되는 것으로 충분하

고, 소유권의 이전까지를 필요로 하지 않는다. 과세대상은 유상으로 부동산이 이전된 경우이다. 따라서 원인무효등기[48]나 담보사유소멸로 인한 등기의 환원 등은 양도에 해당하지 않고 공유물의 분할도 분할로 인하여 취득하는 특정부분에 지분을 집중시켜 소유형태를 변경하는 것에 불과하므로 유상양도라고 할 수 없다.[49] 이혼으로 인하여 혼인 중에 형성된 부부공동재산의 분할에 의한 양도도 실질이 잠재적 공유지분의 해소에 불과하므로 유상양도에 해당하지 않는다.[50]

반면에 대물변제에 의한 소유권이전등기, 협의이혼 시 위자료로서 부동산소유권을 이전해 준 경우,[51] 서로 그 경계를 침범하여 점거하고 있는 토지 부분을 같은 면적만큼 분할하여 교환한 경우[52] 등은 유상양도에 해당한다. 판결에 의한 경우는 물론 공용수용,[53] 경매·공매에 의한 소유권이전 등도 양도에 해당한다. 교환의 경우 그 목적이 토지의 합병을 위한 것이더라도 양도에 해당하고,[54] 중간생략등기의 경우 중간양도에 대하여도 양도소득세가 부과된다. 부담부 증여에서 증여자의 채무를 수증자가 인수한 경우에는 증여가액 중 그 채무액에 해당하는 부분은 유상으로 사실상 이전된 것으로 본다(제88조 1호).

사례) 甲 소유의 토지에 대하여 강제경매절차가 개시되어 2024.2.10. 2억원에 乙에게 매각되고 그 명의로 소유권이전등기가 마쳐졌다. 관할세무서는 강제경매절차를 통하여 매각대금 상당의 이익이 귀속되었다고 보아 甲에게 양도소득세를 부과하였다. 그런데 그 토지에 대한 경매절차가 무효임이 밝혀졌다. 甲은 양도소득세부과처분에 대하여 다툴 수 있는가?

➡ 양도소득세는 자산의 양도로 인한 소득에 대하여 과세되는 것인데, 외관상 자산이 강제경매절차에 의하여 양도된 것처럼 보이더라도, 강제경매절차의 기초가 된 경매부동산에 관한 채무자 명의의 등기가 원인무효인 경우, 매수인은 경매부동산의 소유권을 취득할 수 없고 강제경매절차를 통하여 채무자에게 돌아간 이익이 있으면 원칙적으로 원상회복으로 반환의 대상이 될 수 있을 뿐이다.[55] 따라서 설문의 경우, 甲에게 매각대금상당의 양도소득이 귀속되었다고 볼 수 없으므로, 甲은 양도소득세부과처분이 위법함을 다툴 수 있다.

2. 양도소득금액의 계산

(1) 양도소득과세표준의 계산구조

양도소득에 대한 과세표준은 종합소득, 퇴직소득 및 금융투자소득에 대한 과세표준과 구분하여 계산한다(소득세법 제92조 1항). 양도소득과세표준은 양도소득금액에서 양도소득기본공제를 한 금액으로 한다(제92조 2항). 양도소득기본공제 금액은 과세기간의 양도소득금액에서 연 250만원을 공제한다(제103조 1항). 양도소득금액은 양도소득의 총수입금액(양도가액)에서 필요경비를 공제하고, 그 금액(양도차익)에서 장기보유 특별공제액을 공제한 금액으로 한다(제95조 1항).

- 양도차익＝양도가액－취득가액－기타 필요경비
- 양도소득금액＝양도차익－장기보유 특별공제액
- 양도소득과세표준＝양도소득금액－양도소득기본공제
- 산출세액＝양소소득 과세표준×양도소득세율

(2) 양도차익의 계산

양도차익은 양도가액에서 취득가액 등의 필요경비를 공제하여 계산한다. 양도차익은 양도 당시의 실지거래가액에서 부동산취득에 든 실지거래가액과 자본적 지출액 및 양도비를 공제하여 산정한다(소득세법 제97조 1항).

(가) 취득가액이란 양도한 부동산을 취득하기 위하여 지출하였거나 지출할 대가와 그 부대비용을 말한다(취득시 납부한 취득세, 중개수수료, 소유권이전등기 전에 발생한 소송비·화해비용 포함). 취득가액은 부동산의 취득에 든 실지거래가액에 의하고, 실지거래가액을 확인할 수 없는 경우에는 매매사례가액·감정가액 또는 환산가액에 의한다(제97조 1항 1호). 상속 또는 증여받은 부동산에 대하여는 상속개시일 또는 증여일 현재 평가한 가액을 취득 당시의 실지거래가액으로 본다(시행령 제163

조 9항). 참고로 매매대금의 이행지체에 따른 위약금 내지 연체이자는 준소비대차에 따른 이자의 성격을 지니고, 소득세법은 계약의 위약 또는 해약으로 인하여 받는 위약금과 배상금을 기타소득으로 분류하고 있으므로(제21조 1항 10호), 양도가액에 포함되지 않는다.56)

사례) 甲은 자신의 부동산을 乙에게 매도하였다. 매매대금은 2억원으로 하고, 계약금 2,000만원, 중도금 1억원, 잔대금 8,000만원으로 정하였고, 특약사항으로 매수인 乙이 중도금 및 잔금 지급 기일을 어기면 위약금으로 2,000만원을 지급하기로 약정하였다. 그런데 乙이 중도금 지급 기일을 어겨서 甲은 위약금으로 2,000만원을 받게 되었다. 그런데 관할세무서는 양도가액을 2억원이 아니라 2억 2,000만원으로 산정하여 甲에게 양도소득세를 부과하였다. 타당한가?

➡ 위약금은 양도와 관련하여 발생하는 소득이지만 양도대금 자체가 아님이 분명하고 또 자산의 이전과 대가적인 관계에 있다고 볼 수도 없다. 소득세법 제21조 1항 10호는 '계약의 위약 또는 해약으로 인하여 받는 위약금, 배상금, 부당이득반환시 지급받는 이자를 양도소득과 합산과세하지 않는 기타소득으로 규정하고 있다. 따라서 甲이 받은 위약금은 양도가액에 포함될 수 없으므로, 위약금으로 받은 2,000만원을 추가하여 양도가액으로 산정하여 양도소득세를 부과하는 처분은 부당하다.

(나) '자본적 지출액'은 부동산의 내용연수를 연장시키거나 그 가치를 현실적으로 증가시키는 수선비, 부동산 취득 후 쟁송이 있는 경우에 권리확보를 위한 소송비용, 부동산의 용도변경·개량 또는 이용편의를 위해 지출한 비용, 재건축부담금 등으로 증명서류를 수취·보관한 경우를 말한다(시행령 제163조 3항). 필요경비에 산입되는 '양도비'에는 부동산을 양도하기 위하여 직접 지출한 비용으로서, 양도소득과세표준 신고서 작성비용 및 계약서 작성비용, 공증비용, 인지대 및 소개비, 토지와 건물을 취득하면서 법령에 따라 매입한 국민주택채권을 만기 전에 양도함으로써 발생하는 매각차손 등이 포함된다(시행령 제163조 5항).

사례) 甲은 2019.10.20. 아버지로부터 시가 4억원인 토지를 2억원에 매수하였다. 甲은 토지의 저가양수와 관련하여 증여세를 과세받았으며, 증여재산가액은 8,000만원이다. 甲은 2023.8.10. 특수관계인이 아닌 乙(개인)에게 그 토지를 5억원(시가 6억원)에 팔았으며, 토지에 대한 자본적 지출액과 토지를 양도하기 위하여 직접 지출한 비용으로 증명서류에 의하여 확인되는 금액은 1,000만원이다. 이 경우에 토지의 양도와 관련한 양도차익은 얼마인가?

➡ 양도차익은 양도 당시의 실지거래가액에서 부동산취득에 든 실지거래가액과 자본적 지출액 및 양도비를 공제하여 산정한다(소득세법 제97조 1항). 따라서 설문의 경우, 양도차익은 양도가액 5억원－취득가액 2억 8,000만원(2억원＋증여재산가액 8,000만원)－기타 필요경비 1,000만원＝2억 1,000만원이다.

(3) 부동산의 양도시기와 취득시기

부동산의 양도차익을 계산할 때 그 취득시기 및 양도시기는 부동산의 '대금을 청산한 날'이다(소득세법 제98조). 대금을 청산한 날이란 실제로 대금을 주고받은 날을 말한다. 어음이나 그 밖의 이에 준하는 증서로 받은 경우에는 그 결제일이, 대물변제의 경우에는 등기완료일이 대금청산일이 된다.[57] 다만 교환의 경우, 등기 이전이라도 당사자가 교환대상 목적물에 대한 실질적 처분권을 취득한 때에는 대금의 청산이 이루어진 것으로 본다.[58] 상속의 경우에는 상속이 개시된 날, 즉 피상속인의 사망일을, 증여의 경우에는 그 증여를 받은 날을 각 취득일로 한다(시행령 제162조 1항 5호). 취득시효로 인하여 취득한 부동산은 그 부동산의 점유를 개시한 날이다(시행령 제162조 1항 6호).

(4) 장기보유특별공제

(가) 토지 및 건물(미등기부동산의 양도는 제외)로서 보유기간이 '3년 이상'인 것 및 조합원입주권(조합원으로부터 취득한 것은 제외)에 한한다(소득세법 제95조 2항). 1세대 1주택 비과세요건을 갖추어 주택으로 의제되는 재건축조합원이 받는 분양권

중 기준금액(6억원)을 초과하여 양도소득세 과세대상이 되는 부분도 장기보유특별공제를 받을 수 있고, 이 경우 보유기간은 기존주택 취득일부터 분양권 양도일까지로, 면적은 양도 당시 분양주택의 면적을 기준으로 산정한다.[59)]

(나) 장기보유특별공제액은 토지·건물 및 조합원입주권(조합원으로부터 취득한 것은 제외)에 대하여 그 양도차익에 보유기간(3년부터 15년 이상)에 따른 공제율(6/100~30/100)을 곱하여 계산한다(제95조 2항 본문). 다만 ① 1세대 1주택(이에 딸린 토지 포함)의 장기보유특별공제액은 주택의 양도차익에 보유기간별(3년부터 10년 이상) 공제율(12/100~40/100)을 곱하여 계산한 금액과 거주기간별(2년부터 10년 이상) 공제율(8/100~40/100)을 곱하여 계산한 금액을 합산한 것을 말한다(제95조 2항 단서). ② 1세대 1주택 비과세에 해당하는 고가주택(9억원 이상)의 경우에는 ① 9억원을 초과하는 부분에 대해서는 비과세에서 제외한다(제95조 3항). 즉 고가주택의 과세대상 양도차익은 '전체 양도차익×[(양도가액−9억원)÷양도가액]'이다(시행령 제160조). ② 취득일에 관계 없이 2년 이상 거주해야 연간 8%의 장기보유특별공제율을 적용받을 수 있다(제95조 3항, 시행령 제159조의4). 2년 미만 거주한 경우에는 연 2%씩, 최고 30%까지만 공제율이 적용된다.

- **1세대 1주택:** 3년 이상 4년 미만 보유 및 2년 이상 3년 미만 거주시 20%, 3년 이상 보유 및 거주시 24%, 매년 8%씩 추가 공제하며 10년 이상은 80% 한도로 공제

보유기간	공제율	거주기간	공제율
3년 이상 4년 미만	12%	2년 이상 3년 미만 (보유기간 3년 이상)	8%
		3년 이상 4년 미만	12%
4년 이상 5년 미만	16%	4년 이상 5년 미만	16%
5년 이상 6년 미만	20%	5년 이상 6년 미만	20%
6년 이상 7년 미만	24%	6년 이상 7년 미만	24%

7년 이상 8년 미만	28%	7년 이상 8년 미만	28%
8년 이상 9년 미만	32%	8년 이상 9년 미만	32%
9년 이상 10년 미만	36%	9년 이상 10년 미만	36%
10년 이상	40%	10년 이상	40%

- **1세대 1주택 외:** 3년 이상 보유시 6%, 매년 2%씩 추가 공제하며 15년 이상은 30% 한도로 공제

사례) 甲은 2010.5.1. 아파트(전용면적 166㎡, 1세대 1주택임)를 8억원에 취득하여 10년 이상 거주하다가 乙에게 2024.2.5. 12억원을 받고 팔았다. 양도비와 자본적 지출액이 3,000만원인 경우, 양도소득금액은 얼마인가?

➡ 1세대 1주택 비과세에 해당하는 고가주택(9억원 이상)의 경우에는 9억원을 초과하는 부분에 대해서는 비과세에서 제외한다. 즉 고가주택의 과세대상 양도차익은 '전체 양도차익×[(양도가액－9억원)÷양도가액]'이다. 설문의 경우, 전체 양도차익은 3억 7,000만원(양도가액 12억－취득가액 8억－필요경비 3,000만원)이다. 따라서 과세대상 양도차익은 3억 7,000만원×[(12억－9억)÷12억]＝9,250만원이며, 장기보유특별공제액은 9,250만원×80%(10년 이상 보유 및 거주)＝7,400만원이므로, 양도소득금액은 1,850만원(양도차익 9,250만원－장기보유특별공제액 7,400만원)이다.

(5) 양도소득기본공제

양도소득과세표준은 양도소득금액에서 양도소득기본공제를 차감하여 계산한다(소득세법 제92조 2항, 제103조). 부동산의 양도소득기본공제액은 연 250만원이다(제103조 1항).

3. 양도소득에 대한 세액의 계산 — 양도소득 산출세액

(1) 부동산 양도소득 산출세액은 해당 과세기간의 양도소득과세표준에 다음의

세율을 적용하여 계산한다. 다만 토지·건물 및 부동산을 취득할 수 있는 권리(건물이 완성되는 때에 그 건물과 이에 딸린 토지를 취득할 수 있는 권리를 포함한다)로서 1년 이상 2년 이내 전매하는 경우는 40%(단, 조합원입주권 및 분양권의 경우에는 60%), 1년 이내 전매의 경우는 50%(단, 주택·조합원입주권 및 분양권의 경우는 70%), 미등기양도자산은 70%의 세율을 적용하여 계산한다(소득세법 제104조 1항). 여기서 미등기양도자산이란 토지 및 건물과 부동산에 관한 권리를 취득한 사람이 그 자산취득에 관한 등기를 하지 않고 양도하는 것, 즉 중간생략등기에 의해 양도하는 자산을 말한다. 미등기양도자산에 대하여는 양도소득세 비과세 규정의 적용이 배제되고, 각종 공제적용에서도 배제되는 경우가 많으며 세율이 고율로 부과되는 등 세제상의 불이익이 크다.

- 보유기간 1년 미만: 50%
- 보유기간 1년 이상 2년 미만: 40%
- 보유기간 2년 이상(분양권의 경우에는 양도소득 과세표준의 60%)

양도소득 과세표준(발생한 수익)	세율
1,200만원 이하	과세표준의 6%
1,200만원 초과 4,600만원 이하	72만원+(1,200만원 초과하는 금액의 15%)
4,600만원 초과 8,800만원 이하	582만원+(4,600만원 초과하는 금액의 24%)
8,800만원 초과 1억 5,000만원 이하	1,590만원+(8,800만원 초과하는 금액의 35%)
1억 5,000만원 초과 3억원 이하	3,760만원+(1억 5,000만원 초과하는 금액의 38%)
3억원 초과 5억원 이하	9,460만원+(3억원 초과하는 금액의 40%)
5억원 초과 10억원 이하	1억 7,460만원+(5억원 초과하는 금액의 42%)
10억원 초과	3억 8,460만원+(10억원 초과하는 금액의 45%)

- 미등기양도 자산: 70%
- 비사업용 토지: 기본양도소득세율+10%(제104조 1항 8호, 4항, 제104조의3)

(2) 한편 1가구 2주택 이상 다주택자가 조정대상지역에서 주택을 매도하여 양도차익이 발생한 경우, 기본 양도소득세율에 10~20% 중과된다. 중과율은 2주택자는 10%, 3주택 이상은 20%이다. 가령 주택을 매도하여 남은 차익에서 공제 등을 제외한 금액(과세표준)이 4억원일 경우, 소득세율은 2주택자는 기본 소득세율 40%에 10% 포인트 높아진 50%, 3주택자는 20% 더 높아진 60%의 소득세율이 적용된다(제104조 7항).

4. 양도소득과세표준의 예정신고와 납부

(1) 양도소득세의 과세대상이 되는 부동산을 양도한 사람은 양도소득과세표준을 양도일이 속하는 달의 말일부터 2개월 이내에 납세지 관할세무서장에게 신고하여야 한다. 가령 1월 15일 잔금지급일이면 3월 31일까지 신고납부하면 된다. 다만 토지거래계약에 관한 허가구역에 있는 토지를 양도할 때 토지거래계약허가를 받기 전에 대금을 청산한 경우에는 그 허가일이 속하는 달의 말일부터 2개월 이내에 신고하여야 한다(소득세법 제105조 1항 1호). 이를 예정신고라고 하며, 예정신고는 양도차익이 없거나 양도차손이 발생한 경우에도 하여야 한다(제105조 2항, 3항).

(2) 양도인이 예정신고를 할 때에는 예정신고 산출세액에서 조세특례제한법이나 그 밖의 법률에 따른 감면세액을 뺀 세액을 납세지 관할세무서·한국은행 또는 체신관서에 납부하여야 한다(제106조 1항). 이를 예정신고납부라고 한다(제106조 2항). 예정신고 및 예정신고납부는 조세채권을 조기에 확보함과 아울러 세 부담의 누적을 방지하기 위하여 마련된 제도이다.

(3) 양도인이 예정신고를 할 때 '예정신고 산출세액'은 다음 계산식에 따라 계산한다(제107조 1항).

- 예정신고 산출세액＝(양도차익－장기보유특별공제－양도소득기본공제)× 양도소득세의 세율

(4) 예정신고를 하여야 할 양도인이 예정신고를 하지 않거나 신고 내용에 탈루 또는 오류가 있는 경우에는 과세관청이 양도소득과세표준과 세액을 결정 또는 경정한다(제114조). 납부할 세액이 1,000만원을 초과하는 사람은 납부할 세액의 일부를 납부기한이 지난 후 2개월 이내에 분할납부할 수 있다(제112조).

5. 비과세소득 — 1세대 1주택의 양도

(1) 일반

① 1세대가 1주택을 보유하는 경우로서 일정한 요건을 충족하는 주택, ② 1세대가 1주택을 양도하기 전에 다른 주택을 대체취득하거나 상속·동거봉양·혼인 등으로 인하여 2주택 이상을 보유하는 경우로서 일정한 요건을 충족하는 주택(가액이 일정한 기준을 초과하는 고가주택은 제외)과 이에 딸린 토지로서 건물이 정착된 면적에 지역별로 대통령령으로 정하는 배율을 곱하여 산정한 면적 이내의 토지(주택부수토지)의 양도로 발생하는 소득에 대해서는 양도소득세를 과세하지 아니한다(소득세법 제89조 1항 3호). 1세대 1주택의 양도로 인하여 발생하는 소득에 대하여 양도소득세를 비과세하는 것은 국민의 주거생활의 안정과 거주·이전의 자유를 보장하기 위함에 있다.[60] 참고로 농지의 교환 또는 분합(分合)으로 발생하는 소득에 대하여도 비과세된다(제89조 1항 2호). 다만 미등기양도자산에 대하여는 양도소득세에 대한 비과세 규정을 적용하지 아니한다(제91조 1항).

(2) 비과세요건

1세대가 '양도일 현재' 국내에 1주택(실거래가액 '9억원 이하'의 주택)을 보유하고 있는 경우로서 원칙적으로 해당 주택의 보유기간이 '2년 이상'인 것('취득 당시' 조정대상지역에 있는 주택의 경우에는 보유기간이 2년 이상이고 그 보유기간 중 '거주기간이 2년 이상'인 것)이어야 한다(시행령 제154조 1항, 제156조 1항). 1세대 1주택 비과세요건의 판정은 원칙적으로 양도일 현재를 기준으로 하며, 따라서 양도한 주택의 보유기간 동안 다른 주택을 소유했는지의 여부는 관계가 없다.

(가) 1세대

1세대란 거주자 및 그 배우자(법률상 이혼을 하였으나 생계를 같이하는 등 사실상 이혼한 것으로 보기 어려운 관계에 있는 사람을 포함한다)가 그들과 같은 주소 또는 거소에서 생계를 같이 하는 사람[거주자 및 그 배우자의 직계존비속(그 배우자 포함) 및 형제자매를 말하며, 취학·질병의 요양·근무상 또는 사업상의 형편으로 본래의 주소 또는 거소에서 일시 퇴거한 사람 포함]과 함께 구성하는 가족단위를 말한다(소득세법 제88조 6호). 1세대 여부는 '같은 주소에서 생계를 같이하는지'에 따라 판단하므로, 동일 세대원으로 같은 주소에 주민등록이 되어 있더라도 사실상 독립된 경제능력을 갖고 있어 생계를 달리하고 있는 경우에는 다른 세대로 인정받을 수 있다.

한편 배우자가 없어도 1세대로 보는 경우는, ① 해당 거주자의 나이가 30세 이상인 경우, ② 배우자가 사망하거나 이혼한 경우, ③ 소득이 기준중위소득의 100분의 40 수준 이상으로서 소유하고 있는 주택 또는 토지를 관리·유지하면서 독립된 생계를 유지할 수 있는 경우이다(제88조 6호 단서, 시행령 제152조의3).

(나) 1주택

1) 원칙

(i) 주택이란 허가 여부나 공부(公簿)상의 용도구분에 관계없이 '사실상 주거용'으로 사용하는 건물을 말한다. 이 경우 그 용도가 분명하지 아니하면 '공부상의 용도'에 따른다(소득세법 제88조 7호). 겸용주택이 세대별로 각각 독립된 주거생활을 영위할 수 있는 주택의 구조와 시설을 갖추고 있고 사회관념상 독립한 거래의 객체가 될 정도가 되어 실질상 공동주택에 해당된다면, 그중 양도자와 가족이 거주용으로 사용하는 공간으로서 독립한 거래상의 단위가 될 수 있는 부분만이 양도소득세가 비과세되는 1주택에 해당된다.[61]

주택에 딸린 토지(주택부수토지)는 양도주택과 경제적 일체를 이루고 있는 토지로서 사회통념상 주거생활 공간으로 인정되는 토지를 뜻하며, 1세대 1주택 및 이에 부수되는 토지에 해당하는지 여부는 주택과 대지를 양도한 시점을 기준으로 하여 판단하여야 한다.[62]

(ii) 하나의 건물이 주택과 주택 외의 부분으로 복합되어 있는 경우와 주택에 딸린 토지에 주택 외의 건물이 있는 경우에는 그 전부를 주택으로 본다. 다만 주택의 연면적이 주택 외의 부분의 연면적보다 적거나 같을 때에는 주택 외의 부분은 주택으로 보지 않는다(시행령 제154조 3항).

2) 특례

양도의 목적이 된 주택은 1세대가 국내에서 소유하는 유일한 주택이어야 한다. 다만 법정 보유기간 동안 계속 1주택이어야 하는 것은 아니고, 양도 당시 1주택이면 된다.[63] 한편 1세대가 그 세대의 의사와 관계없이 추가로 다른 주택을 취득하게 되거나 부동산 거래의 특성상 일시적으로 2주택이 된 경우에는 일정한 요건 아래 예외적으로 1세대 1주택으로 보아 과세하지 않는다(소득세법 제89조 1항 3호).

(i) 상속으로 인한 2주택의 경우

상속받은 주택과 일반주택을 1개씩 소유하고 있는 1세대가 일반주택을 양도하는 경우에는 국내에 1개의 주택을 소유하고 있는 것으로 본다(시행령 제155조 2항). 즉 거주기간의 제한이 없다.

(ii) 대체취득을 위한 일시적 2주택의 경우

1주택을 소유한 1세대가 그 주택을 양도하기 전에 다른 주택을 취득(자기가 건설하여 취득한 경우 포함)함으로써 일시적으로 2주택이 된 경우, 종전의 주택을 취득한 날부터 1년 이상이 지난 후 다른 주택을 취득하고 그 다른 주택을 취득한 날부터 3년 이내에 종전의 주택을 양도하는 경우에는 이를 1세대 1주택으로 본다(시행령 제155조 1항).

(iii) 부모봉양·혼인 등에 따른 2주택의 경우

1주택을 보유하고 1세대를 구성하는 사람이 1주택을 보유하고 있는 60세 이상의 직계존속(배우자의 직계존속을 포함하며, 직계존속 중 어느 한 사람이 60세 미만인 경우 포함)을 동거봉양하기 위하여 세대를 합침으로써 1세대가 2주택을 보유하게 되는 경우, 합친 날부터 10년 이내에 먼저 양도하는 주택은 이를 1세대 1주택으로 본다(시행령 제155조 4항). 또한 ① 1주택을 보유하는 사람이 1주택을 보유하는 사람과 혼인함으로써 1세대가 2주택을 보유하게 되는 경우, ② 1주택을 보유하고 있는 60세 이상의 직계존속을 동거봉양하는 무주택자가 1주택을 보유하는 사람과 혼인함으로써 1세대가 2주택을 보유하게 되는 경우 각각 혼인한 날부터 5년 이내에 먼저 양도하는 주택은 이를 1세대 1주택으로 본다(시행령 제155조 5항).

(iv) 농어촌주택을 포함한 2주택의 경우

수도권 밖의 읍·면 지역에 소재하는 농어촌주택과 일반주택을 1개씩 소유하고 있는 1세대가 일반주택을 양도하는 경우에는 과세하지 않는다. 다만 영농 또는 영어의 목적으로 취득한 귀농주택에 대해서는 그 주택을 취득한 날로부터 5년 이내에 일반주택을 양도하는 경우에 한한다(시행령 제155조 7항).

(v) 취학·근무상의 형편·질병의 요양 등의 사유로 인한 2주택의 경우

취학, 근무상의 형편, 질병의 요양, 그 밖에 부득이한 사유로 취득한 수도권 밖에 소재하는 주택과 일반주택을 1개씩 소유하고 있는 1세대가 부득이한 사유가 해소된 날부터 3년 이내에 일반주택을 양도하는 경우에는 1개의 주택을 소유하고 있는 것으로 본다(시행령 제155조 8항).

(다) 보유기간

주택의 보유기간이 2년 이상이어야 한다(시행령 제154조 1항). 보유란 소유권을 취득하여 향유하는 상태를 말하며, 주택의 보유기간은 그 주택의 취득일부터 양도일까지이다. 또한 취득 당시 조정대상지역에 있는 주택의 경우에는 해당 주택의 보

유기간이 2년 이상이고 보유기간 중 거주기간이 2년 이상이어야 한다(시행령 제154조 1항). 다만 2주택 이상을 보유한 1세대가 1주택 외의 주택을 모두 처분한 경우에는 처분 후 1주택을 보유하게 된 날부터 보유기간을 기산한다(시행령 제154조 5항).

반면에 1세대가 양도일 현재 1주택을 보유하고 있는 경우로서, ① 민간건설임대주택 또는 공공건설임대주택을 취득하여 양도하는 경우로서 건설임대주택의 임차일부터 해당 주택의 양도일까지의 기간 중 세대전원이 거주한 기간이 5년 이상인 경우, ② 주택의 전부 또는 일부가 협의매수·수용되는 경우, ③ 해외이주·1년 이상 계속하여 국외거주를 필요로 하는 취학 또는 근무상의 형편으로 세대전원이 출국하는 경우(출국일부터 2년 이내에 양도하는 경우에 한함), ④ 1년 이상 거주한 주택을 취학, 근무상의 형편, 질병의 요양, 그 밖에 부득이한 사유로 양도하는 경우에는 보유기간의 제한을 받지 아니한다(시행령 제154조 1항 단서).

사례1) 甲은 1989년 3월에 취득한 X아파트를 보유한 상태에서 1991년 9월에 상속으로 시골에 소재하는 Y주택을 함께 보유하고 있다가 1995년 12월에 X아파트를 8억원에 매도하고 2020년 1월에 Z아파트를 매수하여 현재까지 살고 있다. 이 경우 甲은 1가구 2주택에 해당하는지? 어느 것을 처분해도 양도소득세를 납부해야 하는지?

➡ 1세대 1주택의 특례에 따르면, 상속받은 주택과 이외의 주택을 1개씩 보유하고 있는 1세대가 상속주택이 아닌 일반주택을 양도하는 경우, 1주택으로 보아 비과세에 해당한다. 여기서 일반주택이란 상속개시 시점에 보유하고 있던 주택이나 조합원입주권을 가리킨다. 따라서 甲이 상속개시 시점에 보유하던 X아파트의 경우 상속에 따른 비과세의 대상이지만, X아파트를 처분하고 상속받은 Y주택과 Z아파트를 보유한 상태가 되면 Y주택은 상속주택이지만 Z아파트는 상속개시 시점에 보유하던 주택이 아니므로 특례가 적용되지 않는다. 참고로 Z아파트의 양도차익이 많고 Y주택이 30년 가까운 시골집이라면 Y주택을 철거 후 멸실등기를 한 다음, 1주택자인 상태에서 Z아파트를 양도하면 1세대 1주택의 특례가 적용될 수 있다.

사례2) 甲은 2018.4.10. 경기도 성남시에 있는 X아파트를 취득했는데, 2021.5.20. 인천에 Y주택을 소유한 乙과 혼인하면서 1세대 2주택자가 되었다. 그런데 2023.7.15. 甲은 직장 근무처가 부산으로 발령받으면서 부산시에 Z아파트를 취득했다. 이렇게 1세대 3주택자가 된 甲은 자기 소유의 X아파트를 2024.2.20. 양도했다. 이처럼 혼인으로 2주택자가 된 상태에서 근무지 이전으로 발령받은 지역에 또 다른 주택을 취득하여 1세대 3주택자가 되었는데, 종전 주택인 X아파트를 양도하게 되면 혼인합가에 의한 비과세특례와 일시적 2주택 비과세 특례를 적용받을 수 있는가?

➡ 양도기간에 유의하면 비과세 특례를 적용받을 수 있다. 소득세법에서는 근무처 이전이나 혼인 등 부득이한 사유로 인해 일시적 2주택자가 된 것에 대해 불이익을 방지하려고 만든 제도의 취지를 모두 인정하여 비과세하고 있다. 따라서 甲은 혼인한 날로부터 5년 이내 그리고 Z주택을 취득한 날로부터 3년 이내에 X아파트를 양도하면 1세대 1주택 비과세 특례를 적용받을 수 있다.

(3) 비과세의 배제

(가) 미등기양도자산에 대한 비과세·감면 배제

미등기양도자산에 대해서는 양도소득세의 비과세 및 감면에 관한 규정이 적용되지 않는다(제91조 1항).

(나) 허위계약서 작성시 비과세·감면 배제

토지·건물 및 부동산에 관한 권리를 매매하는 거래당사자가 매매계약서의 거래가액을 실거래가액과 다르게 적은 경우에는 해당 자산에 대하여 양도소득세의 비과세 또는 감면에 관한 규정을 적용할 때, 허위로 기재된 해당 세액만큼 불이익을 준다(제91조 2항).

Chapter 05

금전거래와 법

LAW & LIFE

제1절 금전소비대차

제2절 보 증

제3절 담보물권 — 저당권

제4절 책임재산의 보전

Chapter 05

금전거래와 법

제1절 금전소비대차

Ⅰ. 의의

소비대차는 당사자 한쪽(대여자)이 금전이나 그 밖의 대체물의 소유권을 상대방(차용인)에게 이전하기로 약정하고, 상대방은 그와 같은 종류·품질·수량으로 반환하기로 약정함으로써 성립하는 계약이다(민법 제598조). 가령 甲이 乙에게 100만원이나 유기농쌀(10kg) 2가마를 빌려주는 경우가 그것이다. 소비대차의 차용인(빌린 사람)은 목적물에 대한 소유권을 취득하고 같은 종류·품질·수량의 물건을 반환하면 되지만, 사용대차·임대차에서 차용인이나 임차인은 목적물의 소유권을 취득하지 못하고 그 자체를 반환하여야 한다는 점에서 구별된다.

Ⅱ. 차용인의 의무

1. 목적물반환의무

(1) 차용인은 약정시기에 대여자로부터 인도받은 물건과 같은 종류·품질·수량의 물건으로 반환하여야 한다(민법 제598조, 제603조 1항). 금전소비대차에서는 강제통용력이 있는 금전으로 동액을 반환하여야 한다.

금전소비대차에서 대여자(빌려준 사람)가 금전을 차용인에게 교부하지 않고, 그것에 갈음하여 약속어음이나 그 밖의 물건을 인도하는 것을 '대물대차'라고 한다. 대물대차의 경우에는 그 물건의 인도시의 가액을 차용액(빌린 금액)으로 한다(제606조). 이는 당사자 사이의 다툼을 막고 대여자가 폭리를 취하지 못하도록 하기 위한 것이다.

(2) 대물반환을 예약한 경우에 예약된 재산의 예약 당시의 가액이 '차용액 및 이에 붙인 이자의 합산액'을 넘지 못한다(제607조). 대물변제의 예약이란 차용인이 목적물의 반환의무를 이행하지 않을 것에 대비하여 목적물에 갈음하는 다른 재산권을 이전할 것을 미리 약정하는 것을 말한다. 실제 대물변제의 예약은 금전소비대차에서 차용인의 채무불이행에 대비한 물적 담보로서의 기능을 한다. 민법 제607조는 대여자의 폭리취득을 방지하기 위한 규정으로, 이에 위반한 당사자의 약정으로서 차용인에게 불리한 것은 환매나 그 밖의 어떠한 명목이라도 그 효력이 없다(제608조).

2. 이자지급의무

(1) 이자부 소비대차에서 차용인은 이자를 지급하여야 한다. 이자는 목적물의 이용대가이므로, 실제로 목적물을 인도받은 때부터 그것을 반환할 때까지의 기간에

대해서만 이자를 지급해야 한다. 다만 차용인이 목적물의 인도를 받을 때에 그의 책임 있는 사유로 수령을 지체한 때에는 대여자가 이행을 제공한 때부터 이자를 계산하여야 한다(민법 제600조).

(2) 이자는 일정한 이율에 의해 산정되는데, 이율에는 법률이 규정한 법정이율과 당사자 사이의 약정으로 정한 약정이율이 있다. 당사자는 이율을 원칙적으로 자유롭게 정할 수 있다(약정이율). 다만 예외적으로 금전소비대차를 원본채권으로 한 경우에는 이자제한법에 의한 최고이자율(연 20%)의 제한을 받는다(이자제한법 제2조 1항). 약정이율이 없으면 법정이율에 의한다. 민사에서는 연 5%(제379조), 상사에서는 연 6%(상법 제54조)이다. 법정이율은 이자의 산정 외에 금전채무불이행으로 인한 손해배상, 즉 지연이자의 산정에도 쓰인다(반대약정이 없는 경우에 그렇다. 민법 제397조 1항). 그러나 금전채무의 전부 또는 일부의 이행을 명하는 판결을 선고할 경우, 금전채무 불이행으로 인한 손해배상액 산정의 기준이 되는 법정이율은 그 금전채무의 이행을 구하는 소장 또는 이에 준하는 서면이 채무자에게 송달된 날의 다음 날부터는 연 12%이다(소송촉진 등에 관한 특례법 제3조 1항).

사례) 甲은 乙에게 3,000만원을 빌려주면서 이자는 월 1%로 하고 원금은 6개월 후에 받기로 하였다. 그런데 乙은 약속한 대로 매월 이자를 지불하였지만, 원금 3,000만원은 약속한 변제일을 5개월이 지난 후에 갚았다. 甲이 乙에게 변제가 늦은 동안의 이자도 달라고 하니까 이자는 빌린 6개월 동안만 지급하기로 하였으니 그 이후에는 이자를 줄 수 없다고 한다. 甲은 乙에게 변제기 이후의 이자를 받을 수 있는가?

➡ 乙은 甲에게 월 1%의 이자를 지불하기로 하였으므로, 甲과 乙 사이의 계약은 이자부 소비대차이며, 甲과 乙 사이에 이자는 6개월만 지불하고 그 이후에는 이자를 지불하지 않기로 하기로 약정하지 않는 한 乙은 甲에게 이자를 지불해야 한다. 따라서 甲은 乙에 대하여 월 1%의 이자를 변제기 이후에도 원금을 변제받을 때까지 청구할 수 있다.

3. 담보제공의무

원본과 이자의 반환을 확보하기 위하여, 대여자는 차용인에게 인적·물적담보를 제공할 것을 약정할 수 있다.

Ⅲ. 이자의 제한

사적자치의 원칙상 당사자는 자유롭게 이자 내지 이율을 정할 수 있다. 그러나 이자약정을 무제한으로 허용하게 되면, 채무자의 궁핍한 상태를 이용하여 폭리를 취할 우려가 있으므로, 규제가 필요하다. 이자를 제한하는 특별법으로는 이자제한법과 대부업법이 있다.

1. 이자제한법에 의한 제한

(1) 이자제한법의 적용범위

이자제한법은 '금전'의 소비대차에서의 약정이자에 대해서만 적용되며, 금전 이외의 소비물을 목적으로 하는 소비대차에는 적용되지 않는다(이자제한법 제2조 1항). 물론 금전대차의 이자로 금전 이외의 대체물을 지급하기로 한 경우에는 이자제한법이 적용된다. 그 밖에 대차원금이 10만원 미만인 경우(제2조 5항)와 대부업에는 적용하지 않는다(제7조).

(2) 제한이율

금전소비대차에 관한 계약상의 최고이자율은 연 25퍼센트를 초과하지 아니하는 범위 안에서 대통령령으로 정한다(이자제한법 제2조 1항). 현재 금전소비대차에 관한 계약상의 최고이자율은 연 20%이다. 여기서 최고이자율은 약정한 때의 이자율을 말한다(제2조 2항). 금전의 대차와 관련하여 채권자가 받는 것은 할인금·수수료·공제금 그 밖의 명칭에도 불구하고 이를 이자로 본다(제4조).

한편 소비대차를 하면서 원본으로부터 이자를 미리 공제하고 그 잔액만을 빌리는 사람에게 교부하는 경우가 있다. 이러한 경우에 미리 공제된 이자를 선이자라 한다. 선이자를 사전 공제한 경우, 그 공제액이 채무자가 실제 수령한 금액을 원본으로 하여 최고이자율에 따라 계산한 금액을 초과하는 때에는 그 초과부분은 원본에 충당한 것으로 본다(제3조). 가령 甲이 乙에게 1,000만원을 연 30%의 이율로 1년간 빌려주면서 이자 300만원을 미리 공제하고 700만원을 준 경우, 乙이 실제로 받은 700만원에 대하여 제한이율 연 20%에 따라 이자를 계산하면, 이자는 140만원이다. 따라서 300만원 중 140만원을 초과한 금액 160만원은 원본에 충당된 것으로 보므로, 乙은 甲에게 원본 840만원만 변제하면 된다.

(3) 제한위반의 효과

금전대차에 관한 계약상의 최고이자율이 연 20%를 넘는 경우에는 그 부분은 무효이다(이자제한법 제2조 3항). 또한 이자에 대하여 다시 이자를 지급하기로 하는 복리약정은 최고이자율을 초과하는 부분에 해당하는 금액에 대하여는 무효이다(제5조). 만일 채무자가 최고이자율을 초과하는 이자를 임의로 지급한 경우에는 초과지급된 이자 상당금액은 원본에 충당되고, 원본이 소멸한 때에는 그 반환을 청구할 수 있다(제2조 4항). 가령 甲이 乙에게 1,000만원을 월 4%의 이율로 1년간 빌려주면서, 이자는 1년 후에 한꺼번에 지급하기로 한 경우, 약정된 이자는 480만원이다. 이자 480만원은 제한이율 연 20%에 따라 산정된 이자 200만원을 초과한다. 초과한 280만원의 이자는 무효이다. 따라서 乙이 480만원을 이자로 지급하였으면, 초과이자 280만원은 원본 1,000만원에 충당되며, 즉 1,000만원 중에서 280만원을 갚은 것으로 보므로, 720만원만 변제하면 된다. 반면에 1,000만원도 변제한 경우에는 乙은 甲에게 초과이자 280만원의 반환을 청구할 수 있다.

2. 대부업법에 의한 제한

대부업자가 개인이나 중소기업기본법 제2조 2항에 따른 소기업에 해당하는 법인에 대부를 하는 경우, 그 이자율은 연 100분의 27.9 이하의 범위에서 대통령령으로 정하는 율을 초과할 수 없다(대부업법 제8조 1항). 현재 계약상의 최고이자율은 연 20%이다(시행령 제5조 2항). 이를 위반한 경우의 효과는 이자제한법과 같다(대부업법 제8조 3항, 4항).

Ⅳ. 금전채무의 이행지체로 인한 지연손해금

금전채무의 이행지체로 인하여 발생한 지연손해금은 그 성질이 '손해배상금'이지 이자가 아니다. 즉 금전채권의 변제기까지 법정 또는 약정이율에 의하여 지급되는 금전이나 그 밖의 대체물은 이자이지만, 변제기를 경과함으로써 이행지체가 성립한 후에 그 법정 또는 약정이율에 의하여 지급되는 금전이나 그 밖의 대체물은 이자가 아니라 지연손해배상이다. 이와 같이 금전채무의 이행지체로 인하여 발생하는 지연손해금은 이자가 아니므로, 즉 민법 제163조 1호의 '1년 이내의 기간을 단위로 정한 채권'이 아니므로 3년의 단기소멸시효의 대상이 되지 않는다. 한편 이미 발생한 이자에 관하여 채무자가 이행을 지체한 경우에는 그 이자에 대한 지연손해금을 청구할 수 있다.[1)] 참고로 소멸시효는 권리자가 일정한 기간 동안 권리를 행사하지 않는 상태가 계속된 경우에 그의 권리가 소멸되는 것을 말한다.

Ⅴ. 금전거래시 유의사항

1. 거래는 명확히 할 것

가까운 친척이나 친구 사이에도 불명확한 금전거래로 인하여 사이가 나빠지는 경우가 많다. 거래관계는 명확해야만 분쟁을 예방할 수 있는 것이다. 거래관계를 명확히 하는 가장 좋은 방법은 계약서나 영수증 등 문서를 작성하여 교환하는 것이다.

2. 상대방을 잘 확인할 것

모르는 사람끼리 돈 거래가 이루어질 때 상대방의 직업, 주소, 성명 등을 주민등록증이나 운전면허증 등으로 확인하여야 한다. 상대방의 재력과 신용은 스스로 확인하여야 한다. 은행에 거래상황을 조회해 보는 것도 한 방법이 될 수 있으나 지능적인 사기범은 이를 이용하기도 한다.

미성년자에게 돈을 빌려줄 때는 보호자(부모)의 동의가 있어야 하고, 동의가 없으면 미성년자의 보호자가 계약을 취소할 수 있으므로 손해를 볼 경우가 생긴다. 법인, 즉 회사 등과 거래할 경우에는 상대방이 그 회사를 대표하는 정당한 권한이 있는지를 확인하여야 하며, 단지 그 회사의 임직원과 개인적으로 돈 거래하는 형식의 계약서를 만들면 손해를 보는 경우가 생긴다.

3. 돈을 빌려줄 때 유의할 점

(1) 돈을 빌려줄 때는 상대방의 재력과 신용을 확인하는 것이 중요하다. 무엇보다 확실한 방법은 담보를 취득해 두는 것이다. 담보에는 인적 담보와 물적 담보가 있다. 인적 담보는 제3자로 하여금 보증이나 연대보증을 서도록 하는 것인데, 이 경우 보증인의 재력도 확인할 필요가 있다. 물적 담보로는 흔히 부동산에 (근)저당권이나 가등기를 설정하는 방법, 소유권이전등기를 받는 방법 등이 있고 동산이나 유가증권을 담보로 받아두는 경우도 있다.

(2) 전세(임대차)보증금을 담보로 하는 경우에는 반드시 전세(임대차)보증금 반

환채권의 양도계약을 체결하고 임대인(집주인)을 만나 승낙을 얻거나 채무자(임차인)로 하여금 임대인에게 내용증명우편으로 통지를 하도록 조치해야만 효력이 생기고, 단지 채무자의 임대차계약서를 받아 놓는 것만으로는 아무런 효력이 없음을 유의하여야 한다. 가정주부에게 돈을 빌려줄 때는 그 돈이 자녀들의 학비나 식비 등 일상 가사비용으로 사용된다면 그 남편에게도 변제책임이 있으나 일상가사와 관계없이 주부가 계를 한다든지 사치나 유흥비로 쓴다든지 하는 경우는 남편이 별도로 보증을 서지 않는 한 단지 그러한 사실을 알고 있었다는 것만으로는 남편에게 변제책임이 없음을 유의하여야 한다.

4. 돈을 빌릴 때 유의할 점

(1) 일반적으로 돈을 빌리는 사람은 다급하기 때문에 이자나 담보관계 등에 있어서 채권자의 요구에 따라 가혹한 조건을 강요당하는 경우가 많으므로, 계약서의 내용을 상세히 파악하여야 한다. 원금이나 이자를 갚으면 반드시 영수증을 받아야 하고 원리금을 완전히 변제한 경우는 미리 교부해 주었던 차용증서 등을 회수하지 않으면 나쁜 채권자에게 이중으로 변제하여야 할 위험성이 크다.

(2) 악덕 사채업자 중에는 담보물을 헐값에 취득할 목적으로 변제기일에 일부러 만나주지 않거나 변제기일을 연기해 주겠다고 속여 안심시킨 후 변제기일을 넘겨 담보물을 처분하는 경우가 있으므로, 이럴 때에는 지체 없이 공탁절차를 밟아야 한다. 여기서 공탁이란 법령의 규정에 따른 원인에 의하여 금전·유가증권·물품을 법원의 공탁소에 임치하여 법령에서 정한 일정한 목적을 달성하는 제도로서, 그 대표적인 것이 변제공탁이다. 변제공탁은 채권자가 변제를 받지 않거나 받을 수 없는 경우에 변제자가 채권자를 위하여 변제의 목적물을 공탁소에 임치함으로써 채무를 면하는 제도이다.

5. 그 밖의 사항

채무자가 사망한 경우 채무도 상속되므로, 채권자는 그 상속인에게 변제를 청구할 수 있다. 상속인이 채무를 면하려면 상속을 포기하거나 상속의 한정승인을 하여야 한다. 채무자가 약속대로 변제를 하지 않으면, 채권자는 결국 법적 절차에 따라 재판과 강제집행의 방법으로 변제를 받을 수밖에 없다. 그러한 경우에 앞서 설명한 대로 충분한 변제확보 방법을 강구해 놓지 못한 채권자는 손해를 볼 가능성이 많다. 실제로 불성실한 채무자가 재산도피 등의 방법으로 강제집행을 면탈하는 경우에도 증거가 부족하여 채무자의 형사처벌이 불가능한 때가 대부분이다. 그러나 그렇다고 하여 합법적 수단을 포기하고 속칭 해결사를 동원한다든지 하는 폭력수단으로 돈을 받아내려고 시도하는 것은 그 자체가 더 큰 범죄라는 사실을 명심하여야 한다.

제2절 보 증

Ⅰ. 의의

채권자로부터 직접 금전을 빌리거나 어떤 채무를 부담하는 사람을 '주채무자'라고 하며, 주채무자를 대신하여 채무를 이행하기로 하는 사람을 '보증인'이라고 한다. 보증채무는 채권자와 보증인 사이에 체결된 보증계약에 의하여 주채무자가 채무를 이행하지 않는 경우에 보증인이 이를 이행할 것을 내용으로 하는 채무이다(민법 제428조 1항). 보증채무는 주채무와 별개의 독립된 채무이다. 따라서 보증채무와 주채무의 소멸시효기간은 그 채무의 성질에 따라 각각 별개로 정해진다.[2] 보증채무는 보증인이 주채무자의 채무와 같은 채무를 부담함으로써 보증인의 모든 재산을 책임재산(강제집행의 대상이 되는 재산)으로 되도록 하고, 그 결과 채권자의 주채무자에 대한 채권을 담보하는 일종의 인적 담보이다.

Ⅱ. 보증채무의 성립과 범위

(1) 보증채무는 채권자와 보증인 사이의 보증계약에 의하여 성립하며, 주채무자는 보증계약의 당사자가 아니다. 보증은 그 의사가 보증인의 기명날인 또는 서명이 있는 '서면으로' 표시되어야 효력이 발생하지만, 보증의 의사가 전자적 형태로 표시된 경우에는 효력이 없다(민법 제428조의2 제1항). 보증채무를 보증인에게 불리하게 변경하는 경우에도 마찬가지이다(제428조의2 제2항). 다만 보증인이 보증채무를 이행한 경우에는 그 한도에서 이러한 방식의 하자를 이유로 보증의 무효를 주장할 수 없다(제428조의2 제3항). 그 밖에 보증계약을 체결할 때나 보증기간을 갱신할 때에는 보증채무의 최고액을 서면으로 특정하여야 한다(보증인 보호를 위한 특별법 제4조).

(2) 보증채무는 주채무의 이행을 담보하는 것이므로, 주채무에 종속하는 성질, 즉 부종성을 가진다. 따라서 보증채무의 범위는 주채무의 범위보다는 클 수 없으며, 만일 더 큰 때에는 주채무의 한도로 줄어든다. 보증채무의 범위가 주채무의 범위보다 작은 것은 상관없다. 보증채무의 범위에 관하여 당사자 사이에 특약이 없는 경우에는 보증채무는 주채무 이외에 이자·위약금·손해배상·그 밖에 주채무에 종속된 채무를 포함한다(민법 제429조 1항).

사례) 甲은 자신의 부동산을 2억원에 乙에게 팔기로 하는 매매계약을 체결하고, 甲의 乙에 대한 소유권이전등기의무에 대해 丙이 보증을 하였다. 甲은 乙로부터 계약금과 중도금 1억원을 받은 후 부동산을 丁에게 이중으로 팔고 丁 앞으로 소유권이전등기를 마쳐주었다. 이에 乙은 甲과의 매매계약을 해제하고, 원상회복의무로서 보증인 丙에 대하여 甲에게 지급한 계약금과 중도금 1억원의 반환을 청구하였다. 가능한가?

➡ 타인 간의 계약에 있어 계약상의 여러 가지 의무를 부담하는 당사자의 한쪽을 위하여 그 계약을 보증한 보증인은 상대방에 대하여 특단의 사정이 없는 한 주채무자의 채무불이행으로 인하여 계약이 해제되면, 주채무자의 원상회복의 의무에 대하여도 책임을 진다.[3] 설문에서 甲은 乙과의 매매계약에 따라 부동산에 대한 소유권이전채무를 지며, 丙은 이 주채무를 보증하였는데, 甲의 채무불이행을 이유로 乙이 매매계약을 해제하였다. 당사자 한쪽이 계약을 해제한 때에는 각 당사자는 그 상대방에 대하여 원상회복의무가 있으므로(민법 제548조), 주채무자 甲은 받은 1억원을 乙에게 반환하여야 한다. 따라서 乙은 보증인 丙에 대하여 1억원의 반환을 청구할 수 있다.

Ⅲ. 보증기간

보증기간은 원칙적으로 당사자의 약정에 의하여 정해진다. 보증기간의 약정이 없는 때에는 그 기간을 3년으로 본다(보증인 보호를 위한 특별법 제7조 1항). 보증기간을 갱신하면서 그 기간을 약정하지 않은 때에는 계약체결 시의 보증기간을 그 기간으로 본다(제7조 2항). 한편 보증계약 체결 후 채권자가 보증인의 승낙 없이 채무자에 대하여 변제기를 연장하여 준 경우, 채권자나 채무자는 보증인에게 그 사실을 알려야 한다. 이 경우 보증인은 즉시 보증채무를 이행할 수 있다(제7조 4항).

Ⅳ. 보증채무의 효력

1. 채권자의 권리와 보증인에 대한 통지의무

(1) 채권자의 권리 — 이행청구

채권자는 변제기가 도래하면 주채무자와 보증인에 대하여 동시에 또는 순차적으로 채무의 전부 또는 일부의 이행을 청구할 수 있다. 채권자는 주채무자에게 청구하지 않고 보증인에게 이행을 청구할 수 있지만, 이에 대하여 보증인은 채권자에게 최고·검색의 항변권을 행사하여 이행을 거절할 수 있다.

(2) 채권자의 보증인에 대한 통지의무

채권자는 보증계약을 체결한 후, ① 주채무자가 원본, 이자, 위약금, 손해배상 또는 그 밖에 주채무에 종속한 채무를 3개월 이상 이행하지 아니하는 경우, ② 주채무자가 이행기에 이행할 수 없음을 미리 안 경우, ③ 주채무자의 채무 관련 신용정보에 중대한 변화가 생겼음을 알게 된 경우 등의 사유가 있는 때에는 지체 없이 보증인에게 그 사실을 알려야 한다(민법 제436조의2 제2항). 다만 채권자로서 보증계약을 체결한 금융기관은 주채무자가 원본, 이자 그 밖의 채무를 1개월 이상 이행하지 아니하는 경우에는 지체 없이 그 사실을 보증인에게 알려야 한다(보증인 보호를 위한 특별법 제5조 2항). 또한 채권자는 보증인의 청구가 있으면 주채무의 내용 및 그 이행 여부를 알려야 한다(민법 제436조의2 제3항). 만일 채권자가 이러한 통지의무를 위반하여 보증인에게 손해를 입힌 경우, 법원은 그 내용과 정도 등을 고려하여 보증채무를 감경하거나 면제할 수 있다(제436조의2 제4항).

2. 보증인의 권리

(1) 주채무자의 항변권을 행사할 수 있는 권리—부종성에 기한 권리

주채무가 어떤 원인으로 인하여 처음부터 존재하지 않거나(예: 무효) 후에 소멸한 경우(예: 취소·변제·대물변제·공탁·상계 등), 보증인은 주채무의 부존재 또는 소멸의 항변권을 행사하여 보증채무의 무효 또는 소멸을 주장할 수 있다(민법 제433조 1항). 따라서 주채무가 시효로 소멸한 때에는 보증인도 시효완성을 원용할 수 있으며, 특히 주채무자가 시효이익을 포기한 경우에도 보증인은 주채무에 관한 소멸시효의 완성을 주장할 수 있다(제433조 2항). 참고로 소멸시효이익의 포기란 소멸시효로 인하여 생기는 법률상의 이익을 받지 않겠다는 일방적인 의사표시이다.

사례) 甲은 2010.10.10. 乙에게 1억원을 변제기를 2개월 후로 하여 빌려주었고, 같은 날 丙은 乙의 甲에 대한 채무를 보증하였다. 甲은 2020.5.10. 乙에게 위 대여금채무의 변제를 요구하였다. 그 후 甲이 乙을 상대로 재판상 청구 등을 하지 않았지만, 乙은 2021.10.10. 甲에게 대여금 중 일부인 2,000만원을 변제하였다. 甲은 2024.3.3. 乙과 丙을 상대로 8,000만원의 대여금 및 보증채무금의 지급을 청구하였다. 甲의 乙, 丙에 대한 청구는 타당한가?

➡ 甲이 변제를 최고한 때에는 그로부터 6개월 내에 다른 시효중단조치를 취하여야 하는데, 그렇지 못했으므로 甲의 乙에 대한 채권을 시효로 소멸한다(민법 제174조). 다만 시효완성 후에 乙이 채무 일부를 변제하였고, 이것은 시효완성의 사실을 알고 변제한 것으로 추정되어 소멸시효의 이익을 포기한 것으로 된다.[4] 따라서 甲의 乙에 대한 청구는 타당하다. 그러나 이러한 주채무자의 항변포기는 보증인에게는 효력이 없으므로(제433조 2항), 보증인 丙은 주채무의 시효소멸을 이유로 보증채무의 소멸을 주장할 수 있다. 그러므로 甲의 丙에 대한 청구는 부당하다.

(2) 최고·검색의 항변권—보충성에 기한 권리

(가) 보증채무는 주채무가 이행되지 않는 경우에 이행할 채무이다(민법 제428조 1항). 따라서 보충성을 가진다. 보증채무의 이러한 보충성에 기한 권리로 보증인의 최고·검색의 항변권이 있다(제437조). 최고·검색의 항변권은 채권자가 주채무자에게 이행을 청구하지 않고, 보증인에 대하여 채무의 이행을 청구한 때에 보증인이 주채무자에게 변제능력이 있고 집행이 용이하다는 사실을 증명하여, 먼저 주채무자에게 이행청구 및 그의 재산에 대하여 집행할 것을 요구하고, 그때까지 그의 보증채무의 이행을 거절할 수 있는 권리이다. 물론 보증인이 최고·검색의 항변권을 행사하지 않고 채무를 이행하면 채무는 소멸한다.

(나) 보증인이 최고·검색의 항변을 하였는데도 채권자가 주채무자의 최고나 검색(집행)을 게을리하여 주채무자로부터 전부나 일부의 변제를 받지 못한 때에는 채권자가 최고나 집행을 게을리하지 않았으면 변제받았을 한도에서 그 의무를 면한다(제438조).

3. 주채무자 또는 보증인에 생긴 사유의 효력

(1) 주채무자에 생긴 사유의 효력

주채무자에게 생긴 사유는 보증채무의 부종성에 의해 보증인에게 그 효력이 미친다(절대적 효력). 따라서 주채무가 소멸하면 그 원인 여하를 묻지 않고 보증채무도 소멸한다. 그러나 채무가 소멸하는 것이 아니라 책임이 한정되었을 뿐인 때(예: 주채무자의 상속인이 한정승인한 때, 파산절차에서 주채무자가 일부면책을 받은 때)에는 보증채무의 효력에는 영향을 미치지 않는다.

(2) 보증인에 관하여 생긴 사유의 효력

보증인에게 생긴 사유는 주채무자에게 그 효력이 없다(상대적 효력). 예컨대 보증인에 대해 시효중단사유가 있더라도 주채무의 소멸시효가 중단되지 않으며, 반면에 주채무가 소멸시효 완성으로 소멸된 경우에는 보증채무도 그 채무 자체의 시효중단에 불구하고 부종성에 따라 당연히 소멸된다. 다만 변제·대물변제·공탁·상계와 같이 채권을 만족시키는 사유는 주채무자에게도 그 효력을 미친다(절대적 효력). 참고로 소멸시효 완성에 필요한 권리불행사라는 사실상태는 일정한 사유가 있는 때에는 중단되고, 그때까지 진행한 시효기간의 효력을 잃게 만드는 것이 소멸시효의 중단이다. 소멸시효의 중단사유로는 ① 청구, ② 압류·가압류·가처분, ③ 승인이 있다. 이 가운데 청구, 압류·가압류·가처분은 권리자가 자기의 권리를 주장하는 것이고, 승인은 채무자가 상대방의 권리를 인정하는 것이다.

사례) 甲은 乙회사가 丙은행으로부터 8,000만원을 빌릴 때 연대보증을 서면으로 하였다. 乙회사가 변제기인 2015.4.30.이 지나도 채무를 이행하지 않자 丙은행은 乙회사를 상대로 대여금반환청구의 소를 제기하여 승소판결을 받아 그 판결은 2017.5.10. 확정되었다. 丙은행은 채무일부만을 변제 받은 후, 2024.3.5. 乙회사와 甲을 상대로 다시 대여금반환청구소송을 제기하였다. 이 경우 甲이 연대보증인으로서 책임을 져야 하는가?

➡ 주채무자에 대한 시효중단은 보증인에 대하여 그 효력이 있다(민법 제440조). 따라서 주채무자에 대한 청구, 압류·가압류·가처분이나 승인이 있으면 보증채무의 소멸시효도 중단된다(제168조). 또한 채권자와 주채무자 사이의 확정판결에 의하여 주채무가 확정되면 그 소멸시효기간은 10년으로 연장된다(제165조). 하지만 확정판결로 주채무의 소멸시효기간이 10년으로 연장되더라도 보증채무의 소멸시효기간도 10년으로 연장되는 것은 아니다. 즉 보증채무의 소멸시효기간은 여전히 종전의 소멸시효기간에 따른다.[5] 설문에서 丙은행의 채권은 상사채권으로서 5년의 상사시효가 적용되므로(상법 제64조), 丙은행의 최초의 대여금반환청구소송의 제기로 인하여 주채무와 보증채무의 소멸시효가 중단되었고, 甲의 보증채무는 그 승소판결이 확정된 때로부터 다시 5년의 상사시효기간이 경과한 2022.5.10. 소멸하였다. 따라서 甲은 丙을 상대로 소멸시효 완성을 이유로 책임 없음을 항변하면 연대보증인으로서 책임을 면할 수 있다.

4. 보증인과 주채무자 사이의 구상관계

보증인이 자기의 출재(출연)로 공동의 면책을 얻은 때에는 그는 당연히 주채무자에 대하여 구상권을 가진다. 그런데 구상의 범위는 보증인이 주채무자로부터 부탁을 받았는지 여부에 따라 다르다.

(1) 수탁보증인의 사전구상권

주채무자의 부탁으로 보증인이 된 사람(수탁보증인)은 일정한 사유가 있을 경우에는 주채무자에게 미리 구상권을 행사할 수 있다(민법 제442조 1항). 즉 수탁보증인은 ① 보증인이 과실 없이 채권자에게 변제하라는 재판을 받은 경우, ② 주채무자가 파산선고를 받았을 때 채권자가 파산재단에 가입하지 않은 경우, ③ 채무의 이행기가 확정되지 않고 그 최장기도 확정할 수 없는 상태에서 보증계약 후 5년이 지난 경우, ④ 채무의 이행기가 도래한 경우에 사전구상권을 행사할 수 있다.

(2) 보증인의 구상권 — 면책행위에 기한 구상권

보증인은 채권자에 대한 관계에서는 자기의 채무를 변제하는 것이지만, 주채무자에 대한 관계에서는 타인의 채무를 변제하는 것이 된다. 그러므로 보증인이 변제나 그 밖의 재산출연으로 주채무를 소멸시킨 경우에는 주채무자에 대하여 그 금액을 구상청구할 수 있다(민법 제441조 1항).

(가) 구상권의 범위

1) 구상권의 범위는 주채무를 한도로 한 출재액 외에 면책된 날 이후의 법정이자와 피할 수 없는 비용, 그 밖의 손해배상을 포함한다(제441조 2항, 제425조 2항). 보증인이 채무의 일부를 변제, 그 밖에 면책행위를 한 경우에 그 출재액에 관하여 구상권을 갖는다.

2) 주채무자의 부탁을 받지 않고 보증인이 된 자는 주채무를 소멸하게 한 당시에 주채무자가 '이익을 얻은 한도'에서 구상할 수 있다(제444조 1항). 수탁보증인의 경우와 달리 면책일 이후의 법정이자와 그 밖의 손해배상은 구상할 수 없다. 한편 주채무자의 의사에 반하여 보증인이 된 자는 주채무자의 '현존이익의 한도'에서 구상할 수 있다(제444조 2항). 이때 현존이익의 유무와 범위를 정하는 시점은 면책행위를 한 때가 아니라 구상권을 행사한 때이다(제444조 3항).

(나) 구상권의 제한

1) 보증인의 사전·사후통지의무

보증인이 변제를 하고자 할 때, 주채무자로부터 부탁을 받았는지 여부를 묻지 않고 보증인은 사전·사후의 통지의무를 진다. 만일 보증인이 주채무자에게 통지하지 않고 변제나 그 밖의 자기 재산출연으로 주채무를 소멸시킨 경우, 주채무자가 채권자에게 대항할 수 있는 사유(예: 동시이행의 항변권·소멸시효의 완성 등)가 있었을 때에는 그 사유로 보증인에게 대항할 수 있다(제445조 1항). 보증인이 변제나 그 밖에 자기의 출재로 면책되었음을 주채무자에게 통지하지 아니한 경우, 주채무자가 선의로 채권자에게 변제나 그 밖의 면책행위를 한 때에는 주채무자는 자기의 면책행위의 유효를 주장할 수 있다(제445조 2항). 이러한 경우에 보증인은 주채무자에게 구상권을 행사하지 못하고, 2중으로 변제를 받은 채권자에 대하여 부당이득반환을 청구할 수 있을 뿐이다.

2) 주채무자의 사후통지의무

주채무자는 보증인과 달리 사전통지의무를 부담하지 않고, 변제를 한 후에 사후통지의무만을 진다. 이러한 주채무자의 통지의무는 수탁보증인에게만 진다(제446조). 만일 주채무자가 자기의 행위로 면책되었음을 그의 부탁으로 보증인이 된 사람에게 통지하지 않은 경우, 보증인이 선의로 채권자에게 변제나 그 밖에 유상의 면책행위를 한 때에는 보증인은 자기의 면책행위가 유효함을 주장할 수 있다(제446조). 이러한 경우에 보증인의 주채무자에 대한 구상권 행사는 아무런 제한을 받지 않는다. 물론 주채무자는 채권자에 대하여 부당이득반환을 청구할 수 있다.

사례) 채무자 甲은 채권자 乙에게 외상대금 2,000만원을 변제하였는데, 그 사실을 수탁보증인 丙에게 통지하지 않았다. 한편 丙은 甲의 변제사실을 모르고, 乙에게 2,000만원을 변제하였는데, 사전에 甲에게 변제를 하겠다는 사실을 통지하지 않았다. 이 경우에 丙은 甲에게 구상권을 가지는가?

➡ 보증인은 사전·사후 통지의무를 지므로(민법 제445조 1항, 2항), 제446조에 의하여 보증인 丙이 주채무자 甲에게 자신의 변제행위의 유효를 주장할 수 있기 위해서는 甲에게 사전통지를 하여야 한다.[6] 따라서 설문의 경우에는 제446조가 적용되지 않아 丙이 보호받지 못하게 된다. 그 결과 이중변제의 원칙으로 돌아가 먼저 변제를 한 주채무자의 변제만이 유효한 것으로 된다. 丙은 주채무자 甲에게 구상

권을 행사할 수 없고, 이중 변제를 받은 채권자 乙을 상대로 부당이득반환을 청구할 수 있다(제741조).

V. 연대보증

연대보증이란 보증인이 주채무자와 연대하여 채무를 이행할 것을 내용으로 하는 보증채무를 말한다. 따라서 채권자는 주채무자와 연대보증인에 대하여 순차적으로 또는 동시에 채무의 전부나 일부의 이행을 청구할 수 있다(민법 제414조). 하지만 연대보증은 보통의 보증채무와 같이 주채무에 대한 부종성은 인정되지만, 보충성은 인정되지 않는다(제437조 단서). 즉 연대보증인은 채권자의 청구에 대하여 최고·검색의 항변권을 행사할 수 없다.

연대보증은 일반적으로 보증계약을 체결하면서 연대의 특약을 하는 때에 성립한다. 연대보증도 그 본질은 보증채무이므로, 주채무자 또는 연대보증인에 관하여 생긴 사유의 효력은 보증채무와 같다. 따라서 주채무자에 관하여 발생한 사유는 모두 연대보증인에게 효력이 있다. 그러나 연대보증인에게 발생한 사유는 주채무자에게 만족을 주는 면책행위를 제외하고는 주채무자에게 효력이 없다. 즉 연대보증인 1인에 대한 채권자의 채권포기는 주채무자나 다른 연대보증인에게는 효력이 미치지 않는다.[7] 또한 주채무자와 연대보증인 사이의 구상관계는 보증채무에서와 같다.

사례) 甲은 乙과 함께 丙의 丁에 대한 차용금채무에 대하여 연대보증을 하였다. 그런데 丙은 변제기간이 훨씬 지났는데도 채무를 변제하지 않자, 丁은 甲의 급료채권을 가압류하였다. 甲은 은행으로부터 대출을 받는 등의 방법으로 돈을 마련하여 丁에게 변제제공하면서 가압류를 취소하도록 요청하였다. 그러자 丁은 甲의 성의를 고맙게 생각하고 甲의 연대보증채무 중 이자채권을 포함한 채무일부를 면제해 주고 급료채권에 대한 가압류도 취소해주었다. 이 경우 주채무자인 丙과 다른 연대보증인인 乙의 채무에도 면제의 효력이 미치는가?

➡ 채권자가 연대보증인에 대하여 그 채무의 일부 또는 전부를 면제하더라도 그 면제의 효력은 주채무자에 대하여 미치지 않는다.[8] 또한 연대보증은 그 본질이 보증채무이므로, 연대보증인이 여러 명이 있는 경우, 연대보증인들 사이에 연대관계의 특약이 있는 경우가 아니면 채권자가 연대보증인의 1인에 대하여 채무의 전부 또는 일부를 면제하더라도 다른 연대보증인에 대하여는 그 효력이 미치지 않는다.[9] 설문에서 채권자 丁이 연대보증인 중 1인인 甲의 채무를 일부 면제해 주었지만, 주채무자인 丙과 다른 연대보증인 乙의 채무에는 면제의 효력이 미치지 않는다. 따라서 丁은 丙과 乙에 대하여는 甲에게 면제해 준 부분을 청구할 수 있다.

제3절 담보물권 — 저당권

보증은 채권자가 강제집행을 할 수 있는 책임재산을 확장함으로써 채권자의 채권을 담보하려는 것임에 반하여, 담보물권은 채무자 또는 제3자의 재산에 대하여 다른 채권에 우선하는 권리를 취득함으로써 채권을 담보하는 제도이다. 민법이 인정하는 담보제도에는 유치권, 질권, 저당권이 있으며, 가등기담보 등에 관한 법률에 의하여 인정되는 가등기담보와 양도담보가 있고, 동산·채권 등의 담보에 관한 법률에 의하여 인정되는 동산담보권, 채권담보권 등이 있다. 여기서는 일상생활에서 많이 활용되고 있는 저당권에 대해서만 살펴본다.

Ⅰ. 서설

(1) 저당권이란 채무자나 제3자(물상보증인)가 채무담보로 제공한 부동산의 점유를 채권자가 이전받지 않고 채무변제가 없을 때에 그 부동산으로부터 다른 채권

자보다 우선하여 자기 채권을 변제받을 수 있는 담보물권을 말한다(민법 제356조). 저당권은 우선변제를 받는 약정담보물권이라는 점에서 질권과 유사하지만, 질권은 주로 동산을 대상으로 하는 데 반해, 저당권은 부동산을 대상으로 하며, 저당권설정자가 목적물을 계속 점유하기 때문에 유치적 효력을 갖지 않고 우선변제적 효력만 인정된다는 점에서 차이가 있다. 이와 같이 저당권은 저당목적물이 갖는 교환가치만을 지배하는 물권이기 때문에, 가장 전형적인 가치권이다.

(2) 저당권은 피담보채권(담보된 채권자의 채무자에 대한 채권)을 전제로 하여서만 성립할 수 있는데, 이것이 저당권의 부종성이다. 즉 피담보채권이 성립하지 않으면 저당권도 성립하지 않고, 피담보채권이 소멸하면 저당권도 소멸하게 된다. 피담보채권이 이전하면 저당권도 함께 이전되며(수반성), 저당권의 목적물이 멸실·훼손·공용징수로 인하여 그에 갈음하는 금전이나 그 밖의 물건이 목적물의 소유자에게 귀속하게 된 경우에 저당권의 효력이 그 금전 등에 미친다(물상대위성). 그 밖에 저당권자가 피담보채권의 전부를 변제받을 때까지 목적물의 전부에 대하여 저당권을 행사할 수 있다(불가분성).

Ⅱ. 저당권의 성립

저당권은 일반적으로 당사자 사이의 저당권설정의 합의와 등기에 의하여 성립한다(민법 제186조). 다만 예외적으로 법률규정에 의해 저당권이 성립하는 경우(제649조), 법률규정에 의해 저당권설정청구권이 인정되는 경우가 있다(제666조).

1. 법률행위에 의한 저당권

저당권이 성립하기 위해서는 ① 피담보채권이 존재하여야 하며, ② 당사자 사이의 저당권설정의 합의와 ③ 등기가 있어야 하고, ④ 저당권의 목적물은 법률상 공시가 가능한 것이어야 한다.

(1) 저당권에 의해 담보되는 채권이 존재할 것 ― 피담보채권

저당권에 의하여 담보할 수 있는 채권(피담보채권)은 일반적으로 금전채권이지만, 그에 한하지 않는다. 예컨대 목적물인도청구권을 담보하기 위하여 저당권을 설정할 수 있다. 장래의 특정한 채권(예: 조건부 채권·기한부 채권 등)도 저당권의 피담보채권이 될 수 있다. 예컨대 보증인이 주된 채무자에 대하여 장차 취득할 구상권을 피담보채권으로 하는 저당권설정계약도 유효하다. 특히 장래의 증감변동하는 불특정 다수의 채권을 위하여 그 최고액을 한정하여 저당권을 설정할 수 있는데, 이를 근저당이라 한다(민법 제357조).

(2) 당사자 사이에 저당권설정의 합의가 있을 것 ― 저당권설정계약

저당권이 성립하기 위해서는 당사자 사이에 저당권설정의 합의가 있어야 한다. 당사자는 저당권을 취득하려는 사람(저당권자)과 저당권의 객체(목적물) 위에 저당권을 설정하는 부동산 소유자(저당권설정자)이다. 저당권자는 피담보채권의 채권자에 한한다. 저당권설정자는 일반적으로 피담보채권의 채무자이지만, 제3자(물상보증인)도 될 수 있다(제356조).

(3) 저당권설정등기를 하였을 것 ― 설정등기

저당권이 설정되려면 저당권설정의 합의 이외에 등기를 하여야 한다(제186조).

(4) 법률상 공시가 가능한 목적물일 것 ― 저당권의 목적물

저당권은 목적물을 인도받아 점유하는 방법으로 공시하지 않는 물권이므로 등기 또는 등록할 수 있는 것만이 그 목적물이 될 수 있다. 저당권의 목적물(객체)은 원칙적으로 부동산이다. 즉 1필의 토지·1동의 건물이 저당권의 객체로 된다. 지상권과 전세권도 저당권의 객체로 된다(민법 제371조). 그 밖에 입목등기가 마쳐진 입목(입목에 관한 법률 제3조), 어업권(수산업법 제18조 2항), 광업권(광업법 제11조), 소형 선박·자동차·항공기·건설기계(자동차 등 특정동산저당법 제3조), 공장재단 및 광업재단(공장 및 광업재단저당법 제12조 2항), 등기된 선박(상법 제787조) 등은 등기·등록에 의하여 공시할 수 있으므로 저당권의 객체로 된다.

사례) 어느 날 乙은 친구 甲이 그가 살고 있는 건물의 등기필증을 들고 와서 이것을 담보로 1,000만원을 빌려달라고 하여, 돈을 빌려주고 차용증서를 받았다. 그런데 나중에 소문을 들으니 甲은 빚에 쪼들려 그 건물을 팔려고 한다고 한다. 건물에 대한 등기필증을 가지고 있는 乙은 법적으로 안전한가?

➡ 乙이 甲의 건물에 대한 등기필증을 가지고 있다고 하여 부동산에 대한 담보의 효과가 있는 것은 아니다. 건물에 대한 저당권을 취득하기 위해서는(민법 제356조) 乙 명의로 저당권설정등기가 마쳐져야 하기 때문이다(제186조). 따라서 乙은 甲이 건물을 처분하기 전에 건물에 저당권설정등기를 하여야 본래 乙이 의도한 목적을 달성할 수 있다.

2. 토지임대인의 법정저당권

토지임대인이 변제기가 지난 최후 2년의 임차료채권에 의하여 임차토지 위에 있는 임차인 소유의 건물을 압류한 경우에는 저당권과 동일한 효력이 있다(민법 제649조). 다시 말하면 임차인이 임차토지에 자기 소유의 건물을 가지는 경우에 한하여, 또한 연체된 임차료 중 최후 2년분의 임차료채권에 관해서만 법정저당권이 인정되며, 그 성립시기는 압류등기를 한 때이다.

Ⅲ. 저당권의 효력

1. 저당권의 효력이 미치는 범위

(1) 피담보채권의 범위

저당권은 원본·이자·위약금·채무불이행으로 인한 손해배상 및 저당권 실행비용을 담보하고, 지연배상에 대해서는 원본의 이행기일이 지난 후의 1년분만을 담보한다(민법 제360조). 지연배상에 대해서는 저당권의 행사범위가 제한되는데, 이는 후순위의 저당권이 설정되거나 목적부동산에 관하여 제3자가 이해관계를 갖는 경우가 적지 않은 만큼 제3자를 보호하기 위한 것이다.

(2) 저당권의 효력이 미치는 범위

(가) 부합물과 종물

1) 저당권의 효력은 저당부동산·부합된 물건·종물에 미친다(민법 제358조 본문). 그러나 법률에 특별한 규정이 있거나 설정행위에서 다른 약정을 한 때에는 다르다(제358조 단서). 저당권의 효력은 저당부동산뿐만 아니라 저당부동산에 부합된 물건에 미친다. 여기서 부합은 소유자를 달리하는 여러 개의 물건이 결합하여 1개의 물건으로 되는 것을 말한다. 즉 물건이 결합되어 훼손하지 않으면 분리할 수 없거나 그 분리에 과다한 비용을 요하는 상태를 가리킨다. 저당권의 효력은 저당부동산의 종물에도 미친다. 물건의 소유자가 그 물건의 일상적인 사용을 돕기 위하여 자기 소유인 다른 물건을 이에 부속하게 한 경우에 그 물건을 주물이라고 하고, 주물에 부속시킨 다른 물건을 종물이라고 한다. 가령 배와 노, 시계와 시계줄이 그것이다.

2) 저당권은 본래 목적물의 사용·수익을 저당권설정자에게 남겨두는 권리이기 때문에 저당부동산으로부터 생기는 과실(천연과실·법정과실)에는 그 효력이 미

치지 않는다. 다만 저당부동산에 대한 압류가 행해진 후에 저당권설정자가 목적부동산으로부터 수취한 과실 또는 수취할 수 있는 과실에는 저당권의 효력이 미친다(제359조). 가령 저당부동산에 대한 압류가 있으면 그 압류 이후의 저당권설정자의 저당부동산에 관한 차임채권 등에도 저당권의 효력이 미친다.[10] 참고로 물건으로부터 생기는 경제적 수익을 과실(果實)이라고 하고, 과실을 생기게 하는 물건을 원물(元物)이라고 한다. 과실에는 천연과실과 법정과실이 있다. 물건의 용법에 의하여 수취되는 산출물이 천연과실이고(예: 과일, 곡물, 가축의 새끼·우유 등), 물건의 사용대가로 받는 금전이나 그 밖의 물건이 법정과실이다(예: 물건의 사용료, 금전소비대차에서의 이자 등).

사례) 乙은 甲에 대한 채무의 담보로 자신의 건물에 저당권을 설정해 주었다. 그 후 건물은 A부분이 증축되었지만 건물과 별개의 독립물로서의 효용이 인정되지 않는다. 또한 B부분(가재도구 보관창고, 연탄창고 및 공동변소 등)도 축조되었다. 乙이 채무를 변제하지 못하자 甲이 경매를 신청하여 건물을 매각받았다. 甲은 乙에게 A부분과 B부분을 포함한 건물의 인도를 청구할 수 있는가?

➡ 甲이 乙에 대하여 A부분과 B부분을 포함한 건물의 명도를 청구할 수 있기 위해서는, A부분과 B부분에 저당권의 효력이 미쳐서 건물과 함께 소유권을 취득하여야 한다. 건물이 증축된 경우, 증축부분의 기존건물에 부합 여부는 증축부분이 기존건물에 부착된 물리적 구조뿐만 아니라 그 용도와 기능의 면에서 기존건물과 독립한 경제적 효용을 가지고 거래상 별개의 소유권의 객체가 될 수 있는지 등을 고려하여 판단하여야 한다. 설문의 경우, A부분이 독립된 건물로서의 독립성이 인정되지 않으므로 건물에 부합되었다고 하겠다. 한편 어느 건물이 주된 건물의 종물이기 위하여는 주된 건물의 경제적 효용을 보조하기 위하여 계속적으로 이바지되어야 하는 관계가 있어야 한다. 설문의 경우, B부분은 건물의 경제적 효용을 보조하기 위한 것으로 종물에 해당한다. 결국 저당권의 효력이 건물의 부합물인 A부분과 종물인 B부분에도 미치므로(민법 제358조), 경매로 건물의 소유권을 취득한 甲은 제213조에 의하여 乙에 대하여 A부분과 B부분을 포함한 건물의 인도를 청구할 수 있다.

(나) 물상대위

저당권은 목적물의 교환가치를 지배하는 것을 목적으로 하는 권리이다. 따라서 저당목적물이 멸실·훼손·공용징수로 인하여 금전이나 그 밖의 물건의 형태로 변한 때에는 그 가치변형물에 저당권의 효력이 미치는데, 이를 물상대위라고 한다(민법 제370조, 제342조). 즉 저당목적물이 멸실 등이 되었지만 저당권설정자가 그로 인해 금전이나 물건의 인도청구권을 가지게 된 때에는 그러한 권리(즉 금전지급청구권이나 물건인도청구권)에도 저당권의 효력이 미친다. 가령 담보물을 제3자가 멸실시켜 설정자가 제3자에 대해 불법행위로 인한 손해배상채권을 가지는 경우, 담보권자는 이에 대해 물상대위권을 행사할 수 있다. 저당권자가 물상대위권을 행사하기 위해서는 설정자가 받을 금전이나 물건에 대해 그 '지급 또는 인도' 전에 이를 압류하여야 한다. 이것은 물상대위의 목적인 것을 특정하기 위한 것이므로, 제3채권자가 이미 압류한 경우에도 물상대위가 허용된다.[11)]

사례) 甲은 乙에 대한 대여금채권을 담보하기 위해 乙 소유의 부동산에 채권최고액 5,000만원의 근저당권설정등기를 마쳤다. 그 후 丙지방자치단체가 이를 수용하면서 乙 앞으로 수용보상금을 공탁하였다. 이 공탁금에 대해 乙의 채권자 丁이 압류명령을 받았다. 甲은 위 공탁금에 대해 어떤 권리를 가지며, 이를 어떻게 행사할 수 있는가?

➡ 저당목적물인 부동산에 대한 공용징수로 인해 乙은 丙에 대해 수용보상금을 청구할 수 있고, 乙의 丙에 대한 수용보상금청구권에 대해 甲의 근저당권 효력이 미치므로(민법 제370조, 제342조), 甲은 乙이 공탁금을 출급하기 전에 압류하여 물상대위권을 행사할 수 있다. 저당권자가 물상대위권을 행사하기 위해서는 저당권설정자가 받을 금전이나 물건에 대해 그 '지급 또는 인도' 전에 이를 압류하여야 하지만, 제3채권자가 이미 압류한 경우에도 물상대위가 허용된다. 설문에서 丁이 乙의 공탁금출급청구권에 대해 압류하였으므로, 甲은 물상대위권에 의하여 乙의 공탁금출급청구권에 대해 전부명령을 받아 공탁금의 출급을 청구할 수 있다.[12)] 참고로 전부명령은 압류된 금전채권을 집행채권의 변제에 갈음하여 권면액으로 압류채권자에게 이전시키는 집행법원의 명령(결정)이다.

2. 우선변제적 효력

채무자가 변제기에 변제하지 않으면 저당권자는 저당목적물을 현금화하여 그 대금으로부터 다른 채권자에 우선하여 변제를 받을 수 있다(민법 제356조). 우선변제권에 의하여 피담보채권이 완전히 변제되지 않은 경우, 저당권자는 일반채권자로서 채무자의 일반재산에 대하여 집행하거나 배당에 참가할 수 있다.

(1) 저당권에 기하여 우선변제를 받는 경우

(가) 저당권자가 우선변제를 받는 방법 가운데 가장 전형적인 것은 저당권자 자신이 저당권을 실행하여 변제받는 것이다. 저당권을 실행하기 위해서는 피담보채권 및 저당권이 존재하여야 하고, 채무자가 이행지체에 빠져야 한다. 저당권을 실행하는 통상의 절차는 민사집행법의 규정에 따라 행하여진다(민사집행법 제264조 이하). 담보권 실행을 위한 경매는 집행권원(확정된 종국판결·화해조서 등과 같이 실체법상의 청구권의 존재와 범위를 표시하고 법률상 집행력을 인정한 공문서)을 요하지 않는다는 점에서 강제경매와 구별된다. 경매절차에서 저당부동산이 매각되면 그 위에 설정된 저당권은 순위에 관계없이 모두 소멸한다(제268조, 제91조 2항). 저당목적물 위에 존재하던 용익권은 최선순위의 저당권과의 우선순위에 따라 그 운명이 결정된다. 즉 최선순위 저당권보다 먼저 설정된 용익권(지상권·지역권·전세권 및 등기된 임차권)은 매각으로 소멸하지 않고 매수인이 인수하지만(제268조, 제91조 4항), 후순위의 용익권 등은 소멸한다(제268조, 제91조 3항). 다만 전세권의 경우에는 전세권자가 배당요구를 하면 저당권보다 먼저 설정된 경우에도 매각으로 소멸한다(제268조, 제91조 4항). 한편 유치권은 매각이 있더라도 그대로 유효하며, 따라서 유치권자는 매수인에 대해서도 채권의 변제가 있을 때까지 인도를 거절할 수 있으므로(제268조, 제91조 5항), 사실상 우선변제권을 가진다.

참고로 개인은 타인이 소유하는 재산에 대하여 직접 권리를 행사할 수 없으며, 반드시 국가권력(법원)의 힘을 빌려서 자신의 권리를 강제하여야 한다. 이러한 과정에서 권리자에게 권리가 있음을 확인하여 그 권리의 진정성이 보장된 경우에 집행권원이 있다고 한다. 집행권원의 대표적인 것은 확정판결이지만, 그 밖에도 확정된 지급명령, 소송상 화해·청구의 인낙 등과 같이 확정판결과 같은 효력이 있는 것 등이 있다.

사례1) 乙은 甲으로부터 5,000만원을 빌리면서 자기 건물(시가 3억원)에 저당권을 설정해 주었다. 경기침체로 사업이 잘 되지 아니하여 약속일에 변제를 하지 못하였더니, 甲은 건물을 경매에 넘기겠다고 한다. 그렇게 되면 乙은 건물에 대한 소유권을 잃게 되는가?

➡ 저당권자가 경매에 넘기는 것을 저당권의 실행이라고 한다. 저당권의 실행이란 채무자가 채무의 변제를 하지 아니할 때, 채권자인 저당권자가 담보물을 환가하여 자기 채권만족을 도모하는 절차를 말한다. 환가는 경매를 통하여 진행되는데, 저당권자는 매각대금에서 환가비용을 공제한 금액 중에서 채권액을 받게 되고, 만약 나머지가 있으면 이는 채무자에게 귀속된다. 물론 부동산의 소유권은 매수인에게 귀속하게 된다. 따라서 乙의 경우에도 저당권의 실행절차에 들어가게 되면, 건물에 대한 소유권이 다른 사람에게 넘어갈 소지가 있고, 또 실제 경매되는 모습을 보면 목적물의 시가보다 못한 가액에 매각되는 경우가 많으며, 환가절차에 따른 비용까지 원칙적으로 채무자가 부담하게 되므로, 당장 채무를 변제하는 것이 손해를 줄이는 방법일 것이다.

사례2) 甲 소유의 토지에 대한 乙 명의의 근저당권설정등기가 불법하게 말소된 후 甲이 丙에게 근저당권설정등기를 해 주었다. 그 후 乙은 근저당권설정등기에 대한 회복등기를 구하는 소송을 제기하여 승소판결을 받았으나 丙의 경매신청에 의하여 토지를 丁이 매각받아 이전등기까지 마쳤다. 이때 乙이 취할 수 있는 법적 조치는?

➡ 乙의 근저당권은 토지에 대한 경매로 인해 소멸되었다(민사집행법 제268조, 제91조 2항). 따라서 丁을 상대로 소멸한 근저당권에 관한 말소등기의 회복등기를 위하여 그 승낙의 의사표시를 구할 수 없다. 반면에 乙은 경매절차에서 실제로 배당받은 丙에 대하여 부당이득반환청구로서 그 배당금의 한도 내에서 자신의 근저당권설정등기가 말소되지 아니하였더라면 배당받았을 금액의 지급을 구할 수 있다(민법 제741조).

(나) 한편 저당권자는 스스로 저당권을 실행하지 않고 우선변제를 받는 경우가 있다. 저당부동산에 대하여 일반채권자가 강제집행을 하거나 저당부동산의 전세권자 또는 후순위 저당권자가 경매를 신청하는 경우에 그렇다. 그러한 경우에 저당권자는 강제집행이나 경매를 막지 못하며, 그가 가지는 우선순위에 따라서 매각대금으로부터 당연히 변제를 받게 된다(민사집행법 제268조, 제91조 2항, 제145조 2항).

(2) 단순한 채권자로서 변제를 받는 경우

저당권에 기하여 우선변제를 받았지만 채권 전부를 변제받지 못한 경우에 잔여채권은 무담보의 채권으로 남게 된다. 이 잔여채권을 변제받기 위하여 종전 저당권자는 일반채권자로서 채무자의 일반재산에 대하여 스스로 강제집행을 하거나 또는 타인이 채무자의 재산에 강제집행하는 경우에 그 배당에 참가할 수 있다.

3. 저당권과 용익권의 관계

(1) 일반

저당권은 저당권설정자가 목적물을 점유하여 사용·수익하고, 저당권자는 목적물의 교환가치만을 파악하는 것을 그 내용으로 한다. 따라서 저당권이 설정된 후에도 저당권설정자는 목적물에 대한 사용·수익에 아무런 제한을 받지 않는다. 그러나 저당권이 실행되면 저당목적물에 대한 소유권이 매수인에게 이전되므로, 저당권과 대항력이 있는 제3자의 용익권의 관계, 저당권의 실행으로 토지와 건물의 소유자가 다르게 된 경우에 저당목적물과 토지 내지 건물의 이용관계, 저당권자와 저당목적물에 대하여 권리를 취득한 제3자 사이의 관계 등이 문제된다.

(2) 저당권과 제3자의 대항력 있는 용익권의 관계

저당권이 실행되었을 때 제3자의 대항력이 있는 용익권(예: 지상권·전세권·대항력 있는 임차권)과의 관계는 용익권과 저당권의 설정 선후에 따라 결정된다. 즉 저당권을 설정하기 전에 이미 제3자가 목적물에 관하여 용익권을 가지고 있는 경우, 저당권이 실행되어도 용익권자는 그 용익권을 가지고 매수인에게 대항할 수 있으나(민법 제370조, 제333조), 저당권이 설정된 후 용익권을 취득한 경우에는 저당권이 실행되면 그 매수인에게 대항할 수 없다. 따라서 저당권에 대항할 수 없는 용익권은 매각으로 소멸하게 된다(민사집행법 제268조, 제91조 3항).

(3) 법정지상권

(가) 지상권이란 타인의 토지에서 건물이나 그 밖의 공작물 또는 수목을 소유하기 위하여 그 토지를 사용하는 물권이다(민법 제279조). 지상권은 당사자 사이의 약정에 의하여 취득할 수 있지만, 상속·판결·경매나 그 밖의 법률규정에 의하여 취득할 수 있는데, 그 대표적인 것이 법정지상권이다. 법정지상권은 동일인의 소유에 속하는 토지와 지상건물 중 어느 하나 또는 양쪽에 설정된 저당권이 실행되어 그 소유자가 각각 다르게 된 때에, 건물의 소유자에게 당연히 인정되는 지상권을 말한다(제366조). 이는 우리 민법상 건물이 토지와는 별개의 부동산으로 다루어지는 데서 연유한 것이다. 제366조의 법정지상권이 성립하기 위해서는 ① 저당권설정 당시 건물이 존재하여야 하고, ② 토지와 건물이 동일인의 소유에 속하여야 하며, ③ 토지나 지상건물에 저당권이 설정되어야 한다. 그 밖에 ④ 경매로 인하여 토지와 건물의 소유자가 달라져야 한다. 법정저당권이 성립하는 시기는 토지나 지상건물이 경매로 그 소유권이 매수인에게 이전하는 때이다. 따라서 매수인이 매각대금을 완납한 때에 법정지상권은 성립한다(민사집행법 제268조, 제135조). 제366조에 의한 법정지상권은 법률규정에 의한 물권변동이므로, 그 취득에 등기를 필요로 하지 않는다(제187조).

(나) 법정지상권자는 취득할 당시의 대지소유자나 이로부터 소유권을 전득한 제3자에 대하여도 등기 없이 지상권을 주장할 수 있는 것이며, 대지소유자에 대하

여 지상권설정등기청구권이 있다. 법정지상권자가 그 소유건물을 양도하는 경우에는 특별한 사정이 없는 한 건물과 함께 지상권도 양도하기로 하는 채권적 계약이 있었다고 할 것이므로, 건물양수인은 채권자대위의 법리(제404조)에 의하여 대지소유자 및 건물양도인에 대해 차례로 지상권설정등기 및 이전등기절차의 이행을 구할 수 있다. 한편 지료는 우선 당사자의 협의로 이를 정하게 되나, 협의가 이루어지지 않는 때에는 당사자의 청구로 법원이 이를 정한다(제366조 단서).

(다) 법정지상권이나 관습상의 법정지상권이 성립한 후에 건물을 개축 또는 증축하는 경우는 물론이고 건물이 멸실되거나 철거된 후에 신축하는 경우에도 법정지상권은 소멸하지 않으며, 다만 그 법정지상권의 범위는 구건물을 기준으로 하여 그 유지 또는 사용을 위하여 일반적으로 필요한 범위 내의 대지 부분에 한정된다.[13] 다만 동일인의 소유에 속하는 토지 및 그 지상건물에 관하여 공동저당권이 설정된 후 지상 건물이 철거되고 새로 건물이 신축된 경우, 신축건물의 소유자가 토지의 소유자와 동일하고 토지의 저당권자에게 신축건물에 관하여 토지의 저당권과 동일한 순위의 공동저당권을 설정해 주는 등 특별한 사정이 없는 한, 저당물의 경매로 인하여 토지와 신축건물이 다른 소유자에 속하게 되더라도 신축건물을 위한 법정지상권은 성립하지 않는다.[14] 여기서 관습상 법정지상권이란 동일인에게 속하였던 토지 및 건물이 매매 등의 원인으로 소유자를 달리하게 된 때에 그 건물을 철거한다는 특약이 없으면 건물소유자가 당연히 취득하게 되는 법정지상권을 말한다.

사례) 甲은 乙로부터 乙 소유 X토지 위의 Y건물을 매수하여 소유권이전등기를 마치고 이를 사용하여 오고 있는데, 건물이 매우 노후하여 이를 철거하고 새로 건물을 짓고 싶다. 乙 소유 X토지 위에 새로 지은 건물을 甲이 사용하더라도 아무런 문제가 없는가?

➡ 토지와 건물이 동일한 소유자에게 속하였다가, 건물 또는 토지가 매매나 그 밖의 원인으로 인하여 양자의 소유자가 다르게 된 때, 당사자 사이에 그 건물을 철거하

기로 하는 합의가 있었다는 등의 특별한 사정이 없으면, 건물소유자는 토지소유자에 대하여 그 건물을 위한 관습상 법정지상권을 취득하게 된다.[15] 법정지상권이나 관습상의 법정지상권이 성립한 후에 건물을 개축 또는 증축하는 경우는 물론이고 건물이 멸실되거나 철거된 후에 신축하는 경우에도 법정지상권은 소멸하지 않으며, 다만 그 법정지상권의 범위는 구건물을 기준으로 하여 그 유지 또는 사용을 위하여 일반적으로 필요한 범위 내의 대지 부분에 한정된다.[16] 설문의 경우, 토지와 건물이 乙에게 속하였다가 매매로 인해 양자의 소유자가 다르게 되었으므로 甲은 乙에 대하여 건물 소유를 위한 관습상 법정지상권을 취득하였으며, 따라서 甲이 Y건물 대지 부분에 새로 건물을 신축한다면 이를 사용하는 데에 문제가 없다.

(4) 저당토지 위의 건물에 대한 일괄경매청구권

토지와 건물은 각각 별개의 부동산이므로, 토지의 저당권은 건물에 그 효력을 미치지 않는다. 다만 토지에 저당권이 설정된 후 토지소유자(저당권설정자)가 저당토지에 건물을 지은 경우, 저당권자는 저당토지와 함께 그 건물에 대해서도 경매를 청구할 수 있다(민법 제365조 본문). 저당권설정 당시에 건물이 존재하지 않으면 건물을 위한 법정지상권은 인정되지 않으므로(제366조), 토지의 매수인은 건물의 소유자에 대하여 건물철거를 요구할 수 있어, 사회경제적으로 매우 불이익하게 된다. 이를 방지하기 위해 저당권자에게 일괄경매청구권을 인정한 것이다. 저당권자가 일괄경매를 하더라도 그 건물의 매각대금에 대하여는 우선변제를 받을 권리가 없다(제365조 단서).

(5) 제3취득자의 보호

저당권은 목적물이 갖는 교환가치만을 지배하는 물권이기 때문에, 저당권설정 후에도 저당권설정자는 저당목적물을 제3자에게 양도하거나 지상권·전세권 등의 용익물권을 설정할 수도 있다. 저당권이 실행되기 전에는 저당부동산 위의 저당권은 단순히 존재하고 있는 것에 불과하므로, 저당권의 목적인 부동산을 양도받은 양수인 또는 그 부동산 위에 지상권·전세권을 취득한 사람, 즉 제3취득자는 저당권이 실행되기 전에 그 부동산을 사용·수익하는 데 아무런 제한을 받지 않는다. 그러나 채무자의 채무불이행으로 저당권이 실행되면 저당부동산 위의 권리를 상실할 위험에 처하게 된다. 따라서 저당부동산에 대하여 소유권, 지상권 또는 전세권을 취득한 제3자는 저당권자에게 그 부동산으로 담보된 채권을 변제하고 저당권의 소멸을 청구할 수 있다(민법 제364조). 제3취득자의 변제가 있으면 저당권은 말소등기 없이도 당연히 소멸한다(제369조, 제187조). 물론 변제한 제3취득자는 채무자에 대하여 변제한 것의 상환을 청구할 수 있다(구상권). 또한 물상보증인이나 저당부동산의 제3취득자는 채무자와 달리 물적 책임을 부담할 뿐이므로, 제3취득자는 경매절차에 참가하여 매수인이 되어 저당목적물을 매각 받을 수 있다(제363조 2항). 그 밖에 저당물의 제3취득자가 그 부동산의 보존·개량을 위하여 필요비 또는 유익비를 지출한 때에는 저당물의 매각대금에서 우선적으로 상환을 받을 수 있다(제367조).

4. 저당권침해에 대한 구제

(1) 저당권의 침해가 있는 때에는 저당권자는 저당권에 기하여 '방해제거'나 '방해예방'을 청구할 수 있다(민법 제370조, 제214조). 예컨대 저당목적물의 소유자 또는 제3자가 저당목적물을 물리적으로 멸실·훼손하는 경우는 물론 그 밖의 행위로 저당부동산의 교환가치가 하락할 우려가 있는 등 저당권자의 우선변제청구권의 행사가 방해되는 결과가 발생한다면, 저당권자는 저당권에 기한 방해배제청구권을 행사하여 방해행위의 제거를 청구할 수 있다. 다만 저당권은 목적물의 점유를 수반하지 않기 때문에 그 성질상 '반환청구권'이 인정되지 않는다.

(2) 저당목적물의 침해로 저당권자가 채권의 만족을 얻을 수 없는 경우, 그 침해자에 대해 불법행위를 이유로 손해배상을 청구할 수 있다(제750조). 예컨대 저당목적물의 제3취득자가 고의로 저당권의 실행을 방해하여 그로 인해 목적물의 가격

이 하락한 경우, 저당권자는 제3자에 대하여 불법행위로 인한 손해배상을 청구할 수 있다. 다만 침해가 있더라도 나머지 교환가치에 의하여 채권의 만족을 얻을 수 있으면, 위법한 침해행위가 있지만 손해는 없다고 할 것이므로 불법행위는 성립하지 않는다.

Ⅳ. 저당권의 처분 및 소멸

1. 저당권의 처분

저당권은 피담보채권과 분리하여 타인에게 양도할 수 없다(민법 제361조). 즉 저당권과 피담보채권은 일체로만 처분될 수 있으므로, 저당권의 양도에 관해서는 저당권이전에 대한 합의와 등기(부기등기)를 하여야 하고(제186조), 피담보채권양도와 관련하여 양수인이 채무자나 제3자에 대하여 대항할 수 있으려면 양도인(채권자)의 통지 또는 채무자의 승낙이 있어야 한다(제450조).

2. 저당권의 소멸

저당권은 목적물의 멸실, 공용징수, 피담보채권의 소멸에 의하여 소멸하며, 경매·제3취득자의 변제(민법 제364조) 등에 의해서도 소멸한다. 저당권은 독립하여 소멸시효에 걸리지 않지만, 피담보채권이 시효완성으로 소멸하면 부종성에 의하여 저당권도 소멸한다(제369조).

V. 특수한 저당권

1. 공동저당

(1) 의의

공동저당이란 동일한 채권을 담보하기 위하여 여러 개의 부동산 위에 저당권을 설정하는 것을 말한다(민법 제368조). 예컨대 甲이 乙에 대하여 가지고 있는 5,000만원의 채권을 담보하기 위하여 乙 소유의 X건물(시가 3,000만원)과 Y토지(시가 4,000만원)에 저당권을 취득하는 경우가 이에 해당한다. 이와 같이 공동저당은 여러 개의 부동산이 동일한 채권의 담보로 되어 있는 점에 특징에 있다. 그런데 공동저당의 경우에 저당권의 수는 하나가 아니고, 부동산 수만큼 있는 것으로 된다.

(2) 공동저당의 성립

공동저당권이 성립하기 위해서는 보통의 저당권처럼 ① 피담보채권이 존재하여야 하고, ② 설정계약과 ③ 등기가 있어야 하며, ④ 목적물은 법률상 공시가 가능한 것이어야 한다. 각각의 저당권은 동시에 설정될 수도 있으나, 저당권이 일부의 부동산에 먼저 설정된 뒤에 추가로 다른 부동산에 저당권이 설정되어도 무방하다. 또한 각 부동산 위의 저당권 순위가 같을 필요도 없고, 부동산의 소유자가 달라도 상관없다. 공동저당에 의하여 각 부동산 위에 저당권이 성립하므로, 각 부동산에 관하여 저당권설정의 등기를 하여야 한다. 물론 저당권의 등기를 할 때에 다른 부동산과 함께 공동담보로 되어 있다는 뜻을 기재하여야 한다(부동산등기법 제78조).

(3) 공동저당의 효력

저당권자는 공동저당의 목적인 여러 부동산 중 어느 것이라도 먼저 저당권을 실행하여 자신의 채권 전부 또는 일부를 우선변제 받을 수 있다. 그러나 이 원칙을 관철한다면 목적부동산의 소유자나 후순위저당권자 등에게 불공평한 결과가 생긴다. 그래서 민법은 저당권자의 자유선택권을 인정하면서 아울러 각 부동산의 소유자·후순위저당권자를 보호하기 위하여 일정한 조치를 취하고 있다(민법 제368조).

(가) 동시배당의 경우: 부담의 안분

공동저당의 목적부동산 전부를 경매하여 그 경매대가를 동시에 배당하는 때에는 각 부동산의 경매대가에 비례하여 그 채권의 분담액을 정한다(제368조 1항). 따라서 각 부동산에 관하여 그 비례안분액을 초과하는 부분은 후순위저당권자의 변제에 충당되고, 후순위저당권자가 없는 경우에 소유자에게 배당된다. 여기서 '각 부동산의 경매대가'라 함은 매각대금에서 해당 부동산이 부담할 경매비용과 선순위채권을 공제한 잔액을 말한다.[17] 예컨대 甲이 乙에 대한 5,000만원의 채권에 관하여 乙 소유의 A토지(시가 5,000만원)·B건물(시가 3,000만원)·C토지(시가 2,000만원)에 각각 1번 저당권을 취득하고, 丙이 A토지에 2,500만원, 丁이 B건물에 1,500만원, 戊가 C토지에 1,000만원의 채권으로 각각 2번 저당권을 취득한 경우([예제 1]), 甲이 A·B·C 3개의 부동산 모두를 경매하여 배당을 받는 때에는 A토지로부터 2,500만원, B건물로부터 1,500만원, C토지로부터 1,000만원을 변제받게 된다. 그리하여 2번 저당권자인 丙·丁·戊는 A·B·C의 매각대금의 잔액에서 각각 채권의 만족을 얻을 수 있게 된다.

(나) 이시배당의 경우: 후순위저당권자의 대위

공동저당의 목적부동산 가운데 일부만을 경매하여 경매대가를 먼저 배당하는 경우에는 공동저당권자는 그 대가로부터 그의 채권 전부를 변제받을 수 있다. 이 경우 매각된 부동산의 후순위저당권자는 목적부동산 전부를 경매하여 동시에 배당하였더라면 공동저당권자가 다른 부동산에서 변제받을 수 있었던 금액의 한도 내에서 공동저당권자를 대위하여 저당권을 행사할 수 있다(제368조 2항). 여기서 '대위'한다는 것은 공동저당권자가 가지고 있던 저당권이 후순위저당권자에게 이전하는 것을 말한다. 이것은 법률상 당연히 발생하는 것이므로 등기가 필요하지 않다

(제187조). 예컨대 [예제 1]에서 甲이 A토지만을 먼저 경매하여 그 대가 5,000만원에서 자신의 채권 5,000만원을 배당받은 경우, A토지의 후순위저당권자 丙은 A·B·C 3개의 부동산이 동시에 경매되었더라면 A토지의 매각대금 중에서 2,500만원은 甲이 배당을 받고, 나머지 2,500만원을 배당받았을 것이므로, 그 범위에서 丙은 B건물·C토지에 대한 甲의 1번 저당권을 행사할 수 있다.

사례) 甲은 乙의 丙에 대한 채무에 대하여 자신의 X토지를 乙 소유의 Y토지와 공동담보로 저당권을 설정해주었다. 그런데 乙이 채무의 변제기가 지났는데도 변제를 하지 않자, 丙은 甲과 乙의 토지를 함께 경매신청하여 배당기일이 지정된 상태이다. 이 경우에도 각 토지의 경매대가에 비례하여 배당하게 되는가?

➡ 공동저당권이 설정되어 있는 여러 부동산 중 일부는 채무자 소유이고 일부는 물상보증인 소유인 경우, 각 부동산의 경매대가를 동시에 배당하는 때에는 민법 제368조 1항은 적용되지 않고, 채무자 소유 부동산의 경매대가에서 공동저당권자에게 우선적으로 배당을 하고, 부족분이 있는 경우에 한하여 물상보증인 소유 부동산의 경매대가에서 추가로 배당을 하여야 한다.[18] 공동저당권의 목적물인 채무자 소유의 부동산과 물상보증인 소유의 부동산이 함께 경매되어 그 경매대가를 동시에 배당하는 경우, 물상보증인이 제481조, 제482조에 의한 변제자대위에 의하여 채무자 소유 부동산에 대하여 담보권을 행사할 수 있는 지위에 있기 때문이다. 따라서 채무자인 乙 소유 부동산의 경매대가에서 공동저당권자 丙에게 우선적으로 배당을 하고, 부족분이 있는 경우에 한하여 물상보증인 甲 소유 부동산의 경매대가에서 추가로 배당을 하게 될 것이다.

2. 근저당

(1) 의의

근저당이란 계속적 거래관계(예: 당좌대월계약, 계속적 상품공급계약 등)로부터 생기는 불특정 다수의 채권을 장래의 결산기에 일정한 한도액의 범위 안에서 담보하는 저당권을 말한다(민법 제357조). 계속적 거래관계에 있는 당사자 사이에서는 채권이 수시로 발생하고, 그 금액도 증감변동하며, 때로는 채권액이 0이 되기도 한다. 이처럼 채권이 발생·소멸할 때마다 저당권을 설정·말소등기를 하여야 한다면, 불편함과 번잡함은 이루 말할 수 없을 것이므로, 이를 피하기 위한 것이 근저당이다.

(2) 근저당의 성립

근저당이 성립하기 위해서는 ① 계속적 거래계약(기본계약)이 존재하여야 하고, ② 근저당권설정계약과 ③ 등기가 있어야 하며, ④ 목적물은 법률상 공시가 가능한 것이어야 한다.

(가) 계속적 거래계약이 존재할 것 — 기본계약

근저당권은 보통의 저당권과 달리 근저당설정 당시에는 아직 피담보채권이 현존하고 있지 않으므로, 장차 그 근저당권의 피담보채권으로 될 채권발생의 기초가 되는 계속적 거래계약(예: 당좌대월계약·어음할인계약·물품공급계약 등)이 존재하여야 한다.

(나) 당사자 사이에 근저당권설정계약이 있을 것 — 근저당권설정계약

보통의 저당권처럼 근저당권자는 채권자이고, 근저당설정자는 채무자 또는 물상보증인이다. 근저당권설정계약에서 담보할 채권의 최고액을 정하고 피담보채권의 범위를 결정하는 기준을 정하여야 한다. 피담보채권의 범위를 정하는 기준은 피담보채권이 발생하는 기초가 되는 계속적 거래관계를 말한다. 한편 근저당권의 존속기간에 관해서도 설정계약에서 약정할 수 있지만, 약정하지 않아도 상관이 없다.

(다) 근저당권설정등기를 하였을 것 — 설정등기

근저당권이라는 것을 반드시 등기하여야 하며, 등기하지 않으면 보통의 저당권이 설정된 것으로 본다. 등기원인으로 그 근저당권의 기초가 되는 계속적 계약관계를 기재할 것이지만(부동산등기법 제75조 2항), 실무에서는 근저당권설정계약이라고 기재한다. 그리고 담보해야 할 '채권최고액'을 반드시 등기하여야 한다(제75조 2항). 이를 등기로 공시하지 않으면 제3자에게 불측의 손해를 입힐 수 있기 때문이다. 여기서 채권최고액은 채권원본의 한도액이 아니라 이자를 포함한 원리금의 한도액을 의미한다(민법 제357조 2항).

(라) 법률상 공시가 가능한 목적물일 것

법률상 이러한 공시가 불가능한 재산권은 근저당권의 목적이 될 수 없다.

(3) 근저당권의 효력

근저당권은 설정계약에서 정한 채권의 최고액의 범위 안에서 증감·변동하는 채권의 확정액을 담보한다.

(가) 피담보채권의 범위

1) 근저당권은 최고액의 한도 내에서 실제로 존재하는 채권을 담보한다. 그리하여 근저당권자는 결산기에 확정된 채권액이 최고액을 넘고 있으면 최고액까지 우선변제를 받게 되고, 채권액이 최고액보다 적으면 구체적인 채권액에 관하여 우선변제를 받게 된다.

2) 근저당권은 원본·이자·위약금·채무불이행으로 인한 손해배상을 담보한다. 즉 원본뿐만 아니라 이자도 채권최고액에 포함되며, 위약금이나 채무불이행으로 인한 손해배상도 최고액에 포함된다. 채무불이행으로 인한 손해배상(지연배상)은 보통의 저당권과 달리 1년분에 한하지 않고 모두 최고액에 포함된다(제357조 2항).

3) 근저당권으로 담보되는 채권은 ① 설정계약 내지 기본계약에서 정한 결산기의 도래, ② 근저당권의 존속기간이 있는 경우에는 그 기간의 만료, ③ 기본계약 또는 설정계약의 해제·해지 등으로 확정된다. 존속기간이나 결산기를 정하지 않은 경우에는 근저당권설정자와 근저당권자는 언제든지 기본계약을 해지할 수 있다.[19]

존속기간이나 결산기가 정하여져 있더라도 '근저당권에 의하여 담보되는 채권'(피담보채권)이 모두 소멸하고 채무자가 거래를 계속할 의사가 없는 경우에는 근저당권설정자는 계약을 해지할 수 있다.[20] ④ 근저당권자가 피담보채무의 불이행을 이유로 경매신청을 한 때에는 그 '경매신청시'에 피담보채권은 확정된다. 반면에 후순위 근저당권자가 경매를 신청한 경우에 선순위 근저당권의 피담보채권은 그 근저당권이 소멸하는 시기, 즉 매수인이 '매각대금을 모두 지급한 때'에 확정된다.[21] 피담보채권이 확정되면 근저당권은 보통의 저당권과 마찬가지로 다루어지며, 피담보채권 확정 이후에 발생하는 채권은 그 근저당권에 의하여 담보되지 못한다.[22]

(나) 근저당권의 실행

피담보채권이 확정되고 또한 확정된 피담보채권의 변제기가 되면 근저당권자는 근저당권을 실행하여 최고액의 범위 내에서 우선변제를 받을 수 있다.

사례) 丙은행은 甲에게 4,000만원을 대출하면서, 현재 및 장래에 부담하는 여신거래상의 일체의 채무를 채권최고액 6,000만원을 한도로 담보하기 위해 甲 소유의 부동산에 대해 근저당권설정등기를 하였다. 甲의 변제가 없어서 丙은행이 경매를 신청하여 경매개시결정이 있었으나 甲이 그 채무를 모두 변제하여 경매신청이 취하되었다. 그 후 乙은 甲으로부터 그 부동산을 매수하여 소유권이전등기를 마친 다음 丙은행은 甲에게 다시 2,000만원을 대출해 주었다. 甲이 약속일에 변제를 하지 않자 丙은행은 부동산에 설정된 근저당권에 기초하여 부동산에 대해 경매를 신청하였다. 이 경매신청은 인용될 수 있는가?

➡ 근저당권자가 경매신청을 한 때에는 채무자와 더 이상의 거래관계를 계속하지 않겠다는 의사로 보아야 하므로, 그 경매신청시에 근저당권의 피담보채무는 확정되고, 그 이후에 발생하는 채권은 근저당권에 의해 담보되지 않는다.[23] 설문의 경우, 丙은행의 경매신청으로 근저당권의 피담보채무는 확정되었는데 이를 채무자가 변제하였으므로 근저당권은 소멸하였다. 따라서 丙은행의 경매신청은 인용될 수 없다.

(4) 근저당권의 소멸

(가) 근저당권은 피담보채권이 확정되기 전에는 발생한 채권을 채무자가 변제하여도 소멸하지 않는다. 그러나 피담보채권이 확정되기 전이라도 채권이 변제 등으로 소멸하거나 또는 거래의 계속을 원하지 않는 경우에는 근저당권설정계약을 해지하고 설정등기의 말소를 청구할 수 있다. 또한 피담보채권이 확정된 때에 피담보채권이 존재하지 않거나 채권이 변제 등으로 소멸한 때 또는 실행이 종료하면 근저당권은 소멸한다.

(나) 한편 확정된 채권액이 최고액을 넘는 경우에 채무자인 근저당권설정자는 최고액만을 변제하고 근저당권의 소멸을 청구할 수 없다.[24)] 근저당권자와 채무자인 근저당권설정자와의 관계에서는 채권 전액의 변제가 있을 때까지 근저당권의 효력은 채권최고액과는 관계없이 잔존채무에 여전히 미치기 때문이다. 반면에 근저당권의 물상보증인이나 제3취득자는 피담보채무가 확정된 이후에 채권최고액의 범위 내에서 그 확정된 피담보채무를 변제하고 근저당권의 소멸을 청구할 수 있다.[25)]

사례) 乙의 丙에 대한 채무에 대해 甲이 물상보증인으로서 자신의 부동산에 丙 앞으로 채권최고액 1,000만원의 근저당권을 설정해 주었다. 乙의 변제가 없어 丙의 경매신청으로 부동산에 대해 경매개시결정이 내려졌는데, 이 상태에서 丁이 甲 소유의 부동산을 매수하여 그 소유권이전등기를 마쳤다. 그 후 丁은 제3취득자로서 채권최고액 1,000만원을 변제공탁하였는데, 그 당시 채무총액은 5,000만원이었다. 丁은 그 변제를 이유로 丙에게 근저당권등기의 말소를 청구하였는데, 丙은 4,000만원의 잔존채무가 남아 있어 근저당권이 소멸되지 않았다고 하면서 丁의 요구를 배척하였다. 丁의 청구는 타당한가?

➡ 근저당권이라 함은 그 담보할 채권의 최고액만을 정하고 채무의 확정을 장래에 유보하여 설정하는 저당권을 말하고, 이 경우 그 피담보채무가 확정될 때까지의 채무의 소멸 또는 이전은 근저당권에 영향을 미치지 아니하므로, 근저당부동산에 대하여 소유권을 취득한 제3자는 피담보채무가 확정된 이후에 그 확정된 피담보채무

를 채권최고액의 범위 내에서 변제하고 근저당권의 소멸을 청구할 수 있다.[26] 이처럼 채무자와 달리 물상보증인이나 제3취득자는 채권최고액을 초과하는 부분의 채권액까지 변제할 의무가 있는 것이 아니므로, 제3취득자인 丁은 채권최고액 1,000만원만 변제하고 丙에게 근저당권의 소멸을 청구할 수 있다. 따라서 丁의 청구는 타당하다.

제4절 책임재산의 보전

Ⅰ. 서설

채권자가 채무자에 대하여 금전을 받을 권리가 있는데, 채무자가 이를 이행하지 않으면, 채권자는 채무자의 일반재산에 대하여 강제집행을 하여 채권의 변제에 충당할 수 있다. 그러므로 채무자의 일반재산은 채권에 대한 최후의 보장이라고 할 수 있으며, 채무자의 일반재산을 책임재산이라고 한다. 채무자의 책임재산은 특정한 채권만을 담보하는 것은 아니고 모든 채권자를 위한 공동담보로 된다. 따라서 변제받을 가능성을 크게 하려면 채무자의 재산이 감소되지 않게 하여야 할 것이다. 채무자의 책임재산을 보전하기 위해 민법은 채권자대위권과 채권자취소권을 인정하고 있다.

Ⅱ. 채권자대위권

1. 의의

채권자대위권은 채권자가 자신의 채권을 보전하기 위하여 채무자의 권리를 행사할 수 있는 권리이다(민법 제404조 1항). 가령 채권자 甲이 채무자 乙에 대하여 1,000만원의 외상대금채권을 가지고 있고, 乙은 丙에게 1,000만원의 공사대금채권을 가지고 있을 뿐 다른 재산이 없는 경우, 乙이 丙에 대한 채권을 행사하지 않으면, 甲은 乙을 대위하여 丙에 대하여 권리행사를 할 수 있다.

2. 요건

(1) 채권자의 채권이 존재할 것—피보전채권

채권자대위권은 채권자가 자기 채권을 보전하기 위하여 인정되는 것이므로, 당연히 채권자가 채무자에 대해 채권을 가지고 있어야 한다. 보전될 채권자의 채권은 그 종류와 발생원인을 묻지 않으며, 그것이 제3채무자에게 대항할 수 있는 것일 필요도 없다.

(2) 채권자가 자기 채권을 보전할 필요가 있을 것—채권보전의 필요성

채권자대위권을 행사하기 위해서는 채권보전의 필요성이 있어야 한다. 채권을 보전할 필요성은 채권자가 채무자의 권리를 행사하지 않으면, 자기의 채권이 완전한 만족을 얻지 못하게 될 위험이 있는 경우에 인정된다. 즉 ① 채권자대위권은 채권이 '금전채권'일 때에는 채무자가 채무이행의 의사가 없는 것만으로는 행사할 수 없고, 채무자가 무자력(無資力)이어서 그 일반재산의 감소를 방지할 필요가 있는 경우에 이를 행사할 수 있다. 채권자대위권의 행사는 채무자의 자기 재산관리의 자유에 대한 간섭이 되기 때문이다. '채무자의 무자력'은 채무자가 전혀 변제자력이 없다는 것을 의미하는 것이 아니고, 채무자의 일반재산이 대위권을 행사하는 채권자를 비롯한 모든 채권자의 채권을 변제하기에 부족한 채무초과상태에 있는 것을 뜻한다. ② 보전하여야 할 채권이 '특정채권'(비금전채권)인 경우에는 채무자의 무자력을 필요로 하지 않는다. 예컨대 甲이 乙에게 다시 乙이 丙에게 부동산을 매도하였으나 아직 그 부동산의 명의가 甲으로 등기되어 있는 경우, 乙은 甲에 대하여 그리고 丙은 乙에 대하여 매매계약에 기한 등기청구권을 가지게 되는데, 이때 丙이 乙에 대한 등기청구권을 실행하기 위해서는 먼저 乙의 甲에 대한 등기청구권이 실행되지 않으면 안 된다. 이러한 경우에 丙이 乙에 대한 등기청구권을 보전하기 위하여 乙의 甲에 대한 등기청구권을 대위행사할 수 있다.[27] 또한 취득시효완성 후 제3자 앞으로 마쳐진 소유권이전등기가 원인무효인 경우, 취득시효완성으로 인한 소유권이전등기청구권을 가진 사람이 취득시효완성 당시의 소유자를 대위하여 제3자 명의의 등기말소를 청구할 수 있다.[28]

(3) 채권자의 채권(피보전채권)의 이행기가 도래할 것 — 이행기의 도래

채권자는 이행기 전에 채권을 행사할 수 없기 때문에, 채권자대위권도 행사할 수 없다. 따라서 채권자대위권을 행사하려면 채권자의 채권이 이행기가 도래하여야 한다(민법 제404조 2항). 예외적으로 '법원의 허가를 얻은 때'와 '보존행위'를 하는 경우(예: 채무자의 권리에 대한 시효중단을 위한 이행청구, 미등기부동산에 대한 보존등기신청 등)에는 이행기 전에도 채권자대위권을 행사할 수 있다.

(4) 채무자가 스스로 그의 권리를 행사하지 않을 것 — 권리불행사

채권자대위는 채무자만이 자유로이 할 수 있는 권리행사에 채권자가 간섭하는 제도이므로, 채권자는 채무자가 그의 권리를 행사하지 않은 경우에만 대위권을 행사할 수 있다. 따라서 채무자가 이미 그 권리를 행사한 때에는 채권자는 그 권리를 대위할 수 없다. 예컨대 채무자가 불이익한 대물변제를 승낙한 경우 등에도 채권자는 대위권을 행사할 수 없다.

(5) 채무자의 권리가 일신전속권 내지 압류금지채권이 아닐 것 — 권리의 비전속성

채권의 공동담보에 적합한 채무자의 권리(즉 재산권)는 모두 대위행사의 목적인 권리에 해당한다. 채권적 청구권에 한하지 않으며, 등기청구권·형성권(상계·해제·해지·공유물분할청구 등) 등도 포함된다. 반면에 행사상의 일신전속권(예: 친족간의 부양청구권·위자료청구권·이혼청구권·혼인취소권·이혼에 따른 재산분할청구권 등), 즉 채권자 자신이 권리를 행사할 것인지 여부를 결정하여야 비로소 그 권리행사가 의미를 가지게 되는 종류의 권리(제404조 1항 단서)와 압류금지채권(예: 공무원연금 등)은 대위의 목적이 될 수 없다.

사례) 乙은 토지소유자 甲으로부터 토지를 임차하여 그 위에 건물을 짓고 살아왔다. 그런데 건물이 화재로 소실되었다. 그 후 丙이 그 토지에 무단으로 가건물을 짓고 살고 있다. 乙이 임차권등기를 하지 않은 경우, 즉 임차권의 대항력을 갖추지 못한 경우에 乙이 취할 수 있는 법적 수단은?

➡ 乙의 임차권이 등기된 경우, 즉 대항력을 갖추고 있으면 직접 부동산임차권에 의하여 방해제거를 청구할 수 있지만, 설문에서 乙의 임차권은 대항력을 갖추지 못하였다. 반면에 임대인 甲은 민법 제214조에 의하여 丙에 대하여 방해배제청구를 할 수 있고, 임차권과 같이 비금전채권을 보전하기 위해서는 채무자(甲)의 무자력을 필요로 하지 않는다. 따라서 乙은 자신의 임차권을 보전하기 위해 甲이 丙에 대하여 방해배제청구권을 행사하지 않는 경우, 甲의 丙에 대한 방해배제청구권을 대위행사할 수 있다(제404조).

3. 채권자대위권의 행사

채권자는 자기의 이름으로 채무자의 권리를 재판상 또는 재판 외에서 행사할 수 있다. 채권자대위권은 채권의 보전을 위하여 채무자의 권리를 채권자가 행사하는 것이므로, 채권보전에 필요한 범위 내에서 행사하여야 한다. 채권자가 보존행위 이외의 채무자 권리를 행사한 경우에는 채무자에게 그 사실을 통지해야 한다(민법 제405조 1항). 채무자가 그 통지를 받은 후에는 그 권리를 처분하여도 채권자에게 대항할 수 없다(제405조 2항).

한편 채권자는 채무자의 권리를 행사하는 것이므로, 제3채무자는 채무자에 대해 가지는 모든 항변사유(예: 무효와 취소·권리소멸·동시이행의 항변권 등)로서 채권자에게 대항할 수 있다. 그러나 채무자가 채권자에 대해 가지는 항변을 제3채무자가 원용할 수 없다.[29] 예컨대 채권자의 채무자에 대한 채권의 소멸시효가 완성된 경우에 이를 원용할 수 있는 자는 시효이익을 직접 받는 채무자이고, 제3채무자는 이를 주장할 수 없다.

사례) 甲은 乙에 대한 물품대금채권이 있는데, 乙은 丙으로부터 부동산을 매수하여 매매잔금까지 모두 지급하고서도 소유권이전등기를 하지 않고 있으므로, 甲은 물품대금채권을 보전하기 위하여 丙을 상대로 乙의 소유권이전등기청구권을 대위행사하여 乙 명의로 소유권이전등기한 후 그 부동산을 가압류하고 乙에 대하여 물품대금청구소송을 제기하려고 한다. 그런데 甲의 乙에 대한 물품대금채권이 변제기로부터 3년이 경과되었는데, 이 경우 丙에 대하여 소유권이전등기청구를 할 수 있는가?

➡ 채권자가 채권자대위권을 행사하는 경우, 채무자가 채권자에 대해 가지는 항변을 제3채무자가 원용할 수 없으며, 채권의 소멸시효가 완성된 경우 이를 원용할 수 있는 자는 시효이익을 직접 받는 자뿐이다.[30] 따라서 제3채무자 丙은 채무자 乙이 채권자 甲에 대하여 가지는 소멸시효항변을 원용하여 채권자 甲에게 대항할 수 없고, 결국 甲은 丙에 대하여 乙을 대위하여 소유권이전등기청구를 할 수 있다. 참고로 생산자나 상인이 판매한 생산물이나 상품의 대가는 3년의 단기소멸시효에 걸리는 채권이다(민법 제163조 6호).

4. 채권자대위권 행사의 효과

채권자대위권은 채권자가 채무자의 권리를 행사하는 것이므로, 그 행사의 효과는 직접적으로 채무자에게 귀속하고,[31] 모든 채권자를 위하여 공동담보가 된다. 즉 대위권을 행사한 채권자가 우선변제를 받을 수 있는 것은 아니며, 그가 채권의 변제를 받으려면 채무자로부터 임의변제를 받거나 강제집행절차를 밟아야 한다. 다만 상계의 요건이 갖추어진 때에는 상계함으로써 사실상 우선변제를 받을 수는 있다. 가령 甲이 乙에 대하여 가지고 있는 1,000만원의 채권을 보전하기 위해 乙의 丙에 대한 공사대금채권 3,000만원을 대위행사하여, 丙으로부터 3,000만원을 받은 경우, 甲의 乙에 대한 채권의 변제기가 도래한 때에는 상계하고 나머지 2,000만원을 乙에게 인도하면 된다.

Ⅲ. 채권자취소권

1. 의의

채권자취소권은 채무자가 채권자를 해함을 알면서 책임재산인 자기의 일반재산을 감소시키는 법률행위(사해행위)를 한 경우, 그 법률행위를 취소하고 책임재산에서 일탈된 재산의 원상회복을 재판상 청구할 수 있는 권리이다(민법 제406조 1항). 예컨대 A로부터 3,000만원을 빌린 B가 그의 유일한 부동산을 C에게 증여하여 무자력으로 된 경우, A가 승소의 확정판결을 받아도 B에게 남아 있는 재산이 없기 때문에 A는 채권의 만족을 얻을 수 없게 되는데, 이 경우 A가 C에 대한 B의 증여행위를 취소하여 그 부동산을 회복하게 할 수 있다. 이처럼 채권자취소권은 채권의 공동담보가 부족한 것을 알면서 채무자가 재산감소행위를 한 경우에 채권자가 그 행위의 효력을 부인하고 재산을 되찾아와 채권의 공동담보를 유지·보전하는 제도이다.

2. 요건

(1) 채권자의 채권이 존재할 것—피보전채권의 존재

채권자취소의 효과는 모든 채권자의 이익을 위하여 효력이 있으므로(민법 제407조), 채권자취소권은 채권의 공동담보를 해하는 경우, 즉 채무자가 무자력으로 된 경우에만 허용된다. 따라서 특정물의 인도나 양도를 목적으로 하는 채권의 보전을 위하여 채권자취소권을 행사할 수 없다.[32] 가령 부동산의 제1양수인은 자신의 소유권이전등기청구권을 보전하기 위하여 양도인과 제3자 사이에서 이루어진 이중 양도행위에 대하여 채권자취소권을 행사할 수 없다.[33] 그러나 특정채권이 그 불이행으로 금전채권인 손해배상채권으로 변하는 경우에는 취소권을 행사할 수 있다.

채권자취소권에 의하여 보호될 수 있는 채권은 원칙적으로 '사해행위라고 볼 수 있는 행위가 행하여지기 전'에 발생된 것이어야 한다. 채권자는 채권발생 당시에 채무자의 자력을 신용의 기초로 하기 때문에, 사해행위 당시에 성립하지 않았던 채권은 사해행위에 의해 침해된다는 일이 발생하지 않는다. 따라서 채무자의 사해행위 이후에 발생한 채권으로 채권자는 취소권을 행사할 수 없다.

사례) 乙회사가 금융기관으로부터 대출을 받을 때 보증보험회사 丙이 신용보증을 하였고, 甲은 乙의 丙에 대한 구상금채무에 대하여 서면으로 연대보증을 하였다. 그 후 甲이 그의 유일한 재산인 부동산을 아들 丁에게 증여하였는데, 丙은 그 증여계약이 사해행위라고 하면서 丁을 상대로 취소소송을 제기하겠다고 한다. 이 경우 증여계약 당시 丙이 乙회사의 대출금을 변제하지 않아서 구상금채권이 성립하지 않았는데도 丙에 대하여 증여계약이 사해행위가 될 수 있는가?

➡ 채권자취소권을 행사할 수 있는 채권은 원칙적으로 채권자를 해하는 행위라고 볼 수 있는 행위가 행하여지기 전에 발생된 채권이어야 한다(민법 제406조). 다만 그 사해행위 당시에 이미 채권성립의 기초가 되는 법률관계가 발생되어 있고, 가까운 장래에 그 법률관계에 터잡아 채권이 성립되리라는 점에 대한 고도의 개연성이 있으며, 실제로 가까운 장래에 그 개연성이 현실화되어 채권이 성립된 경우에는 그 채권도 채권자취소권의 피보전채권이 될 수 있다.[34] 따라서 설문에서 甲이 그의 유일한 재산인 부동산을 丁에게 증여하는 계약을 체결할 당시 乙회사의 대출금채무가 연체되고 재정상태가 악화되어 丙이 보증인으로서 대출금채무를 변제할 수밖에 없는 상태였다면, 丙의 乙에 대한 구상금채권의 성립의 개연성이 있었다고 할 수 있다. 또한 그 구상금채무에 대하여 연대보증한 甲에게 구상금채권이 성립될 개연성이 있었다고 할 수 있다. 따라서 증여계약 당시 丙의 구상금채권이 성립하지 않았지만, 甲과 丁 사이의 증여계약이 사해행위에 해당할 수 있다.

(2) 채권자를 해하는 재산권을 목적으로 하는 법률행위일 것—사해행위

채무자가 행한 재산상의 법률행위가 채권자를 해하여야 한다(제406조 1항). 즉 채무자가 적극재산을 감소시키거나 소극재산을 증가시킴으로써 채무초과상태에 이르거나 이미 채무초과상태에 있는 것을 심화시킴으로써 채권자를 해하는 행위를 하여야 한다.[35] 이러한 결과를 발생시키는 법률행위를 사해행위(詐害行爲)라고 한다. 사해행위는 재산권을 목적으로 하는 법률행위이어야 한다. 가령 부동산을 증여하거나 헐값으로 파는 행위, 채권의 포기 등이 그 전형적인 예이다. 다만 채무자가 양도한 목적물에 담보권이 설정되어 있는 경우, 그 목적물 중에서 일반채권자들의 공동담보에 제공되는 책임재산은 피담보채권액을 공제한 나머지 부분만이므로, 그 피담보채권액이 목적물의 가격을 초과하고 있는 때에는 그 목적물의 양도는 사해행위에 해당한다고 할 수 없다. 채권자취소권은 채무자가 일반채권자의 공동담보가 되는 채무자의 총재산을 감소하게 하는 법률행위를 한 경우, 그 감소행위의 효력을 부인하여 채무자재산을 원상으로 회복함으로써 채권의 공동담보를 유지·보전하기 위하여 채권자에게 부여된 권리이기 때문이다.

사례1) 甲은 乙이 丙으로부터 5,000만원을 빌릴 때 서면으로 연대보증을 하였고, 丙은 乙의 X부동산에 채권최고액 6,000만원으로 하여 근저당권을 설정하였고, 부동산의 가액도 丙의 채권을 변제하기에 충분하다. 그런데 최근 연대보증인 甲이 그의 유일한 재산인 Y부동산을 배우자 丁에게 증여하자 丙은 사해행위라고 주장하면서 증여계약의 취소를 청구하겠다고 한다. 이러한 경우에도 사해행위가 되는가?

➡ 주채무자 또는 제3자 소유부동산에 대하여 채권자 앞으로 근저당권이 설정되어 있고, 그 부동산의 가액 및 채권최고액이 채무액을 초과하여 채무전액에 대하여 채권자에게 우선변제권이 확보되어 있다면, 연대보증인이 비록 유일한 재산을 처분하는 법률행위를 하더라도 채권자에 대하여 사해행위가 성립되지 않는다.[36] 따라서 甲의 丁에 대한 부동산증여행위는 사해행위라고 볼 수 없다.

사례2) 甲은 채무자 乙이 그의 유일한 부동산을 그의 배우자 丙에게 매매를 원인으로 하여 소유권이전등기를 해주었으므로 사해행위취소소송을 제기하고자 한다. 그런데 그 부동산에는 乙의 다른 채권자 丁이 시가를 초과하는 피담보채권액을 담보하는 근저당권이 존재한다. 이 경우 일반채권자인 甲이 사해행위취소를 청구할 수 있는가?

⇒ 저당권이 설정되어 있는 재산이 사해행위로 양도된 경우, 그 사해행위는 재산의 가액, 즉 시가에서 저당권의 피담보채권액을 공제한 잔액의 범위 내에서 성립하고, 피담보채권액이 그 재산의 가액을 초과하는 때에는 그 재산의 양도는 사해행위가 아니다.[37] 따라서 丁의 실제로 이미 발생하여 있는 채권금액, 즉 피담보채권액이 담보부동산의 시가를 초과한 경우라면, 일반채권자인 甲은 乙의 부동산양도행위를 사해행위로 취소할 수 없다.

(3) 채무자와 수익자 또는 전득자에게 사해의 의사가 있을 것

(가) 채무자가 사해행위 당시에 그것이 채권자를 해하게 됨을 알고 있어야 한다(제406조 1항 본문). 즉 채무자는 특정한 채권자를 해한다는 것을 인식할 필요는 없고, 일반적으로 채권자를 해한다는 것(공동담보의 부족이 생긴다)을 알고 있으면 된다. 채무자가 연대보증인인 경우에 그에게 부동산의 매도행위 당시 사해의 의사가 있었는지 여부는 연대보증인이 자신의 자산상태가 채권자에 대한 연대보증채무를 담보하는 데 부족하게 되리라는 것을 인식하였는가 하는 점에 의하여 판단하여야 하고, 연대보증인이 주채무자의 자산상태가 채무를 담보하는 데 부족하게 되리라는 것까지 인식하였어야만 사해의사를 인정할 수 있는 것은 아니다.[38]

(나) 채권자가 취소권을 행사할 수 있기 위해서는, 채무자 이외에 사해행위로 인하여 이익을 얻은 사람(수익자) 또는 수익자로부터 전득한 사람(전득자)이 그 행위 또는 전득 당시에, 그로 인해 채권자를 해하게 됨을 알고 있어야 한다(제406조 1항 단서). 수익자 또는 전득자의 사해의사도 사해의 사실에 관한 인식이 있으면 되고, 수익자나 전득자 모두에게 사해의사가 있어야 하는 것은 아니고, 어느 1인에게 있으면 충분하다.

3. 채권자취소권의 행사

(1) 채권자는 사해행위의 취소 및 원상회복을 '법원'에 청구할 수 있다(제406조 1항). 따라서 채권자취소권은 반드시 법원에 소를 제기하는 방법으로 행사하여야 하며, 소송상의 공격·방어방법으로는 행사할 수 없다.[39] 이와 같이 소제기의 방법으로만 행사하도록 하는 이유는 제3자의 이해관계에 영향을 크게 미치기 때문이다.

채권자취소권은 채권자가 자기의 이름으로 재판상 행사하여야 하고, 채권자가 채무자의 대리인으로 행사하는 것이 아니다. 채권자취소의 소의 상대방은 언제나 이득반환청구의 상대방인 수익자 또는 전득자이고, 채무자는 피고가 되지 못한다.[40] 따라서 채무면제와 같은 단독행위를 취소하는 경우에도 채무면제로 인하여 이익을 받은 수익자만을 상대방으로 한다.

(2) 사해행위 취소의 범위는 취소채권자의 채권액을 기준으로 한다.[41] 가령 甲에 대하여 3,000만원의 채무를 부담하고 있는 乙이 丙에게 7,000만원을 증여한 경우에 그 증여가 사해행위라면 甲은 3,000만원의 한도에서 乙과 丙 사이의 증여계약을 취소할 수 있을 뿐이다. 다만 다른 채권자가 배당요구를 할 것이 명백하거나 목적물이 불가분인 경우에는 그 채권액을 넘어서도 취소를 구할 수 있다.[42]

4. 채권자취소권 행사의 효과

(1) 채권자취소권의 행사는 모든 채권자의 이익을 위하여 효력이 있다(민법 제407조). 즉 수익자 또는 전득자로부터 반환받은 재산이나 이익은 채무자의 일반재산으로 회복되고, 모든 채권자를 위하여 공동담보가 되며, 취소채권자가 우선변제를 받을 권리는 없다.[43] 취소채권자가 변제를 받으려면 채무자로부터 임의로 변제를 받거나, 그 변제가 없는 경우에는 따로 그 이행청구소송을 제기하여 집행권원을 얻어야만 그 재산에 대해 강제집행을 하여야 한다. 다만 취소채권자는 취소로 인해

회복되는 재산이나 이익을 수익자 등으로부터 수령할 수 있고, 이것과 자신의 채권을 상계할 수 있는 때에는 상계함으로써 사실상 우선변제를 받을 수 있다.

(2) 사해행위 취소판결의 효력은 소송의 당사자인 채권자와 그 상대방인 수익자 또는 전득자의 관계에서만 미칠 뿐이고, 그 소송에 참가하지 아니한 채무자 또는 채무자와 수익자 사이의 법률관계에는 미치지 않는다.[44] 즉 취소소송의 당사자 사이에서만 사해행위를 무효로 만들 뿐이고, 채무자 및 취소의 상대방으로 되지 아니한 수익자 또는 전득자에 대한 관계에서는 법률행위가 유효하게 존속한다. 예컨대 채권자 甲이 전득자 丁을 상대로 채무자 乙과 수익자 丙 사이의 사해행위를 취소한 경우, 乙과 丙 사이의 사해행위는 甲과 丁에 대한 관계에서만 무효이다. 그리고 甲이 丙을 상대로 하여 취소권을 행사한 경우에는 乙과 丙 사이의 사해행위는 甲과 丙 사이의 관계에서만 무효이다. 따라서 甲은 丁(후자의 경우에는 丙)에 대하여 전득(丙에게는 수익)한 재산을 乙에게 반환할 것을 청구할 수 있다.

사례) **甲은 돈을 빌린 乙이 변제를 하지 않아서 乙의 부동산을 강제집행을 하려고 마음먹고 있었다. 그런데 이러한 사실을 안 乙은 丙과 짜고서 자신의 유일한 재산인 시가 8,000만원의 토지를 丙에게 5,000만원에 팔고 소유권이전등기를 해 주었다. 丙은 그 토지를 丁에게 6,000만원에 팔고서 소유권이전등기를 해 주었다. 甲·乙·丙·丁의 법률관계는?**

➡ 甲이 乙에게 돈을 빌려주었으므로, 甲의 乙에 대한 채권은 금전채권이다. 또한 乙은 甲에 대한 채무를 면탈하려고 丙과 짜고서 자신의 유일한 재산인 토지를 시가보다 헐값으로 양도하였으므로, 사해행위가 존재하며 乙과 丙에게 사해의사가 있다. 따라서 甲은 丙을 상대로 채권자취소권을 행사하여 乙과 丙 사이의 사해행위를 취소하고, 乙로부터 일탈한 토지의 반환에 갈음하여 가액배상을 청구할 수 있다. 丙이 丁에게 매도하고 소유권이전등기를 해 주어 토지 자체의 반환이 불가능하기 때문이다. 한편 설문에서 丁의 사해의사 여부는 불분명하지만, 만일 丁의 사해의사가 인정되는 경우, 甲은 丁을 피고로 하여 사해행위를 취소하고 그로부터 토지의 반환을 청구할 수 있다.

5. 채권자취소권의 소멸

채권자취소의 소는 채권자가 취소원인을 안 날로부터 1년, 법률행위(사해행위)가 있었던 날로부터 5년 내에 제기하여야 한다(민법 제406조 2항). 여기의 1년 또는 5년의 기간은 '제척기간'이므로 그 기간경과에 의한 권리소멸 여부를 법원이 직권으로 판단하여야 한다. 참고로 제척기간이란 일정한 권리에 관하여 법률이 예정하는 존속기간을 말한다. 제척기간은 권리자로 하여금 해당 권리를 신속하게 행사하도록 함으로써 법률관계를 조속히 확정시키기 위한 것이므로, 제척기간이 규정되어 있는 권리는 제척기간이 경과하면 당연히 소멸한다.[45)]

Chapter 06

재산상속 · 유언과 법

LAW & LIFE

제1절 재산상속
제2절 유 언
제3절 유류분
제4절 상속세

Chapter 06

재산상속 · 유언과 법

제1절 재산상속

Ⅰ. 서설

1. 상속의 의의

상속이란 사람이 사망한 경우에 그의 재산상의 지위가 법률규정에 의하여 타인에게 포괄적으로 승계되는 것을 말한다. 이와 같이 상속은 자연인이 사망하여 그의 재산이 그의 배우자와 자녀들에게 무상으로 승계되는 것을 의미하는데, 여기서 상속시키는 사람을 피상속인이라 하고, 피상속인의 재산법상의 지위를 승계하는 사람을 상속인이라 한다. 예컨대 배우자 B와 자녀 C, D를 둔 A가 사망한 경우, 그의 재산은 B와 C, D에게 포괄적으로 승계되는데, 이때 A를 피상속인이라 하고 B, C, D를 상속인이라 한다.

2. 상속의 개시

(1) 상속은 '자연인의 사망'으로 개시된다(민법 제997조). 실종선고의 경우에도 사망한 것으로 의제되므로(제28조), 실종선고를 받은 사람은 실종기간이 만료한 때에 사망한 것으로 하여 상속이 개시된다. 또한 인정사망은 사망의 확증은 없으나 사망이 추정되어 상속이 개시된다. 인정사망이란 화재·수재 등 재해발생시 사람의 시체가 발견되지 아니하여 진단서·검안서를 작성할 수 없는 경우, 경찰관 등 공무원의 사망보고서에 의거하여 시·읍·면의 장이 가족관계등록부에 사망한 것으로 기재하는 것을 말한다.

한편 동시사망의 추정을 받은 경우(제30조)에는 사망자 상호간에는 상속이 개시되지 않는다. 예컨대 아버지와 자녀가 동시사망의 추정을 받는 경우에는 아버지의 상속인으로서 자녀, 자녀의 상속인으로서 아버지의 어느 쪽에도 상속은 개시되지 않는다. 다만 대습상속은 가능하기 때문에 아버지와 자녀가 동일한 위난으로 사망하였다면, 아버지의 재산은 자녀의 배우자와 그 자녀가 대습상속하게 된다.

(2) 상속개시 장소는 피상속인의 주소지이며, 상속에 관한 비용은 상속재산 중에서 지출한다.

Ⅱ. 상속인과 상속순위

1. 상속인

상속인은 피상속인이 사망하였을 때 피상속인이 가지고 있었던 재산상의 권리의무를 승계할 수 있는 법적 자격을 가진 사람이다. 상속인은 법률이 정하는 일정한 범위의 친족과 배우자이다(민법 제1000조, 제1003조). 즉 피상속인의 직계비속·직계존속·형제자매·4촌 이내의 방계혈족 및 배우자가 상속인의 자격이 있으며, 법인은 상속인이 되지 못한다. 상속인은 상속순위와 관련하여 정해진다. 후순위상속권자는 선순위의 상속인이 없는 경우에만 상속하며, 상속인이 여럿인 경우에 같은 상속순위에 있는 사람이 공동으로 상속재산을 승계한다.

2. 상속순위

상속인에는 혈족상속인과 배우자상속인이 있다. 혈족상속인에는 피상속인의 직계비속·직계존속·형제자매 및 4촌 이내의 방계혈족이 있으며, 상속순위에 따라 상속인이 된다. 또 배우자상속인은 혼인신고를 한 법률상의 배우자에 한한다.

(1) 혈족상속의 순위 — 배우자 이외의 상속순위

(가) 제1순위: 피상속인의 직계비속

1) 직계비속

제1순위 상속인은 피상속인의 직계비속이다(민법 제1000조 1항 1호). 직계비속에는 피상속인의 자녀·손자녀·증손자녀 등은 물론 외손자녀·외증손자녀 등이 모두 포함된다. 직계비속의 성별·혼인·국적의 동일성 여부, 연령이 많고 적음 등은 묻지 않는다. 또한 법정혈족인 양자녀도 자연혈족인 친생자녀와 마찬가지로 1순위의 상속인이며, 혼인 중의 자녀와 혼인 외의 자녀 사이에도 상속순위에 아무런 차별이 없다. 따라서 양자녀의 경우 친생부모와 친자녀관계가 단절되지 않으므로, 양자녀는 양부모와 친생부모 모두에 대하여 1순위 상속인이 된다. 반면에 친양자녀의 경우에는 친양자녀 입양이 확정된 때에 입양 전의 친족관계가 종료되기 때문에 친양자녀 입양이 확정된 후에 생가에 상속개시원인이 발생한 경우, 생가 친족의 재산에 대한 상속권이 없다(제908조의3 제2항).

2) 직계비속의 상속순위

직계비속이 여럿 있는 경우에는 피상속인과 촌수가 가장 가까운 사람(최근친)

이 선순위자로서 상속하고, 촌수가 같은 비속이 여럿 있는 때에는 공동으로 상속한다(제1000조 2항). 예컨대 자녀와 손자녀·외손자녀가 있을 때는 1촌인 자녀만 상속하고 2촌인 (외)손자녀는 상속할 수 없으며, 피상속인의 자녀가 여러 명일 때에는 이들 모두 촌수가 같으므로 공동상속인이 된다. 그 밖에 태아는 상속순위에 관하여는 이미 출생한 것으로 본다(제1000조 3항).

사례) A는 수년 전 자녀가 없는 친척집에 양자녀로 입양되었고, 그 후 생모 B가 사망하자 생부 C는 아들이 있는 계모 D와 혼인신고를 하고 생활하다가 최근에 사망하였다. 계모 D는 A가 양자녀로 갔기 때문에 상속권이 없다고 주장한다. 사실인가?

➡ 민법 제1000조 1항에 의하면 제1순위의 상속인은 피상속인의 직계비속이다. 여기서 직계비속이란 자연혈족(친자식)·법정혈족(양자녀)을 구별하지 않으므로, 양자녀는 양부모와 친생부모에 대하여 양쪽 모두에 있어서 1순위의 상속인이 된다. 피상속인의 배우자는 직계비속 또는 직계존속이 있는 경우에는 그 상속인과 같은 순위로 공동상속인이 되고, 그 상속인이 없을 때에는 단독상속인이 된다(제1003조 1항). 여기서 배우자는 혼인신고가 된 법률상의 배우자를 의미한다. 따라서 A는 제1순위의 상속인으로서 직계비속에 해당되고, 양가든 생가든 상속권이 있으며, 계모 D도 혼인신고를 한 법률상의 배우자이기 때문에 상속권이 있다.

(나) 제2순위: 피상속인의 직계존속

피상속인의 직계존속은 피상속인의 직계비속이 없는 경우, 1순위 상속인 전원이 상속결격되거나 상속포기를 한 경우에 상속인이 된다(민법 제1000조 1항 2호). 직계존속이면 부계인지 모계인지, 양가 쪽인지 생가 쪽인지, 성별 여부 등을 묻지 않는다. 촌수가 다른 존속이 여럿 있으면 피상속인과 촌수가 가장 가까운 사람(최근친)이 상속하고, 촌수가 같은 상속인이 여럿 있으면 공동상속한다(제1000조 2항). 예컨대 양친부모 A·B, 친생모 C와 조부모 D·E가 생존하고 있는 피상속인이 9,000만원의 유산을 남긴 경우, A·B·C가 각각 3,000만원씩(1/3×9,000만원) 공동상속하며, 조부모(2촌)는 A·B·C보다 후순위가 되어 상속할 수 없다. 양자녀가 '직계비속이나 배우자 없이' 사망하면 상속재산은 친생부모와 양친부모 4명이 공동상속한다. 물론 1명만 생존하고 나머지 3명이 사망하였다면 1명이 단독상속한다.

(다) 제3순위: 피상속인의 형제자매

피상속인의 형제자매는 피상속인의 직계비속·직계존속 및 배우자가 없는 경우, 1순위·2순위 상속인 전원이 상속결격이 되거나 상속포기를 한 경우에 상속인이 된다(민법 제1000조 1항 3호). 형제자매도 자연혈족·법정혈족, 부계·모계, 남녀·혼인 여부를 묻지 않는다. 또한 부모가 서로 같은 형제자매뿐만 아니라 아버지나 어머니가 서로 다른 형제자매(동성이복, 이성동복)도 포함된다. 형제자매가 여럿인 때에는 모두 촌수가 같으므로 공동상속인이 된다.

(라) 제4순위: 피상속인의 4촌 이내의 방계혈족

피상속인의 4촌 이내의 방계혈족은 직계비속·직계존속·배우자 및 형제자매가 없는 경우, 1순위·2순위·3순위 상속인 전원이 상속결격되거나 상속포기를 한 경우에 상속인이 된다(민법 제1000조 1항 4호). 방계혈족도 부계·모계, 남녀·기혼 여부를 묻지 않는다. 4촌 이내의 방계혈족 중에서 촌수가 다른 사람이 여럿인 경우에는 피상속인과 촌수가 가장 가까운 사람(최근친)이 선순위로서 상속인이 되고, 촌수가 같은 사람이 여럿 있으면 공동상속인이 된다(제1000조 2항).

(2) 배우자의 상속순위

피상속인의 배우자는 그의 직계비속과 같은 순위(동순위)로 공동상속인이 되고, 직계비속이 없는 경우에 피상속인의 직계존속과 공동상속인이 되며, 피상속인에게 직계비속과 직계존속이 없으면 단독상속인이 된다(제1003조 1항). 여기의 배우자는 혼인신고를 한 법률상의 배우자만을 가리키며, 사실혼의 배우자는 포함되지 않는다.

사례) 乙녀는 동거하는 甲남과 자동차를 타고 가던 중 반대차선에서 진행하던 丙의 잘못으로 교통사고를 당해 甲은 사망하였고 乙은 조금 다쳤다. 사고 당시 乙은 임신 중이었으나 甲의 부모와 상의하여 임신중절수술을 하였다. 태아인 경우에도 상속권이 있다고 하는데, 甲의 재산과 위 사고로 인한 손해배상청구권은 누가 상속받게 되는가?

➡ 태아는 상속순위와 손해배상청구권에 관하여는 이미 출생한 것으로 본다(민법 제1000조 3항, 제762조). 그러나 태아의 재산상속권과 불법행위에 대한 손해배상청구권은 태아가 살아서 출생하는 것을 전제하여 인정되는 것이며, 만약 태아가 모체와 같이 사망하거나 또는 모체 내에서 사망하는 등 출생하기 전에 사망하였다면, 재산상속권과 불법행위에 대한 손해배상청구권은 인정되지 않는다. 따라서 乙이 임신중절수술을 받았다면 태아는 상속순위에서 상속인이 되지 못하며, 또한 불법행위에 대한 손해배상청구권도 발생하지 않는다. 그 밖에 乙은 甲과 혼인신고를 하지 않은 상태이기 때문에 甲의 상속인이 되지 못한다. 결국 甲의 사망 당시 재산과 사고로 인한 丙에 대한 손해배상청구권은 甲의 부모가 상속하게 된다. 다만 乙은 교통사고를 당하였으므로, 그로 인하여 입은 치료비와 사실혼관계에 있던 甲의 사망에 따른 정신적 고통에 대한 위자료 등을 丙에게 청구할 수 있다.

3. 대습상속

(1) 대습상속이란 상속인이 될 직계비속이나 형제자매가 상속개시 전에 사망하거나 상속결격으로 인하여 상속인이 되지 못한 경우, 그의 직계비속이나 배우자가 있으면 그 직계비속이나 배우자가 사망한 사람 또는 상속결격자의 순위를 갈음하여 상속인이 되는 것을 말한다(민법 제1001조, 제1003조 2항). 가령 피상속인 甲에게 자녀 A·B·C가 있고 상속개시 전에 B가 사망하였는데, B에게 자녀 乙·丙이 있는 경우, 乙·丙은 A·C(예: 백부·고모)와 같은 순위로 상속인이 된다. 대습상속은 피상속인의 사망 전에 상속인이 상속권을 잃은 경우에도 그의 직계비속이나 배우자의 상속에 대한 기대를 보호함으로써 공평의 이념을 실현하고, 그들의 생활보장을 확보하기 위하여 인정되는 제도이다.

(2) 대습상속이 인정되기 위해서는, ① 상속인이 될 '직계비속' 또는 '형제자매'가 상속개시 전에 사망(실종선고 포함)하거나 상속결격자가 되어 상속권을 상실하여야 한다(제1001조, 제1003조 2항). 가령 피상속인에게 자녀로 甲·乙이 있는데 甲이 상속개시 전에 사망하였거나 상속결격자가 된 경우, 甲에게 자녀로 A·B가 있으면 A·B는 甲을 대습하여 그들의 백숙부이거나 고모인 乙과 함께 공동상속인이 된다. 또한 피상속인에게 직계비속도 없고 직계존속도 없고 배우자도 없어서 형제자매인 甲·乙이 상속인이 되는데, 甲이 상속개시 전에 사망하였거나 상속결격자가 된 경우에 甲에게 배우자 A와 자녀 B가 있으면 A·B는 甲을 대습하여 乙과 함께 공동상속인이 된다. ② 대습상속인은 피대습자의 직계비속이거나 배우자이어야 한다. 대습상속이 개시된 경우 피대습자의 배우자는 그의 직계비속과 같은 순위의 공동상속인이 되고, 그 상속인이 없으면 배우자가 단독상속한다(제1003조 2항). 다만 배우자의 사망 후 생존배우자가 그 사망배우자의 피상속인(시부모나 장인·장모)이 사망 전에 재혼하면 인척관계가 소멸되므로(제775조 2항) 대습상속권이 없다. 즉 며느리 또는 사위는 재혼하면 대습상속을 할 수 없지만, 법률상 재혼이 아닌 사실상 재혼의 경우에는 대습상속을 할 수 있다. ③ 대습상속인은 상속인의 자격을 상실하지 않아야 한다. 즉 대습자가 상속결격자인 경우에는 대습상속권이 없다. 예컨대 손자가 그의 아버지를 살해하여 상속결격자가 되었는데 나중에 할아버지가 사망한 경우, 손자는 아버지를 대습하여 할아버지의 재산을 상속할 수 없다.

(3) 대습상속에 의하여 대습자가 피대습자의 순위로 올라가 피대습자가 받았을 상속분을 상속하게 된다(제1010조). 다시 말하면 자녀는 아버지 또는 어머니의 상속분을 상속하게 되며, 배우자는 피대습자인 배우자의 상속분을 상속하게 된다. 이때 자녀가 여럿인 경우에는 피대습자의 상속분을 각각의 상속분의 비율에 따라 받게 된다. 또 자녀와 배우자가 공동으로 대습상속을 하는 경우에도 피대습자의 상속분을 다시 각각 자기의 상속분의 비율에 따라 상속한다. 예컨대 피상속인 甲에게 자녀로 乙·丙이 있고 유산으로 1억원이 있는데, 처 A와 자녀 B가 있는 乙이 甲보

다 먼저 사망한 경우, A·B가 乙의 상속분(1/2)을 상속하고 丙이 자기의 상속분(1/2)을 상속한다. 결국 A는 3,000만원(3/5×5,000만원), B는 2,000만원(2/5×5,000만원) 그리고 丙은 5,000만원을 공동상속하게 된다.

사례) 많은 부동산을 소유한 甲은 부인, 외동딸과 사위인 乙 그리고 동생 丙이 있다. 甲은 가족과 함께 2017. 8. 여름휴가를 외국에서 보내기로 하고, 사업이 바쁜 乙을 제외한 가족이 같은 비행기에 탑승하였다. 그런데 그 비행기가 추락하여 甲을 포함하여 그 부인과 외동딸이 모두 사망하였다. 이 경우 甲의 재산은 누가 상속하는가?

➡ 민법 제1001조의 '상속인이 될 직계비속이 상속개시 전에 사망한 경우'에는 '상속인이 될 직계비속이 상속개시와 동시에 사망한 것으로 추정되는 경우'도 포함된다.[1] 상속인이 될 직계비속이나 형제자매(피대습자)의 직계비속 또는 배우자(대습자)는 피대습자가 상속개시 전에 사망한 경우에는 대습상속을 하고, 피대습자가 상속개시 후에 사망한 경우에는 피대습자를 거쳐 피상속인의 재산을 본위상속을 하므로 두 경우 모두 상속을 하는데, 만일 피대습자가 피상속인의 사망, 즉 상속개시와 동시에 사망한 것으로 추정되는 경우에만 그 직계비속 또는 배우자가 본위상속과 대습상속의 어느 쪽도 하지 못하게 된다면 동시사망 추정 이외의 경우에 비하여 현저히 불공평하고 불합리하기 때문이다. 따라서 甲의 재산은 그의 동생 丙이 아니라 사위 乙이 단독으로 상속한다.

4. 상속결격

(1) 상속결격이란 어떤 피상속인의 재산을 상속할 순위에는 있지만, 그 상속인에게 상속시키는 것이 적당하지 않는 일정한 법정사유가 발생한 경우에 재판상의 선고를 기다리지 않고 법률상 당연히 상속인으로서의 자격을 상실케 하는 것을 말한다.

(2) 결격사유는, ① '고의'로 직계존속·피상속인·그의 배우자 또는 상속의 선순위나 같은 순위에 있는 사람을 살해하거나 살해하려고 한 경우, ② '고의'로 직계

존속·피상속인 또는 그의 배우자에게 상해를 입혀 사망에 이르게 한 경우, ③ 사기나 강박으로 피상속인의 상속에 관한 유언 또는 유언의 철회를 방해한 경우, ④ 사기나 강박으로 피상속인의 상속에 관한 유언을 하게 한 경우, ⑤ 피상속인의 상속에 관한 유언서를 위조·변조·파기 또는 은닉한 경우이다(민법 제1004조).

(3) 결격사유가 발생하면 상속인은 법률상 당연히 상속할 자격을 잃는다. 상속결격자는 특정의 피상속인에 대하여 상속인이 될 수 없음과 동시에 수증결격자도 되므로(제1064조, 제1004조), 유증을 받을 수 없다. 상속결격의 효과는 특정의 피상속인에 대한 관계에만 미치며, 다른 피상속인에 대한 상속자격에는 영향을 미치지 않는다. 따라서 상속결격자의 배우자나 자녀에게는 결격의 효과가 미치지 않으므로, 그의 배우자나 직계비속의 대습상속에는 지장이 없다(제1001조, 제1003조). 예컨대 피상속인 A는 자녀로 B·C가 있으며 1억원의 유산을 남겼는데, 아내 甲과 딸 乙이 있는 B가 유언서를 위조할 경우 B는 상속에서 제외된다. 이 경우 C는 본위상속으로 5,000만원(1/2×1억)을 상속하고, 甲은 3,000만원(3/5×5,000만원), 乙은 2,000만원(2/5×5,000만원)을 각각 대습상속한다.

사례) **甲은 남편인 乙이 사망하자 임신 중인 태아를 출산 후 양육할 능력이 없다고 판단하여 낙태하였다. 그런데 乙 명의의 임야 50,000㎡가 발견되자 乙의 형제들은 甲이 낙태를 하였기 때문에, 상속결격사유에 해당하여 상속권이 없다고 주장하는데, 타당한가?**

➡ 고의로 상속의 선순위나 같은 순위에 있는 사람을 살해하거나 살해하려고 한 사람은 상속결격자에 해당한다(민법 제1004조 1호). 따라서 태아가 재산상속의 선순위나 같은 순위인 경우에 그를 낙태하면 제1004조 1호의 상속결격사유에 해당한다. 설문의 경우, 甲이 비록 재산상속에서 유리하게 된다는 인식 없이 오로지 장차 태어날 아기의 장래에 대한 우려 등에 기인하여 乙과의 사이에서 잉태한 태아를 낙태하였더라도 甲은 乙에 대한 상속결격자에 해당한다. 따라서 甲은 乙의 재산에 대한 상속권이 없다.

5. 상속인의 부존재

상속인의 존부가 분명하지 않은 경우(상속인의 부존재가 확정된 경우도 포함)에는 우선 상속인을 찾기 위한 공고를 하고, 그래도 상속인이 나타나지 않을 경우에는 특별연고자에게 상속재산의 전부 또는 일부를 나누어 준다(특별연고자에 대한 상속재산분여). 여기서 특별연고자에 대한 재산분여란 상속인수색공고가 있은 후에도 공고기간 내에 상속권을 주장하는 사람이 없는 경우, 피상속인과 생계를 같이하고 있던 사람, 피상속인의 요양을 돕거나 피상속인을 간호를 한 자, 그 밖에 피상속인과 특별한 연고가 있던 자의 청구에 의하여 법원이 상속재산의 전부 또는 일부를 나누어 줄 수 있는 것을 말한다(민법 제1057조의2). 특별연고자가 없는 경우에는 청산절차를 거친 후 남은 재산은 국고에 귀속된다(제1058조 1항).

Ⅲ. 상속재산

1. 상속재산의 포괄적 승계

상속인은 상속이 개시된 때부터 피상속인의 재산에 관한 권리와 의무를 포괄적으로 승계한다(민법 제1005조 본문). 이러한 승계를 인정하는 것은 피상속인에게 속한 재산이 주체를 잃고 무주물(소유자가 없는 물건)이 되는 것을 피하기 위한 것이다. 상속의 효과는 상속인이 상속개시의 사실을 아는지 여부를 묻지 않고 또한 부동산의 등기·동산의 인도 또는 채권양도의 통지 없이 법률상 당연히 발생한다. 여기서 상속재산이란 피상속인으로부터 상속인에게 승계되는 재산법상의 객체를 말하는데, 피상속인의 적극재산뿐만 아니라 소극재산(예: 채무)도 포함한다. 또한 구체적인 권리·의무뿐만 아니라 아직 권리 또는 의무로 구체화되지 않은 재산법상의 법률관계 내지 법적 지위(예: 청약을 받은 지위, 매도인으로서 담보책임을 지는 지위, 선의·악의자의 지위 등)도 포함된다. 결국 상속에 의하여 상속인은 피상속인의 재산법상의 지위를 포괄적으로 승계한다. 다만 피상속인의 일신에 전속하는 것은 상속되지 않는다(제1005조 단서). 가령 자기의 초상을 그리게 하는 채권, 위임계약상의 당사자의 지위 등이 그 예이다.

한편 현실적으로 상속을 포기하지 않은 상속인이 피상속인의 권리의무를 상속분에 따라 승계하고, 구체적으로 누가 어떠한 재산을 취득하는가는 상속재산분할절차에 의하여 확정된다.

사례) 甲은 2년 전 乙과 혼인하였으나 乙의 부정행위로 인하여 혼인이 파탄에 이르게 되었다. 이에 甲은 乙을 상대로 이혼 및 위자료지급청구소송을 제기하여 "서로 이혼하고 乙은 甲에게 위자료 5,000만원을 지급하라"는 확정판결을 받았다. 甲은 위자료를 지급받지 못하였는데 최근에 갑자기 사망하였고, 甲에게 자녀가 없는 경우, 甲의 부모가 甲의 乙에 대한 위자료청구권을 상속받을 수 있는가?

➡ 피상속인이 생전에 이미 채무불이행 또는 불법행위로 인한 손해배상청구권을 취득한 경우, 그것이 재산적 손해에 대한 배상청구권이거나 정신적 손해에 대한 배상청구권이거나 당연히 상속된다. 다만 약혼·혼인·입양과 같은 신분행위의 무효·취소 및 그 해소 등으로 발생한 정신상 고통에 대한 배상청구권은 양도 또는 승계하지 못하지만, 당사자 사이에 이미 그 배상에 관한 계약이 성립되거나 소를 제기한 후에는 양도 또는 승계할 수 있다(민법 제806조 3항). 설문의 경우, 甲은 위자료 5,000만원에 관한 확정판결을 받아둔 상태에서 사망하였으므로, 甲의 부모는 甲의 乙에 대한 위자료청구채권을 상속받을 수 있고(제843조, 제806조 3항), 이에 승계집행문을 부여받아 乙의 재산에 강제집행을 할 수 있다.

2. 제사용 재산의 특별승계

(1) 제사용 재산도 상속과 별도로 승계된다(민법 제1008조의3). 즉 분묘에 속한 1정보(9,917.36㎡) 이내의 금양임야(분묘 또는 그 예정지 주위의 벌목이 금지되는 임야), 600평(1,983.47㎡) 이내의 묘토인 농지, 족보와 제사도구의 소유권은 제사를 주재하

는 사람이 승계한다. 이러한 제사용 재산은 상속재산이 아니고 특별재산이므로 상속분·유류분 산정에서 계산되지 않으며, 상속포기를 한 사람도 승계할 수 있다. 이러한 소유권의 승계는 특별수익이 되지 않으며, 한정승인을 한 경우에도 이를 환가하여 변제에 충당할 필요가 없다(제1034조).

(2) 제사용 재산은 제사주재자가 이를 승계하며, 다른 상속인이 등기를 하면 이는 무효등기가 된다. 제사주재자는 우선적으로 망인의 공동상속인들 사이의 협의로 정하되, 협의가 이루어지지 않는 경우, 제사주재자의 지위를 인정할 수 없는 특별한 사정이 있지 않는 한 피상속인의 직계비속 중 남녀·적서를 불문하고 최근친의 연장자가 제사주재자가 된다(대판 2023.5.11, 2018다248626; 대판 2023.6.29, 2022다302039).[2)]

Ⅳ. 상속분

1. 의의

상속분이란 2인 이상의 상속인이 공동상속을 하는 경우에 각 공동상속인이 소극재산을 포함하는 포괄적인 상속재산에 대하여 가지는 권리·의무의 비율을 말한다. 상속분은 상속재산의 1/2, 1/3과 같이 표시되며, 각 상속인이 받을 구체적인 상속재산가액은 상속재산 전체에 각자의 상속분을 곱하여 산정한다(각 상속인의 구체적 상속분=상속개시시의 상속재산의 가액×각 상속인의 상속비율÷공동상속인 전원의 상속비율의 합계).

2. 법정상속분

피상속인이 공동상속인의 1인 또는 여럿에게 포괄적 유증을 한 경우, 각 공동상속인은 그 몫을 받게 되지만, 그러한 유언이 없는 때에는 법정상속분에 따른다.

(1) 같은 순위 상속인 사이의 상속분

같은 순위(동순위)의 상속인이 여럿이 있으면 그들의 상속분은 똑같은 비율로 한다(민법 제1009조 1항). 따라서 혼인 중의 출생자녀·혼인 외의 출생자녀, 남·녀, 기혼·미혼 여부에 따른 아무런 차별이 없다.

(2) 배우자의 상속분

피상속인의 배우자의 상속분은 직계비속과 공동으로 상속하는 경우에는 직계비속 상속분에 50%를 더하고, 직계존속과 공동으로 상속하는 경우에는 직계존속 상속분에 50%를 더한다(민법 제1009조 2항). 가령 甲이 배우자 乙, 자녀 丙·丁을 남기고 사망한 경우, 乙·丙·丁은 각각 상속재산을 1.5 : 1 : 1로 상속한다. 그 결과 乙의 상속분은 1.5/3.5이고, 丙·丁의 상속분은 똑같이 1.0/3.5이다.

(3) 대습상속인의 상속분

대습상속인의 상속분은 피대습자의 상속분과 같다(민법 제1010조 1항). 따라서 대습상속인이 여러 명인 경우에는 그들의 상속분은 피대습자(즉 사망 또는 결격된 자)의 상속분을 상속재산으로 하여 법정상속분의 방법으로 정한다(제1010조 2항). 즉 피대습자의 직계비속의 상속분은 균등하고(제1009조 1항), 피대습자의 배우자의 상속분은 직계비속의 상속분에 50%를 더한다(제1009조 2항). 물론 직계비속이 없으면 배우자가 단독으로 대습상속한다(제1003조 2항).

3. 특별수익자의 상속분

(1) 공동상속인 중의 1인 또는 여러 명이 피상속인으로부터 재산의 증여나 유증을 받은 경우, 이러한 증여나 유증으로 받은 재산을 특별수익이라 한다. 상속인

의 특별수익을 고려하지 않고 법정상속분에 따라 상속재산을 분할하게 되면 공동상속인 사이에 불공평한 결과가 발생하게 되므로, 증여나 유증을 받은 재산을 상속분의 선급으로 다루어 구체적인 상속분을 산정함에 참작할 필요가 있다. 그래서 민법은 공동상속인 사이의 공평을 기하기 위하여 "증여나 유증을 받은 재산이 자기의 상속분에 미치지 못할 때에는 그 부족한 부분의 한도에서 상속분이 있다"고 하여(민법 제1008조), 증여나 유증을 받은 재산이 상속분을 초과하는 경우는 그 초과부분을 반환하도록 하고 있다. 이를 특별수익반환제도라 한다. 예컨대 피상속인의 직계비속 甲·乙·丙이 법정상속분에 따라 상속재산을 나누면 각각 5,000만원이지만, 甲이 생전에 2,000만원을 증여받은 경우에는 법정상속분에 미달하는 부분인 3,000만원을 분배받을 수 있지만, 9,000만원을 증여받은 때에는 상속분을 초과하는 4,000만원을 반환하여야 한다. 다만 甲이 상속을 포기하면 다른 공동상속인의 유류분을 침해하지 않는 한 반환의무가 없다.

(2) 특별수익의 반환의무가 발생하려면, ① 공동상속인이어야 한다. 따라서 공동상속인이라도 상속을 포기하면 반환의무가 없다. '공동상속인이 아닌 제3자'는 피상속인으로부터 포괄적 유증을 받은 때에는 반환의무가 없다. 또한 상속인이 아닌 공동상속인의 직계비속·직계존속·배우자·후순위 상속인 등 제3자가 재산을 받은 경우는 반환할 의무가 없다. ② 공동상속인이 증여나 유증을 받았어야 한다. 공동상속인의 반환의무는 '공동상속인이 증여나 유증'을 받은 경우에만 발생하고, 그 공동상속인의 직계비속·배우자·직계존속이 증여나 유증을 받은 때에는 그 공동상속인이 반환의무를 지지 않는다.

(3) 공동상속인 중에 특별수익자가 있는 경우의 구체적인 상속분의 산정은 피상속인이 상속개시 당시에 가지고 있던 재산의 가액에 생전증여의 가액을 더한 후, 이 가액에 각 공동상속인별로 법정상속분율을 곱하여 산출된 상속분의 가액으로부터 특별수익자의 수증재산인 증여 또는 유증의 가액을 공제하는 계산방법에 의한다.[3] 예컨대 A는 시가 6,000만원 상당의 부동산을 유산으로 남기고 사망하였고,

상속인으로는 배우자 甲, 아들 乙과 丙, 딸 丁이 있다. 그런데 A는 생전에 아들 乙에게는 주택구입자금 2,000만원을 그리고 딸 丁에게는 혼인자금 1,000만원을 증여한 사실이 있다.

이 경우 구체적인 상속분 계산방식을 보면, ① 상속재산분배액은 (상속재산의 가액+생전증여)×상속분율−(생전증여+유증)이며, ② 구체적인 상속분은 상속재산의 분배액+생전증여 또는 유증이다. 각 상속인의 상속분을 계산하면, 우선 A가 남긴 명목상의 총 상속재산은 9,000만원이다. 즉 6,000만원(부동산)+2,000만원(주택구입자금)+1,000만원(혼인자금)=9,000만원이다. 여기에 각 상속인의 상속분의 비율(甲·乙·丙·丁은 각각 상속재산을 1.5 : 1 : 1 : 1로 상속하므로, 甲의 상속분은 1.5/4.5, 乙·丙·丁의 상속분은 각각 1/4.5이고, 계산의 편의를 위해 여기에 2를 곱하면 甲의 상속분은 3/9이고, 乙·丙·丁의 상속분은 똑같이 2/9이다)을 곱하고 특별수익을 공제하면, 甲은 3,000만원(9,000만원×3/9), 乙은 2,000만원을 증여 받았으므로 상속재산분배액이 없으며(9,000만원×2/9−2,000만원), 丙은 2,000만원(9,000만원×2/9), 丁은 1,000만원(9,000만원×2/9−1,000만원)이 구체적 상속분이 된다.

4. 기여상속인의 상속분 — 기여분

(1) 기여분이란 공동상속인 중에 상당한 기간 동안 동거·간호 그 밖의 방법으로 피상속인을 특별히 부양하거나 피상속인 재산의 유지나 증가에 특별히 기여한 사람이 있는 경우에 상속분 산정에 그러한 기여나 부양을 고려하는 제도를 말한다(민법 제1008조의2). 기여분제도는 특별수익반환제도와 마찬가지로 공동상속인 사이의 실질적 공평을 꾀하려는 제도이며, 따라서 비상속인의 특별기여는 인정되지 않는다.

(2) 기여분을 청구할 수 있기 위해서는, ① 공동상속인이어야 한다. 기여분 권리자는 공동상속인 중에서 피상속인의 재산의 유지나 증가에 관하여 특별히 기여

한 사람이나 피상속인을 특별히 부양한 사람이다. 따라서 기여분권을 주장할 수 있는 사람은 '공동상속인'에 한하므로, 공동상속인이 아닌 자는 아무리 피상속인의 재산의 유지나 증가에 기여하였더라도 기여분의 청구를 할 수 없다. ② 상당한 기간 동안 동거·간호·그 밖의 방법으로 피상속인을 특별히 부양하거나 피상속인의 재산의 유지나 증가에 특별히 기여하였어야 한다. 즉 피상속인의 재산의 유지·증가와 기여행위 사이에 인과관계가 있어야 한다.

(3) 기여분은 1차적으로 모든 공동상속인의 협의에 의하여 정하고(제1008조의2 제1항), 협의가 이루어지지 않거나 협의할 수 없는 경우에는 기여자의 청구에 의하여 법원이 심판으로 결정한다(제1008조의2 제2항). 기여분은 상속이 개시된 때의 피상속인의 재산가액에서 유증의 가액을 뺀 금액을 넘을 수 없다(제1008조의2 제3항). 이는 기여분보다는 유증을 우선시키기 위한 것이다.

(4) 기여분이 공동상속인의 협의나 법원의 조정·심판에 의하여 정해지면, 상속재산의 가액에서 기여분액을 뺀 것을 상속재산으로 보고, 법정상속분에 따라 산정한 상속분에 기여분을 더한 것을 기여상속인의 상속분으로 한다(제1008조의2 제1항). 가령 상속재산 1억 3,000만원을 남긴 피상속인 甲의 상속인은 배우자 乙과 A·B·C의 세 자녀이고, B에게 4,000만원의 기여분이 있는 것으로 결정되었다면, 각 상속인의 구체적 상속분을 계산해 보면, 우선 甲이 남긴 명목상의 총상속재산은 1억 3,000만원이지만, 여기에서 B의 기여분 4,000만원을 공제하면 실질적인 상속재산은 9,000만원이 된다. 여기에 각 상속인의 상속분의 비율(乙 1.5: A 1: B 1: C 1)을 곱하면, 乙의 구체적 상속분은 3,000만원(9,000만원×3/9), A와 C는 각각 2,000만원(9,000만원×2/9)이고, 기여자 B의 구체적 상속분은 6,000만원(9,000만원×2/9+기여분 4,000만원)이다.

사례) 乙녀는 혼인 전부터 직업 없이 빈둥거리던 남편 甲과 달리 열심히 노력하여 음식점을 마련하였으나, 남편 명의로 등기하였고 시부모까지 모시고 살았다. 그런데 최근 甲이 사망하면서 상속인으로 자녀가 없어 시부모와 공동상속하게 되었다. 음식점은 乙의 노력으로만 마련한 것이기 때문에 자신이 단독으로 상속받고 싶어 한다. 가능한가?

➡ 공동상속인 중에서 피상속인의 재산유지 또는 증가에 기여하였거나, 피상속인을 특별히 부양하는 자가 있을 경우에 기여분을 주장할 수 있다(민법 제1008조의2). 여기서 특별한 기여에는 노무의 제공·재산상의 급여, 요양과 간호 등이 속하므로, 피상속인 甲의 재산증가에 乙이 특별히 기여하였으므로, 乙은 기여분을 주장할 수 있다. 기여분의 결정은 공동상속인인 시부모와 협의를 하고, 만일 협의가 되지 않거나 협의가 불가능한 경우에 법원에 기여분의 결정을 청구하여야 한다.

V. 상속의 승인과 포기

1. 일반

(1) 의의

상속에 의하여 피상속인의 재산이 법률상 당연히 상속인에게 포괄적으로 승계되지만, 상속재산에 권리뿐만 아니라 의무도 포함되므로, 상속인의 의사를 무시하고 상속에 의한 당연 포괄승계를 강제할 수는 없다. 따라서 상속인의 자유의사 및 상속인의 이익을 보호하기 위하여 상속의 승인·포기의 제도가 인정된다. 여기서 상속의 승인이란 상속을 포기하지 않겠다는 의사표시를 말하며, 승인에는 단순승인과 한정승인이 있다. 상속의 포기는 상속개시에 의하여 발생하는 권리의무의 승계를 상속개시 당시에 소급하여 소멸시키는 의사표시이다.

(2) 승인·포기의 기간

(가) 승인과 포기를 할 수 있는 기간은 상속인이 상속개시 있음을 안 날로부터

3개월 이내이며, 이해관계인이나 검사의 청구에 의하여 법원이 이 기간을 연장할 수 있다(제1019조 1항). 여기서 '상속개시 있음을 안 날'이란 상속개시의 사실과 자기가 상속인이 되었다는 사실을 안 날을 의미한다.[4] 만약 상속인이 상속채무가 상속재산을 초과하는 사실을 중대한 과실 없이 이 기간 내에 알지 못하고 단순승인(제1026조 1호, 2호에 의하여 단순승인한 것으로 보는 경우도 포함)을 한 경우에는 그 사실을 안 날로부터 3개월 이내에 한정승인을 할 수 있다(제1019조 3항).

(나) 제1019조 1항의 3개월 기간은 상속인이 제한능력자, 즉 미성년자이거나 피성년후견인, 피한정후견인 경우에는 그의 친권자 또는 후견인이 상속이 개시된 것을 안 날부터 기산한다(제1020조). 가령 미성년자인 상속인의 법정대리인(친권자 또는 미성년후견인)이 상속개시 있음을 안 때에는 제1019조 1항의 기간이 진행한다.[5] 그러나 미성년자인 상속인이 상속채무가 상속재산을 초과하는 상속을 성년이 되기 전에 단순승인(제1026조 1호, 2호에 의하여 단순승인한 것으로 보는 경우도 포함) 한 경우에는 성년이 된 후 그 상속의 상속채무 초과사실을 안 날부터 3개월 내에 한정승인을 할 수 있다. 미성년자인 상속인이 제1019조 3항에 따른 한정승인을 하지 아니하였거나 할 수 없었던 경우에도 또한 같다(제1019조 4항).

(다) 상속인이 승인이나 포기를 하지 않고 위 3개월의 기간 내에 사망한 때에는 그의 상속인이 그 자기의 상속개시 있음을 안 날로부터 3개월의 기간을 기산한다(제1021조).

(3) 상속의 승인·포기의 취소

(가) 상속의 승인·포기를 한 후에는 3개월의 기간 내에도 이것을 취소할 수 없다(민법 제1024조 1항). 승인·포기의 취소는 이해관계인의 신뢰에 반하게 되어 그들의 이익을 심하게 해칠 우려가 있기 때문이다. 그러나 미성년자가 법정대리인의 동의 없이 승인·포기를 한 경우(제5조), 피성년후견인이 승인·포기를 한 경우(제10조), 착오·사기·강박에 의하여 승인·포기를 한 경우(제109조, 제110조)에는 승인·

포기를 취소할 수 있다(제1024조 2항 본문). 한정승인과 포기의 취소는 그 신고가 수리된 법원의 심판으로 하며, 단순승인을 한 경우의 취소는 그 이해관계인에 대하여 하면 된다. 참고로 피성년후견인은 질병·장애·노령·그 밖의 사유로 인한 정신적 제약으로 사무를 처리할 능력이 지속적으로 결여된 사람으로서 일정한 자의 청구에 의하여 가정법원으로부터 성년후견개시의 심판을 받은 사람이다(제9조 1항).

(나) 승인·포기의 취소권은 추인할 수 있는 날로부터 3개월, 승인·포기를 한 날로부터 1년 내에 행사하지 않으면 시효로 인하여 소멸한다(제1024조 2항 단서).

2. 단순승인

(1) 단순승인이란 상속인이 무한정으로 피상속인의 권리의무의 승계를 승인하는 것을 말한다. 단순승인의 방식에는 제한이 없으며, 한정승인이나 상속포기와 달리 법원에 신고하는 절차를 요하지 않는다. 즉 단순승인의 의사가 어떤 형식으로든 외부에 표시되면 충분하다. 그런데 실제로는 단순승인의 의사표시가 행하여지는 일이 거의 없으며, 상속인이 3개월의 숙려기간(고려기간) 내에 한정승인이나 포기를 하지 않거나 그 밖의 일정한 사유가 있어 단순승인으로 의제되는 경우가 대부분이다.

(2) 민법은 상속인에게 단순승인의 의사가 있는지를 묻지 않고, ① 상속인이 한정승인이나 포기를 하기 전에 '상속재산의 일부 또는 전부를 처분행위를 한 경우', ② 상속인이 한정승인 또는 포기를 하여야 할 '숙려기간 내에 한정승인이나 포기를 하지 않은 경우', ③ 상속인이 한정승인이나 포기를 한 후에 '상속재산을 은닉하거나 부정하게 소비하거나 고의로 재산목록에 기입하지 않은 경우'에 단순승인을 한 것으로 본다(제1026조).

(3) 단순승인의 경우에는 상속인은 피상속인의 권리·의무를 제한 없이 승계한

다(제1025조). 즉 상속인은 피상속인의 적극재산을 승계할 뿐만 아니라 소극재산에 대하여 제한 없이 책임을 진다. 그 결과 상속인은 피상속인의 소극재산이 그의 적극재산을 넘는 때에도 변제를 거절하지 못한다. 또한 상속인은 상속재산을 자유로이 처분할 수 있다.

3. 한정승인

(1) 한정승인이란 상속인이 상속으로 취득하게 된 재산의 한도에서 피상속인의 채무와 유증을 변제할 것을 조건으로 상속을 승인하는 것을 말한다(민법 제1028조). 한정승인은 상속재산이 채무초과 상태인지 불분명한 경우에 유용하게 이용할 수 있는 제도이다.

(2) 상속인이 한정승인을 하려면 ① 상속이 개시된 것을 안 날(제1019조 1항), ② 상속채무가 상속재산을 초과하는 사실을 중대한 과실 없이 알지 못하고 단순승인한 경우에는 그 사실을 안 날(제1019조 3항), ③ 미성년자인 상속인이 상속채무가 상속재산을 초과하는 상속을 성년이 되기 전에 단순승인한 경우(미성년자인 상속인이 제1019조 3항에 따른 한정승인을 하지 않았거나 할 수 없었던 경우 포함)에는 성년이 된 후 그 상속의 상속채무 초과사실을 안 날(제1019조 4항)부터 3개월(숙려기간) 이내에 상속재산의 목록을 첨부하여 법원에 한정승인의 신고를 해야 한다(제1030조 1항). 제1019조 3항 또는 4항에 따라 한정승인을 한 경우, 상속재산 중 이미 처분한 재산이 있는 때에는 그 '목록과 가액'을 함께 제출해야 한다(제1030조 2항). 만일 상속인이 재산목록을 작성하면서 재산 일부를 고의로 기입하지 않은 경우에 한정승인은 효력이 없고 단순승인한 것으로 본다(제1026조 3호).

(3) 한정승인을 한 상속인은 '상속으로 인하여 취득할 재산'(상속재산)의 한도에서 피상속인의 채무와 유증을 변제하면 된다(제1028조). 즉 채무와 책임이 분리되어 상속인은 상속재산의 한도에서만 책임을 진다(물적 유한책임). 다시 말하면 피상

속인의 채무와 유증이 상속으로 취득할 재산을 초과하더라도 상속인은 자기의 고유재산으로써 이를 변제할 필요는 없다. 주의할 것은 상속인은 고유재산으로 변제할 책임이 없는 것뿐이고 채무 전액을 승계한다는 점이다. 따라서 한정승인을 한 상속인이 초과부분을 임의로 변제한 때에는 채무자의 변제로서 유효하므로, 그 반환을 청구할 수 없다. 또한 피상속인의 채무와 유증을 변제하고 남은 재산은 한정승인을 한 상속인에게 귀속한다.

(4) 한정승인자는 한정승인을 한 날로부터 5일 내에 일반 상속채권자와 유증받은 자에 대하여 한정승인 사실과 2개월 이상의 기간을 정하여 그 기간 내에 채권 또는 유증 받은 내용을 신고할 것을 공고해야 한다(제1032조 1항). 한정승인자가 알고 있는 채권자와 유증을 받은 자에 대하여는 공고 이외에 각각 별도로 채권신고를 촉구(최고)해야 한다(제1032조 2항, 제89조).

채권신고기간이 만료된 후에 한정승인자는 그 기간 내에 신고한 채권자와 자기가 알고 있는 채권자에게 상속재산에서 각 채권액의 비율에 따라 변제해야 한다(제1034조 1항 본문). 채권신고기간 내에 신고하지 않은 상속채권자와 유증받은 자로서 한정승인자가 알지 못한 자는 상속재산이 남아 있는 경우에만 변제를 받을 수 있다(제1039조).

4. 상속의 포기

(1) 상속의 포기란 상속으로 인하여 생기는 권리의무의 포괄적 승계를 전면적으로 거부하여 처음부터 상속인이 아니었던 효과를 생기게 하는 상속인의 단독행위를 말한다.

(2) 상속을 포기할 수 있는 사람은 상속권이 있고 또 상속순위에 해당한 사람에 한한다. 다만 상속인이 제한능력자(예: 미성년자, 피성년후견인 등)인 경우에는 법정대리인이 대리하여 상속을 포기할 수 있고, 또 상속인이 법정대리인의 동의를 받

아 할 수 있다. 다만 후견인이 피후견인을 대리하여 상속을 포기하거나 동의를 할 때는 후견감독인이 있으면 그의 동의를 받아야 한다(민법 제950조 1항 6호). 상속포기를 하려는 사람은 상속이 개시된 사실을 안 날로부터 3개월 이내(숙려기간)에 법원에 포기의 신고를 해야 한다(제1041조, 제1019조 1항 본문). 또한 상속포기는 상속개시 전에는 할 수 없으며, 상속개시 후에 포기한 때에는 취소할 수 없다(제1024조 1항).

(3) 상속의 포기는 상속이 개시된 때로 소급하여 그 효력이 생긴다(제1042조). 따라서 상속을 포기한 자는 상속개시시부터 상속인이 아니었던 것으로 된다. 따라서 ① 단독상속인 또는 공동상속인 전원이 포기한 경우에 그의 직계비속이 상속인으로 되고, 직계비속이 없으면 법정상속순위에 따라 상속인이 결정된다. 예컨대 피상속인의 배우자와 직계비속인 자녀가 모두 상속을 포기하면 직계비속인 손자가 상속하고(대습상속이 아니라 본위상속이다), 손자도 모두 포기하고 그 직계비속이 없으면 직계존속·형제자매 등의 순서로 상속인이 된다. ② 상속인이 여러 명인 경우에 어느 상속인이 상속을 포기한 때에는 그의 상속분은 다른 상속인에게 각자의 상속분 비율에 따라 귀속된다(제1043조). 예컨대 피상속인이 배우자 甲과 乙·丙의 자녀를 남겨 놓고 사망한 경우, 丙이 상속을 포기하면 포기한 丙이 처음부터 없었던 것으로 하여 甲과 乙이 법정상속분의 비율에 따라 상속한다. 한편 공동상속인 중 일부가 상속을 포기한 경우에 포기한 상속인의 직계비속이 그 상속재산을 대습상속하는 것은 아니다. 사망 또는 결격의 경우에 한하여 대습상속이 인정되기 때문이다. ③ 피상속인의 배우자와 자녀 중 '자녀 전부'가 상속을 포기한 경우에는 배우자가 '단독상속인'이 된다.[6)]

사례) 甲의 부친 乙은 1년 전 빚만 남긴 채 사망하였고, 독자인 甲은 제1순위 단독상속인이었으나 乙이 사망한 후 2개월쯤 되어 상속포기를 하였다. 그런데 甲에게는 미성년인 아들 丙이 있는데, 주위사람들은 "친권자인 甲이 미성년인 丙의 상속권을 포기하지 않았기 때문에, 乙의 모든 채무를 丙이 부담하게 된다"고 한다. 맞는 말인가?

➡ 피상속인의 직계비속·직계존속·형제자매·4촌 이내의 방계혈족 순위로 상속인이 되며(민법 제1000조 1항), 같은 순위의 상속인이 여럿인 때(甲과 丙)에는 최근친(甲)이 선순위 상속인으로 된다(제1000조 2항). 따라서 甲과 丙은 乙의 직계비속으로서 1순위 상속인이나 甲과 乙 사이는 1촌이고, 乙과 丙 사이는 2촌이기 때문에 甲이 최근친으로서 선순위 상속인이 되지만, 甲이 상속을 포기하였으므로 乙의 상속인은 丙이 된다. 따라서 친권자인 甲이 미성년인 丙의 상속권을 포기하지 않았기 때문에, 乙의 모든 채무를 丙이 부담하게 된다는 주위 사람들의 이야기는 옳다.

Ⅵ. 상속재산의 분할

1. 의의

상속재산의 분할은 상속개시로 인하여 생긴 공동상속인 사이에서의 상속재산의 공유관계를 종료시키고, 상속분에 따라 그 배분·귀속을 확정시키는 청산행위를 말한다. 공동상속의 경우 상속개시와 동시에 피상속인의 재산이 공동상속인의 공유로 되는 것은 어디까지나 잠정적인 현상에 지나지 않으며, 이를 해소하는 제도가 상속재산의 분할이다.

2. 요건

상속재산의 분할을 청구할 수 있기 위해서는, ① 피상속인의 재산을 공동상속하여야 한다. 따라서 상속인이 1인이면 상속재산분할의 여지가 없다. ② 공동상속인이 확정되어야 한다. 공동상속인의 1인 또는 여럿이 상속의 승인 또는 포기를 하지 않은 동안은 상속인이 확정되지 않았으므로 분할할 수 없다. 또한 상속인인가의 여부에 대하여 다투고 있는 경우, 상속인인 신분의 발생을 다투고 있는 자가 있는 경우 등에는 상속인을 확정할 필요가 있다. ③ 피상속인이 유언으로 상속재산의 분할을 금지하지 않았어야 한다. 피상속인은 유언으로 상속이 개시된 날로부터 5년을 초과하지 않는 기간 동안 상속재산의 분할을 금지할 수 있다(민법 제1012조). ④ 상속을 승인한 공동상속인 또는 포괄적 유증을 받은 자(포괄적 수유자)이어야 한다. 즉 분할을 청구할 수 있는 자는 상속을 승인한 공동상속인과 포괄적 수유자이다.

3. 분할의 방법

(1) 피상속인은 유언으로 상속재산의 분할방법을 정하거나 이를 정할 것을 제3자에게 위탁할 수 있다(제1012조). 분할방법의 지정 또는 지정의 위탁은 반드시 유언으로 하여야 하므로, 생전행위에 의한 분할방법의 지정은 그 효력이 없다. 물론 분할방법의 지정 또는 지정의 위탁을 한 유언이 무효이든지 분할방법 지정의 위탁을 받은 제3자가 이것을 실행하지 않는 경우에는 협의에 의한 분할을 하고, 협의가 되지 않을 때에는 법원의 조정 또는 심판에 의하여 분할을 할 수 있다(제1013조 2항, 제269조).

(2) 상속인 중 1인이 분할을 청구하면 다른 상속인은 분할협의를 하여야 한다. 분할의 협의는 공동상속인 사이에 행해지는 일종의 계약이고, 포괄적 유증을 받은 자(포괄수유자)는 상속인과 동일한 권리의무가 있으므로(제1078조) 포괄수유자를 포함하여 공동상속인 전원이 참여하여야 한다. 따라서 협의분할은 공동상속인 전원의 동의가 있어야 유효하고 공동상속인 중 일부의 동의가 없거나 그 의사표시에 대리권의 흠결이 있다면 분할은 무효이다.[7] 또한 상속인 중에 미성년자와 친권자가 있는 경우, 분할협의는 이해상반행위이므로 미성년자를 위하여 특별대리인을 선임하여야 하며, 특별대리인을 선임하지 않고서 한 분할협의는 무효이다.[8]

(3) 분할의 대상이 되는 재산은 피상속인이 남겨 놓은 재산의 전부가 분할의 대상이 된다. 물론 상속재산 중 일부만 먼저 분할하고 나머지를 다시 협의하여 분할하기로 할 수 있다. 분할의 방법에는 제한이 없고, 공동상속인이 자유롭게 결정

할 수 있다. 즉 현물분할·대상분할·환가분할 중 어느 특정의 방법을 택할 것인지 아니면 혼용할 것인지 여부도 얼마든지 자유로이 정할 수 있다.

사례) 甲은 배우자 乙, 자녀 丙·丁·戊를 남기고 사망하였다. 丁은 외국으로 일자리를 찾아 떠난 후 소식이 끊긴 상태이다. (1) 乙·丙·戊는 丁을 제외하고 甲이 남긴 재산을 협의하여 분할하였다. 丁이 뒤늦게 돌아와서 그 상속재산의 분할은 무효라고 주장한다. 타당한가? (2) 戊가 미성년자인 경우, 乙은 戊를 대리하여 분할협의를 할 수 있는가?

➡ 상속인이 행방불명이라도 실종선고를 받지 않는 한 상속인의 신분을 가지고 있기 때문에 행방불명자를 제외하고 분할협의를 하게 되면 그것은 무효이다.[9] 이러한 경우 부재자재산관리인을 선임절차를 밟아(민법 제22조 이하) 관리인이 가정법원의 허가를 얻어 분할하여야 한다. 따라서 설문(1)의 경우, 상속인 丁은 상속재산분할의 무효를 주장하여 재분할을 청구할 수 있다.

한편 피상속인의 배우자가 미성년자인 자녀와 동순위로 공동상속인이 된 경우에 미성년자인 자녀의 친권자로서 상속재산을 분할하는 협의를 하는 행위는 제921조의 '이해상반되는 행위'에 해당하므로 특별대리인을 선임받아 미성년자를 대리하게 하여야 한다.[10] 따라서 설문(2)의 경우, 특별대리인에 의하지 않고 乙이 戊를 대리하여 분할협의를 하면 무권대리행위로써 무효이다.

4. 상속재산분할의 효과

(1) 소급효

(가) 상속재산의 분할은 통상의 공유물의 분할과 달리 상속이 개시된 때에 소급하여 그 효력이 생긴다(민법 제1015조 본문). 예컨대 분할에 의하여 甲이 X소재지의 부동산, 乙이 Y소재지의 임야, 丙이 동산과 채권을 취득하는 것으로 정하여지면, 甲·乙·丙은 상속개시시에 그 재산을 피상속인으로부터 직접 승계한 것이 되어, 그 재산에 대해서는 甲·乙·丙의 공동소유관계가 존재하지 않았던 것으로 된다.

(나) 그러나 상속재산의 분할은 제3자의 권리를 침해할 수 없다(제1015조 단

서). 예컨대 상속개시 후 분할 전에 乙이 X소재지의 부동산에 대한 자기의 지분을 제3자에게 양도하거나 乙의 채권자가 그것을 압류한 경우, 분할에 의하여 甲이 X소재지의 부동산을 상속시부터 취득한 것으로 되더라도 乙로부터 부동산상의 지분을 양도받은 제3자에 대하여 그 반환을 청구할 수 없고, 압류채권자에 대하여 대항할 수 없다.

(2) 분할 후 피인지자 등의 청구권

피상속인의 사망 후 인지소송으로 인지가 확정되면(제864조), 그 인지의 효력은 태어난 때로 소급하므로 인지된 자녀(피인지자)는 상속개시 당시부터 상속인이었던 것으로 된다. 따라서 인지 또는 재판의 확정 전에 이미 다른 공동상속인 사이에서 상속재산의 분할을 한 경우, 다시 분할을 하는 것은 제3자에게 해를 줄 염려가 있다. 그래서 민법 제1014조는 “상속개시 후의 인지 또는 재판의 확정에 의하여 공동상속인이 된 자가 상속재산의 분할을 청구할 경우에 다른 공동상속인이 이미 분할 기타 처분을 한 때에는 그 ‘상속분에 상당한 가액’의 지급을 청구할 권리가 있다”고 규정하고 있다. 참고로 인지란 혼인 외의 출생자의 생부 또는 생모가 혼인 외의 출생자를 자기의 자녀로 인정하여 법률상의 친자관계를 발생시키는 일방적인 의사표시이다. 인지에는 ① 부 또는 모가 스스로 인지의 의사표시를 하는 경우와 ② 부 또는 모를 상대로 인지의 소를 제기하여 인지의 효과를 발생하게 하는 경우가 있으며, ①을 임의인지라고 하고 ②를 강제인지라고 한다.

Ⅶ. 상속회복청구권

1. 의의

상속회복청구권은 진정한 상속인이 그 상속권의 실현을 방해하고 있는 참칭상속인 또는 그로부터 상속재산을 취득한 제3자에 대하여 상속권을 주장함으로써 방해의 배제와 상속재산의 회복을 구하는 권리를 말한다. 가령 가족이 없는 甲이 사망한 뒤에 甲과 전혀 관계없는 乙이 나타나 자신이 甲의 숨겨놓은 자식이라고 하면서 甲의 재산을 모두 차지한 경우, 진정한 상속인인 甲의 동생 丙은 乙에 대하여 상속회복을 청구할 수 있는데, 그 권리가 상속회복청구권이다.

2. 요건

상속회복을 청구할 수 있기 위해서는, ① 진정한 상속인이어야 한다. 상속권이 참칭상속인으로 인하여 침해된 때에는 상속권자나 그의 법정대리인이 법원에 상속회복을 청구할 수 있다(민법 제999조). ② 상대방이 참칭상속인이어야 한다. 참칭상속인이란 정당한 상속권이 없음에도 재산상속인임을 신뢰케 하는 외관을 갖추거나 상속인이라고 참칭하면서 상속재산의 전부 또는 일부를 점유함으로써 진정한 상속인의 재산상속권을 침해하는 자를 말한다. ③ 참칭상속인이 진정상속인의 재산상속권을 침해하여야 한다. 따라서 상속재산에 대한 점유를 하지 않고 단순한 권리주장만으로는 상속권 침해라고 볼 수 없다.

3. 상속회복청구권의 행사

(1) 행사의 방법

(가) 상속회복청구권은 재판상으로는 물론 재판 외에서도 할 수 있다. 상속회복청구권을 가지는 사람은 상속재산의 점유를 잃고 있는 진정한 상속인 또는 그의 법정대리인이다. 상속회복청구의 상대방은 참칭상속인이며, 참칭상속인의 상속인도 참칭상속인이며, 그가 상속재산을 점유하고 있으면 상대방이 된다. 또한 참칭상속인으로부터 상속재산을 전득(양수)한 제3자도 상속회복청구의 상대방이 된다.

(나) 자신이 진정한 상속인임을 전제로 그 상속으로 인한 소유권 또는 지분권

등 재산권의 귀속을 주장하면서 참칭상속인 또는 참칭상속인으로부터 상속재산에 관한 권리를 취득하거나 새로운 이해관계를 맺은 제3자를 상대로 상속재산인 부동산에 관한 등기의 말소 등을 청구하는 경우, 그 소유권 또는 지분권이 귀속되었다는 주장이 상속을 원인으로 하는 것인 이상 그 청구원인 여하에 관계없이 이는 제999조의 상속회복청구의 소에 해당하고,[11] 상속회복청구권의 제척기간에 관한 제999조 2항이 이 경우에도 적용된다.[12]

(2) 행사의 효과

참칭상속인은 그가 점유하는 상속재산을 진정상속인에게 반환하여야 한다. 진정상속인이 여럿인 경우에는 이들 상속인의 상속분에 따라 반환하여야 한다.

4. 상속회복청구권의 소멸

상속회복청구권은 상속인 또는 그의 법정대리인이 상속권을 침해당한 사실을 안 날로부터 3년, 상속권의 침해행위가 있었던 날로부터 10년이 지나면 소멸된다 (제999조 2항). 여기서 '상속권 침해사실을 안 날'이란 자기가 진정상속인임을 알고 또 자기가 상속에서 제외된 사실을 안 때를 의미한다. '상속권의 침해행위가 있었던 날'은 참칭상속인이 상속재산의 전부 또는 일부를 점유하거나 상속재산인 부동산에 관하여 소유권이전등기를 마치는 등의 방법에 의하여 진정한 상속인의 상속권을 침해하는 행위를 한 날을 의미한다.

한편 상속회복청구권이 제척기간의 경과로 소멸하게 되면 상속재산은 상속개시일로 소급하여 참칭상속인의 소유로 된다.[13]

사례) 甲이 부동산을 남기고 사망하였다. 甲에게는 배우자 乙과 자녀 丙·丁이 있었고, 이들이 그 부동산을 상속하여 제3자인 A에게 팔고 그의 명의로 소유권이전등기를 해 주었다.

그 후 B가 甲의 혼인 외의 출생자로서 가정법원에 인지청구를 하여 인지판결을 받은 지 3년이 지난 후 A를 상대로 상속권에 기인하여 등기말소청구를 하였다. 이 경우 B의 청구는 받아들여질 수 있는가? 만약 A에 대한 청구가 인용되지 않을 경우, B는 乙·丙·丁에 대하여 어떤 청구를 할 수 있는가?

➡ 인지는 자녀가 태어난 때(출생시)로 소급하여 효력이 생기지만(민법 제860조 본문), 인지의 소급효는 제3자가 이미 취득한 권리를 침해할 수 없다(제860조 단서). 따라서 B는 A를 상대로 부동산에 대하여 등기말소청구를 할 수 없다. 한편 상속개시 후의 인지 또는 재판의 확정에 의하여 공동상속인이 된 사람이 상속재산의 분할을 청구할 경우에 다른 공동상속인이 이미 분할이나 그 밖의 처분을 한 때에는 그 상속분에 상당한 가액의 지급을 청구할 권리가 있다(제1014조). 설문에서 B의 인지청구가 확정되기 전에 乙·丙·丁이 상속재산인 부동산을 A에게 처분하였으므로, B는 乙·丙·丁에 대하여 제1014조에 의하여 상속분에 상당한 가액의 지급을 청구할 수 있는 것에 그친다. 하지만 진정한 상속인임을 전제로 참칭상속인 또는 일부 공동상속인을 상대로 상속재산인 부동산에 관한 등기의 말소 등을 청구하는 것은 상속회복청구의 소에 해당하므로, 상속회복청구권의 제척기간에 관한 제999조 2항이 적용된다.[14] 설문에서 B는 인지판결의 확정 후 3년이 경과한 시점에 乙·丙·丁을 상대로 가액지급청구를 하게 된 것이므로, 이미 제척기간의 경과로 청구권이 소멸된 후이다. 그렇다면 A의 청구는 인용될 수 없다.

제2절 유 언

Ⅰ. 서설

1. 의의

일반적으로 임종 직전에 최후로 남기는 말을 유언이라고 하지만, 법률상 유언은 유언자의 사망과 동시에 일정한 법률효과를 발생시키는 것을 목적으로 하는 일방적인 의사표시를 말한다(민법 제1060조). 특히 유언에 의해 상대방에게 재산을 이전시키는 경우를 유증이라고 한다.

2. 유언사항

사적 자치의 한 내용으로 유언의 자유가 인정된다. 따라서 유언은 그 효력이 발생하기까지는 언제든지 철회할 수 있다(민법 제1108조, 제1111조). 하지만 유언은 '법률로 정하여진 일정한 사항'에 대하여만 할 수 있으며, 이에 해당하지 않으면 유언은 무효이다. 예컨대 '어머니에게 효도를 하라'는 등의 유언을 하는 것은 자유지만, 그것은 법적으로 아무런 효과가 없다. 민법에서 인정하고 있는 유언사항으로, ① 상속재산 분할방법의 지정 또는 위탁(제1012조), ② 상속재산의 분할금지(제1012조), ③ 재단법인의 설립(제47조 2항), ④ 유증(제1074조), ⑤ 친생부인(제850조), ⑥ 인지(제859조 2항), ⑦ 미성년후견인의 지정(제931조), ⑧ 미성년후견감독인의 지정(제940조의2), ⑨ 유언집행자의 지정 또는 위탁(제1093조) 등이 있다.

3. 유언의 능력

(1) 유언능력자

민법은 "17세에 달하지 못한 사람은 유언을 하지 못한다"고 정하고 있으므로, 17세 이상이면 누구나 단독으로 유언할 수 있다(제1061조). 즉 17세 이상의 미성년자가 법정대리인의 동의를 받지 않고 유언하거나 철회하여도 이를 이유(동의 여부)로 취소할 수 없다(제1062조). 피성년후견인은 의사능력이 회복된 때에만 유언을 할 수 있다(제1063조 1항). 피성년후견인이 유언을 하는 경우에는 의사가 심신회복의 상태를 유언서에 부기하고 서명날인해야 한다(제1063조 2항). 피성년후견인이 적법하게 한 유언은 취소할 수 없다(제1062조).

(2) 수유능력

유증을 받을 수 있는 지위나 자격을 의미하는 수유능력은 의사능력의 존재를 전제로 하지 않으며, 권리능력자이면 족하다. 즉 유언은 상대방 없는 단독행위이므로 의사무능력자도 유증을 받을 수 있으며, 태아나 법인도 유증을 받을 수 있지만(제1064조), 상속결격자는 유증을 받을 수 없다(제1064조, 제1004조). 유언자가 사망하기 전에 유증받을 사람이 사망하거나 실종선고를 받으면 그에 대한 유언은 무효가 된다(제1089조 1항). 참고로 '권리능력'이란 권리와 의무의 주체가 될 수 있는 법적 지위 또는 자격을 말한다. 사람은 생존하는 동안에만 권리와 의무의 주체가 될 수 있으므로, 출생에 의하여 권리능력을 취득하고 사망으로 인하여 상실한다. '의사능력'은 자신의 행위의 의미를 이해하고 그에 따라 자신의 의사를 결정할 수 있는 정신적 능력을 말한다. 따라서 사리를 판단할 수 없는 정신병자나 어린아이 또는 만취한 경우와 같이 의사능력이 없는 사람이 한 법률행위는 무효가 된다.

Ⅱ. 유언의 성립

1. 유언의 요식성

유언서의 작성은 생전에 이루어져도 그 효력은 유언자가 사망한 때에 발생하므로, 유언의 존재 및 내용에 관하여 다툼이 생기면 본인에게 이를 확인할 수가 없다. 그래서 민법은 유언자의 진의를 명확하게 하고 분쟁과 혼란을 예방하기 위하여 유언은 일정한 방식에 따라서만 하도록 규정하고 있다. 그 방식에 따르지 않은 유언은 설사 유언자의 진정한 의사에 합치하더라도 무효이다.[15)]

2. 유언의 방식

유언방식의 종류에는 보통의 방식으로 자필증서유언·녹음유언·공정증서유언·비밀증서유언이 있고, 특별방식으로 구수증서유언이 있다. 특별방식의 유언은 '질병이나 그 밖의 급박한 사유로 인하여' 보통방식의 유언이 불가능한 경우에만 보충적으로 인정된다.

(1) 자필증서로 하는 유언

자필증서로 하는 유언은 유언자가 그 전체 내용과 작성 연월일, 주소 및 성명을 직접 쓰고 날인해야 한다(민법 제1066조 1항). 주의할 것은 유언자가 그 전체내용과 작성 연월일·주소·성명을 스스로 써야 한다는 점이다. 따라서 타자기나 워드프로세서 등을 사용한 경우 또는 타인에게 구수·필기시킨 경우는 자필증서로 인정되지 않는다. 자필증서유언은 타인의 관여 없이 간단히 작성할 수 있고, 유언의 내용 및 존재를 비밀로 할 수 있는 편리성이 있지만, 내용의 불분명이나 위조·변조의 가능성이 있다. 그러므로 이에 대한 분쟁의 여지를 줄이기 위하여 자필증서유언을 집행하기 위해서는 반드시 법원에 검인절차를 밟아야 한다(제1091조). 자필증서에 문자를 삽입·삭제·변경을 할 경우에는 유언자가 이를 직접 쓰고 날인해야 한다(제1066조 2항).

사례) 乙은 10년 전부터 甲과 재혼하여 혼인신고 없이 동거인으로 살고 있는데, 甲은 그가 죽은 후 乙의 생활을 배려한다면서 "자신이 소유한 부동산 1필지를 사후에 증여하겠다"는 취지의 각서를 자필로 작성하여 乙에게 교부하였다. 이 경우 각서도 유언의 효력이 인정되는가?

➡ 자필증서에 의한 유언은 유언자가 유언의 전체내용과 작성 연월일·주소·성명을 스스로 쓰고 날인한 유언서이다(민법 제1066조). 설문의 경우, 甲이 작성한 각서가 제1066조의 방식을 갖추고 甲이 사망한 후에 부동산 1필지를 乙에게 유증한다는 내용이라면, 자필증서에 의한 유언에 해당하여 유언의 효력이 있다. 반면에 각서가 제1066조의 어느 하나라도 갖추지 않은 경우에는 유언의 효력이 인정되지 않는다.

(2) 녹음으로 하는 유언

녹음으로 하는 유언은 음향기기에 유언자가 유언의 내용·자기의 성명·녹음 연월일을 말하고, 이에 참여한 증인이 유언자 본인의 유언이 틀림없다는 것과 증인 자신의 성명을 말해야 한다(민법 제1067조). 참여한 증인이 유언의 정확함과 그 성명을 말하여야 하기 때문에 증인의 참여 없이 녹음한 유언은 무효이다.

(3) 공정증서로 하는 유언

공정증서로 하는 유언은 증인 두 사람이 참여한 가운데 유언자가 공증인 앞에서 유언의 내용을 말하고, 공증인이 이를 필기하고 낭독하여 유언자와 두 사람의 증인이 그것이 정확함을 승인한 후 각자 서명하거나 기명날인해야 한다(민법 제1068조). 공정증서로 하는 유언은 유언증서를 공증인이 보관하므로, 유언의 존재가 분명하고 위조·변조를 막을 수 있으며, 검인 없이 집행할 수 있는 점에서 유용한 방식이다.

(4) 비밀증서에 의한 유언

비밀증서로 하는 유언은 유언자가 필자의 성명을 기입한 증서를 단단히 봉하여 날인하고, 이를 두 사람 이상의 증인 앞에 제출하여 자기의 유언서임을 표시한 후 그 봉투 겉면에 제출 연월일을 기재하고, 유언자와 그 증인들이 각자 서명하거나 기명날인해야 한다(민법 제1069조 1항). 이 유언은 유언의 존재는 분명히 하면서 그 내용은 비밀로 하고 싶을 때 유용하게 쓸 수 있는 것인데, 비밀증서의 성립에 다툼이 생기기 쉽고 분실·훼손의 위험이 있다. 비밀증서에 의한 유언봉서는 그 표면에 기재한 날로부터 5일 내에 공증인이나 법원서기에게 제출하여 그 봉인상에 확정일자를 받아야 한다(제1069조 2항).

(5) 구술증서로 하는 유언

구술증서로 하는 유언은 질병이나 그 밖의 급박한 사유로 인하여 자필증서·녹음·공정증서 또는 비밀증서의 방식으로 유언을 할 수 없는 경우에 유언자가 두 사람 이상의 증인이 참여한 가운데 그중 한 사람에게 유언의 내용을 말하고, 그것을 들은 증인이 이를 필기하고 낭독하여 유언자의 증인들이 그 정확함을 승인한 후 각자 서명하거나 기명날인해야 한다(민법 제1070조 1항). 주의할 것은 구술증서로 하는 유언은 보통의 방식에 의한 유언이 가능한 경우에는 허용되지 않는다는 점이다. 구술증서로 하는 유언은 그 증인이나 이해관계인이 급박한 사유가 종료된 날로부터 7일 내에 법원에 검인을 신청해야 한다(제1070조 2항). 여기서 이해관계인이란 상속인, 유증을 받은 자, 유언집행자로 지정된 자 등 그 유언에 의하여 법률적으로 영향을 받는 자를 말한다. 그리고 급박한 사유가 종료된 날로부터 7일 이내에 검인을 받지 않으면 그 유언은 무효이다.[16)]

3. 유언의 검인

(1) 유언의 증서나 녹음을 보관한 자 또는 이를 발견한 자는 유언자가 사망한 후 지체 없이 그 증서나 녹음을 법원에 제출하여 검인을 청구해야 한다(민법 제1091조 1항). 유언증서에 대한 법원의 검인은 유언증서의 형식·태양 등 유언의 방식에 관한 모든 사실을 조사·확인하고 그 위조·변조를 방지하며, 또한 보존을 확실히 하기 위한 일종의 검증절차 내지는 증거보전절차이다. 따라서 적법한 유언은 이러한 검인이나 개봉절차를 거치지 않더라도 유언자의 사망에 의하여 곧바로 그 효력이 생기는 것이며, 검인이나 개봉절차의 유무에 의하여 유언의 효력이 영향을 받지 않는다.[17)]

(2) 검인은 유언증서나 녹음의 외형을 검증하여 그 성립·존재를 확보하는 절차에 그치기 때문에, '공정증서'나 '구술증서'로 하는 유언에는 검인이 필요 없다(제1091조 2항). 특히 구술증서로 하는 유언은 그 성립과정에 이미 검인이 필요하므로 그 집행과정에 검인이 필요 없다.

4. 유언증인의 결격

(1) 자필증서로 하는 유언을 제외하고 그 밖의 유언방식에는 증인의 참여가 있어야 한다. 유언은 유언자의 사망 후에 효력이 발생하기 때문에, 유언자의 사후에 유언내용의 진실성을 확인해 줄 사람이 필요하다. 한편 자필증서로 하는 유언은 유언자의 친필에 의한 유언이므로 사후에 필적감정 등을 통해 그 진위 여부를 판단할 수 있기 때문에 증인이 필요 없다.

(2) 미성년자·피성년후견인·피한정후견인·유언으로 이익을 받을 사람 및 그의 배우자와 직계혈족에 해당하는 사람은 유언에 참여하는 증인이 될 수 없다(제1072조 1항). 물론 혼인에 의하여 성년의제된 미성년자는 증인자격이 있다. 그리고 공정증서로 하는 유언의 경우, 공증인법에 따라 공증인이 될 수 없는 자는 증인이 될 수 없다(제1072조 2항). 결격자가 참여한 유언은 그 전체가 무효로 된다.

Ⅲ. 유언의 효력

1. 유언의 효력발생시기

유언은 일정한 방식에 의하여 유언증서가 작성된 때에 성립하지만, 그 효력은 유언자가 사망한 때에 발생한다(민법 제1073조 1항). 즉 유언은 상대방 없는 단독행위이므로, 유언에 의한 수익자의 승인 여부와는 아무런 관계가 없다. 다만 유증받을 자는 유언자가 사망한 후에 언제든지 유증을 승인하거나 포기할 수 있다(제1074조).

2. 유언의 무효

유언의 무효는 유언 당시부터 유언으로서 효력이 없는 것을 말한다. 예컨대

① 방식을 갖추지 않은 유언(민법 제1060조), ② 유언무능력자, 즉 17세 미만이거나 의사능력이 없는 사람의 유언(제1061조~제1063조), ③ 유증 받을 수 없는 자(수증결격자)에 대한 유언(제1064조), ④ 선량한 풍속이나 그 밖에 사회질서를 위반한 유언(제103조), ⑤ 강행규정을 위반한 유언, ⑥ 법정사항 이외의 사항을 내용으로 하는 유언, ⑦ 유언자의 생전행위에 의하여 실현되었거나 유언자의 사망 전에 실현된 것을 내용으로 하는 유언 등은 무효이다.

3. 유언의 철회

(1) 유효한 유언이 성립된 후에도 유언자는 언제든지 유언이나 생전행위로서 종전의 유언의 전부나 일부를 철회할 수 있고, 유언자는 그의 유언을 철회할 권리를 포기할 수 없다(민법 제1108조). 따라서 철회권을 포기하거나 유언을 철회하지 않겠다는 의사표시도 모두 무효이다. 이와 같이 유언자의 최종의사를 존중하기 위하여 유언철회의 자유가 인정된다.

(2) 유언자는 유언 또는 생전행위로써 종전 유언을 철회할 수 있다(제1108조). 이것을 임의철회라고 한다. 유언으로 철회하는 경우, 철회유언도 유언의 방식에 의하여야 하지만, 철회될 유언과 같은 방식으로 할 필요는 없다.

한편 명시적·임의적인 철회유언이 없더라도 일정한 사유가 있으면 유언자의 진의를 묻지 않고 철회의 효과가 인정된다. 즉 ① 먼저 한 유언과 나중에 한 유언이 모순되는 경우에는 그 모순된 부분의 종전 유언은 철회한 것으로 본다(제1109조). 여기서 모순이란 양자가 양립할 수 없음을 의미하고(예: 부동산을 A에게 준다고 유언한 후 B에게 준다고 하는 경우), 따라서 뒤에 한 유언이 앞에 한 유언에 조건을 부가한 경우 등은 이에 해당하지 않는다. ② 유언을 한 후의 생전행위가 그 유언과 모순되는 경우(예: 유언자가 유언 후에 유증의 목적물을 제3자에게 양도한 경우)에는 그 모순된 부분의 종전 유언은 철회한 것으로 본다(제1109조). 여기의 '생전행위'는 유언자가 생존 중에 유언의 목적인 특정재산에 대하여 한 처분을 가리키며, 유상·무상 여부를 묻지 않는다. ③ 유언자가 고의로 유언증서나 유증의 목적물(대상물)을 파손한 경우에는 그 부분에 관한 유언은 철회한 것으로 본다(제1110조).

(3) 유언이 철회되면, 유언은 처음부터 없었던 것으로 된다.

Ⅳ. 유증

1. 서설

(1) 의의

유증이란 유언자가 유언에 의하여 재산상의 이익을 타인에게 무상으로 주는 단독행위를 말한다. 즉 유증이란 유언에 의한 재산의 무상증여이다.

유증에는 포괄적 유증과 특정적 유증이 있다. 포괄적 유증은 적극·소극재산을 포괄하는 상속재산의 전부 또는 그 분수적 부분 내지 비율에 의한 유증이다. 예컨대 “나의 재산 전부 또는 1/3을 甲에게 준다”는 형태의 유언을 말한다. 특정적 유증은 개개의 재산상의 이익을 구체적으로 특정하여 유증의 내용으로 하는 것이다. 예컨대 “건물과 토지는 甲에게, 임야는 乙에게 준다”는 유언이 이에 해당한다. 주의할 것은 포괄적 유증은 상속재산의 전부나 일정비율을 주는 것이므로, 포괄적 유증을 받은 자(포괄적 수유자)는 ‘채무(소극재산)도 승계’하지만, 특정적 유증은 상속재산 중 지정된 특정재산만을 주는 것이므로 특정유증을 받은 자는 ‘채무를 승계하지 않는다’는 점이다.

(2) 유증 받은 자와 유증의무자

(가) 유증을 받은 자

① 유증을 받는 자(수유자)는 유증자와 친족관계에 있는 사람에 한정되지 않고

권리능력자는 누구나 유증을 받을 수 있다. 따라서 자연인이나 법인 또는 상속인도 유증을 받을 수 있지만, 유언의 효력이 발생할 때에 생존(법인은 존재하고 있어야 함)하고 있어야 한다. 즉 유언자가 사망하기 전에 유증받을 사람이 먼저 사망하면 그 유증은 무효가 된다(제1089조 1항). ② 태아는 유증에 관하여 이미 출생한 것으로 본다(제1064조, 제1000조 3항). ③ 상속결격사유가 있는 사람은 유증을 받을 수 없다(제1064조, 제1004조).

(나) 유증의무자

유증을 실행할 의무를 지는 사람을 유증의무자라고 하며, 유증에서 재산의 양도의무는 유언자가 사망한 후에 집행되기 때문에 유언자가 의무자가 될 수 없다. 유증의무자는 원칙적으로 상속인이지만, 유언집행자(제1101조)나 포괄적 유증을 받은 자(제1078조)·상속인의 존부가 불분명한 경우의 상속재산관리인(제1053조, 제1054조)도 유증의무자로 된다.

2. 포괄적 유증

(1) 포괄적 유증은 적극·소극재산을 포함하는 상속재산의 전부 또는 그 일정 비율에 의한 유증이다. 포괄적 유증의 특색은 적극재산이나 이익만을 승계하는 것이 아니라 피상속인의 의무까지 그 비율에 따라 승계하는 데 있다. 이 점에서 특정적 유증과 구별된다.

(2) 유언의 효력이 발생하면 포괄적 유증을 받은 자는 상속인과 동일한 권리와 의무가 있다(민법 제1078조). 따라서 유증의 비율의 상속분을 가지는 상속인이 한 사람 늘어나게 된다. 예컨대 甲의 상속인으로 乙·丙·丁이 있는데 피상속인 甲이 "A에게 나의 재산 1/3을 준다"고 유언한 경우, A와 乙·丙·丁 사이의 상속재산 분배비율은 A가 1/3을 가지고 나머지 2/3을 상속인 乙·丙·丁이 나누어 가진다. 결국 A는 1/3이고, 乙·丙·丁은 각각 2/9(즉 2/3×1/3)이다.

(3) 유증을 받은 자는 상속인과 마찬가지로 유증 사실을 알든 모르든 유언대로 상속재산을 당연히(등기나 인도 없이) 포괄승계한다(제1005조). 포괄적 유증을 받은 자와 상속인이 있거나 포괄적 유증을 받은 자가 여럿인 경우에 그들 상호간에는 공동상속에서와 동일한 관계가 발생하고, 그 결과 그들은 상속재산을 공유하며(제1006조, 제1007조), 상속재산 협의분할에 참가하고 분할에 의하여 공유관계가 해소된다(제1013조).

(4) 포괄적 유증의 승인·포기에 대하여는 유증에 관한 규정이 아니라 상속에 관한 규정이 적용된다(제1078조). 즉 포괄적 유증을 받은 자는 자기를 위하여 유증의 효력이 발생한 날로부터 3개월 이내에 단순 또는 한정승인이나 포기를 할 필요가 있다. 포괄적 유증을 받은 자가 한정승인을 하면 유증된 재산의 한도에서 상속채무를 변제할 책임을 지게 된다.

3. 특정적 유증

(1) 특정적 유증은 상속재산 가운데 특정재산을 목적으로 하는 유증이다. 여기서 특정은 상속재산의 전부 또는 일정비율을 의미하는 포괄에 대비되는 개념으로, 목적인 재산의 개수 내지 종류가 구체적으로 지정된 것을 의미한다. 예컨대 부동산을 A에게 동산과 예금은 B에게 준다는 경우가 이에 해당한다. 특정적 유증의 목적은 권리에 한하며 의무는 포함되지 않는다.

(2) 포괄적 유증에서 유증을 받은 자가 상속재산의 전부 또는 비율적 부분을 법률상 당연히 승계함에 반하여, 특정유증의 경우에는 유증의 목적물은 상속재산으로서 먼저 상속인에게 귀속되고, 유증을 받은 자는 유증의무자에 대하여 '유증의 이행을 청구할 수 있는 권리'를 취득하게 된다(채권적 효력). 따라서 유증을 받은 자가 이행청구권을 행사하여 이행이 완료되는 때에 그에게 귀속하게 된다. 즉 부동산

의 경우에는 등기가 마쳐지면 접수된 때, 동산의 경우에는 인도한 때, 채권의 경우에는 양도한 때(그 밖에 대항요건 필요)에 유증을 받은 자에게 귀속한다.

(3) 유증은 유언자의 단독행위이므로 유증받을 자가 이를 알든 모르든 그의 의사와 관계없이 유언자가 사망한 때에 당연히 그 효력이 발생한다(민법 제1073조 1항). 그러나 유증을 받기를 강제할 수는 없다. 유증받을 자는 유언자가 사망한 후에 언제든지 유증을 승인하거나 포기할 수 있고, 그 효력은 유언자가 사망한 때에 소급하여 생긴다(제1074조). 유언자의 사망 전에는 유증을 승인 또는 포기할 수 없다. 유증받을 자는 유언의 효력발생 전에는 아무런 권리를 취득하지 않기 때문이다. 특정유증을 승인이나 포기한 후에는 유증을 받은 자가 임의로 이를 취소할 수 없다(제1075조 1항).

한편 유증받을 자가 특정유증을 승인·포기하지 않고 사망한 경우, 그의 상속인이 이를 승계한다. 그 상속인들은 각자의 상속분의 한도 내에서 승인·포기를 할 수 있다. 그러나 유언자가 유언으로 다른 의사를 표시한 때에는 그 의사에 의한다(제1076조).

(4) 유증의무자나 이해관계인은 적절한 기간을 정하여 그 기간 내에 승인이나 포기를 확답할 것을 유증받을 자나 그의 상속인에게 촉구할 수 있고, 그 기간 내에 확답을 하지 않으면 유증을 승인한 것으로 본다(제1077조).

4. 부담 있는 유증 — 부담부 유증

(1) 부담 있는 유증이란 유언자가 유언으로 유증을 받은 자에게 유언자 본인, 그의 상속인 또는 제3자를 위하여 일정한 법률상 의무를 부담시키는 유증을 말한다. 예컨대 토지를 유증할 터이니 자기의 조모를 간호·부양하여 달라는 경우가 이에 해당한다. 부담부 유증은 유증을 받은 자에게 일정한 의무를 부담시킬 뿐이고, 그 이행이나 불이행이 유증의 조건이 되는 것은 아니다. 즉 부담의 이행을 정지조

건으로 한다거나 부담의 불이행을 해제조건으로 하는 유증이 아니다. 따라서 부담의 불이행이 있더라도 유증의 효력이 당연히 상실되는 것은 아니다. 참고로 정지조건은 법률행위 효력의 '발생'을 장래의 불확실한 사실에 의존하게 하는 조건이고, 해제조건은 법률행위 효력의 '소멸'을 장래의 불확실한 사실에 의존하게 하는 조건이다. 가령 혼인하면 아파트를 주겠다는 것이 정지조건이고, 취직할 때까지 생활비를 대주겠다는 것이 해제조건이다.

(2) 부담은 유증을 받은 자가 일정한 법률상의 의무를 부담한다고 하는 유증에 수반된 부관이기 때문에, 그 이행의무자는 당연히 '유증을 받은 자'이다. 또 유증받을 자가 승인이나 포기를 하지 않고 사망한 경우에는 그의 상속인은 상속분의 한도에서 그 유증을 승인하거나 포기할 수 있기 때문에(민법 제1076조 본문), '유증받을 자의 상속인'이 그 유증을 승인하면 그 상속분의 범위 내에서 이행의무가 있다.

(3) 부담의 이행을 청구할 수 있는 자는 유언자의 상속인, 유언집행자 또는 부담의 이행청구권자로 지정된 자이다. 상속인이 여럿인 경우 상속인이 각자 이행청구를 할 수 있고, 반드시 공동으로 하여야 하는 것은 아니다.

(4) 부담이 있는 유증을 받은 자는 유증의 목적(대상)의 가액을 초과하지 않는 한도에서 자기가 부담한 의무를 이행할 책임이 있다(제1088조 1항). 따라서 부담부 유증의 목적가액이 상속의 한정승인 또는 유류분반환청구로 인하여 줄어든 경우, 유증을 받은 자는 그 줄어든 한도에서 부담을 이행할 의무를 면한다(제1088조 2항).

(5) 부담이 있는 유증을 받은 자가 그의 부담의무를 이행하지 않은 경우에는 상속인이나 유언집행자는 적절한 기간을 정하여 그 이행을 촉구하고, 그 기간 내에 이행하지 않은 때에는 법원에 유언의 취소를 청구할 수 있다(제1111조 본문). 그러나 유언의 취소로써 제3자의 이익을 침해할 수 없다(제1111조 단서).

V. 유언의 집행

1. 의의

유언의 집행은 유언이 효력을 발생한 후 그 내용을 실현하기 위하여 하는 행위 또는 절차이다. 유언 가운데에는 후견인의 지정(민법 제931조)·상속재산의 분할금지(제1012조) 등과 같이 유언의 효력발생으로 당연히 실현되어 따로 집행할 필요가 없는 경우도 있다. 이와 달리 유언내용을 실현하기 위하여 유언집행자의 집행이 필요한 유언으로는 친생부인(제850조)·인지(제859조 2항)가 있고, 상속인 자신이 집행할 수 있는 유언으로는 특정적 유증·재단법인설립 등이 있다.

사례) 甲은 그가 사망하면 자신의 주택과 대지는 장남 乙에게, 농지 2필지는 차남 丙에게, 임야는 3남 丁에게 나누어 가지라고 입버릇처럼 말하였다. 甲이 사망한 후 乙과 丙은 甲의 유지를 받들어 재산을 분할하려고 하였으나, 丁이 이에 반발하면서 법정상속분에 의하여 분할하여야 한다고 주장한다. 丁의 주장이 타당한가?

➡ 피상속인은 유언으로 상속재산의 분할방법을 정하거나 이를 정할 것을 제3자에게 위탁할 수 있고 상속개시의 날로부터 5년을 초과하지 아니하는 기간 내의 그 분할을 금지할 수 있다(민법 제1012조). 다만 민법은 유언의 존재 여부를 분명히 하고 위조, 변조를 방지할 목적으로 일정한 방식에 의한 유언에 대해서만 그 효력을 인정하고 있다(제1060조). 설문의 경우, 甲의 생전발언은 유언의 방식을 갖추지 못한 것이다. 따라서 甲이 생전에 재산분할방법을 말하였다고 하여도 그것이 유언의 형식을 갖추지 못하였으므로 그것은 효력이 없다. 결국 乙·丙·丁 3인은 법정상속분에 따라서 상속재산을 분할하여야 하므로, 丁의 주장이 타당하다.

2. 유언집행의 준비절차 — 유언서의 검인·개봉

(1) 유언서의 검인

유언의 증서나 녹음을 보관한 자 또는 이를 발견한 자는 유언자가 사망한 후 지체 없이 그 증서나 녹음을 법원에 제출하여 검인을 청구해야 한다(민법 제1091조 1항). 검인은 유언증서나 녹음의 외형을 검증하여 그 성립·존재를 확보하는 절차에 그치기 때문에, '공정증서'나 '구술증서로 한 유언'에는 검인이 필요 없다(제1091조 2항).

(2) 유언서의 개봉

유언의 집행을 공정하게 하기 위하여 법원이 봉인된 유언증서를 개봉할 때에는 유언자의 상속인, 그의 대리인, 그 밖의 이해관계인이 참여해야 한다(제1092조). 유언증서의 개봉절차는 봉인된 유언증서의 검인을 위해서 개봉이 필요하므로, 그에 관한 절차를 규정한 데에 지나지 않는다. 따라서 적법한 유언은 검인이나 개봉절차를 거치지 않더라도 유언자의 사망에 의하여 그 효력이 생기는 것이며, 검인이나 개봉절차의 유무에 의하여 유언의 효력이 영향을 받지 않는다.

3. 유언집행자

(1) 유언의 집행절차를 담당하는 자를 유언집행자라 한다. 유언집행자에는 지정유언집행자·법정유언집행자 및 선임유언집행자가 있으며, 유언집행자는 여럿이더라도 무방하다(제1102조). 즉 ① 지정유언집행자는 유언자가 유언으로 유언집행자를 지정하거나 제3자에게 그 지정을 위탁하여 결정된 자이다(제1093조). ② 지정유언집행자가 없는 경우 상속인이 유언집행자가 된다(제1095조). ③ 유언집행자가 없거나 사망·결격·그 밖의 사유로 유언집행자가 없게 된 경우에는 법원은 이해관계인의 청구에 의하여 유언집행자를 선임해야 한다(제1096조 1항).

(2) 제한능력자(예: 미성년자·피성년후견인 등)와 파산선고를 받은 자는 유언집행자가 될 수 없다(제1098조). 그러나 상속인(제1095조), 유언집행자의 지정을 위탁받은 자 및 법인은 유언집행자가 될 수 있다. 한편 지정 또는 선임에 의한 유언집

행자는 정당한 사유가 있는 때에 법원의 허가를 받아 그 임무를 사퇴할 수 있다(제1105조).

(3) 유언집행자가 취임을 승낙한 경우에는 지체 없이 임무를 이행해야 한다(제1099조). 유언집행의 임무를 개시하면 유언집행자는 유증의 목적인 재산의 관리, 그 밖에 유언에 필요한 행위를 할 권리와 의무가 있다(제1101조).

제3절 유류분

Ⅰ. 일반

1. 의의

유류분은 법률상 상속인에게 귀속되는 것이 보장되는 상속재산에 대한 일정비율을 가리킨다. 즉 유류분은 피상속인의 유언에 의한 재산처분의 자유를 제한함으로써 상속인(피상속인의 4촌 이내의 방계혈족은 제외)에게 법정상속분에 대한 일정비율의 상속재산을 확보해 주는 제도이다.

상속이 개시되면 일정범위의 상속인은 상속재산에 대한 일정비율을 취득할 수 있는 지위를 가지게 되는데, 이를 유류분권이라 한다. 상속이 개시되면 유류분권으로부터 유류분을 침해하는 증여나 유증을 받은 자에 대하여 유류분에 해당하는 재산의 반환을 청구할 수 있는 구체적·파생적 권리인 유류분반환청구권이 발생한다(제1115조).

2. 유류분권의 포기

상속인은 유류분권을 '상속개시 전'에 미리 포기할 수 없고, 포기하여도 무효이다. 상속권의 사전포기가 인정하지 않을 뿐만 아니라 피상속인이나 공동상속인이 압력을 행사하여 사전포기를 강요할 우려가 있고, 그 결과 특히 배우자상속권이 침해될 염려가 있기 때문이다. 이와 달리 '상속개시 후'에는 구체적 재산권으로서 개개의 유류분반환청구권이나 포괄하는 유류분권 자체를 권리자가 자유로이 포기할 수 있다. 포기의 방법은 유류분 권리자나 그 승계인이 반환청구의 각 상대방에 대한 의사표시로 하여야 하고, 묵시적으로도 포기할 수 있다.

3. 유류분 권리자

① 유류분 권리자는 피상속인의 직계비속·배우자·직계존속·형제자매이며, 법정상속인인 4촌 이내의 방계혈족은 유류분 권리자가 아니다(민법 제1112조). ② 유류분권을 행사할 수 있으려면 상속개시시 순위상 상속권이 있어야 한다. 가령 제1·2순위 상속인이 있는 경우는 제2·3순위 상속인들은 유류분 권리를 행사할 수 없다. 따라서 1순위 상속인으로 직계비속이 있는 경우에 직계존속은 유류분권을 가지지 않는다. ③ 태아도 상속에서는 이미 출생한 것으로 보기 때문에 유류분권을 가진다. 대습상속인도 '피대습자의 유류분의 범위 내에서' 유류분권을 가진다(제1118조, 제1001조, 제1010조). ④ 유류분권은 상속권이 있는 유류분 권리자만이 행사할 수 있다. 따라서 상속결격 또는 포기로 인하여 상속권을 잃은 자는 유류분권도 당연히 잃는다. 다만 상속결격의 경우는 대습상속이 인정되므로 상속결격자의 배우자와 직계비속이 유류분 권리자로 된다(제1118조, 제1001조).

사례) A는 부인 B와 자녀로 甲, 乙, 丙을 두고 있으며, 자신이 평생 동안 모은 재산을 B, 甲, 丙에게 유증한다는 유언을 하였으나 乙에게는 아무런 재산도 남겨주지 않고 사망하였다. 생전에 乙이 A에게 많은 불효를 하기 때문에 이러한 유언을 한 것이다. A재산을 한푼도 상속받지 못한다는 것은 너무나 억울하다고 생각되는데, 乙은 A의 유언대로 전혀 상속을 받지 못하는가?

민법은 피상속인의 직계비속에게는 그 법정상속분의 2분의 1을 유류분으로 인정하고 있다(제1112조 1호). 따라서 乙은 상속을 받은 상속인 B, 甲 및 丙을 공동상대로 하여 자신의 유류분에 해당하는 재산을 반환하라고 청구할 수 있다. 이러한 유류분청구권은 상속개시와 유증, 증여를 한 사실을 안 때로부터 1년 이내에 행사하지 아니하면 소멸하게 된다(제1117조).

Ⅱ. 유류분의 범위

1. 유류분 권리자의 유류분

유류분 권리자의 유류분은 ① 피상속인의 직계비속은 그의 법정상속분의 2분의 1, ② 피상속인의 배우자는 그의 법정상속분의 2분의 1, ③ 피상속인의 직계존속은 그의 법정상속분의 3분의 1, ④ 피상속인의 형제자매는 그의 법정상속분의 3분의 1이다(민법 제1112조). 대습상속인도 '피대습자의 유류분의 범위 내'에서 유류분 권리자가 되므로(제1118조, 제1001조, 제1010조), 피대습자의 유류분이 대습상속인의 유류분으로 된다.

2. 유류분의 산정

(1) 유류분산정의 기초가 되는 재산

유류분산정의 기초가 되는 재산은 상속개시시에 가진 재산의 가액에 증여재산의 가액을 더하고 채무의 전액을 공제하여 산정이다. 즉 '유류분산정의 기초가 되는 재산=상속개시시에 가진 재산가액+증여재산의 가액－채무의 전액'이다. 따라서 유류분산정의 기초가 되는 재산은 상속재산 그 자체와는 구별된다.

(가) 상속개시시에 가진 재산

상속재산 가운데 '적극재산'만을 의미한다. 유증한 재산과 사인증여재산은 상속개시시에 현존하는 재산으로 취급된다. 피상속인이 상속인에 대하여 가지는 채권도 혼동에 의하여 소멸되지 않고 당연히 포함된다. 참고로 혼동이란 채권과 채무가 동일인에게 귀속되는 사실이며, 혼동이 있으면 채권은 원칙적으로 소멸한다(민법 제507조). 자기에 대하여 채권을 가지고 있는 것이 의미가 없기 때문이다.

(나) 가산되는 증여재산

피상속인이 생전처분에 의하여 유류분제도를 회피할 것을 우려하여, 민법은 일정한 범위의 생전처분을 유류분 산정의 기초가 되는 재산에 넣는다. 즉 ① 증여에 관해서는 상속이 개시되기 전 1년 동안에 행해진 것에 한해서만 그 가액을 산정한다(민법 제1114조). 이것은 증여계약의 '체결시'를 기준으로 1년을 정하는 것이지 증여계약의 이행시를 기준으로 하는 것이 아니다(통설). ② 1년 전에 행해진 증여라 하더라도 당사자 양쪽이 유류분 권리자에게 손해를 입힐 것을 알고 한 경우에는 산입한다(제1114조). ③ 공동상속인이 상속재산 중에서 이미 증여받은 것(특별수익분)에 대해서는 1년 이전의 것도 모두 산입한다(제1118조, 제1008조). 이러한 것은 상속재산을 미리 준 것이 되므로, 공동상속인 간의 공평을 위해서 산입되어야 하는 것은 당연하다.

(다) 공제되어야 할 채무

채무를 공제하는 것은 상속인의 순취득분을 산정하기 위한 것이므로, 여기서 채무란 상속채무를 말한다. 따라서 사법상의 채무는 물론 공법상의 채무(세금·벌금)도 포함된다.

(2) 유류분액의 계산

유류분산정의 기초가 되는 재산의 가액에 그 상속인의 유류분을 곱하여 계산한다(기초재산의 가액×유류분율). 다만 해당 상속인이 피상속인으로부터 '생전증여 또는 유증'을 받은 경우에는 그 금액을 빼고 유류분액을 산정한다. 예컨대 피상속인은 배우자 A와 두 자녀 B와 C를 두고 12,000만원의 재산을 남기고 사망하였다.

피상속인은 2,000만원의 채무를 부담하고 있으며, C에게는 사망하기 전 3년 전에 결혼자금으로 1,000만원을 지급하였으며, 사망 6개월 전에는 친동생 D에게 3,000만원을 사업자금으로 증여하였다. 이 경우 유류분산정의 기초재산은 12,000만원+1,000만원+3,000만원−2,000만원=14,000만원이다. A·B·C의 법정상속분은 각각 3/7, 2/7, 2/7이다. 따라서 이들의 유류분은 법정상속분의 1/2이므로 각각 3/14, 2/14, 2/14이다. 결국 A의 유류분액은 기초재산액 14,000만원×3/14=3,000만원이다. 그리고 B의 유류분액은 14,000만원×2/14=2,000만원이다. C의 유류분액은 14,000만원×2/14=2,000만원에서 특별수익분인 1,000만원을 공제한 1,000만원이 된다. 만일 피상속인의 사망 전에 C가 자녀 甲·乙을 두고 먼저 사망한 경우에는 C의 유류분액 1,000만원에 각각의 법정상속분 1/2를 곱한 500만원이 甲·乙의 유류분액이다.

Ⅲ. 유류분의 보전 — 유류분반환청구권

1. 의의

피상속인이 그의 재산에 관하여 증여나 유증을 한 결과 유류분 권리자가 받을 상속가액이 유류분액에 미치지 못하게 되면 유류분의 침해가 된다. 유류분 권리자는 피상속인의 증여나 유증으로 자기의 유류분이 부족하게 된 경우에는 부족한 한도에서 증여 또는 유증의 목적인 재산의 반환을 청구할 수 있다(민법 제1115조 1항). 이러한 구체적 권리를 유류분반환청구권이라 한다.

2. 유류분 침해액의 산정

유류분의 침해액은 상속인이 상속으로 얻은 재산액에서 상속채무분담액을 공제한 순상속분액과 유류분액을 서로 비교하여 결정된다. 순상속분액이 유류분액보다 많으면 유류분의 침해는 없지만, 반대로 적을 경우에는 유류분의 침해가 있게 된다. 유류분 부족액은 유류분액에서 순상속분액을 공제하여 계산한다.

3. 유류분반환청구권의 행사

(1) 반환청구권의 당사자

반환청구권자는 유류분 권리자와 그 승계인이다. 상대방은 증여받은 자, 유증받은 자 및 그의 포괄승계인이다.

(2) 행사방법

유류분반환청구권의 행사는 재판상 또는 재판 외에서 상대방에 대한 의사표시의 방법으로 할 수 있다. 유류분의 반환청구는 '유류분에 부족한 한도' 내에서 행사할 수 있다(제1115조 1항). 유증과 증여가 있는 때에는 먼저 '유증의 반환'을 청구하고, 그것으로 부족한 경우에는 '증여의 반환'을 청구할 수 있다(제1116조). 즉 증여를 받은 자는 2차적 반환의무자이다. 그리고 2인 이상이 증여나 유증을 받은 경우는 각자가 얻은 증여나 유증의 가액의 비율로 반환하여야 한다(제1115조 2항).

사례) 乙의 아버지는 乙, 어머니 그리고 동생 1명을 유족으로 두고 3개월 전에 사망하였다. 유산으로는 현재 乙의 가족이 살고 있는 시가 7,000만원 상당의 집 한 채와 1억 4,000만원 상당의 토지가 있으나, 아버지는 유언으로 집은 乙의 가족에게 물려주고 토지는 甲이라는 사회봉사단체에 증여하였다. 乙의 가족들은 아버지의 높으신 뜻을 저버릴 생각은 없지만 생활을 이끌어 가기 어려워 甲에게 그 반환을 청구하고자 한다. 가능한가?

➡ 유류분권리자는 유류분에 부족한 한도에서 유증 또는 증여된 재산의 반환을 청구할 수 있다(민법 제1115조 1항). 제1112조에 의하면 피상속인의 배우자와 직계비속의 유류분은 그 법정상속분의 1/2이다. 乙가족의 법정상속분은 제1009조에 의해 피상속인의 배우자인 乙의 어머니는 1.5, 乙과 乙의 남동생은 각각 1의 비율로 된

다. 실제로 각 지분별로 계산해보면, 乙의 어머니의 법정상속분은 9,000만원(2억 1,000만원×3/7)이 되며, 乙과 乙의 남동생의 상속분은 각 6,000만원(2억 1,000만원×2/7)이 된다. 그런데 유류분은 법정상속분의 1/2이므로 乙어머니의 유류분은 4,500만원이 되고, 乙과 乙의 남동생의 유류분은 각 3,000만원이 된다. 한편 실제로 상속되는 재산은 乙어머니의 경우 3,000만원(7,000만원×3/7), 乙과 乙의 남동생의 경우 각 2,000만원(7,000만원×2/7)밖에 되지 아니하므로 乙어머니는 1,500만원(4,500만원－3,000만원), 乙과 乙의 남동생은 각 1,000만원(3,000만원－2,000만원)이 부족하다. 따라서 乙의 가족은 각자 자신의 부족한 유류분의 한도에서 甲에게 재산의 반환을 청구할 수 있다. 다만 반환청구권은 상속의 개시 및 증여의 사실을 안 때로부터 1년 내에 행사하지 아니하거나, 상속이 개시된 때, 즉 乙의 부친의 사망일로부터 10년 내에 행사하지 아니하면 소멸한다(제1117조).

(3) 공동상속인들 사이의 유류분 반환청구

상속인 중의 1인 또는 여러 사람이 피상속인의 재산을 너무 많이 증여받았기 때문에 다른 상속인의 유류분을 침해하는 경우가 생길 수 있다. 이 경우에도 유류분반환청구권을 행사할 수 있다. 다만 반환청구의 대상이 되는 것은 증여·유증을 받은 상속인의 유류분액을 초과하는 부분만이며, 그 부분 가운데 다른 공동상속인에 대한 유류분 침해의 한도에서만 반환하면 된다.

4. 유류분반환청구권 행사의 효과

유류분반환청구의 상대방인 유증받은 자나 증여받은 자는 유증 또는 증여받은 재산 자체를 반환하여야 할 의무를 부담한다. 원물반환이 불가능한 경우에는 그 가액 상당액을 반환청구할 수 있다. 가액반환을 하는 경우, 그 가액은 사실심 변론종결시를 기준으로 산정하여야 한다.

5. 유류분반환청구권의 행사기간

유류분반환청구권은 ① 유류분 권리자가 상속이 개시된 사실과 반환되어야 할 증여나 유증을 한 사실을 안 때부터 1년 내에 행사하지 않으면 시효로 인하여 소멸된다(민법 제1117조). 여기서 '유류분 권리자가 상속이 개시된 사실과 반환되어야 할 증여나 유증을 한 사실을 안 때'는 유류분 권리자가 상속이 개시되었다는 사실과 증여나 유증이 있었다는 사실 및 그것이 반환하여야 할 것임을 안 때를 뜻한다. ② 상속이 개시된 때로부터 10년이 지나면 반환청구권이 소멸된다(제1117조).

제4절 상속세

Ⅰ. 서설

1. 의의

상속세는 자연인의 사망을 계기로 무상으로 이전되는 재산을 과세물건으로 하는 그 취득자에게 부과하는 조세이다. 상속세는 상속인이 여러 명인 경우, 각자의 몫으로 분할하기 전의 피상속인의 유산총액에 누진세율을 적용하여 과세한다. 상속세 및 증여세법상 상속이란 사망하거나 실종선고를 받은 사람(피상속인)의 재산적 권리나 의무의 일체가 상속인에게 포괄적으로 승계되는 것을 말하며, 상속에는 ① 유증, ② 사인증여(상속개시일 전 10년 이내에 피상속인이 상속인에게 진 증여채무 및 상속개시일 전 5년 이내에 피상속인이 상속인이 아닌 사람에게 진 증여채무의 이행 중에 증여자가 사망한 경우의 그 증여 포함), ③ 특별연고자에 대한 상속재산의 분여(민법 제1057조의2)를 포함한다(상속세 및 증여세법 제2조 1호). 즉 상속세 및 증여세법상 상속은 유증에 의한 수유와 사인증여에 의한 수증 및 민법상의 특별연고자에 대한 상속재산의 분여를 포함하는 뜻으로 사용된다. 참고로 사인증여는 증여자의 사망으로 인하여 효력이 생기는 증여이다.

2. 상속세 납부의무와 납세지

(1) 상속세 납부의무

(가) 상속세 납세의무는 상속이 개시되는 때에 성립한다(국세기본법 제21조 1항 2호). 상속이 개시되는 때란 피상속인의 사망일을 말한다. 상속세의 납부의무자는 상속인 또는 수유자이다(상속세 및 증여세법 제3조의2 제1항). 상속인에는 상속을 포기한 사람(민법 제1019조 1항) 및 특별연고자를 포함한다(제2조 4호). 여기서 특별연고자란 민법 제1057조의2에 따른 피상속인과 생계를 같이하고 있던 사람, 피상속인의 요양간호를 한 사람 및 그 밖에 피상속인과 특별한 연고가 있던 사람을 말하며(제2조 1호 다목), 수유자란 유증을 받은 자 또는 사인증여에 의하여 재산을 취득한 자를 말한다(제2조 5호).

상속세의 납부의무자는 원칙적으로 자연인인 개인이지만 태아와 법인, 그 밖의 단체도 예외적으로 상속세의 납부의무자가 될 수 있다. 개인 이외의 법인이나 단체도 유언자유의 원칙에 의하여 유증의 상대방이 될 수 있으므로, 유증을 받은 경우에 그 유증 받은 재산의 범위 내에서 상속세 납부의무자가 된다.

(나) 상속재산의 분할은 상속이 개시된 때에 소급하여 효력이 있으므로(민법 제1015조), 상속재산에 대한 분할이 있게 되면 상속개시시로 소급하여 분할내용에 따른 상속이 있는 것으로 보게 된다. 따라서 상속재산의 협의분할이 있는 경우, 상속인 각자의 고유상속분 초과부분에 대하여 다른 공동상속인과의 사이에 증여세 과세문제는 발생하지 않고, 상속재산 분할비율에 따른 상속세만을 납부할 의무가 있게 된다.[18]

사례) 甲은 아버지 乙이 사망한 후 협의분할에 의하여 다른 상속인 丙·丁의 상속분까지 취득하였다. 이 경우 甲은 고유의 상속분을 초과하는 상속재산을 취득하였으므로, 고유상속분을 초과하는 부분의 재산취득에 관하여 丙·丁의 상속분을 증여받은 것으로 보아 증여세 과세대상이 되는가?

➡ 공동상속인 상호간에 상속재산에 관하여 협의분할이 이루어짐으로써 공동상속인 중 일부가 고유의 상속분을 초과하는 재산을 취득하게 되었다고 하여도 이는 상속개시 당시에 소급하여 피상속인으로부터 승계받은 것으로 보아야 하고 다른 공동상속인으로부터 증여받은 것으로 볼 수 없다.[19] 따라서 甲이 협의분할로 인하여 고유의 상속분을 초과하여 丙·丁의 상속분을 상속받게 되었더라도, 이를 丙·丁으로부터 증여받은 것으로 보아 증여세가 부과되지 않는다.

(2) 납세의무의 범위

상속인(특별연고자 중 영리법인은 제외) 또는 수유자(영리법인 제외)는 상속재산(상속재산에 가산하는 증여재산 중 상속인이나 수유자가 받은 증여재산 포함) 중 각자가 받았거나 받을 재산을 기준으로 일정한 비율에 따라 계산한 금액을 상속세로 납부할 의무가 있다(상속세 및 증여세법 제3조의2 제1항). 상속세는 상속인 또는 수유자 각자가 받았거나 받을 재산을 한도로 연대하여 납부할 의무를 진다(제3조의2 제3항). 공동상속의 경우, 지분비율은 원칙적으로 법정상속분에 따르므로 공동상속인은 사전증여나 분할합의 등의 다른 사정이 없는 한 민법의 상속분 비율에 따라 상속세를 납부한다.

(3) 납세지

상속세의 납세지는 피상속인이 거주자(국내에 주소를 두거나 183일 이상 거소를 둔 사람)인 경우에는 상속이 개시되는 장소(상속개시지)이고, 비거주자인 경우에는 상속재산의 소재지이다(제6조 1항). 상속개시지란 피상속인의 주소지를 말하므로 상속은 피상속인의 주소지에서 개시된다. 참고로 증여세는 수증자의 주소지를 관할하는 세무서장이 과세한다(제6조 2항).

Ⅱ. 상속세 과세대상

1. 상속재산

상속이 개시된 경우, 피상속인이 거주자(국내에 주소를 두거나 183일 이상 거소를 둔 사람)이면 '모든 상속재산', 피상속인이 비거주자이면 국내에 있는 모든 상속재산에 대하여 상속세가 부과된다(상속세 및 증여세법 제3조). 여기서 상속재산이란 피상속인에게 귀속되는 모든 재산을 말하며, ① 금전으로 환산할 수 있는 경제적 가치가 있는 모든 물건, ② 재산적 가치가 있는 법률상 또는 사실상의 모든 권리를 포함한다. 다만 피상속인의 일신에 전속하는 것으로서 피상속인의 사망으로 인하여 소멸되는 것은 제외한다(제2조 3호). 이하에서는 피상속인이 거주자인 경우를 중심으로 살펴본다.

2. 의제상속재산

민법상 상속재산으로 볼 수 없는 것이 그 경제적 실질에 비추어 본래의 상속재산과 같은 담세력을 지니기 때문에 과세형평의 입장에서 상속재산으로 의제되는 것이 있다. 여기에는 피상속인이 보험계약자이거나 피상속인이 보험계약자가 아니더라도 실질적으로 그가 보험료를 납부한 보험계약에 의하여 상속인 또는 상속인 이외의 자가 받은 생명보험 또는 손해보험의 보험금(상속세 및 증여세법 제8조), 피상속인이 신탁한 재산(제9조), 퇴직금·퇴직수당·공로금·연금 또는 이와 유사한 것으로 피상속인에게 지급될 것이 피상속인의 사망으로 인하여 그 상속인과 상속인 이외의 자에게 지급되는 것 등이 있다(제10조).

3. 비과세재산

피상속인이 제사를 주재하던 선조의 분묘에 속한 9,900㎡ 이내의 금양임야(피상속인의 선조의 분묘가 딸려 있는 임야)와 분묘에 속한 1,980㎡ 이내의 묘토인 농지 및 족보와 제구는 상속세 과세대상에서 제외된다. 다만 금양임야와 묘토인 농지는 그 합산한 가액이 2억원을 초과하는 경우에는 2억원을 비과세 한도로 하고, 족보와 제구의 재산가액 합계약이 1,000만원을 초과하는 경우에는 1,000만원을 비과세 한도로 한다(상속세 및 증여세법 제12조 3호, 시행령 제8조 3항). 여기서 묘토인 농지란 그 토지를 경작하여 얻은 수확으로 분묘의 수호·관리비용이나 제사비용을 조달하는 자원인 농토를 말하며, 묘토는 상속개시 당시 묘토로서 사용되고 있어야 한다.[20]

한편 전쟁 또는 공무의 수행 중 사망하거나 해당 전쟁 또는 공무의 수행 중 입은 부상 또는 그로 인한 질병으로 사망하여 상속이 개시되는 경우에는 상속세를 부과하지 아니한다(제11조). 또한 국가, 지방자치단체 또는 공공단체에 유증한 재산, 상속재산 중 상속인이 상속개시일이 속하는 달의 말일부터 6개월 이내에 국가, 지방자치단체 또는 공공단체에 증여한 재산, 정당법에 따른 정당에 유증을 한 재산 등에 대해서는 정책적 이유에서 상속세를 부과하지 아니한다(제12조).

Ⅲ. 상속세 과세표준과 세액의 계산

1. 일반

상속세 과세가액은 총상속재산가액에서 비과세 및 과세가액 불산입 재산을 제외한 후, 공과금과 장례비용, 채무 등을 공제하고 여기에 합산대상 사전증여재산을 가산하여 산정한다. 상속세 과세표준은 상속세 과세가액에서 각종 인적공제와 물적공제를 차감하고, 감정평가수수료를 공제하여 산출하며, 여기에 세율을 곱하여 상속세액을 산출한다. 이와 같이 산출된 세액에서 징수유예된 세액과 세액공제액을 차감하여 신고세액을 산정하고, 여기에서 연부연납과 물납세액을 공제하면 납부할 세액이 된다.

- 상속세 과세가액＝총상속재산가액－비과세·과세가액불산입 재산－공과금·장례비용·채무 등＋합산대상 사전증여재산
- 상속세 과세표준＝상속세 과세가액－상속공제(인적공제, 물적공제)－감정평가수수료공제
- 상속세 산출세액＝상속세 과세표준×세율(10%~50% 5단계 초과누진세율)
- 신고납부세액＝상속세 산출세액－징수유예세액－세액공제액
- 납부할 세액＝신고납부세액－연부연납·물납세액

2. 과세가액

상속세 과세가액이란 상속세가 과세되어야 할 상속재산, 즉 상속세 과세물건의 가액을 말하며 상속세 과세표준 산정의 기초가 되는 금액이다.

(1) 과세가액공제 및 생전 증여재산의 가산

상속세 과세가액은 상속재산의 가액에서 ① 공과금·장례비용·채무(상속개시일 전 10년 이내에 피상속인이 상속인에게 진 증여채무와 상속개시일 전 5년 이내에 피상속인이 상속인이 아닌 자에게 진 증여채무는 제외)를 뺀 후 ② 상속개시일 전 10년 이내에 피상속인이 상속인에게 증여한 재산가액과 상속개시일 전 5년 이내에 피상속인이 상속인이 아닌 자에게 증여한 재산가액을 가산한 금액으로 한다(사전증여재산). 이 경우 공과금 등의 금액이 상속재산의 가액을 초과하는 경우 그 초과액은 없는 것으로 본다(상속세 및 증여세법 제13조 1항, 제14조 1항). ②는 사망을 예견하여 피상속인 생전에 재산을 증여함으로써 사후에 누진과세되는 상속세를 경감하려는 것을 방지하기 위한 것이다. 따라서 아내가 남편으로부터 증여를 받아 배우자증여공제액을 뺀 나머지에 대하여 증여세를 납부한 후 이혼을 하고 남편이 사망하여 상

속이 이루어진 경우, 상속재산에 가산할 금액은 배우자증여공제액을 뺀 가액이 아닌 증여가액 전부이다.21)

(2) 생전 처분재산·채무부담액의 과세가액 산입

피상속인이 재산을 처분하여 받은 금액이나 피상속인의 재산에서 인출한 금액이 상속개시일 전 1년 이내에 재산 종류별로 계산하여 2억원 이상인 경우와 상속개시일 전 2년 이내에 재산 종류별로 계산하여 5억원 이상인 경우로서 용도가 객관적으로 명백하지 아니한 경우(상속세 및 증여세법 제15조 1항 1호), 피상속인이 부담한 채무를 합친 금액이 상속개시일 전 1년 이내에 2억원 이상인 경우와 상속개시일 전 2년 이내에 5억원 이상인 경우로서 용도가 객관적으로 명백하지 아니한 경우(제15조 1항 2호), 피상속인이 국가·지방자치단체 및 금융회사 등이 아닌 자에 대하여 부담한 채무로서 상속인이 변제할 의무가 없는 것으로 추정되는 경우(제15조 2항)에는 이를 상속세 과세가액에 산입한다(추정상속재산). 이는 피상속인이 재산처분대금이나 차용금을 과세자료의 포착이 쉽지 않은 현금의 상태로 상속인에게 증여 또는 상속함으로써 상속세를 부당하게 경감하는 것을 방지하기 위한 것이다.

(3) 과세가액불산입

상속재산 중 피상속인이나 상속인이 공익법인 등(종교·자선·학술 또는 그 밖의 공익을 목적으로 하는 사업을 영위하는 자)에게 출연한 재산의 가액으로서 상속세 과세표준 신고기한 이내에 출연한 재산의 가액(상속세 및 증여세법 제16조 1항), 상속재산 중 피상속인이나 상속인이 공익신탁(종교·자선·학술 또는 그 밖의 공익을 목적으로 하는 신탁)을 통하여 공익법인 등에 출연하는 재산의 가액은 상속세 과세가액에 산입하지 않는다(제17조).

사례1) 甲이 최근에 사망하였는데, 사망당시 재산가액은 10억원이고, 장례비용으로 500만원이 소요되었다. 또한 상속개시 2년 전에 甲은 당시 시가 3억원의 토지(상속개시 당시의 시가 7억원)를 상속인 乙에게 증여한 바 있다. 이 경우 상속세 과세가액은 얼마인가?

➡ 상속세 과세가액은 상속재산의 가액에서 ① 공과금·장례비용·채무를 뺀 후, ② 상속개시일 전 10년 이내에 피상속인이 상속인에게 증여한 재산가액과 상속개시일 전 5년 이내에 피상속인이 상속인이 아닌 자에게 증여한 재산가액을 가산한 금액으로 한다(상속세 및 증여세법 제13조 1항, 제14조 1항). 설문의 경우, 상속세 과세가액은 10억원(상속재산가액)－500만원(장례비용)＋3억원(사전증여재산가액)＝12억 9,500만원이다.

사례2) 부동산 포함 40억원 자산을 보유한 甲(80세)은 자녀가 다녔던 강원도의 한 대안학교에 10억을 기부한다는 내용을 유언장에 쓸 계획이다. 기부한 돈(10억원)을 뺀 나머지 재산(30억원)에만 상속세(상속공제 적용) 7억 6,000만원만 물릴 것으로 생각했다. 맞는가?

➡ 상속세는 甲의 예상과 달리 11억 9,000만원이다. 기부액도 상속재산으로 포함돼 상속세 최고세율(50%)이 적용된다. 상속세 및 증여세법 제16조 1항에 따르면 피상속인이 종교·자선·학술 관련 사업 등을 목적으로 하는 공익법인에 출연한 재산은 상속세를 매기지 않지만, 甲이 기부하려던 곳은 정부의 인가를 받지 않은 학교로 공익법인에 포함되지 않기 때문이다. 따라서 기부자가 사회환원을 위해 기부 등을 할 때 가장 중요한 것은 돈을 쓸 곳이 공익성을 갖는 비영리사업을 하는 법인(공익법인)인지를 확인하는 것이다. 즉 행정기관에 공익법인 허가를 받고 세워진 법인인지 따져봐야 한다. 참고로 주식을 기부할 때도 주의해야 한다. 비과세 상한선 '10%룰'을 지켜야 세금 폭탄을 피할 수 있다. 공익법인에 주식을 물려주는 경우 전체 발행주식 총수의 10%까지 상속세를 면제한다. 10%를 넘어선 초과분에는 최대 50% 상속세가 부과된다.

3. 상속세 과세표준

상속세의 과세표준이란 상속세의 세율을 적용하여 세액을 산출하기 위한 기초가 되는 금액이다. 상속세 과세표준은 상속세 과세가액에서 상속공제액(상속세과세가액공제)과 상속재산의 감정평가 수수료를 차감한 금액이다.

- 상속세 과세표준=상속세 과세가액−상속공제(인적공제, 물적공제)−감정평가수수료공제

(1) 기초공제

2억원을 상속세 과세가액에서 공제한다(상속세 및 증여세법 제18조 1항).

(2) 배우자 상속공제

(가) 배우자 상속의 경우에는 상속받은 금액 전부를 과세가액에서 공제하고, 증여의 경우에는 6억원까지 증여세과세가액에서 공제한다(상속세 및 증여세법 제53조 1항). 이는 배우자의 내조의 공을 반영한 것이다.

배우자가 실제 상속받은 금액 전부를 기준으로, ① (A−B+C)×D−E으로 계산한 금액이나 ② 30억원 중 작은 금액을 한도로 상속세 과세가액에서 공제한다(제19조 1항).

A: 상속재산의 가액

B: 상속재산 중 상속인이 아닌 수유자가 유증 등을 받은 재산의 가액

C: 제13조 1항 1호의 사전증여재산의 가액

D: 배우자의 법정상속분(공동상속인 중 상속을 포기한 사람이 있는 경우에는 그 사람이 포기하지 아니한 경우의 배우자 법정상속분)

E: 배우자가 증여받은 사전증여재산에 대한 제55조 1항에 따른 증여세 과세표준

(나) 배우자 상속공제는 상속세 과세표준 신고기한의 다음 날부터 9개월이 되는 날(배우자상속재산분할기한)까지 배우자의 상속재산을 분할(등기·등록·명의개서 등이 필요한 경우에는 그 등기·등록·명의개서 등이 된 것에 한정)한 경우에 인정된다. 이 경우 상속인은 상속재산의 분할사실을 배우자상속재산분할기한까지 납세지 관할세무서장에게 신고하여야 한다(제19조 2항). 다만 배우자가 실제 상속받은 금액이

없거나 상속받은 금액이 5억원 미만이면 신고유무에 관계없이 5억원을 공제한다(제19조 4항). 따라서 공제의 최소한도는 신고유무에 관계없이 5억원이다.

(3) 그 밖의 인적공제

① 자녀 1명에 대해서는 5,000만원, ② 상속인(배우자는 제외) 및 동거가족 중 미성년자에 대해서는 1,000만원에 19세가 될 때까지의 연수(年數)를 곱하여 계산한 금액, ③ 상속인(배우자 제외) 및 동거가족 중 65세 이상인 사람에 대해서는 5,000만원, ④ 상속인 및 동거가족 중 장애인에 대해서는 1,000만원에 상속개시일 현재 통계청장이 승인하여 고시하는 통계표에 따른 성별·연령별 기대여명의 연수를 곱하여 계산한 금액을 상속세 과세가액에서 공제한다(상속세 및 증여세법 제20조 1항). 인적공제 중 미성년자공제는 자녀공제와, 장애인공제는 다른 공제와 중복 적용되나 그 밖의 인적공제는 중복해서 적용될 수 없다.

(4) 일괄공제

(가) 상속인이나 수유자는 기초공제(제18조 1항)와 그 밖의 인적공제액(제20조 1항)을 합친 금액과 5억원 중 큰 금액으로 공제받을 수 있다. 다만 상속세 과세표준의 신고가 없는 경우에는 5억원을 공제한다(제21조 1항). 일괄공제는 배우자 이외에 다른 상속인이 있는 경우에 관한 것이고, 피상속인의 배우자가 단독으로 상속하는 경우에는 적용되지 않는다(제21조 2항). 결국 배우자공제를 제외한 상속세의 최저공제한도액은 5억원이다.

(나) 보통 상속재산이 10억원 미만이라면 상속세를 걱정하지 않아도 된다. 상속재산에 대한 공제액이 배우자공제 5억원, 일괄공제 5억원으로 최소 10억원을 공제받을 수 있기 때문이다. 그런데 이 부분을 오해하여 상속재산이 10억원 미만이면 상속세 신고를 하지 않아도 된다고 잘못 생각하는 경우가 있다. 상속재산이 10억원 미만이라도 '사전증여재산' 또는 '추정상속재산'이 있는 경우를 대비하여 상속세 신

고를 해야 혹시 모를 가산세에 대비할 수 있다. 사전증여재산이란 상속개시일 전 10년 이내에 피상속인이 상속인에게 증여한 재산가액을 의미하는데, 이는 상속재산가액에 포함된다(상속세 및 증여세법 제13조 1항). 추정상속재산은 피상속인이 상속개시일 전 1년 이내에 2억원, 상속개시일 전 2년 이내에 5억원 이상의 재산을 처분하거나 채무를 부담하거나, 재산을 인출한 경우 이를 상속받은 것으로 추정하여 상속재산에 포함하는 것을 말한다(제15조 1항). 만약 이러한 재산 여부를 확인하지 않고 상속세를 신고하지 않고 있다가 적발되면 무신고가산세, 납부불성실가산세 등 생각지도 못한 불이익을 받을 수 있으므로 주의해야 한다.

(5) 금융재산상속공제

상속개시일 현재 상속재산가액 중 금융재산(예: 예금, 적금, 출자금, 주식, 수익증권, 출자지분 등)의 가액에서 금융채무를 뺀 가액(순금융재산의 가액)이 있으면, ① 순금융재산의 가액이 2,000만원을 초과하는 경우는 순금융재산의 가액의 20% 또는 2,000만원 중 큰 금액, ② 순금융재산의 가액이 2,000만원 이하인 경우는 그 순금융재산의 가액을 상속세 과세가액에서 공제한다. 다만 2억원을 한도로 한다(상속세 및 증여세법 제22조 1항).

(6) 가업상속공제와 영농상속공제

(가) 가업이란 중소기업 또는 규모의 확대 등으로 중소기업에 해당하지 않게 된 기업으로서 피상속인이 10년 이상 계속하여 경영한 기업을 말한다(상속세 및 증여세법 제18조 2항 1호). 가업상속의 경우는 아래 금액을 한도로 하는 가업상속 재산가액에 상당하는 금액을 공제한다(제18조 2항 1호). 즉 피상속인이 10년 이상 20년 미만 계속하여 경영한 경우: 200억원, 피상속인이 20년 이상 30년 미만 계속하여 경영한 경우: 300억원, 피상속인이 30년 이상 계속하여 경영한 경우: 500억원.

(나) 영농[양축·영어(營漁)·영림 포함]상속의 경우에는 영농상속 재산가액을

공제하며, 그 가액이 15억원을 초과하는 경우에는 15억원을 한도로 한다(제18조 2항 2호).

(7) 재해손실공제

상속세 과세표준 신고기한 이내에 화재·붕괴·폭발·환경오염사고 및 자연재해 등으로 인한 재난으로 인하여 상속재산이 멸실되거나 훼손된 경우에는 그 손실가액을 상속세 과세가액에서 공제한다. 다만 그 손실가액에 대한 보험금 등의 수령 또는 구상권 등의 행사에 의하여 그 손실가액에 상당하는 금액을 보전받을 수 있는 경우에는 그렇지 않는다(상속세 및 증여세법 제23조 1항).

(8) 동거주택상속공제

① 피상속인과 상속인(직계비속인 경우로 한정)이 상속개시일부터 소급하여 10년 이상(상속인이 미성년자인 기간 제외) 계속하여 하나의 주택에서 동거하고, ② 피상속인과 상속인이 상속개시일부터 소급하여 10년 이상 계속하여 1세대를 구성하면서 1세대 1주택에 해당하며, ③ 상속개시일 현재 무주택자로서 피상속인과 동거한 상속인이 상속받은 주택인 경우에는 상속주택가액(주택부수토지의 가액을 포함하되, 상속개시일 현재 해당 주택 및 주택부수토지에 담보된 피상속인의 채무액을 뺀 가액)의 100%에 상당하는 금액을 상속세 과세가액에서 공제한다. 다만 그 공제할 금액은 6억원을 한도로 한다(상속세 및 증여세법 제23조의2 제1항).

사례) 甲은 2024.3.1. 질병으로 사망하였다. 甲의 상속재산은 주택(시가 10억 5,000만원), 생명보험금 2억원이 있다. 장례비용으로 1,000만원이 소요되었고, 甲의 동거가족으로는 부인 乙(63세), 아들 丙(28세), 딸 丁(18세)이 있다. 상속세 신고시 상속재산의 분할신고는 하지 않았다. 이 경우 상속세 과세표준은 얼마인가?

➡ 상속세 과세가액은 10억 5,000만원(주택)+2억원(보험금)−1,000만원(장례비)=12억 4,000만원이다. 상속세 과세표준은 상속세 과세가액에서 상속공제(인적공제, 물

적공제)하여 산정한다. 상속공제의 경우, ① 상속인이나 수유자는 기초공제 2억원과 그 밖의 인적공제액을 합친 금액과 5억원 중 큰 금액으로 공제받을 수 있다(상속세 및 증여세법 제21조 1항). 설문에서 기초공제(2억원)+그 밖의 인적공제 1억 1,000만원[자녀공제 2명(丙, 丁)×5,000만원=1억원, 미성년자공제: 1년(丁)×1,000만원=1,000만원]이므로, 5억원을 일괄공제한다. ② 배우자 상속공제는 상속세 과세표준 신고기한의 다음 날부터 9개월이 되는 날(배우자상속재산분할기한)까지 배우자의 상속재산을 분할한 경우에 인정된다. 설문의 경우, 상속재산의 분할신고가 이루어지지 않았으므로 5억원을 공제한다(제19조 3항). ③ 순금융재산의 가액이 2,000만원을 초과하는 경우는 순금융재산의 가액의 20% 또는 2,000만원 중 큰 금액을 상속세 과세가액에서 공제하므로(제22조 1항), 금융재산상속공제는 4,000만원(보험금 2억원×20%)이다. 따라서 상속세 과세표준은 12억 4,000만원(상속과세가액)−5억(일괄공제)−5억원(배우자상속공제)−4,000만원(금융재산상속공제)=2억원이다.

4. 상속세액

(1) 상속세 산출세액

상속세의 과세표준에 세율을 곱하면 상속세액이 된다. 상속세의 세율은 1억원 이하인 경우 100분의 10에서부터 30억원을 초과하는 경우 그 초과분에 대하여 100분의 50에 이르기까지 각 단계별로 누진과세된다(상속세 및 증여세법 제26조).

과세표준	세율
1억원 이하	과세표준의 10%
1억원 초과 5억원 이하	1,000만원+1억원 초과액의 20%
5억원 초과 10억원 이하	9,000만원+5억원 초과액의 30%
10억원 초과 30억원 이하	2억 4,000만원+10억원 초과액의 40%
30억원 초과	10억 4,000만원+30억원 초과액의 50%

(2) 세대를 건너뛴 상속에 대한 할증과세

상속인이나 수유자가 피상속인의 자녀를 제외한 직계비속인 경우에는 상속세 산출세액에 상속재산(상속재산에 가산한 증여재산 중 상속인이나 수유자가 받은 증여재산 포함) 중 그 상속인 또는 수유자가 받았거나 받을 재산이 차지하는 비율을 곱하여 계산한 금액의 30%(피상속인의 자녀가 아닌 직계비속이면서 미성년자에 해당하는 상속인 또는 수유자가 받았거나 받을 상속재산의 가액이 20억원을 초과하는 경우에는 40%)에 상당하는 금액을 가산한다. 다만 대습상속의 경우에는 가산하지 않는다(상속세 및 증여세법 제27조). 여기서 세대를 건너뛴 상속 또는 증여는, 가령 할아버지가 그의 아들이 생존하고 있는데도 재산의 일부를 그의 손자에게 유증 또는 증여하는 것을 말한다.

- 할증과세액＝상속세 산출세액×[피상속인의 자녀를 제외한 직계비속이 상속받은 재산가액÷총상속재산가액(상속인·수유자가 받은 사전증여재산가액 포함)]×30%
- 상속세 산출세액＝상속세 과세표준×세율(10%~50% 5단계 초과누진세율)＋할증과세

(3) 세액공제

(가) 증여세액공제

상속재산에 가산한 증여재산이 있는 경우, 증여세액(증여 당시의 그 증여재산에 대한 증여세산출세액을 말한다)을 상속세산출세액에서 공제한다(상속세 및 증여세법 제28조 1항).

(나) 단기재상속에 대한 세액공제

상속개시 후 10년 이내에 상속인이나 수유자의 사망으로 다시 상속이 개시되는 경우에는 전의 상속세가 부과된 상속재산 중 재상속분에 대한 전의 상속세 상당

액을 상속세산출세액에서 공제한다(제30조 1항). 이는 단기간에 상속이 반복되는 경우 상속인의 가중한 부담 등을 감안한 것이다. 공제되는 세액은 1년 이내는 100%, 그 다음부터는 매 1년마다 10%씩 감축한 비율(최종 10년 이내는 10%)에 따른 공제율을 곱하여 산정한다(제30조 2항).

Ⅳ. 신고와 납부

1. 신고와 신고세액공제

상속세 납부의무가 있는 상속인 또는 수유자는 상속개시일이 속하는 달의 말일부터 6개월 이내에 상속세의 과세가액 및 과세표준을 납세지 관할세무서장에게 신고하고(제67조 1항), 정당한 산출세액을 납세지관할세무서, 한국은행 또는 우체국에 납부하여야 한다(제70조 1항).

한편 신고기한 내에 신고하면 납부 여부를 불문하고 상속세산출세액에서 ① 징수를 유예받은 금액, ② 산출세액에서 공제되거나 감면되는 금액을 각 공제한 금액의 3%의 감면혜택이 있다(제69조 1항).

2. 납부의무의 완화

(1) 분할납부

납부할 세액이 1천만 원을 초과하는 경우 납부할 세액의 일부를 납부기한 경과 후 2개월 이내 분할 납부할 수 있다. 분할납부할 수 있는 세액은 다음과 같다.

- 납부할 세액이 2,000만원 이하일 경우: 1,000만원을 초과하는 금액
- 납부할 세액이 2,000만원을 초과하는 경우: 납부할 세액의 1/2 이하의 금액

(2) 연부연납

납부할 세액이 2,000만원을 초과하는 경우에는 세무서에 담보를 제공하고 각 회분 분할납부 세액이 1,000만원을 초과하도록 연부연납기간을 정하여 매년 세액을 균등하게 나누어 낼 수 있다.

연부연납기간은 연부연납허가일로부터 5년 이내이지만, 상속재산 중 대통령령으로 정하는 재산이 차지하는 비율이 50% 미만이면 연부연납허가일로부터 10년 또는 허가 후 3년이 되는 날부터 7년, 50% 이상이면 연부연납허가일로부터 30년 또는 허가 후 5년이 되는 날로부터 15년 이내로 한다. 연부연납을 하려면 상속세 신고 시(수정신고 및 기한 후 신고 포함) 또는 세금고지서의 납부기한 내에 관할세무서장에게 신청하여 허가를 받아야 하나, 담보가 100% 보증되는 경우 신청 시 허가받는 것으로 간주된 연부연납 허가를 받은 세액에 대하여 연 1.8% 이자(연부연납가산금) 부담된다.

(3) 물납

세금은 현금으로 납부하는 것이 원칙이지만, 상속세는 고액인 경우가 많아 상속받은 재산(상속재산에 가산하는 증여재산, 상속인·수유자가 받은 증여재산을 포함) 중 부동산과 유가증권(상장주식과 비상장주식을 제외하되 ① 상장주식의 경우 처분이 제한된 경우는 포함, ② 비상장주식의 경우 다른 상속재산이 없는 경우 등은 포함)의 가액이 전체 재산가액의 1/2을 초과하고 납부세액이 2,000만원을 초과하며 상속세 납부세액이 상속재산 중 금융재산가액을 초과하는 경우에는 상속받은 부동산이나 유가증권으로도 세금을 납부할 수 있다.

비상장주식은 납부할 상속세가 비상장주식 등(해당 자산에 담보된 채무액을 차감한 가액)을 제외한 상속재산으로 상속세를 납부하기 부족한 경우에 그 부족분에 대해서만 물납 가능하고, 물납을 하고자 하는 경우에 상속세 신고 시 또는 세금고지서의 납부기한 내에 관할세무서장에게 신청하여 허가를 받아야 한다.

참조 판례

제1장 근로관계와 법

1) 대판 1997.11.28. 97다28971;
대판 2008.3.27. 2008도364
2) 대판 1987.6.9. 85다카2473
3) 대판 1979.9.25. 78다2312
4) 대판 2017.1.25. 2015다59146
5) 대판 2008.4.10. 2007도1199
6) 대판 2020.6.25. 2020다207864
7) 대판 1990.5.22. 88다카28112
8) 대판 1996.4.26. 95다20348
9) 대판 1996.7.30. 96도732
10) 대판 1996.7.30. 95누13432
11) 대판 1996.9.6. 95다35289
12) 대판 2003.1.10. 2002다57959
13) 대판 1991.11.8. 91다27730
14) 대판 1987.6.9. 86다카2920
15) 대판 2000.1.18. 99다48986
16) 대판 1992.6.26. 92도674
17) 대판 1997.12.26. 97다17575
18) 대판 2001.3.23. 2000다39513
19) 대판 1989.2.28. 87누496
20) 대판 1996.12.6. 95다13104,13111
21) 대판 2003.10.23. 2003다7388
22) 대판 1996.12.6. 95다24944,24951
23) 대판 2004.4.28. 2001다53875
24) 대판 2008.10.23. 2006다37274
25) 대판 2000.3.14. 99다68676
26) 대판 1980.9.24. 80다1040
27) 대판 1996.12.20. 95다52222;
대판 1996.12.6. 95다24944
28) 대판 2015.11.27. 2015두48136
29) 대판 2008.2.29. 2007다85997
31) 대판 2015.8.13. 2012다43522
32) 대판 2012.6.28. 2010다17468
33) 대판 2012.6.28. 2010다17468
34) 대판 2005.3.11. 2003다27429
35) 대판 2009.11.12. 2009다49377
36) 대판 2004.5.14. 2002다23185
37) 대판 1994.4.12. 92다20309
38) 대판 2002.12.27. 2002두9063
39) 대판 1987.1.14. 86다카1875
40) 대판 2006.5.26. 2003다54322,54339;
대판 2002.5.31. 2000다18127
41) 대판 1994.7.29. 92다30801
42) 대판 2013.12.18. 2012다89399
43) 대판 2011.7.14. 2011다23149
44) 대판 2013.12.18. 선고 2012다89399
45) 대판 2013.12.18. 2012다94643
46) 대판 1990.5.8. 88다카26413
47) 대판 1999.6.11. 98다22185
48) 대판 2018.7.12. 2018다21821,25502;
대판 1998.3.27. 97다49732
49) 대판 1994.3.8. 93다32408
50) 대판 2006.11.23. 2006다41990
51) 대판 2023.12.7. 2020도15393
52) 대판 1991.5.14. 90다14089
53) 대판 1991.4.9. 90다16245
54) 대판 1997.7.22. 96다38995
55) 대판 2008.11.13. 2007다590
56) 대판 2013.12.26. 2011다4629
57) 대판 2017.5.17. 2014다232296,232302
58) 대판 1991.7.26. 90다카11636
59) 대판 2017.5.17. 2014다232296,232302
60) 대판 2014.3.13. 2011다95519
61) 대판 2017.5.17. 2014다232296,232302
62) 대판 2000.4.25. 2000다2023
63) 대판 1993.11.9. 93다25851;
대판 1998.1.20. 97다39087
64) 대판 2003.11.14. 2003두5501;

대판 2001.7.27. 2000두4538
65) 대판 2006.3.24. 2005두5185
66) 대판 2007.9.28. 2005두12572
67) 대판 2010.1.28. 2009두5794
68) 대판 1989.6.27. 88누2205
69) 대판 1997.11.28. 96다5421
70) 대판 1993.12.14. 93누9392
71) 대판 1999.7.13. 99다19957
72) 대판 2008.7.10. 2007두22498
73) 대판 2013.6.27. 2013다9475
74) 대판 2013.5.9. 2012다64833
75) 대판 2013.5.9. 2012다64833
76) 대판 2009.3.12. 2007두22306
77) 대판 1992.11.13. 92다16690
78) 대판 2009.9.10. 2007두10440
79) 대판 1992.7.28. 92다14786
80) 대판 1992.4.24. 91다17931
81) 대판 1993.10.26. 92다54210
82) 대판 1987.4.14. 86다카1875
83) 대판 1995.8.11. 95다10778
84) 대판 1995.6.30. 95누2548
85) 대판 1994.9.13. 93다50017
86) 대판 1996.4.23. 95다53102
87) 대판 1997.4.25. 97다6926
88) 대판 2012.6.28. 2010다38007
89) 대판 2011.3.24. 2010다92148
90) 대판 2003.4.25. 2003다7005
91) 대판 2011.3.24. 2010다92148
92) 대판 1989.10.24. 88다카166
93) 대판 2015.11.27. 2015두48136
94) 대판 2011.10.27. 2011다42324
95) 대판 2015.9.10. 2015두41401
96) 대판 1991.11.26. 91누4171
97) 대판 1992.11.13. 92누1114
98) 대판 1981.12.22. 81다626
99) 대판 1996.4.23. 94다446
100) 대판 2000.4.25. 99다34475
101) 대판 2005.9.9. 2005다34407
102) 대판 2002.8.23. 2000다60890,60906
103) 대판 2005.11.25. 2005다38270
104) 대판 2014.2.13. 2011두12528
105) 대판 2016.11.10. 2014두45765
106) 대판 2006.12.7. 2004다29736
107) 대판 2013.2.14. 2011두24361
108) 대판 1991.4.9. 90다16245
109) 대판 2003.12.12. 2002두12809
110) 대판 1995.9.29. 94다54245
111) 대판 2008.10.9. 2008도5984
112) 대판 2015.2.12. 2014도12753
113) 대판 2014.12.11. 2011다77290
114) 대판 2012.10.25. 2012다41045
115) 대판 2012.10.11. 2010다95147
116) 대판 2001.11.13. 2000다18608
117) 대판 2005.7.8. 2003다40798,40804
118) 대판 1992.12.22. 92다28228
119) 대판 2013.9.26. 2012도6537
120) 대판 2013.6.27. 2010다57459
121) 대판 2014.1.23. 2013다71180
122) 대판 2019.12.24, 2015다254873
123) 대판 2014.11.27. 2011두5391
124) 대판 2019.9.26. 2016두47857
125) 대판 2013.2.14, 2011두24361
126) 대판 2014.10.27. 2013다36347

제2장 혼인생활과 법

1) 대판 1980.1.29. 79므62,63
2) 대판 1980.1.29. 79므62,63
3) 대판 1989.1.24. 88므795
4) 대판 1991.12.10. 91므245
5) 대판 1992.12.11. 92다21982
6) 대판 1992.8.14. 92다16171
7) 대판 1995.2.3. 94다42778
8) 대판 1992.12.11. 92다21982
9) 대판 1995.10.12, 95다25695
10) 대판 1998.7.10. 98다18988
11) 대판 1993.6.11. 93므171
12) 대판 1999.11.26. 99므180
13) 대판 2014.11.20. 2011므2997
14) 대판 1991.2.26. 89므365,367

15) 대판 2010.7.15. 2010므1140
16) 대판 2006.1.13. 2004므1378
17) 대판 2015.9.15. 2013므568
18) 대판 2004.2.27. 2003므1890
19) 대판 1993.3.9. 92므990
20) 대결 1994.5.13. 92스21
21) 대판 2014.7.16. 2013므2250
22) 대판 2006.9.14. 2005다74900
23) 대판 2014.7.16. 2013므2250
24) 대판 1996.9.20. 96므530
25) 대판 1996.11.22. 96다10270
26) 대판 2001.6.29. 2001다28299
27) 대판 2001.6.29. 2001다28299
28) 대판 1991.11.26. 91다32466
29) 대판 2001.5.24. 2000므1493
30) 대판 2012.12.27. 2011다96932
31) 대결 1994.5.13. 92스21
32) 대판 2012.12.27. 2011다96932
33) 대결 2013.8.30. 2013스96
34) 대판 1994.6.2. 93스11
35) 대결 2011.7.29. 2008스113

제3장 주택·상가건물 임대차와 법

1) 대판 2004.6.10. 2004다2151,2168
2) 대판 2010.4.29. 2009다96984
3) 대판 2000.3.23. 98두18053
4) 대판 1997.4.25. 96다44778,44785
5) 대판 1991.8.27. 91다15591,15607
6) 대판 1991.10.8. 91다8029
7) 대판 1994.9.30. 94다20389,20396
8) 대판 2002.11.22. 2002다38828
9) 대판 1995.6.30. 95다12927
10) 대판 1994.12.9. 94다34692,34708
11) 대판 1995.6.30. 95다12927
12) 대판 1993.2.26. 92다41627
13) 대판 1992.9.8. 92다24998,25007
14) 대판 1996.8.20. 94다44705,44712
15) 대판 2002.11.13. 2002다46003,46027,46010
16) 대판 1996.6.14. 96다14517
17) 대판 2014.2.27. 2009다39233
18) 대판 1987.6.23. 87다카98
19) 대판 2004.12.23. 2004다56554
20) 대판 2005.9.28. 2005다8323,8330
21) 대판 1988.1.19. 87다카1315
22) 대판 2015.3.26. 2013다77225
23) 대판 2002.2.26. 2001다77697
24) 대판 1998.7.10. 98다15545
25) 대판 2001.6.1. 99다60535
26) 대판 2008.4.10. 2007다76986,76993
27) 대판 2013.2.28. 2012다104366,104373
28) 대판 2015.3.26. 2013다77225
29) 대판 1999.5.25. 99다9981
30) 대판 1996.1.26. 95다30338
31) 대판 1998.12.11. 98다34584
32) 대판 1996.1.26. 95다30338
33) 대판 2000.6.9. 2000다8069
34) 대판 1999.4.13. 99다4207
35) 대판 1995.8.11. 95다177
36) 대판 2000.2.11. 99다59306
37) 대판 1983.4.26. 83다카116
38) 대판 1996.2.27. 95다35616
39) 대판 1993.7.16. 93다17324
40) 대판 2000.2.11. 99다59306
41) 대판 1993.12.7. 93다36615
42) 대판 1988.4.25. 87다카250
43) 대판 2022.12.1. 2021다266631
44) 대판 2012.7.12. 2010다42990
45) 대판 2002.6.28. 2002다23482
46) 대판 2007.11.15. 2007다45562
47) 대판 1999.3.23. 98다46938
48) 대판 1992.10.13. 92다30597
49) 대판 2012.7.26. 2012다45689
50) 대판 1999.5.25. 99다9981
51) 대판 2005.9.15. 2005다33039
52) 대판 2005.6.9. 2005다4529
53) 대판 2008.5.15. 2007다23203
54) 대판 2016.6.9. 2013다215676
55) 대판 2006.1.13. 2005다64002
56) 대판 2021.5.13. 2020다255429

57) 대판 2006.3.23. 2005다74320
58) 대판 2010.6.10. 2009다64307
59) 대판 2008.4.10. 2007다76986,76993
60) 대판 2013.5.9. 2012다115120
61) 대판 2008.1.28. 2007두25879
62) 대판 2002.7.26. 2002다25013
63) 대판 2008.4.10. 2007다76986,76993
64) 대판 2014.4.30. 2013다35115
65) 대판 2014.2.13. 2013다80481
66) 대판 2014.2.27. 2009다39233

제4장 부동산거래와 법

1) 대판 1992.9.14. 92다4192
2) 대판 1997.7.8. 97다2177
3) 대판 2008.3.13. 2007다73611
4) 대판 2009.4.23. 2008다50615
5) 대판 2008.3.13. 2007다73611
6) 대판 2006.11.24. 2005다39594;
대판 1994.11.11. 94다17659
7) 대판 1993.7.27. 93다11968
8) 대판 2008.10.23. 2007다72274,72281
9) 대판 2000.2.11. 99다62074
10) 대판 1981.10.27. 80다2784
11) 대판 2000.11.28. 2000다8533
12) 대판 1993. 1. 19. 92다37727
13) 대판 2002.4.9. 99다47396
14) 대판 2002.9.4. 2002다11151
15) 대판 1996.4.12. 95다55245
16) 대판 1992.10.27. 92다21784
17) 대판 2002.4.12. 2000다17834
18) 대판 2003.6.27. 2003다20190
19) 대판 2014.5.16. 2012다72582
20) 대판 2004.6.24. 2003다59259
21) 대판 1995.6.30. 95다14190
22) 대판 1980.6.10. 79다1212
23) 대판 2005.9.29. 2003다40651
24) 대판 1997.11.11. 97다33218
25) 대판 2005.4.29. 2003다66431
26) 대판 1991.3.22. 90다9797
27) 대판 1999.3.18. 98다32175
28) 대판 1996.3.8. 95다34866,34873
29) 대판 2004.9.24. 2004다27273
30) 대판 2013.1.24. 2010두27189
31) 대판 2006.3.24. 2005두15595
32) 대판 1997.11.28. 96누47259
33) 대판 2011.9.29. 2011두8765
34) 대판 2002.7.12. 2001두441
35) 대판 1991.4.26. 90누6897
36) 대판 1987.5.26. 86누836
37) 대판 2014.1.23. 2013두18018
38) 대판 1980.1.29. 79누305
39) 대판 1999.10.8. 98두11496
40) 대판 1988.4.25. 88누919
41) 대판 1991.6.11. 90누8114
42) 대판 2002.5.28. 2002두2079
43) 대판 2013.6.28. 2013두2778
44) 대판 1997.11.11. 97다8427
45) 대판 1997.6.13. 95누15070
46) 대판 1986.3.25. 85누741
47) 대판 2007.6.15. 2005두5369
48) 대판 2016.8.18. 2014두10981
49) 대판 1995.9.5. 95누5653
50) 대판 1998.2.13. 96누1440
51) 대판 1995.11.24. 95누4599
52) 대판 1994.12.9. 94누6840
53) 대판 1995.12.22. 95누13890
54) 대판 1997.5.7. 96누16704
55) 대판 2016.8.18. 2014두10981
56) 대판 1994.4.27. 92누9357
57) 대판 1991.11.12. 91누8432
58) 대판 1996.1.23. 95누7475
59) 대판 2007.6.14. 2006두16854
60) 대판 1993.1.19. 92누12988
61) 대판 1997.8.26. 97누3712
62) 대판 1995.8.22. 95누7383
63) 대판 1993.1.19. 92누12988

제5장 금전거래와 법

1) 대판 1996.9.20. 96다25302
2) 대판 2014.6.12. 2011다76105
3) 대판 1972.5.9. 71다1474
4) 대판 1967.2.7. 66다2173
5) 대판 2006.8.24. 2004다26287,26294
6) 대판 1997.10.10. 95다46265
7) 대판 1994.11.8. 94다37202
8) 대판 1992.9.25. 91다37553
9) 대판 1994.11.8. 94다37202
10) 대판 2016.7.27. 2015다230020
11) 대판 2000.6.23. 98다31899
12) 대판 2000.6.23. 98다31899
13) 대판 2001.3.13. 2000다48517,48524,48531
14) 대판 2014.9.4. 2011다73038,73045
15) 대판 2004.6.11. 2004다13533
16) 대판 2001.3.13. 2000다48517,48524,48531
17) 대판 2003.9.5. 2001다66291
18) 대판 2016.3.10. 2014다231965
19) 대판 2002.2.26. 2000다48265
20) 대판 2002.5.24. 2002다7176
21) 대판 1999.9.21. 99다26085
22) 대판 1991.9.10. 91다17979
23) 대판 1991.9.10. 91다17979
24) 대판 2010.5.13. 2010다3681
25) 대판 2011.7.28. 2010다88507
26) 대판 2002.5.24. 2002다7176
27) 대판 1992.10.27. 91다483
28) 대판 1990.11.27. 90다6651
29) 대판 2004.2.12. 2001다10151
30) 대판 2009.9.10. 2009다34160
31) 대판 1996.2.9. 95다27998
32) 대판 2001.12.27. 2001다32236
33) 대판 1999.4.27. 98다56690
34) 대판 2002.3.29. 2001다81870
35) 대판 2013.4.26. 2012다118334
36) 대판 2002.11.8. 2002다41589
37) 대판 2006.4.13. 2005다70090
38) 대판 2010.6.10. 2010다12067
39) 대판 1998.3.13. 95다48599,48605
40) 대판 2009.1.15. 2008다72394
41) 대판 2003.7.11. 2003다19572
42) 대판 2006.6.29. 2004다5822
43) 대판 2005.8.25. 2005다14595
44) 대판 2005.11.10. 2004다49532
45) 대판 2015.1.29. 2013다215256

제6장 재산상속·유언과 법

1) 대판 2001.3.9. 99다13157
2) 대판 2023.5.11., 2018다248626;
대판 2023.6.29, 2022다302039
3) 대판 1995.3.10. 94다16571
4) 대판 1991.6.11, 91스1
5) 대판 2020.11.19. 2019다232918
6) 대결 2023.3.23, 2020그42
7) 대판 1995.4.7. 93다54736
8) 대판 2001.6.29. 2001다28299
9) 대판 2004.10.28. 2003다65438,65445
10) 대판 1993.3.9. 선고 92다18481
11) 대판 2009.10.15. 2009다42321
12) 대판 2010.1.14. 2009다41199
13) 대판 1998.3.27. 96다37398
14) 대판 2010.1.14. 2009다41199
15) 대판 2009.5.14. 2009다9768
16) 대결 1994.11.3. 94스16
17) 대판 1998.6.12. 97다38510
18) 대판 2002.7.12. 2001두441
19) 대판 2001.11.27. 2000두9731
20) 대판 1996.9.24. 95누17236
21) 대판 2012.5.9. 2012두720

찾아보기

ㄱ

가등기 254
가등기의 효력 254
가산임금 38
간주 128
감급(감봉)처분 71
강제인지 148
객관적 하자 228
견책 71
경매에서의 담보책임 231
경정등기 246
계약갱신요구권 190, 203
계약금 219
계약의 묵시적 갱신 192
계약해제 221
계약해지 221
공동저당 334
공용징수 240
공정증서로 하는 유언 387
과거의 부양료청구 171
관습상 법정지상권 330
구분소유적 공유관계 277
구상권의 제한 316
구술증서로 하는 유언 387
권고사직 72
권리금 205
권리변동의 등기 245
권리변동적 효력 252
권리의 하자에 대한 담보책임 223
근로계약 9
근로관계 3
근로소득 104
근로시간 34
근로자 7
근로자의 의무 21
근로제공의무 21
근로조건의 명시 11
근저당 336
근친혼의 금지 119
기부채납 213
기여분 369
기여상속인의 상속분 369
기입등기 245

ㄴ

노동법 3
녹음으로 하는 유언 387

ㄷ

다단계판매 238

단순승인 373
단체협약 20
담보 277
담보물권 319
대기시간 35
대리권과 재산관리권의 상실 158
대습상속 360
대장 248
도급 29
동시배당 335
등기 241, 245
등기부 248
등기의 추정력 253
등기의 효력 252
등기청구권 251
등록세 283

ㅁ

말소등기 246
매도인의 담보책임 223
매매계약 218
매매목적물의 하자 228
면접교섭권 142
멸실등기 246
명령 5
명예퇴직 82
명의신탁 277
묵시적 갱신 204
물건의 하자에 대한 담보책임 227
물대차 302
물상대위 325
물적 담보 307

ㅂ

방계혈족 118
방문판매 237
배우자 상속공제 413
배우자 출산휴가 54
배우자의 상속순위 359
법령 5
법률 5
법률관계 4
법정과실 324
법정근로시간 35
법정상속분 366
법정이율 303
법정지상권 329
법정혈족 118
변경등기 246
변형근로시간제 43
보상휴가 42
보존등기 245
보증금 우선변제권의 승계 201
보증금 중 일정액의 보호 196
보증금 182
보증금의 반환청구권 183
보증금의 우선변제 193
보증금의 회수 200
보증금의 효력 183
보증기간 311

보증채무 309
보증채무의 효력 311
부기등기 246
부담 있는 유증 394
부담부 유증 394
부담부 증여 217
부동산 양도소득세 284
부동산 증여세 258
부동산 취득세 276
부동산거래신고 233
부동산등기 245
부동산등록세 283
부동산의 취득 276
부동산취득의 세율 279
부부재산계약 126
부부재산별산제 127
부속물매수청구권 180
부수적 의무 22
부양 168
부양당사자 168
부합 323
비과세소득 293
비밀증서에 의한 유언 387
비용상환청구권 178

ㅅ

사실혼 145
사용대차 175
사용자 7
사용자의 의무 23
사인증여 217
사전구상권 315
사직 81
사해행위 348
상가건물의 임대차 198
상가임대차 199
상계 14
상속 355
상속결격 362
상속분 366
상속세 과세대상 408
상속세 과세표준 409
상속세 납부의무 406
상속세 산출세액 417
상속세 405
상속세액 417
상속순위 357
상속의 포기 371, 375
상속인 355, 356
상속인의 이익 371
상속재산 364
상속재산의 분할 377
상속재산의 협의분할 264
상속회복청구권 380
생리휴가 51
선의 223
선택적 근로시간제 45
소득세 102
소멸시효 64
소멸시효이익의 포기 313

소비대차 301
소액보증금 중 일정액의 우선변제권 202
수선의무 176
순위확정적 효력 253
시용 16
시행규칙 5
시행령 5
시효 64
신원보증계약 13
실종선고 135

ㅇ

악의 223
안전배려의무 23
압류 183
야간·휴일근로의 제한 50
약정이율 303
양도 284
양도담보 277
양도소득 산출세액 290
양도소득금액의 계산 286
양도소득기본공제 290
양도소득세 284
양도차익 286
양도차익의 계산 286
양육권 141
양자녀 159
업무상 재해 57
연대보증 318
연차유급휴가 47
요양급여 60
요양보상 59
위약금 예정의 금지 12
위약금 12
유류분 권리자 399
유류분 권리자의 유류분 400
유류분 398
유류분권의 포기 398
유류분반환청구권 402
유류분의 보전 402
유류분의 산정 400
유언 383
유언서의 검인 396
유언의 검인 388
유언의 능력 384
유언의 방식 385
유언의 집행 396
유언의 철회 390
유언의 효력 389
유언증인의 결격 389
유언집행자 397
유익비 178
유족급여 62
유족보상 62
유증 391
유책배우자의 이혼청구권 137
육아휴직 54
이시배당 335
이율 303

이자 303
이자의 제한 304
이해상반행위 154
이혼 130
인적 담보 307
인정사망 356
인지 148
일괄경매청구권 331
일상가사대리권 129
1세대 1주택의 양도 293
임금 24
임금지급방법 30
임금지급의무 23
임금채권의 시효 34
임금채권의 우선변제 33
임대차 176
임의인지 148
임차권 177
임차권등기명령 195, 201
입양의 무효 161
입양의 성립 160
입양의 취소 162

ㅈ

자녀의 성과 본 147
자연혈족 118
자필증서로 하는 유언 386
장기보유특별공제 288
장해급여 61
장해보상 61
재결수용 240
재산관리권 153
재산분할청구권 142
재판상 이혼 133
재판상 파양 151, 164
재해보상 56
저당권 319
저당권의 효력 323
전세권 175
전직 68
전화권유판매 237
정리해고 76
정리해고의 제한 76
제척기간 352
종물 323
주관적 하자 228
주등기 246
주물 323
주택임대차계약의 신고 197
주택임대차의 대항력 186
주택임대차의 존속보장 190
중간생략등기 242
중혼의 금지 118
증여 213
증여계약의 해제 215
증여세 258
증여세 결정세액 275
증여세 과세가액 270
증여세 과세대상 260
증여세 과세표준 272

증여세 납세의무 258
증여세 산출세액 274
증여의제·추정 265
증여재산의 취득시기 265
지상권 175
지상물매수청구권 181
지연손해금 306
직계혈족 118
직장 내 성희롱 66
징계처분 71

ㅊ

차임·보증금의 증감청구권 193, 208
채권자대위권 341
채권자취소권 346
채용내정 15
책임재산의 보전 341
천연과실 324
최고·검색의 항변권 313
최고이자율 304
최저임금 28
추심명령 183
추정 128
추정적 효력 253
출산전후휴가 52
취득가액 286
취득세 276
취득세의 과세표준 278
취업규칙의 불이익변경 18
친권 140, 149
친권공동행사의 원칙 150
친권의 소멸 156
친권의 일부제한 157
친권의 일시정지 157
친권자 150
친권자의 결정 140
친양자녀 165
친자녀관계 147

ㅌ

탄력적 근로시간제 43
통상임금 25
통신판매 238
퇴직금 86
퇴직소득 108
퇴직연금 89
특별수익자의 상속분 367
특정적 유증 393

ㅍ

파양 151, 164
평균임금 25
포괄적 유증 392
피상속인 355
피성년후견인 117
필요비 178

ㅎ

하자담보책임 227
한정승인 374

할부거래 235
합의해지 82
해고 74
해고의 예고 78
해약금 219
해약금의 추정 219
혈족 118
혈족상속의 순위 357
협의상 파양 151, 164
협의수용 240
협의이혼 130
협의이혼의 무효 132
협의이혼의 취소 132
혼인의 무효 121
혼인의 성립 116
혼인의 취소 123
확정급여형 퇴직연금 90
확정기여형 퇴직연금 90
확정일자 194
회복등기 246
휴게시간 35
휴업급여 60
휴업보상 60
휴업수당 28
휴일 46
휴직명령 70
희망퇴직 82

저자 약력

권오현

- 국립세무대학 내국세학과 졸업
- 연세대대학교 법학대학 법학과, 법무대학원 경영법무학과(정부위탁교육, 법학석사)
- 홍익대학교 대학원 세무학박사 과정 수료, 건국대학교 대학원 법학박사 과정 수료
- 국세청 종합부동산세TF, 서울지방국세청 법무2과 등 근무
- 서울고등법원 시민사법위원 역임
- 한국세무학회 이사, 한국조세연구포럼 부학회장, KILF 미래포럼위원
- 숭의여자대학교 교수(세무회계과장)

박규용

- 독일 트리어(Trier)대학교 법학박사
- 변호사시험, 사법시험, 세무사, 공인중개사 시험 출제위원
- 대통령소속 지방자치발전위원회 실무위원
- 제주특별자치도 행정심판위원회 위원, 제주지방경찰청 수사이의심사위원회 위원
- 제주특별자치도 지적재조사위원회 위원
- 한국법학회 회장, 제주대학교 법과정책연구소 소장 역임
- 한국재산법학회 부회장, 한국비교사법학회 부회장, 한국민사법학회 이사
- 제주대학교 법학전문대학원 교수

양형우

- 독일 프라이부르크(Freiburg)대학교 법학박사
- 사법시험, 행정·외무고시, 입법고시, 공인노무사, 세무사, 변리사, 공인중개사, 주택관리사 등 출제위원
- 한국채무자회생법학회 회장, 법무부 집합건물법 개정위원회 위원 역임
- 제8군단 지구 배상심의회 위원, 강원지방노동위원회 심판 및 화해 담당 공익위원 역임
- 온라인광고분쟁조정위원회 조정위원
- 한국민사법학회 부회장, 한국부동산법학회 부회장, 한국재산법학회 이사 등
- 홍익대학교 법과대학 교수

이재목

- 동국대학교 대학원 법학박사
- 충북지방노동위원회 심판 및 화해 담당 공익위원
- 국무총리실 경제인문사회연구회 평가위원
- 사법시험, 변리사, 세무사, 노무사, 감정평가사, 공인중개사 등 출제위원
- 한국재산법학회 부회장, 한국민사법학회 이사, 한국비교사법학회 이사, 한국스포츠엔터테인먼트법학회 이사 등
- 충북대학교 법학전문대학원 교수(법학전문대학원장)

제3판
알기 쉬운 생활법률

초판발행 2017년 7월 10일
제2판발행 2021년 8월 31일
제3판발행 2024년 2월 29일
지은이 권오현 · 박규용 · 양형우 · 이재목
펴낸이 김중용
편 집 심성보 · 김인숙
펴낸곳 도서출판 정독
경기도 고양시 일산서구 하이파크로 113, 102-204
등록 제406-2014-000093호
전 화 031)924-7203 팩 스 02)718-8554
홈페이지 www.jeongdok.co.kr 이메일 admin@jeongdok.co.kr
ISBN 979-11-6858-208-8 93360

정 가 23,000원